本书为内蒙古自治区科技厅 2020 年科技计划项目的阶段性成果（2020GG0118）；
本书中的部分研究由 2022 年度内蒙古社会科学基金项目（2022CY09）以及 2023 年度内蒙古
经济数据分析与挖掘重点实验室项目（SY23007）资助。

民族地区中华优秀传统文化
"两创"模式、实践融入及成果保护研究

吉日嘎拉　著

中国商务出版社

·北京·

图书在版编目（CIP）数据

民族地区中华优秀传统文化"两创"模式、实践融入及成果保护研究 / 吉日嘎拉著. —北京：中国商务出版社，2023.7（2024.11重印）

ISBN 978-7-5103-4757-3

Ⅰ.①民… Ⅱ.①吉… Ⅲ.①中华文化—研究 Ⅳ.①K203

中国国家版本馆CIP数据核字(2023)第125980号

民族地区中华优秀传统文化"两创"模式、实践融入及成果保护研究
MINZU DIQU ZHONGHUA YOUXIU CHUANTONG WENHUA "LIANGCHUANG" MOSHI、SHIJIAN RONGRU JI CHENGGUO BAOHU YANJIU

吉日嘎拉　著

出　　版：中国商务出版社	
地　　址：北京市东城区安外东后巷 28 号　　邮　编：100710	
责任部门：教育事业部（010-64255862　cctpswb@163.com）	
策划编辑：刘文捷	
责任编辑：刘　豪	
直销客服：010-64255862	
总 发 行：中国商务出版社发行部（010-64208388　64515150）	
网购零售：中国商务出版社淘宝店（010-64286917）	
网　　址：http://www.cctpress.com	
网　　店：http://shop595663922.taobao.com	
邮　　箱：cctp@cctpress.com	
排　　版：德州华朔广告有限公司	
印　　刷：北京建宏印刷有限公司	

开　　本：787 毫米 × 1092 毫米　1/16

印　　张：22.75　　　　　　　　　字　数：394 千字

版　　次：2023 年 7 月第 1 版　　　印　次：2024 年 11 月第 2 次印刷

书　　号：ISBN 978-7-5103-4757-3

定　　价：58.00 元

前言

　　中华优秀传统文化创造性转化创新性发展（简称"两创"）是从坚定文化自信向建设文化强国转变的关键推动力。习近平总书记在教育文化卫生体育领域专家代表座谈会上强调："要坚定文化自信，推动中华优秀传统文化创造性转化、创新性发展，继承革命文化，发展社会主义先进文化，不断铸就中华文化新辉煌，建设社会主义文化强国。"近年来全国各地积极开展中华优秀传统文化创造性转化、创新性发展的有益探索，取得了诸多成果。灿烂的中华文化是由各民族共同创造的，我国155个民族自治地方有着丰富的中华优秀传统文化资源，在推动中华优秀传统文化"两创"实践中，要不断增强民族自治地方对"五个认同"的高度认同，铸牢中华民族共同体意识，坚守国家文化安全。这将在坚定文化自信向建设文化强国的转变过程中发挥不可替代的作用。可见，民族地区推动中华优秀传统文化"两创"是亟须解决的重大理论和现实问题。

　　2014年10月13日，习近平总书记在中共中央政治局第十八次集体学习时提出："怎样对待本国历史？怎样对待本国传统文化？这是任何国家在实现现代化过程中都必须解决好的问题。"对于这个问题，党的十九大报告提供了明确的思路，即"推动中华优秀传统文化创造性转化、创新性发展"。我国在全面开启建设社会主义现代化国家新征程中，155个民族自治地方文化现代化也是亟待解决的问题，推动中华优秀传统文化"两创"将有助于落实"四个全面"。因此，探究155个民族自治地方的中华优秀传统文化"两创"典型模式、实施路径以及"两创"成果的安全运用，并结合内蒙古自治区的实际情况，总结出中华优秀传统文化"两创"成果在内蒙古自治区的适用性，对于中华文化符号在内蒙古落地生根具有重要的理论意义和现实价值。

本研究全面系统梳理了我国155个民族自治地方的"非物质文化遗产—农业文化遗产—工业文化遗产""中医药""古籍整理与古文字""文化地理IP（知识产权）打造""经典民间故事—民族音乐—戏曲""传统工艺—中华老字号""少数民族传统节日"资源数据，为中华优秀传统文化成功实现"两创"提供了翔实的数据支撑和资源汇总。对我国155个民族自治地方的中华优秀传统文化的系统调研，有助于深刻理解中华优秀传统文化的丰富内涵和强大精髓，有助于实现中华优秀传统文化的创造性转化和创新性发展，有助于提升中华民族的认同感和铸牢中华民族共同体意识，有助于提升中华民族的文化自信和实现文化自强（兼顾文化安全），有助于推动文化事业和文化产业事业的健康繁荣发展。

在全面梳理155个民族自治地方的中华优秀传统文化的基础上，本书以"'两创'典型模式—'两创'要素—'两创'实施路径—在内蒙古的推广应用—'两创'成果的监测评估"为研究思路展开研究，实现"理论模型—实践运用—监测评估"的系统研究，确保"理论模型与实践应用的有机结合、成果产出与正向反馈的有机结合"。

本书通过经典案例析出中华优秀传统文化"两创"典型模式，尝试将中华优秀传统文化"两创"的成功经验应用到更广泛的时空场域中。在中华优秀传统文化"两创"典型模式中，本书共析出了5项"两创"典型模式，分别是：以数字化为关键技术推动"两创"模式、以新媒体为杠杆推动"两创"模式、以国民教育为载体营造"两创"模式、以融资为牵引推动全社会"两创"模式、以城乡名片打造为核心联动跨流域"两创"模式。以下详细论述上述五个典型模式。

模式一：以数字化为关键技术推动"两创"模式

数字化技术是推动中华优秀传统文化"两创"的关键底层技术系统，是实现"两创"成果市场化的重要技术支撑，也是实现"应用中保护"的重要举措。在"以数字化为关键技术推动'两创'模式"中，本书重点列出5种模式，分别是："三维要素＋新数字视觉展现"模式、"新文化传播介质＋视听作品＋文化产品供给"模式、以数字技术为推力构建虚实结合的文化IP生态模式、现代创意设计造就"小精美"文化精品＋数字传播模式、文化产业数字化全要素价值链融合模式。数字化发展已成为推动文化发展的重要力量支撑。以数字化为关键技术推动中华优秀传统文化创造性转化创新性发展是文化与数字科技深度融合的体现。通过数字化技术推动中华优秀传统文化的创造性转化创新性发展，有助于满足人民群众日渐增长的精神文化需求，有助于激发中华优秀传统文化的创造性转化创新性发展的活力，有助于延长以"两创"成果为形式载体的文化产业以及提升基于版权的拓展效应产生的多元盈利。

模式二：以新媒体为杠杆推动"两创"模式

短视频、直播平台、结合虚拟现实的新媒体平台是"以新媒体为杠杆推动'两创'模式"的核心组成内容。"短视频＋直播"模式是互为助力、取长补短的新媒体主流运营模式和"吸流"手段。随着短视频和直播的迅猛发展，可以为中华优秀传统文化"两创"成果注入活力，加大市场认知度和影响力。"数字拓展现实＋云游＋新媒体平台"模式充分运用拓展现实（Extended Reality，XR）数字技术，实现虚拟和现实的充分融合，体验身临其境的感觉。数字拓展现实的强大功能是发挥720度视觉体验，突破时空限制，真实体验虚拟现场感，而且具有操作简便、直观表达的独特优势，再运用新媒体平台充分实现中华优秀传统文化的现场体验感和中华优秀传统文化的重塑创新。

模式三：以国民教育为载体营造"两创"模式

国民教育是弘扬发展和传承中华优秀传统文化的重要文化组织和行动方案。在"以国民教育为载体营造'两创'模式"中本书重点列出3种模式："显性＋隐性"教育融入模式、校企联合体模式、专兼结合入驻模式。在中华优秀传统文化创造性转化创新性发展的模式构建中，教育是助力人才培养和在"人—时空"二维度上弘扬发展中华优秀传统文化的关键所在。多专业实现联动效应、跨界发展、校企联合、大师入驻、上下游发展的综合研究是构建教育助力中华优秀传统文化"两创"以及"两创"成果落地的时代课题，也是实现"两创"成果落地和运营转化，促进文化事业繁荣，推动文化弘扬发展，增强文化自信，坚定文化认同，实现文化自强，让中国文化实现国际化的综合性课题。"以国民教育为载体营造'两创'模式分析"是以"教育"为切入点，实现上述综合性研究的关键所在，可以将教育中凝练的典型模型适用于更大的时空场域中，将理论模型的功效发挥在更多的现实情境中，发挥理论模型的时空延伸性功能，最终实现中华优秀传统文化在更大时空场域的繁荣发展。

模式四：以融资为牵引推动全社会"两创"模式

中华优秀传统文化"两创"企业多以中小微企业为主，就中小微企业而言，由于缺乏重资产抵押物，很难获得融资，从而导致中小微企业的资金链断裂。"以融资为牵引推动全社会'两创'模式"的重要性体现在：为中小微文创企业提供融资路径，方便融资，确保资金链的安全和通畅。在该模式中，本书重点析出7种融资模式方便中小微企业的融资，确保资金链的通畅。分别是：政策导向融资模式、"资源—权利"交易融资模式、银行业务类融资模式、非银行业务类融资模式、与金融资产有关的融资模式、引入投资融资模式、与国际贸易相关的融资模式。

模式五：以城乡名片打造为核心联动跨流域"两创"模式

在"以城乡名片打造为核心联动跨流域'两创'模式"中划分了城市和乡村两个维度。在城市的维度上，列出4种IP联动模式：名人名片打造模式、"公共性+满足精神需求"模式、"数字创建+IP"模式、创意文化产业实现城市名片模式。在乡村维度上，列出4种IP联动模式："景农一体+产业驱动"模式、"非物质文化遗产+文化实践"模式、"农牧业特色品牌"模式、"节日/造节"特色发展模式。以城乡名片打造为核心联动跨流域"两创"模式，主要以当地特色传统文化资源为主要内容和引线，充分保留当地文化特色，挖掘当地文化特色，从而揭示在中华优秀传统文化中内化的核心价值，结合现实，激发多元参与，重点探寻转化创新路径，打造当地名片和IP，推动中华优秀传统文化的创造性转化和创新性发展。

中华优秀传统文化"两创"要素是"两创"典型模式的内在有机组成部分。本书将中华优秀传统文化"两创"要素分解成6个组成部分，分别是数字科技要素、媒介要素、人力资源要素、产业要素、法律要素以及其他要素。

要素一：数字科技要素

在"文化—科技"二元维度上，科技是推动文化发展的关键性动力引擎，其中技术是底层运力支撑。以数字化为关键技术推动"两创"典型模式中，本书重点列出推动文化发展的关键性数字技术要素：大数据技术+云计算技术、5G技术+物联网技术、人工智能技术以及智能交互技术。在互联网时代背景下，要运用大数据、云计算、5G、物联网、智能交互和人工智能等数字化技术支撑手段，对中华优秀传统文化进行创造性转化创新性发展。对于中华文化遗产和相关文化资源而言，数字化的处理和存档是基础性的保护方式，同时在数字化的基础上建立资源库，搭建信息平台。除此之外，通过人工智能技术、三维建模和虚拟现实技术让遗产和文物"活"起来也变得越来越重要。借助科技手段，让文化遗产发挥其价值，不断传承中华文明的精髓，也让一代代人更加真实地走进文化遗产，领略其新时代的文化活力，让中华优秀传统文化焕发出新生魅力和新的生命力。

要素二：媒介要素

媒介要素在"以新媒体为杠杆推动'两创'模式"中发挥着关键作用。就媒介要素而言，物理及虚拟载体、信息表现形式、标识符号是其关键组成部分。就物理及虚拟载体而言，本书列出了常规载体和核心载体形式。就常规载体而言，本项目运用引文空间（CiteSpace）知识图谱可视化分析软件生成了动态和静态常规性的物理及虚拟载体。就核心载体而言，中华优秀传统文化典籍出版已成为起到中流砥柱作用的传统物理载体。视听作品是流量时代的核心虚拟载体。网络游戏是迎合诞生于网络时代的数字原住民的关键虚拟载体。表现形式可以呈现多样态，例如视听、音乐、传统节日等，但需要把控的核心内容是"针对性"，即"针对性"与表现形式构成直接相关性，越具有针对性的信息，才能产生或发挥越强的感染力、认知力和穿透力。文化标识符号表达需要注意三层次递进表达，较通俗的表达为"我看到的和表达的、他看到的和表达的"。首先是"看到的是什么"，即当看到文化标识时，在"我者"上看到的是什么内容；其次是"从看到的是什么诉说自己看到的是什么"，即站在"我者"的角度上，去诉说自己看到的；最后是"从他者的视角看到的又是什么表达的又是什么"，即站在"他者"的角度上，看到的文化标识是什么，又是如何诉说自己看到的文化标识。如果可以实现"我看到的和表达的＝他看到的和表达的"这个公式，就可以认定为文化标识符号具有极高的清晰形象，属于优质的文化符号和标志表达，可以实现国家化文化标识，发挥文化传播的关键作用。

要素三：人力资源要素

人力资源要素是中华优秀传统文化创造性转化创新性发展的重要组成部分；培养优秀人才，也是促进中华优秀传统文化"双创"的重要途径。在人力资源要素中列出了三个核心内容，分别是：确立人才培养目标和培养"两创"专门人才、建设中华优秀传统文化"两创"课程体系、构建"教师—学生—实践"三维路径。就建立人才培养目标而言，以习近平新时代中国特色社会主义思想为"两创"人才培养的理论指导，培养中华优秀传统文化"两创"人才，制订各适龄阶段的人才培养方案，构建人才培养蓝图，深度挖掘中华优秀传统文化资源的内涵，提升各适龄教育阶段的学生的思想道德水平，践行社会主义核心价值观。就建设课程体系而言，课程内容应以中华优秀传统文化资源为基础，基于中华优秀传统文化资源，明确受教育主体，重新审视课程内容和课程目标，开设"两创"课程，进行实践教育，开展相关实践活动，深度理解中华优秀传统文化"两创"实践路径，增强文化自信、提升文化认同、实现文化自强，铸牢中华民族共同体意识，同时还应强调开展多样态文化教育实践类课程。在"教师—学生—实践"三维路径上，积极培养教师的创新能力，充分发挥学生的主观能动性，以良好校园风气建设为基础，积极开展丰富多彩且具有教育意义的实践活动。

要素四：产业要素

产业是生产力以及社会分工的发展产物，并随着社会分工的进一步发展而发展。社会分工的进一步细化产生了不同的产业，文化产业便是其中之一，并发挥着重要的经济价值和文化价值。推动发展中华优秀传统文化创造性转化创新性发展，要着重关注以下六个方面的产业要素：文化资源、国家政策、科技支撑、人才培养、成果市场化以及成果保护。

文化资源、国家政策、科技支撑以及人才培养是外围的支撑力量，而文化产品和服务市场化是中华优秀传统文化创造性转化创新性发展的落脚点，亦是实现目标。从中华优秀传统文化"两创"成果的实现要素看，国家政策给予其优良的发展环境，科技给予其强有力的支撑，人才赋予其源源不断的动力，加之广阔的市场发展空间和法律兜底保障，中华优秀传统文化"两创"会得到高质量的推进。

要素五：法律要素

在"两创"成果的市场化过程中，既要实现"两创"成果的产生，也要保障"两创"成果在市场化过程中的产权安全。只强调成果的实现路径，轻视"两创"成果在市场化过程中的产权保护，会使"两创"成果付之东流。可以说，"成果进入市场，产权保护应先行"。此外，还要加大对知识产权的假冒、侵权行为的打击力度，从而提供更好的保护创新成果的环境。中华优秀传统文化创造性转化创新性发展典型模式的"两创"法律要素包含三个核心内容，分别是：原则、概念和规制。具体来说，在明晰知识产权法的基本原则的情况下，明确知识产权侵权所涉及的相关概念，并对其侵权行为依据相关法律法规予以行为规制。

要素六：其他要素

本书还强调了中介服务机构、公益平台的重要性。"政府补贴＋金融支持"，在优化金融资源在中小微文化企业中的资金配置中，以政府补贴为补充性资金来源，为企业的创新活力提供资金补足的保障。在产能要素中重点列出关于"拓产"的内容。在"拓产"中强调了"符合消费者需求的产品创新＋金融投资"，其原因在于"防范市场份额的变窄"。市场份额对企业而言是至关重要的，企业之间的争夺可以说是市场份额的争夺。因此，对于企业扩产而言，如何同时解决"符合消费者需求的产品创新＋金融投资"瓶颈是重要的课题。

中华优秀传统文化"两创"的实践融入是"两创"典型模式的现实运用。本书重点选取了五个方面的实践融入：人员实施路径、文化组织路径、传播媒介路径、文化动态路径以及传统节日创新路径和造节驱动路径。

路径一：人员实施路径

人员实施路径包括对内教育路径和对外教育路径。中华优秀传统文化"两创"的对内教育路径是：教育体系中渗入以"体系"为支撑的中华优秀传统文化，以开放的心态和兼容并包的态度全力推动中华优秀传统文化的"走出去"，增强文化自信，实现文化自强。在对外教育路径上充分发挥海外华人和汉学家多元主体在跨地域、跨文化合作与交流中的重要作用，以中华优秀传统文化为基础，借助多种创新方式，通过实现"两创"成果，让中华优秀传统文化焕发出新的生命活力，引导外国友人去感知和体验中华文化的内在核心，让中华优秀传统文化变成世界的文化，让中华优秀传统文化中内化的精神价值成为世界共享的精神价值。

路径二：文化组织路径

文化组织路径围绕学校、图书馆、博物馆、出版、广播、网络展开。在学校的文化组织路径上，本书以高校为研究对象。在高校开展中华优秀传统文化"两创"教育时，以社会主义核心价值观为思想指引，将中华优秀传统文化的分类体系和内容适应时代发展需求进行相应的选择和编排，在"两课"和相关专业课程体系中融入中华优秀传统文化以及"两创"成果，通过教学实践环节，让学生理解和掌握中华优秀传统文化"两创"成果的基础内容、模式应用、组成要素、实践方案、风险防范等"系统性内容"，最终实现筑牢文化自信和实现文化自强的长远教育目标。从图书馆的文化组织路径上看，"图书馆＋文旅深度融合"的实践方案，充分发挥图书馆的独特资源优势，依托馆藏特色文化资源，以特色化"图书馆+"建设为行动目标，实现图书馆在内容上的创造性转化和形式上的创新性表达，最终落实中华优秀传统文化的弘扬发展和满足人们的精神文化需求。此外，在"图书馆+"的创新方案中，依托图书馆特色馆藏资源，深度融合数字交互技术，呈现虚实交互时空场景，最大范围发挥文化传播的场域功效。在博物馆的文化组织路径上，以"为人民服务"和"满足人民的精神文化需求"为出发点，在内容上结合当代人的审美创造出基于博物馆馆藏品的文化创意产品和精美书籍，在文化创意产品和精美书籍中有机融入中华优秀传统文化元素，提升文物保护特色品牌建设，实现中华优秀传统文化在内容上的创造性转化。此外，在形式上构建"全景体验数字化博物馆"，通过数字化呈现活态文物。通过"博物馆+新媒体"打造文化传播新模式，打破博物馆的时间和空间限制，实现中华优秀传统文化在形式上的创新性发展。在出版的文化组织路径上，一方面，扎根于时代需求、读者需求和现实需求，通过便携性、趣味性、图表化、故事化、情境化、仪式性等方式，在内容上实现创造性转化，在形式上呈现创新性表达，把控质量标准，出版更多的优质中华优秀传统文化主题图书。另一方面，严厉打击盗版和版式设计侵权行为，为出版者提供良好的营商环境，为创作者提供良好的创作环境，为消费者提供良好的正版阅读和保护消费者利益的环境。广播的文化组织路径需要从广播电台和电视台两个维度展开说明。就广播电台的文化组织路径而言，在实现广播内容上的创造性转化和形式上的创新性表达时，需要在场景表达上践行创造和创新。广播的数字化表达是核心内容。此外，还需要进行人才培养，尤其是需要对年轻人才进行专业化培养。就电视台的文化组织路径而言，优秀电视作品之所以被大众认识、被大众热爱，得到极高的关注度，离不开电视台的文化组织路径，其实现路径为：电视节目以群众路线为根本，立足于中华优秀传统文化，以严格把控作品质量为落脚点，充分运用网络化、数字化、视觉立体化的传播模式，以《著作权法》中的新客体类型——视听作品为关键形式载体，开展"两创"，坚定文化自信，拓展群众文化自信的辐射效应，从而实现广播电视节目的做优做强以及中华优秀传统文化的繁荣发展。在网络的文化组织路径上，关注三点内容，首先，通过网络组织路径发挥文化传播的裂变式效应，加强56个中华民族的优秀视听作品传播的广度和深度，激发人们在网络环境下的创作热情，增强文化自信，让56个中华民族像石榴籽一样紧紧团结在一起。其次，中华优秀传统文化通过网络路径的传播，还应将其与文化产业、版权产业等相关产业融合发展。最后，加强中华优秀传统文化优秀视听作品的网络传播的同时，还需要加强网络平台对作品内容和言论表达的严格监管和对平台自身的自律强化。

路径三：传播媒介路径

在传播媒介路径上，本书围绕三个路径展开研究，分别是发出方设备化的一类传播媒介路径、发出和接受双方设备化的二类传播媒介路径、数字化背景下的三类传播媒介路径。以中华优秀传统文化内容为核心和输出点，通过新旧交替的文化传播媒介，基于融媒体的整合资源、优化配置、覆盖面广的优点，推动中华优秀传统文化的创造性转化创新性发展。

路径四：文化动态路径

在文化动态路径上，本书列出了两个文化动态路径，分别是"短视频＋直播平台"和"新媒体网络平台"。"短视频＋直播平台"是最重要的文化动态路径，"新媒体网络平台"是融合运用的文化动态路径。

路径五：传统节日创新路径和造节驱动路径

在传统节日创新路径和造节驱动路径上，将节日作为创作主线，以内容建设为实现根本，以技术为文化支撑，以视听作品为重要形式传导载体，借助网络流量，将"两创"成果作为造节驱动的落脚点，推广和加大"两创"成果的辨识度和影响力，呈现中华文明的内在精神。在此过程中潜移默化地使中华文化符号和中华民族形象深入人心，加强影响。

中华优秀传统文化"两创"成果在内蒙古的推广应用是内蒙古自治区的"两创"实践方案。中华优秀传统文化"两创"成果在内蒙古的推广应用是以"增强文化自信兼顾文化安全、铸牢中华民族共同体意识、彰显中华文化自信促进民族团结"为实现目标；中华优秀传统文化"两创"成果从内蒙古向国外的推广应用是以"弘扬中华文化软实力"为实现目标。

就增强文化自信兼顾文化安全在内蒙古的推广应用而言，需要解决的首要问题是加强中华优秀传统文化的理论基础。文化自信是加强和巩固中华优秀传统文化的理论基础和现实保障，文化自信是实现"在中华优秀传统文化中赋予新的文化内涵和符合现代社会发展的新的形式表达"的现实保障，文化自信亦是中华优秀传统文化实现当代转换的基础和保障。就如何通过中华优秀传统文化实现"文化自信"而言，本书提供的行动方案是既要践行中华优秀传统文化的创造性转化创新性发展，也要坚守中华优秀传统文化"两创"成果的产权安全。在中华优秀传统文化创造性转化创新性发展的践行方案上，可以在"平台—空间—交流"三维度下，构建政府扶持文创产业的行动方案以及知识扩散实现的文化传播和创新传播方案。以内蒙古特色产业——蒙药产业为例，以政府政策为指引，充分运用区域公共品牌的宣传效应，积极抢救散落在民间的蒙医药公共资源，实现蒙医药古籍整理数字化，以蒙药厂为动力引擎，在横纵维度上生产多样化的蒙药产品，充分发挥蒙药材基地和蒙医院在药材生产、品牌推广、人才培养方面的功能，实践医疗实践，凝聚"基地—合作社—散户"多元主体，确保药材供应，把控材料加工和药品生产的质量标准，确保药品销售，保障药品生产的全链条实践环节，实现蒙医药的创造性转化和数字化创新发展，助力乡村振兴和共同富裕。就其他类别的内蒙古的中华优秀传统文化的创造性转化创新性发展而言，以汇编和演绎创新手段实现内容的创造性转化，以新媒体数字科技实现新的形式表达。成果产出需要与成果保护紧密相连，缺一不可。就成果保护而言，加强内蒙古自治区全区的知识产权保护意识，提升固权意识。尤其在非物质文化遗产领域内，需要明确公权与私权的边界，不能将公权纳入私权垄断的范畴并无限扩大私权垄断的疆域，加大普法宣传力度，避免无谓的争端和纠纷。运用知识产权专业知识，积极应对知识产权纠纷，降低或化解知识产权风险。

就铸牢中华民族共同体意识在内蒙古的推广应用而言，首要解决的是确认铸牢中华民族共同体意识的根本前提。铸牢中华民族共同体意识的根本前提便是文化认同。在践行方案上的优势：在"人"的维度上重点关注网络群体；在"载体"的维度上充分发挥手机的绝对优势；在"方法"的维度上发挥"融媒体＋新媒体"的传播优势。此外，在育人方面，应培育青少年铸牢中华民族共同体意识。

就彰显中华文化自信促进民族团结在内蒙古的推广应用而言，首先要确认促进民族团结的理论基石。促进民族团结的理论基石是文化自信。在彰显文化自信和促进民族团结的行动方案上，本书在中华优秀传统文化"两创"典型模式的基础上，构建了系列行动方案：三大遗产贯穿三产助力产业振兴和乡村振兴、民间作品版权登记及其发挥的社会效益和经济效益、传统工艺的创造性转化创新性发展助力乡村振兴、传统节庆和造节驱动实现节庆经济、以产业为推力实现蒙医药的创造性转化创新性发展、内蒙古文化地理IP打造盟市IP名片。在此过程中，还需要充分运用新媒体推广传播中华优秀传统文化"两创"成果和依托校园文化建设夯实中华优秀传统文化"两创"人才的培养。

就弘扬中华文化软实力从内蒙古向国外推广应用而言，首先需要确认国家文化软实力提升的文化力量根基。其力量根基便是基于中华优秀传统文化资源创造性转化和创新性表达。在实践方案上可以充分借鉴国家文化出口重点项目的中国经验，包括：图书出版重点项目的中国经验、视听作品重点项目的中国经验、静态画—动画重点项目的中国经验、网络游戏重点项目的中国经验、音乐—舞蹈—杂技艺术—戏剧—曲艺重点项目的中国经验、大型综艺类节目重点项目的中国经验、传统文化"走出去"重点项目的中国经验、文创产品重点项目的中国经验、文化小镇—文化产业园区重点项目的中国经验、造节驱动重点项目的中国经验、辅助服务性重点文化出口项目的中国经验。与此同时，还需要汲取国外优秀文化的精华并融合发展。

中华优秀传统文化"两创"成果的产生、市场化必须与"成果"保护紧密相连。现阶段，学界多关注"两创"成果的生成路径以及实践应用，较少关注"两创"成果的知识产权安全。经前期调研，内蒙古的中小型文化创意企业很少关注权利固定和产权风险，这无疑不利于"两创"成果的健康发展。因此，在内蒙古的全域内必须加强"两创"成果的权利固定以及知识产权保护的意识。就权利固定而言，可以采取可信时间戳、数字版权唯一标识符、数字水印技术、区块链技术以及人工智能进行版权确权。通过可信时间戳进行确权时，需要确保可信时间戳的来源真实。通过数字水印技术进行确权时应以遵守法律为前提，确保全过程记录，而非"断章取义"。除了加强权利固定的意识，还可以依据企业的监测资源提高知识产权动态全链条监测意识。在动态监测时，可以运用舆情常态监测、专利动态监测、品牌商标监测、版权动态技术监测、合法网页爬虫技术监测。舆情常态监测需考虑机制建立、流程合规化、制定舆情等级制度以及建立处理措施。就版权动态技术监测而言，前提应是版权证明。在版权证明的基础上，实现对应产品的生成。将对应产品与动态监测践行方案——数字加密＋二维码匹配＋网络监测紧密相连，实现数字信息匹配、版权动态监测、监测异常记录和信息输送反馈。进一步说，运用数字水印技术、数字指纹技术等技术手段对作品进行权利固定，生成版权证明，以版权证明为权利证明基础，经版权确权之后拓展形成二维和三维的成果产出，发挥版权证明的拓展效应，构建二维作品与二次延伸作品、三维产品的连接。在产品中充分融入数字水印技术等数字关键技术，结合二维码扫描技术，形成信息匹配机制，发挥版权动态监测功能的最大化效应。此外，为了应对知识产权侵权风险，还应依据风险情形进行必要的措施选择。

吉日嘎拉

2023年3月

目录

第一章

绪　论

中华优秀传统文化创造性转化创新性发展（简称"两创"）是从坚定文化自信向建设文化强国转变的关键推动力，习近平总书记在教育文化卫生体育领域专家代表座谈会上强调："要坚定文化自信，推动中华优秀传统文化创造性转化、创新性发展，继承革命文化，发展社会主义先进文化，不断铸就中华文化新辉煌，建设社会主义文化强国。"近年来全国各地积极开展中华优秀传统文化创造性转化、创新性发展的有益探索，取得了诸多成果。灿烂的中华文化是由各民族共同创造的，我国155个民族自治地方有着丰富的中华优秀传统文化资源，在推动中华优秀传统文化创造性转化创新性发展实践中，要不断增强民族自治地方对"五个认同"的高度认同，铸牢中华民族共同体意识，坚守国家文化安全。这将在坚定文化自信向建设文化强国的转变过程中发挥不可替代的作用。可见，民族地区推动中华优秀传统文化创造性转化创新性发展是亟须解决的重大理论和现实问题。

2014年10月13日，习近平总书记在中共中央政治局第十八次集体学习时提出："怎样对待本国历史？怎样对待本国传统文化？这是任何国家在实现现代化过程中都必须解决好的问题"。对于这个问题，党的十九大报告提供了明确的思路，即"推动中华优秀传统文化创造性转化、创新性发展"。我国在全面开启建设社会主义现代化国家新征程中，155个民族自治地方文化现代化也是亟待解决的问题，推动中华优秀传统文化创造性转化创新性发展将有助于落实"四个全面"。因此，探究155个民族自治地方的中华优秀传统文化创造性转化创新性发展典型模式、实施路径以及转化成果的安全运用，并结合内蒙古自治区的实际情况，总结出中华优秀传统文化"两创"成果在内蒙古自治区的适用性，对于中华文化符号在内蒙古落地生根具有重要的理论意义和现实价值。

一、国内外相关研究的学术史梳理

2013年12月30日，习近平总书记在十八届中央政治局第十二次集体学习时提出"中华传统美德的创造性转化、创新性发展"。之后学术界日益重视中华优秀传统文化创造性转化创新性发展领域的研究，相关成果逐渐增多。总体而言，学术界大致经历了"路径选择（马金祥，2016）—构建模式（毛腾，2018；熊莉君，2019）—'双创'要素（鞠忠美，2018）"的历程。根据这一脉络，相关研究成果围绕模式构建、"两创"要素、路径选择等方面展开。

二、国内外研究综述

结合本书的研究内容，本部分从五个方面回顾和梳理国内外研究动态。

（一）中华优秀传统文化"两创"典型模式研究

针对"两创"典型模式的研究，主要围绕数字化关键技术、新媒体杠杆推动、教育平台搭建、产融发展、城乡名片打造展开研究，其中数字化关键技术和新媒体杠杆推动成为关键模式。邵明华（2020）提出了农村文化产业产融发展的"两创"模式，基于山东省十六地市的综合考察，提出了以农村非遗创意生产、文旅农在地融合、小微企业网络化经营、企业聚集化规模化生产、特色文化产品多元化出口的农村特色文化产业发展模式，最终实现农村优秀传统文化的"两创"。孙天垚（2018）以成都文化产业为例，提出了成都文化产业的创新模式，在政府高度重视下，以公共服务单位为依托多元发展地方文化、以创新创造为抓手提升城市文化内涵、以社会主义核心价值观为指导传承中华优秀传统文化，主打"小茶馆＋全民阅读＋文化精品工艺"的创新发展模式。樊丽明（2020）提出在"新文科"教育中融入新的人才培养模式，新模式包括学术性人才培养的本研贯穿模式、校政校企联合培养模式、跨校跨院联合培养模式，着眼实现传统文化的"两创"。熊莉君（2019）提出了"文化＋遗产""图书馆＋书院""讲堂＋图书馆""N位一体"等图书馆经典阅读传承模式。方坤、秦红增（2018）提出借助"虚拟现实技术（VR）、增强现实技术（AR）等数字技术结合360度全景展示"模式实现"一带一路"背景下的文化传播和发展。杨云香（2021）指出传统文化与适用数字化的传播模型，即运用数字化技术、三维动画等虚拟现实视觉表现形式增强现实体验感，运用超高清、互动性全息影像连接身体感受，拉近与传统文化之间的距离。利用多元技术多维度的创新内容表达，强化传统文化的传播效果，简言之，"多维创新内容＋虚拟现实＋超高清全息投影"构建以数字化为关键技术的"两创"模型。毛腾（2018）以中国传统书画的传播发展为例，提出了互联网背景下的"网络众筹＋公益小站传播平台＋构建共读知识社群"的传统书画发展模式。陈波、林青（2019）提出了福建屏南县的"党委政府＋艺术家＋村民＋古村落＋互联网"文创发展模式；四川竹艺村的"打造产业品牌、推广道明竹文化和林盘文化、建设集文创、休闲＋娱乐＋体验于一体"

的非遗小镇发展模式；龙泉青瓷小镇的"非遗传承平台，集文化打造、文博展示、创新交流、收藏+旅游于一体"的瓷文化旅游创意模式。

（二）中华优秀传统文化"两创"要素研究

针对"两创"要素，主要围绕数字科技要素、媒介要素、人力资源要素、产业要素、法律要素展开研究。黄永林、纪明明（2018）指出建立数字化档案、提供虚拟展示和传播平台、传播非遗特色文化信息提升非物质文化遗产的保护水平，其中，数字科技要素包括：电子信息、互联网、数字化技术、三维动画、网络技术、QQ、微博、微信等网络交流工具。陈波、林青（2019）以四川竹艺村为研究案例，提出"竹编工艺品创新与开发、竹里建筑的设计与施工、招募村民到川西林盘打造、村内处处看见创意元素"的创新元素。谷学强（2019）在二次元多元媒介融合中提到了漫画、动漫、视频网站、微博、百度贴吧、QQ、哔哩哔哩、微信公众号等媒介要素。马知遥等（2019）指出通过职业文化中介人发扬光大非物质文化遗产。杨建军（2020）全面梳理了与文化传承关联的法律：宪法、行政法规、相关法律、部门规章、地方立法、国际条约。

（三）中华优秀传统文化"两创"实施路径研究

实施路径主要通过"人员—方法"的二元维度，具体来说，"人员"的维度，国内通过教育路径实现，国外通过汉学家和海外华人助推中华优秀传统文化"两创"的发展；"方法"的维度，主要围绕产融联合、传播媒介、文化组织、文化动态、造节驱动展开。从"人员"的维度展开的研究如下：樊丽明（2020）提出在"新文科"教育中融入新的人才培养的实现路径，实现路径围绕建设新专业或新方向、探索新的融合模式、新课程的建设、新理论的构建四个维度设计安排。潘妤、丁滢（2019）指出海外华人通过民族舞剧《醒·狮》实现中华优秀传统文化的"两创"。胡安江（2010）以美国汉学家葛浩文为例，提出"中文天赋与中国情谊+快乐原则与读者意识"的模式推进中国文学的"走出去"。从"方法"的维度展开的研究如下：邵明华（2020）提出了农村文化产业产融发展的实现路径，实现路径围绕政府适度干预、形成产业聚集、乡村能人带动、融合先进技术、国际化战略布局等方面展开。孙天垚（2018）以成都文化产业为例，提出了成都文化产业"两创"的发展路径：非遗保护和传承为主打、聚焦文化传播模式、政策体系改革、构建文化创业体系、完善人才支撑。谷学强（2019）以二次元场域空间为主题，经"观看方式与身份阶层转化＋文化再生产和跨媒介叙事加工传统文化"实现"两创"的发展。陈波、林青（2019）以中国青瓷小镇、福建省屏南县、四川竹艺村为样本，提出了非遗小镇在六维度创新——理念创新、资源创新、方法创新、管理创新、运营创新、保护创新——上的发展路径。方坤、秦红增（2019）提出乡村文化振兴构建文化自信的内核，构建文化相对性，通过注重村落社区的培育和处理好农户生计、农业生产、专业市场、公共服务体系构建乡村文化振兴的行动方案。慕艳平（2013）以"双11"为案例指出通过"造节＋多样营销方式"实现电商文化的传播。

（四）中华优秀传统文化"两创"在民族地区的实践融入研究

针对实践融入，侧重点在于文化发展的实施方案。蔡新良、虞洪（2019）提到通过梳理少数民族传统文化、提取鲜明少数民族文化元素、走市场化和商业化道路、旅游要素中凸显少数民族传统文化、旅游演绎产品的品牌塑造、旅游纪念品系统，实现"两创"在民族地区的实践融入。徐望（2019）指出通过文化消费吸引民族文化资本、文旅融合拉动文化消费，并通过强化创意、建设线上线下平台、民族文化产品与需求对接、提升服务和满意度实现民族文化消费的提升。吴泽荣、盘小梅（2017）提出民族文化与新媒体结合发展弘扬少数民族传统文化。霍晓丽（2018）提到全域旅游与县域旅游集群开发、传统文化与非原生文化的融合、品牌建设、博物馆与展示空间的建立等实践方案。尹未仙（2019）提到通过政府厘清利益关系、民众参与、组建文化区域、利用非遗资源创新、发展文化产业、非遗传承人培养模式的创新和集体传承、充分利用互联网和新媒体可以加强非遗传承和发展。

（五）中华优秀传统文化"两创"成果的监测评估研究

监测评估部分的研究成果较少，立体保护方案较为凸显。林青、连铮（2019）指出了非物质文化遗产知识产权价值评估方法有成本法、收益法、市场法。杨建军（2020）梳理了六种文化保护与传承的法律机制：行政法保护机制、知识产权法保护机制、反不正当竞争法保护机制、商业秘密法律保护机制、物权法保护机制、刑事法律保护机制。李喜云、徐丽（2019）指出网络侵权正在阻碍传统文化产业的发展。陈乙华、曹劲松（2021）指出传统文化本身的知识产权保护和新的文化产品的知识产权保护。

学界关于民族地区推动中华优秀传统文化创造性转化创新性发展典型模式与

实施路径等领域进行了富有见地的研究，但仍存在完善之处，主要有：（1）民族地区推动中华优秀传统文化"两创"研究中缺乏"摸家底"的调研信息，即155个民族自治地方的中华优秀传统文化资源的综合数据空白。（2）中华优秀传统文化"两创"典型模式的研究更多是在不同地区推动"两创"的个案研究、实施方案研究，不具有在更大范围内的推广性和适用性。构建典型模式的砌垒要素有所谈及，但未能给出全面的要素构成，尤其对核心要素：数字科技要素，未能依据技术逻辑揭示其技术构成和技术架构。中华优秀传统文化"两创"典型模式、"两创"要素、实施路径、民族地区实践融入的系统性研究严重不足。（3）中华优秀传统文化"两创"成果的法律保护以及监测评估的研究严重滞后，部分观点多为现象描述，甚至有悖法律明文规定——将"公权"纳入"私权"范畴探讨保护，对中华优秀传统文化"两创"成果的知识产权监测评估关注不够。

基于此，本书以"民族地区推动中华优秀传统文化创造性转化创新性发展典型模式与实施路径研究"为主题，以155个民族自治地方的现有资源实践调研为基础，以中华优秀传统文化创造性转化创新性发展典型模式、"两创"要素、实施路径为切入点，以助力内蒙古实践为出发点和落脚点，以中华优秀传统文化创造性转化创新性发展成果的监测评估为保障，实现对内文化治理和对外文化安全的课题目标。在155个民族自治地方的中华优秀传统文化现有资源调研分析的基础上，浓炼中华优秀传统文化"两创"典型模式，呈现该理论模型在更大时空场域内的适用性，同时挖掘该理论模型的多维构成要素，即"两创"要素，揭示其内在多元构建，尤其是核心要素——数字科技要素的深度挖掘，揭示其技术构成。之后探索典型模型的"人员—方法"二元维度的路径实施，保障典型模式的顺利实施。最后将典型模式运用到内蒙古，助力内蒙古的优秀传统文化创造性转化创新性发展。明晰"监测"与"评估"的递进法律关系——评估侵权行为及其赔偿数额，最后，创新成果在转化后和发展中实施评估监测，明确创新成果的产权关系并防范成果的法律风险。

三、研究的主要内容、基本思路、研究方法

（一）研究的主要内容

本书拟围绕"民族地区推动中华优秀传统文化创造性转化创新性发展典型模式与实施路径研究"这一论题，以中华优秀传统文化创造性转化创新性发展的概念

阐述和现有资源的实践调研情报信息为研究基础,将典型模式、典型模式中的"两创"要素、实施路径融入助推内蒙古的优秀传统文化创造性转化创新性发展的实践方案中,并对创造性转化创新性发展的成果加以动态监测和效果评估。在此研究思路之下,本书的研究内容围绕如下六个方面开展。

1.调研背景:中华优秀传统文化创造性转化创新性发展的概念探讨和民族地区现有资源的实践调研情报汇总

本部分重点阐述核心概念,即何为创造性转化、何为创新性发展、何为中华优秀传统文化的文化内涵和表达形式、新进步和新进展。同时,本部分情报汇集155个民族自治地方的中华优秀传统文化的现有资源。155个民族自治地方现有资源从如下几个方面调研汇集情报:非物质文化遗产—农业文化遗产—工业文化遗产、中医药、古籍整理与古文字、文化地理IP打造、经典民间故事—民族音乐—戏曲、传统工艺—中华老字号、少数民族传统节日。其中文化地理IP打造包括如下内容:跨流域文化地理IP打造、地方文化—农耕文化IP打造、历史文化名城—城市文化生态—名镇—名街区—少数民族特色村寨—历史建筑。本部分作为调研背景,意在浓炼典型模式、分析"两创"要素、构建实施路径、推广实践应用、实施监测评估,具体来讲构建怎样的分析框架。

2.典型模式:中华优秀传统文化创造性转化创新性发展的理论模型——典型模式的构建

本部分重在构建中华优秀传统文化创造性转化创新性发展的理论模型,形成适用时空场域,思考中华优秀传统文化创造性转化创新性发展通过现有文化资源构建出的本质规律。第一,筛选和重新归类了6个类别的典型案例,该6个主要领域包括:中医药、古籍整理与古文字、文化地理IP打造、经典民间故事—民族音乐—戏曲、传统工艺—中华老字号、少数民族传统节日。第二,通过6个领域内的典型案例归纳推论得出以数字化为关键技术、以新媒体为杠杆、以国民教育为载体、以融资为牵引、以城乡名片打造为核心的典型模式。第三,在不同维度典型模式的基础上凝练最终典型模式,适用更大的时空场域,发挥理论模型的功效。

3."两创"要素:中华优秀传统文化创造性转化创新性发展典型模式的砌垒要素的筛选

本部分从"两创"要素融入,即筛选并分析中华优秀传统文化创造性转化创新性发展典型模式的数字科技要素、媒介要素、人力资源要素、产业要素、法律要素、其他要素。其中数字科技要素为核心要素，即技术支撑下的典型模式的砌垒要素。"文化—科技"二元认知是基本前提，数字科技要素是支撑中华优秀传统文化创造性转化创新性发展的基础和动力。同时，在不同维度的典型模式中筛选出其支撑的数字科技要素，呈现典型模式中的要素动力，切实展现中华优秀传统文化创造性转化创新性发展的动力引擎。

4. **实施路径：中华优秀传统文化创造性转化创新性发展典型模式的实现途径**

中华优秀传统文化创造性转化创新性发展不能仅停留在典型模式与构建典型模式的以科技为支撑的砌垒要素，还应探索其实践推动的路径，支撑理论模型的实现途径。探索"人员—方法"分类实施，构建中华优秀传统文化创造性转化创新性发展的实施路径。"人员"在国内和国外维度上实现路径实施：在国内运用育人的路径实施，在国外通过海外华人和汉学家实现路径实施。"方法"上运用新媒体和数字化技术实现融合表达，造就《洛神水赋》《唐宫夜宴》等文化视觉经典；运用动漫实现民族地区民间文学的创造性转化创新性发展；与实体融合实现老少边穷地区的文化振兴和文化弘扬，呈现传统社区保护新思路和新方法；通过"造节"充分利用和保护少数民族传统节日。

5. **实践融入：中华优秀传统文化创造性转化创新性发展典型模式在内蒙古的行为实践**

本部分以融入实践推动为重点，以在内蒙古推动中华优秀传统文化创造性转化创新性发展为出发点，确定在内蒙古实践推动的实现依据，实现在内蒙古对内文化治理和对外文化安全的行动落脚点，确立坚守国家文化安全、铸牢中华民族共同体意识、彰显中华文化自信和促进民族团结、弘扬中华文化软实力的行动原则，将中华优秀传统文化创造性转化创新性发展融入文化治理体系和治理能力现代化，从而实现理论模型与行动方案在内蒙古的统一。

6. **监测评估：中华优秀传统文化创造性转化创新性发展成果的动态监测与有效评估**

本部分以创造性转化创新性发展的实践成果的监测评估为重点，以中华优秀传统文化创造性转化创新性发展的实践成果产生的产权归属为基础，以实践推动过程中产生的侵权行为为监测目标，以通过数据对比以及裁判文书数据分析产生的侵权情报信息为预警机制和呈现效果，运用知识产权立体保护模式，以道德为基础，以法律为准绳，以中华优秀传统文化创造性转化创新性发展成果的监测评估为保障，发挥法治在文化治理体系和治理能力现代化中的积极作用，最终立足"以道德为基础、以法律为准绳"的文化强国和文明国家。

（二）基本思路

本书的基本思路是：以中华优秀传统文化创造性转化创新性发展典型模式与实施路径为研究主题，立足于民族地区对内文化治理和对外文化安全，探索中华优秀传统文化创造性转化创新性发展典型模式，构建符合不同受众需求的推动"两创"的有效路径和实施机制，服务于民族地区，营造积极的全社会舆论氛围，探索更为高效的全过程监控和动态评估反馈机制。本书总体遵循调研背景—典型模式—"两创"要素—实施路径—实践融入—监测评估这一研究思路展开研究。基本思路参见技术路线图（见图1-1）。

首先，阐释核心概念和实践调研155个民族自治地方中华优秀传统文化的现有资源。其次，在中华优秀传统文化"两创"成果最显著的6个领域内汇总典型案例，通过典型案例归纳推演并凝练理论模型，之后分解构建理论模型的要求，即挖掘搭建典型模式的"两创"要素。"文化—科技"二元认知是典型模式的认知基础，数字科技要素是典型模式的核心要素，揭示数字科技要素是呈现典型模型的内在科技引擎，科技助推典型模式在时空尺度上的功能实现，经设计实施方案，使典型模式和实施路径契合统一，充分发挥人员的优势和方法的作用，实现理论模型的功能性、适用性、可实施性，最终结合中华优秀传统文化创造性转化创新性发展典型模式与实施路径。再次，融入实践，将典型模式、"两创"要素、实施路径充分运用到民族地区，明确融入根本原因、重点内容、立足点以及最终着眼点，实现民族边疆地区的对内文化治理和对外文化安全，从而实现文化治理体系和治理能力现代化。最后，融入法律制度，明确产权归属，防范侵权风险，运用知识产权监测评估，保障中华优秀传统文化"两创"成果的安全实施，构建文化强国与依法治国的协同联结。

| 研究思路 | 研究内容 | 研究方法 |

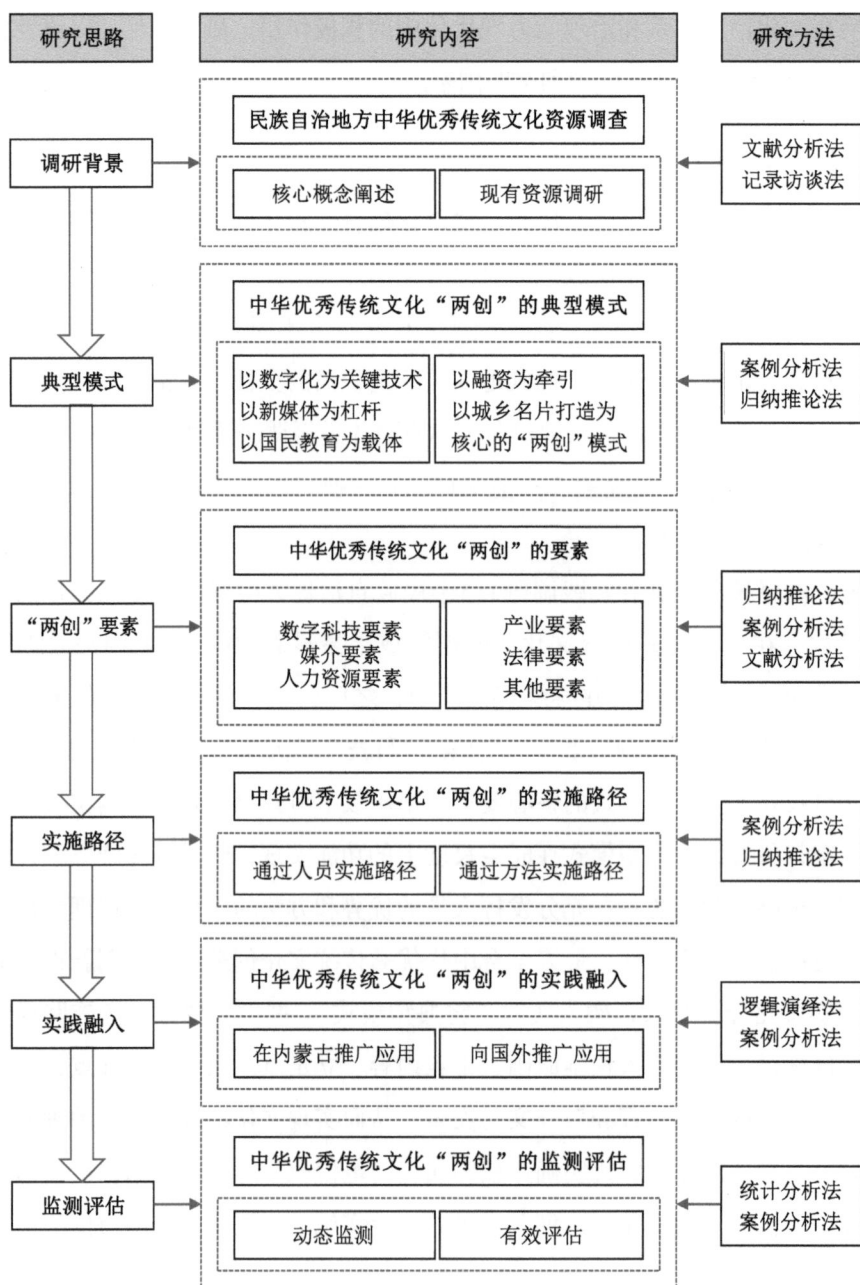

图1-1　技术路线

（三）研究方法

本书综合运用文献分析法、案例分析法、归纳推论法、统计分析法、逻辑演绎法等研究方法，科学开展本项目。

1.文献分析法与逻辑演绎法

全面收集、系统整理、深入挖掘习近平总书记系列重要讲话读本、马克思主义经典著作、中国传统文化经典著作、中华优秀传统文化创造性转化创新性发展的学术成果，借鉴国内外已有研究成果、了解研究现状、掌握核心概念、确定研究主题、规划分析框架，为本项目的顺利开展提供文献支撑。

2.案例分析法与归纳推论法

在文献分析的基础上，总结梳理中华优秀传统文化创造性转化创新性发展的6个领域，该6个主要领域包括：中医药、古籍整理与古文字、文化地理IP打造、经典民间故事—民族音乐—戏曲、传统工艺—中华老字号、少数民族传统节日。收集整理6个主要领域的典型案例，从典型案例中归纳模式总结；此外，在中华优秀传统文化创造性转化创新性发展成果的监测评估中，运用裁判文书数据库搜寻产权纠纷的经典案例，分析整理，提供监测评估的预警方案。

3.统计分析法

典型模式中挖掘"两创"要素的认知基础是"文化—科技"二元认知，其中核心要素为数字科技要素，数字科技要素构成典型模式的动力引擎，是呈现和弘扬中华优秀传统文化的根本所在，挖掘典型模式中的数字科技要素变得至关重要。本书运用统计分析法，挖掘技术方案，构建技术架构和技术要素，从而揭示中华优秀传统文化创造性转化创新性发展典型模式中的动力引擎。

四、创新点

（一）调研结果新

本书汇集155个民族自治地方的中华优秀传统文化的现有资源，调研数据包括：非物质文化遗产—农业文化遗产—工业文化遗产、中医药、古籍整理与古文字、文化地理IP打造、经典民间故事—民族音乐—戏曲、传统工艺—中华老字号、少数民族传统节日。其中文化地理IP打造包括如下内容：跨流域文化地理IP打造、地方文化—农耕文化IP打造、历史文化名城—城市文化生态—名镇—名街区—少数民族特色村寨—历史建筑。上述155个民族自治地方的中华优秀传统文化的现有资源至今未系统梳理。

（二）研究选题新

本书以155个民族自治地方的现有资源实践调研为基础，以中华优秀传统文化创造性转化创新性发展典型模式、"两创"要素、实施路径为切入点，以助力内蒙古实践为出发点和落脚点，以中华优秀传统文化创造性转化创新性发展成果的监测评估为保障，实现对内文化治理和对外文化安全的课题目标。因此，本书既不同于目前学界对中华优秀传统文化创造性转化创新性发展的合理性、正当性、必要性的理论论证，又不同于个案研究。

（三）研究方法新

本书融合马克思主义、文化学、社会学、法学、图书馆与信息学等多学科领域，将其融入调研背景、典型模式、"两创"要素、实施路径、实践融入、监测评估的分析框架中，运用丰富的案例分析法构建中华优秀传统文化创造性转化创新性发展典型模式，通过空间引文信息分析方法揭示典型模式中的技术要素和技术架构，呈现"文化—科技"二元认知，融合知识产权预警分析、裁判文书大数据信息分析和司法裁判案例，呈现知识产权监测评估在实现中华优秀传统文化创造性转化创新性发展成果的效益发挥和安全保障，落实该项目的规范性、系统性、可实施性。

（四）学术观点新

中华优秀传统文化创造性转化创新性发展的研究有必要将典型模式、典型模式的"两创"要素与路径实施结合。在此基础上，融入实践助力内蒙古，并且在实践过程中充分调动动态监测和反馈评估，确保在发挥成果效益的同时保障成果安全。而以往的研究只强调路径实践，忽略产权保护的"正向反馈"，可以说保护好"两创"成果的知识产权是确保"两创"成果在市场上发挥功效和健康发展的根本保障。最终落实到对内文化治理和对外文化安全，从而呈现文化治理体系和治理能力的现代化，确保文化强国与依法治国的统一，实现"以道德为基础、以法律为准绳"的文化强国和文明国家。

第二章

民族地区中华优秀传统文化现有资源
实践调研

一、中华优秀传统文化"两创"核心概念阐述

习近平总书记指出："中华优秀传统文化是民族的精神命脉"和"最深厚的文化软实力","没有中华文化的繁荣兴盛，就没有中华民族的伟大复兴"。党的十八大以来我们党推进文化建设的战略部署，强调"推动中华优秀传统文化创造性转化、创新性发展"。习近平总书记对"创造性转化、创新性发展"的内涵给予了深刻的解读。习近平总书记指出："中华优秀传统文化创造性转化，就是要按照时代特点和要求，对那些至今仍有借鉴价值的内涵和陈旧的表现形式加以改造，赋予其新的时代内涵和现代表达形式，激活其生命力；中华优秀传统文化创新性发展，就是要按照时代的新进步新进展，对中华优秀传统文化的内涵加以补充、拓展、完善，增强其影响力和感召力[①]"。

二、民族地区中华优秀传统文化实践调研原因分析

推动155个民族地方中华优秀传统文化创造性转化创新性发展有助于落实"四个全面"、经济社会发展规划纲要和国家文化发展改革等有关规划在民族地区的落地保障。在我国155个民族自治地方推动中华优秀传统文化创造性转化创新性发展必须对155个民族自治地方的中华优秀传统文化开展以重点方向为指引的调研基础工作。但现阶段，民族地区推动中华优秀传统文化"两创"研究中缺乏"摸家底"的调研信息，即155个民族自治地方的基于重点方向的中华优秀传统文化资源的综合数据处于空白状态。因此，选取中华优秀传统文化资源的重点方向以及对其开展综合调研基础工作具有紧迫性和必要性，在对推动中华优秀传统文化更好地融入155个民族自治地方的经济社会发展和人民日常生活中起到数据基础性和战略性作用，为社会主义先进文化繁荣发展和社会主义现代化建设发挥着重要的数据支撑和战略意义。

---

① 中共中央宣传部.习近平总书记系列重要讲话读本[M].北京：学习出版社，2016：203.

三、民族地区中华优秀传统文化实践调研基本原则①

中共中央办公厅、国务院办公厅印发的《关于实施中华优秀传统文化传承发展工程的意见》中指出中华优秀传统文化创造性转化创新性发展的基本原则。在此基础上，本书结合该主题研究提炼出七个方面的基本原则。

（一）以社会主义先进文化为前进方向

开展民族地区中华优秀传统文化实践调研，必须坚持中国特色社会主义文化发展道路，立足于马克思主义，以巩固党和全国人民团结奋斗的共同思想为基础，弘扬社会主义核心价值观，弘扬和培育民族精神和时代精神②，助推中华优秀传统文化在民族地区的繁荣发展。

（二）以人民为中心

开展民族地区中华优秀传统文化实践调研，"坚持为了人民、依靠人民、共建共享，注重文化熏陶和实践养成，把跨越时空的思想理念、价值标准、审美风范转化为人们的精神追求和行为习惯，不断增强人民群众的文化参与感、获得感和认同感，形成向上向善的社会风尚"③。

（三）保护民族地区传统文化

开展民族地区中华优秀传统文化实践调研，尊重民族地区中华优秀传统文化的独特性、维护民族地区中华优秀传统文化的丰富性，保护民族地区中华优秀传统文化的多元性，从中萃取精华，弘扬发展155个民族自治地方的中华优秀传统文化。

---

①《关于实施中华优秀传统文化传承发展工程的意见》中的"3.基本原则"部分列出了5个原则，分别是："牢牢把握社会主义先进文化前进方向""坚持以人民为中心的工作导向""坚持创造性转化和创新性发展""坚持交流互鉴、开放包容""坚持统筹协调、形成合力。"本研究基于《关于实施中华优秀传统文化传承发展工程的意见》列出的5个原则，进一步凝练出围绕项目研究内容的7个方面的基本原则。7个原则以社会主义先进文化为发展方向和指引、以人民为本位和立足于人民的根本利益，在155个民族自治地方挖掘中华优秀传统文化为项目调研出发点和资源基础，实现生成"两创"成果，以产业为助力推动"两创"成果，发展"两创"成果，并在市场化过程中确保"两创"成果的安全和防范知识产权侵权风险。总体而言，以"发展方向—权益主体—成果基础—成果生成—成果发展—成果推广—成果保护"为思路列出民族地区中华优秀传统文化实践调研的基本原则。

② 中共中央办公厅　国务院办公厅印发《关于实施中华优秀传统文化传承发展工程的意见》[A/OL].（2017-01-25）[2023-03-03]. http://www.gov.cn/zhengce/2017/01/25/content_5163472.htm.

③ 同②。

（四）守正创新和推进中华优秀传统文化"两创"

开展民族地区中华优秀传统文化实践调研，取其精华、去其糟粕，创造性转化、创新性发展，不断赋予新的时代内涵和现代表达形式，"使中华民族最基本的文化基因与当代文化相适应、与现代社会相协调"①。

（五）以产业助力民族地区文化发展

开展民族地区中华优秀传统文化实践调研，必须坚持党的领导，充分发挥政府的主导作用，促进民族地区中华优秀传统文化创造性转化创新性发展成果（"两创"成果）的市场化、产业化，发挥市场的积极作用，鼓励社会力量积极参与，优化营商环境，降低制度性交易成本，助力中华优秀传统文化创造性转化创新性发展的高质量发展。

（六）坚持交流互鉴和开放包容

开展民族地区中华优秀传统文化实践调研，要"坚持取长补短、择善而从，既不简单拿来，也不盲目排外，吸收借鉴国外优秀文明成果，积极参与世界文化的对话交流，不断丰富和发展民族地区中华优秀传统文化"②，将民族地区中华优秀传统文化推向更大的世界舞台。

（七）落实"两创"成果的产权安全为根本保障

中华优秀传统文化"两创"成果在市场化过程中的产权安全是中华优秀传统文化"两创"成果可以顺利实施和健康发展的根本保障，只有保护好中华优秀传统文化"两创"成果的知识产权安全，防范知识产权侵权，才能使中华优秀传统文化"两创"成果在市场上健康发展，形成市场的"正向反馈"。中华优秀传统文化"两创"成果的正向反馈亦是"两创"成果繁荣发展的兜底保障和实施前提。

四、民族地区中华优秀传统文化实践调研主要领域

本书汇集155个民族自治地方的中华优秀传统文化的现有资源，调研重点领域包含：非物质文化遗产—农业文化遗产—工业文化遗产、中医药、古籍整理与古文

---

① 参见《关于实施中华优秀传统文化传承发展工程的意见》。
② 同①。

字、文化地理IP打造、经典民间故事—民族音乐—戏曲、传统工艺—中华老字号、少数民族传统节日。其中文化地理IP打造包括如下内容：跨流域文化地理IP打造、地方文化—农耕文化IP打造、历史文化名城—城市文化生态—名镇—名街区—少数民族特色村寨—历史建筑（见表2-1）。

表2-1　中华优秀传统文化资源信息分类

一级类别	二级分类
非物质文化遗产—农业文化遗产—工业文化遗产	
中医药	
古籍整理与古文字	
文化地理IP打造	跨流域文化地理IP打造
	地方文化—农耕文化IP打造
	历史文化名城—城市文化生态—名镇—名街区—少数民族特色村寨—历史建筑
经典民间故事—民族音乐—戏曲	
传统工艺—中华老字号	
少数民族传统节日	

五、民族地区中华优秀传统文化实践总体调研方案

本书根据项目要求，制定了总体调研方案（见表2-2）。调研的总体步骤如下：首先，完成内容细节、提纲撰写、任务分配、进度安排。其次，依据调研情况收集资料、开展调研、数据汇总、记录整理。再次，根据调研进展解决问题、撰写课题。最后，修改反馈、完善调研报告。

表2-2　总体调研方案

调研准备		内容细节、提纲撰写、任务分配、进度安排、收集资料、开展调研	
调研实施	确定方案	调研对象	155个民族自治地方的中华优秀传统文化的现有资源
		调研目标	梳理155个民族自治地方的中华优秀传统文化的现有资源 梳理汇总7个类别的典型案例后，析出典型模型、"两创"要素、实施路径、实践融入的典型案例 将汇总信息应用至中华优秀传统文化"两创"的实践融入中
		调研信息	非物质文化遗产—农业文化遗产—工业文化遗产 中医药 古籍整理与古文字

调研准备	内容细节、提纲撰写、任务分配、进度安排、收集资料、开展调研			
调研实施	确定方案	调研信息	文化地理IP打造	跨流域文化地理IP打造
				地方文化—农耕文化IP打造
				历史文化名城—城市文化生态—名镇—名街区—少数民族特色村寨—历史建筑
			经典民间故事—民族音乐—戏曲 传统工艺—中华老字号 少数民族传统节日	
		调研方法	记录法、访谈法、数据统计	
	执行调研	开展调研、数据汇总、记录整理、监控反馈		
调研结果	资料整理、筛选录入、统计分析、撰写报告、结论检验、修改反馈、完善报告			

六、民族地区中华优秀传统文化实践调研数据统计

我国共建立了155个民族自治地方，包括5个自治区、30个自治州，120个民族自治县（旗）。基于行政划分，各省、自治区、直辖市包含的自治州和自治县合计数据如下：吉林省4个、湖北省3个、湖南省8个、四川省7个、贵州省14个、云南省37个、甘肃省9个、青海省13个、新疆维吾尔自治区11个、河北省6个、辽宁省8个、黑龙江省1个、浙江省1个、广东省3个、广西壮族自治区12个、海南省6个、重庆市4个、内蒙古自治区3个（新疆维吾尔自治区的"5个自治州和6个自治县"的数据与"新疆维吾尔自治区"的总数据进行了区分统计，内蒙古自治区的"3个自治旗"的数据与"内蒙古自治区"的总数据进行了区分统计，广西壮族自治区的"12个自治县"与"广西壮族自治区"的总数据进行了区分统计，宁夏回族自治区和西藏自治区不存在自治州和自治县的统计数据）。结合表2-1关于中华优秀传统文化重要领域的一级和二级分类的基础上，本书统计了上述155个民族自治地方的中华优秀传统文化资源。155个民族自治地方的中华优秀传统文化的基础资源数据是中华优秀传统文化创造性转化创新性发展的坚实根基，是指导理论和实践工作的重要支撑。

本书经逐一摘录155个民族自治地方的人民政府官网、文化和旅游部门官方网

站中的公开记录①，把采集记录与表2-1相关的文字或数字信息相匹配，并将其全部转化成数字信息，获得了本次调研的统计数据。详细的对应信息参见附录部分。

（一）155个民族自治地方非遗—农遗—工遗调研数据

155个民族自治地方的非物质文化遗产、农业文化遗产、工业文化遗产的调研数据见表2-3、表2-4、表2-5。

在统计155个民族自治地方的非物质文化遗产数据时，由于在官网中已列出内蒙古自治区、广西壮族自治区、西藏自治区、宁夏回族自治区、新疆维吾尔自治区的不同维度的"总"的数据统计量。因此，不再重复统计，只列出剩下的150个民族自治地方的非物质文化遗产的统计数据。列出时只以"省份"为单位列出，不再一一列出具体的自治地方的统计数据。例如，吉林省内有4个民族自治地方，将4个民族自治地方的数据加总合计并以"吉林省"为指称列出数据。

表2-3　155个民族自治地方非物质文化遗产调研数据②

行政区划	世界级	国家级	省级	市级（自治州）	区县级
河北省	1	6	19	20	41
内蒙古自治区		11	13	20	24
辽宁省	1	9	23	19	
吉林省	1	31	211	244	2
黑龙江省					
浙江省		3	1		
湖北省		18	69	149	
湖南省		40	120	62	37
广东省		6	3		8
广西壮族自治区		16	12		152
海南省		13	30	8	128
重庆市		10	5	35	373
四川省	4	60	297	994	37

---

① 本研究将政府官方网站中对应的信息进行摘取并汇总，形成统计数据。政府官网中公开的信息属于公共领域内的信息，不属于私权范围信息。

② 非物质文化遗产对应的信息摘录自中国非物质文化遗产网·中国非物质文化遗产数字博物馆（https://www.ihchina.cn/project.html）以及各省的政府官网中发布的名录信息。

续　表

行政区划	世界级	国家级	省级	市级（自治州）	区县级
贵州省		110	500	758	48
云南省	2	120	163	1 233	387
甘肃省	3	32	31	148	
青海省		63			
新疆维吾尔自治区	3	64	48	78	41
总数	15	612	1 545	3 768	1 278

在统计155个民族自治地方的农业文化遗产数据时，5个自治区的总数据与150个自治州和自治县的分数据之间存在一定的数据差，自治区相关官网中显示的与数据对应的信息多为典型信息，因此，在155个民族自治地方的农业文化遗产的数据统计中，5个自治区的总数据以典型数据为准。

表 2-4　155 个民族自治地方农业文化遗产调研数据 [①]

行政区划	数量
辽宁省	4
吉林省	2
湖南省	2
广西壮族自治区	4
海南省	2
重庆市	1
四川省	2
云南省	8
新疆维吾尔自治区	1
内蒙古自治区（典型）	6
广西壮族自治区（典型）	5
西藏自治区（典型）	2
宁夏回族自治区（典型）	1

[①] 农业文化遗产对应的信息摘录自农业农村部官网（https://www.moa.gov.cn/）中发布的公开信息，从中逐一摘取并汇总。除此之外，还参考了155个民族自治地方的政府官网发布的数据。由于在数据统计时，5个"自治区"级的数据统计与150个民族自治地方的数据统计之间出现了信息差，农业文化遗产中的5个"自治区"级的数据统计以"典型"信息的形式列出。

行政区划	数量
新疆维吾尔自治区（典型）	4
总数	44

在统计155个民族自治地方的工业文化遗产数据时，5个自治区的总数据与150个自治州和自治县的分数据之间存在一定的数据差，自治区政府官网中显示的与数据对应的信息多为典型信息，并未能列出具体且详细的数据统计，因此，在155个民族自治地方的工业文化遗产的数据统计中，5个自治区的总数据以典型数据为准。

表2-5　155个民族自治地方工业文化遗产调研数据[①]

行政区划	数量
湖南省	1
四川省	2
云南省	1
内蒙古自治区（典型）	3
广西壮族自治区（典型）	2
西藏自治区（典型）	3
新疆维吾尔自治区（典型）	3
总数	15

（二）155个民族自治地方中医药调研数据

155个民族自治地方的中医药的调研数据见表2-6。

在统计155个民族自治地方的中医药数据时，5个自治区的总数据与150个自治州和自治县的分数据之间存在一定的数据差，自治区相关官网中显示的与数据对应的信息多为典型信息，未能全面覆盖总体数据，未能满足数据的"全面性"要求。因此，在155个民族自治地方的中医药的数据统计中，5个自治区的总数据以典型数据为准。

---

① 工业文化遗产对应的信息参考了中华人民共和国工业和信息化部（https://www.miit.gov.cn/）和155个民族自治地方的政府官网发布的信息——从发布的具体信息中摘录出对应的信息，并进行数据汇总统计。其中在5个自治区的数据统计上以典型数据的形式列出数据统计结果，未采取全面性统计。

表2-6　155个民族自治地方中医药调研数据 ①

行政区划	数量
河北省	3
内蒙古自治区	1
湖南省	6
广东省	2
广西壮族自治区	17
海南省	2
四川省	5
贵州省	21
云南省	11
青海省	2
新疆维吾尔自治区	2
内蒙古自治区（典型）	2
广西壮族自治区（典型）	7
西藏自治区（典型）	14
宁夏回族自治区（典型）	4
新疆维吾尔自治区（典型）	7
总数	106

（三）155个民族自治地方古籍整理与古文字调研数据

155个民族自治地方的古籍整理与古文字的调研数据见表2-7、表2-8。

表2-7　155个民族自治地方古籍整理调研数据 ②

行政区划	数量
湖南省	4
广东省	1
广西壮族自治区	4
四川省	1
云南省	2

---

① 150个民族自治地方的中医药的统计数据对应的信息摘自150个民族自治地方的政府官网中的"非物质文化遗产保护名录"中对应的信息。部分信息也参考了地方文化旅游机构。存在的主要问题是：在150个民族自治地方中部分地方没有专门的文化旅游官网，或记录的相关信息较陈旧。5个自治区的统计数据以典型信息的方式列出。

② 150个民族自治地方的古籍整理的公开信息出自对应的地方政府官网。经整理之后发现，第一，古籍整理的数据总体而言较为欠缺，相关信息的记载较少。第二，本次信息统计重在"整理"，而非具体古籍数量，这也是导致数据量较少的重要原因。5个自治区的古籍整理数据出处参见下面的注释内容。

续　表

行政区划	数量
青海省	4
内蒙古自治区	珍贵古籍280册[①]
广西壮族自治区	珍贵古籍275部[②]
西藏自治区	6 000函[③]
宁夏回族自治区	3 826条[④]
新疆维吾尔自治区	普查14 980种[⑤]

在5个自治区范围内的古文字的选取上，列出了具有典型意义的古文字。例如，在内蒙古自治区具有典型意义的古文字为经过多次变化后形成的回鹘式蒙古文，在唐代初期墓碑上发现的古壮文，在宁夏回族自治区发现的最古老的画图文字——大麦地岩画，在新疆维吾尔自治区使用最早的佉卢文。

表 2-8　155 个民族自治地方古文字调研数据[⑥]

行政区划	数量
湖南省	1
广西壮族自治区	1
云南省	8
甘肃省	1
新疆维吾尔自治区	2
内蒙古自治区（典型）	1
广西壮族自治区	1
西藏自治区	1
宁夏回族自治区（典型）	1

---

①该数据整理主要针对珍贵古籍，以"册"为单位。数据来源：内蒙古古籍办积极宣传推广古籍整理出版成果[EB/OL]. https://www.neac.gov.cn/seac/mzwh/202105/1145493.shtml.

②该数据整理主要针对珍贵古籍，以"部"为单位。数据来源：广西壮族自治区珍贵古籍名录[EB/OL]. http://gj.gxlib.org.cn/bhcg_show.aspx?id=290.

③西藏古籍文献数字化提速 大批珍贵藏文古籍近期实现"云阅读"[EB/OL].（2020-03-14）. https://www.rmzxb.com.cn/c/2020-03-14/2538440.shtml.

④宁夏回族自治区二十家收藏单位古籍普查登记目录[EB/OL].（2021-05-24）. http://www.nlc.cn/pcab/zx/xw/202105/t20210524_201814.htm.

⑤该数据为较早的普查数据，未能找到对应的整理数据。具体参见：新疆的文化保护与发展[EB/OL].（2018-11-15）. http://www.gov.cn/zhengce/2018-11/15/content_5340625.htm.

⑥150个民族自治地方的古文字与公开信息对应的统计数据出自地方政府官网的文字记载，总体而言，信息量较少，未能全面统计古文字的信息。

行政区划	数量
新疆维吾尔自治区（典型）	1
总数	18

（四）155个民族自治地方文化地理IP打造调研数据

155个民族自治地方的农耕文化、城市文化生态、民族自治地区名镇—名街区—少数民族特色村寨—历史建筑的调研数据见表2-9、表2-10、表2-11。

表2-9　155个民族自治地方农耕文化调研数据[①]

行政区划	数量
浙江省	2
湖南省	1
广西壮族自治区	2
海南省	2
重庆市	2
四川省	1
云南省	6
甘肃省	1
新疆维吾尔自治区	1
总数	18

表2-10　155个民族自治地方城市文化生态调研数据[②]

行政区划	数量
湖南省	1
宁夏回族自治区	1
总数	2

自治区层面的历史建筑的统计数据，内蒙古自治区8个、广西壮族自治区32个、西藏自治区28个、宁夏回族自治区26个、新疆维吾尔自治区15个，为与典型信息对应的统计数据。

---

① 155个民族自治地方的政府官网中没有专门列出"农耕文化"对应的信息。在摘取信息时选取了可能性数据，即政府官网的信息描述中可能涉及"农耕文化"的信息被摘取和记录下来。但存在的问题是，一方面，地方政府官网中的信息记载量较为有限，另一方面，摘取之后的数据在校验上存在困难。

② 城市文化生态的数据严重欠缺，在155个民族自治地方的政府官网数据中几乎处于空白状态。

表2-11　155个民族自治地方名镇—名街区—少数民族特色村寨—历史建筑调研数据 [1]

行政区划	历史文化名城名镇名村街区	中国传统村落	少数民族特色村寨	历史建筑
河北省				9
内蒙古自治区	7	1		1
辽宁省		4	6	16
吉林省			8	2
黑龙江省			1	
浙江省		1	1	2
湖北省		6	2	1
湖南省	7	53	15	73
广东省	1		14	39
广西壮族自治区	2	64	137	13
海南省	1	8	10	16
重庆市	14	11	21	19
四川省		92	7	5
贵州省	3	25	18	53
云南省	11	216	116	75
甘肃省		2	9	20
青海省	1	49	4	69
新疆维吾尔自治区	20	18	10	6
内蒙古自治区	7	26	88	8（典型）
广西壮族自治区	43	283	198	32（典型）
西藏自治区	19	80	9	28（典型）
宁夏回族自治区	11	4	10	26（典型）
新疆维吾尔自治区	7	18	14	15（典型）
总数	154	961	698	528

---

[1] 155个民族自治地方名镇—名街区—少数民族特色村寨—历史建筑调研数据是本次调研中数据较为详尽和全面的调研结果。本部分的数据出自155民族自治地方的政府官网记录的相关信息、部分地方负责文旅的政府机构（在155民族自治地方中，部分地方并没有专门的文旅机构）以及省、自治区、直辖市一级的"非物质文化遗产名录"中对应的信息。该数据是将三方信息渠道获得的信息进行整合筛选之后形成的数据统计结果。

（五）155个民族自治地方经典民间故事—民族音乐—戏曲调研数据

155个民族自治地方的经典民间故事—民族音乐—戏曲的调研数据见表2-12。

在统计民间音乐调研数据时，自治区层面的部分数据为与典型信息匹配的信息。总数据中未加入分数据的内容。

在统计戏曲调研数据时，自治区层面的部分数据为与典型信息匹配的信息。总数据中未加入分数据的内容。

表2-12 155个民族自治地方经典民间故事—民族音乐—戏曲调研数据[①]

行政区划	经典民间故事	民族音乐	戏曲
河北省		2	1
内蒙古自治区		8	
辽宁省	1		2
吉林省	9	4	1
黑龙江省	3		3
浙江省			4
湖北省	1	2	4
湖南省	8	17	3
广东省		1	1
广西壮族自治区		46	8
海南省	3	16	
重庆市		20	2
四川省	2	27	1
贵州省	21	83	8
云南省	28	47	
甘肃省		8	1
青海省	3	11	18
新疆维吾尔自治区	3	19	2
内蒙古自治区	44	19	5
广西壮族自治区	10	24（典型）	23
西藏自治区	22	25	13
宁夏回族自治区	49	4	1
新疆维吾尔自治区	262	32	1（典型）
总数	469	415	102

① 155个民族自治地方的经典民间故事—民族音乐—戏曲的调研数据主要源自省、自治区、直辖市一级的分批披露的"非物质文化遗产名录"中经信息筛选和汇总之后获得的最终统计数据结果。在该部分内容中，从155个民族自治地方的政府官网中获取的信息相对较少。

（六）155个民族自治地方传统工艺—中华老字号调研数据

155个民族自治地方的传统工艺—中华老字号的调研数据见表2-13。

155个民族自治地方的传统工艺的数据存在重叠。其原因在于：将每个省级行政区中的二级数据进行合并统计。例如，作为一级分类的"吉林省"的统计数据是由四个二级数据组成，分别是前郭尔罗斯蒙古族自治县（松原市）、长白朝鲜族自治县（白山市）、伊通满族自治县（四平市）和延边朝鲜族自治州（延吉市）的统计数据。表2-13中由于仅列一级分类"吉林省"的统计数据，因此四个二级分类的部分统计信息之间存在重叠，即前郭尔罗斯蒙古族自治县（松原市）的部分信息同时也存在于长白朝鲜族自治县（白山市）等。此外，新疆维吾尔自治区和广西壮族自治区的总数据是以对应的典型信息的数据方式呈现的，在数据处已标明。

中华老字号的一级分类的统计数据实际上也是该省或自治区的总的数据。例如，一级分类"吉林省"的统计数据不再是二级分类的统计数据，而是吉林省全省的统计数据。其原因在于中华老字号由两个部分组成：企业名称和代表性的注册商标。除驰名商标等特殊情形外，核准注册商标的核定使用商品的使用范围不会被限制在二级分类的地域中，而是中国全域。

表 2-13　155 个民族自治地方传统工艺—中华老字号调研数据

行政区划	传统工艺[①]	中华老字号[②]
吉林省	29	20
湖北省	48	26
湖南省	78	20
四川省	91	48
贵州省	92	9
云南省	149	26
甘肃省	27	14
青海省	98	1
新疆维吾尔自治区	34	—
河北省	39	27
辽宁省	30	32

---

①传统工艺的统计数据均源自150个民族自治地方的政府官网公布的公开信息，对信息进行筛选后进行统计。该数据较为全面，同时具有典型意义。

②中华老字号的调研数据均摘自中华人民共和国商务部业务系统统一平台：中华老字号信息管理平台。具体数据通过中华老字号名录查询获得，网址参见：https://zhlzh.mofcom.gov.cn/。

行政区划	传统工艺[1]	中华老字号[2]
黑龙江省	4	32
浙江省	2	84
广东省	7	57
广西壮族自治区	104	
海南省	46	1
重庆市	23	19
内蒙古自治区	33	
宁夏回族自治区		
西藏自治区		
内蒙古自治区	78	7
宁夏回族自治区	27	2
新疆维吾尔自治区	23（典型）	3
西藏自治区	27	
广西壮族自治区	6（典型）	9
总数	1 095	437

（七）155个民族自治地方少数民族传统节日调研数据

155个民族自治地方的少数民族传统节日的调研数据见表2-14。

5个自治区层面的数据统计主要采取了与典型信息相对应的数据统计，未采取数据的全面统计记录。

表2-14　155个民族自治地方少数民族传统节日调研数据 [1]

行政区划	少数民族传统节日
河北省	11
内蒙古自治区	5
辽宁省	1
吉林省	4
黑龙江省	1
浙江省	5
湖南省	53

---

① 155个民族自治地方少数民族传统节日调研数据主要源自省、自治区、直辖市一级的分批发布的非物质文化遗产名录中对应的摘录的信息。155个民族自治地方的政府官网中关于"介绍"的部分有所涉猎，主要是典型传统节日，但不具有全面性。在5个自治区层面的数据以典型信息的方式列出，未能全面列出。

行政区划	少数民族传统节日
广东省	3
广西壮族自治区	21
海南省	4
重庆市	9
四川省	20
贵州省	47
云南省	111
甘肃省	7
青海省	9
新疆维吾尔自治区	7
内蒙古自治区	10（典型）
广西壮族自治区	24（典型）
西藏自治区	31（典型）
宁夏回族自治区	9（典型）
新疆维吾尔自治区	16（典型）
总数	408

七、民族地区中华优秀传统文化实践调研典型案例

民族地区中华优秀传统文化实践调研典型案例围绕七个大类展开，七个大类分别是：第一大类：非物质文化遗产—农业文化遗产—工业文化遗产；第二大类：中医药；第三大类：古籍整理与古文字；第四大类：文化地理IP打造；第五大类：经典民间故事—民族音乐—戏曲；第六大类：传统工艺—中华老字号；第七大类：少数民族传统节日。其中，第四大类中还涵盖了跨流域文化地理IP打造、地方文化—农耕文化IP打造、历史文化名城—城市文化生态—名镇—名街区—少数民族特色村寨—历史建筑的相关典型案例，详细案例参见附录部分的统计信息。

八、民族地区中华优秀传统文化实践调研的价值与意义

中华优秀传统文化创造性转化创新性发展发挥着"应用中保护"的文化传承保护价值、增强文化自信向实现文化自强的时代价值、筑牢文化安全的国家安全价值、实现中华民族伟大复兴的文化战略价值。

就文化和经济价值而言，中华优秀传统文化的创造性转化创新性发展是"应用中保护"的最佳方案，发挥着重要的文化和经济价值；就时代价值而言，通过中华优秀传统文化的创造性转化创新性发展，可以增强文化自信，增强中华优秀传统文化的吸引力、感召力，实现文化自强；就国家安全价值而言，文化对维护国家稳定与国家安全有着至关重要的作用。面对外部势力对我国意识形态领域持续渗透威胁，倘若我们不能深刻认识到中华优秀传统文化的重要文化价值，就可能产生从内部被瓦解、被分裂的巨大威胁。抢占文化和意识形态领域的话语权刻不容缓。因此，需要以中华优秀传统文化为渊源，挖掘其内在的文化内涵和强大精髓。以古为鉴，博采众长，中华民族悠久的文化造就了中华民族丰富而又独特的文化内涵和强大精髓。注重中华民族的优秀传统文化，挖掘其文化内涵和强大精髓，有助于筑牢我国意识形态领域的强大壁垒，为建设社会主义文化强国、提高中华文化的文化软实力，提供持续的文化动力；就文化战略价值而言，中国特色社会主义的建设不是单一的经济或者军事建设，而是需要全方面、多角度的共同发展。文化建设亦是其中关键一环。通过中华优秀传统文化的创造性转化创新性发展，增强文化自信和实现文化自强，进而增强对中华文化的高度认同，筑牢中华民族凝聚力，凝聚起全民族的力量，实现中华民族伟大复兴的宏伟目标。

民族地区中华优秀传统文化实践调研的意义主要集中在：深刻理解中华优秀传统文化的丰富内涵和强大精髓；践行社会主义核心价值观，增强文化自信、实现文化自强，打造中华民族命运共同体，提升中华民族认同感和自豪感，铸牢中华民族共同体意识；推动文化产业和文化事业的繁荣发展。

（一）深刻理解中华优秀传统文化的丰富内涵和强大精髓

通过中华优秀传统文化创造性转化创新性发展，可以呈现中华优秀传统文化的基本精神[①]，即在中华优秀传统文化中蕴含的丰富内涵和强大精髓。中华优秀传统文化包含非物质文化遗产—农业文化遗产—工业文化遗产、中医药、古籍整理与古文字、文化地理IP打造、经典民间故事—民族音乐—戏曲、传统工艺—中华老字号、少数民族传统节日。其中文化地理IP打造包括跨流域文化地理IP打造、地方文化—农耕文化IP打造、历史文化名城—城市文化生态—名镇—名街区—少数民族特色村寨—历史建筑。通过践行创造性转化创新性发展，可以揭示上述中华优秀传统文

---

① 曹苗. 中华优秀传统文化的创造性转化创新性发展研究：兼论中华优秀传统文化的基本精神[J]. 理论探讨，2021（6）：55-61.

化蕴含的丰富内涵和强大精髓，这是实践创造性转化创新性发展的关键所在。这种揭示实践发挥着重要作用，通过揭示其丰富内涵和强大精髓，可以满足人民群众对文化领域的迫切需求。

（二）提升中华民族认同感和自豪感，铸牢中华民族共同体意识

本书有助于践行社会主义核心价值观，增强文化自信、实现文化自强，打造中华民族命运共同体，提升中华民族认同感和自豪感，铸牢中华民族共同体意识。民族地区中华优秀传统文化创造性转化创新性发展有助于民族地区对中华优秀传统文化的文化地位作用产生深刻的认识，基于民族地区具体文化资源实现中华优秀传统文化创造性转化创新性发展，从而对中华优秀传统文化的以创造性转化创新性发展为方向的发展前途充满信心，提升文化自觉。通过文化自觉践行社会主义核心价值观；通过中华优秀传统文化的创造性转化创新性发展，增强文化自信，进一步强化中华优秀传统文化的吸引力、感召力，对建设社会主义文化强国充满信心。在以国内大循环为主体的新发展格局下，依托国内统一大市场，以中华优秀传统文化创造性转化创新性发展成果（"两创"成果）为产品化载体，促进商品要素资源在更大时空范围内的通畅流通，促进中华优秀传统文化的繁荣发展，使国家民族命运紧紧联系在一起，最终落实民族地区"五位一体"总体布局和"四个全面"战略布局，打造中华民族命运共同体，让"中华56个民族像石榴籽一样紧紧地抱在一起"，提升中华民族认同感和自豪感，铸牢中华民族共同体意识。

（三）推动文化产业和文化事业的健康和繁荣发展

让中华优秀传统文化"活起来"的关键方式之一是"用起来"，中华优秀传统文化的创造性转化创新性发展便是一种"用起来"的保护实践，通过产出中华优秀传统文化"两创"成果，可以唤醒和激活已经被人们逐渐遗忘的中华优秀传统文化，可以繁荣文化事业，也可以助推文化产业的繁荣发展。总体而言，"保护"是对历史和人民的负责，"用起来"还可以加强不同文明的交流互鉴，还能推动世界文明多样化发展①。

---

① 鲍展斌，李包庚.习近平文化遗产观及其时代价值[J].马克思主义研究，2019（8）：65-74.

第三章

中华优秀传统文化"两创"典型模式

一、以数字化为关键技术推动"两创"模式

本书指的数字化技术是运用信息通信技术，通过变革和塑造组织创新主体的创新战略、组织架构、数字产品生产、产权运营、经营管理等不同环节，最终实现业务突破和商业模式创新。本书所指的数字化技术，即信息通信技术，包括互联网技术、区块链、大数据、云计算、人工智能、拓展现实视觉技术等与信息通信紧密关联的多种技术。数字化技术的优点在于：不仅可以提高不同端点的链接效率，即大幅提升效率，最重要的是还可以实现商业模式创新，从而突破现有业务模式。因此，推进数字化技术的发展已成为技术支撑文化事业发展的关键任务。

《中华人民共和国国民经济和社会发展第十四个五年规划和2035年远景目标纲要》中明确提出数字化发展战略。数字化发展已成为推动文化发展的重要力量支撑。以数字化为关键技术推动中华优秀传统文化创造性转化创新性发展是文化与数字科技深度融合的体现。通过数字化技术推动中华优秀传统文化的创造性转化创新性发展有助于满足人民群众日渐增长的精神文化需求，有助于激发中华优秀传统文化的创造性转化创新性发展的活力，有助于延长以"两创"成果为形式载体的文化产业以及提升基于版权的拓展效应产生的多元盈利。

应用数字化技术支撑可以实现中华优秀传统文化的创造性转化创新性发展。如何应用数字化关键技术让中华优秀传统文化在更大时空场域内实现创造性转化创新性发展已成为重要的课题研究。那么，如何在更大时空场域内构建以数字化为关键技术支撑的理论模型，从而实现数字化技术与中华优秀传统文化的有效结合，为中华优秀传统文化"两创"的落地实施提供指导性方案，这里总结了五种以数字化为技术支撑的典型模式。

（一）"三维要素+新数字视觉展现"模式

我国已全面进入数字化时代，"数字"已成为最重要的要素市场，是实现中华优秀传统文化创造性转化创新性发展的关键路径和现实需求。推动"两创"，可以采取"三维要素+新数字视觉展现"的"两创"典型模式，提供中华优秀传统文化"两创"的行动方案。该行动方案是以揭示中华优秀传统文化的"三维要素"——内容、符号、希望向受众传达的信息为基础和前提，将"三维要素"与新数字视觉

技术融合创新，呈现新的数字化视觉表达。该融合创新模式已成为文化繁荣发展的必然趋势，也是数字时代对中华优秀传统文化提出的现实要求。通过运用现代数字视觉科技，例如人工智能、虚拟现实、数字孪生等，可以赋予中华优秀传统文化在数字时代的新内涵，促进其创造性转化和创新性发展[①]，还可以从现实时空向数字空间拓展延伸，丰富人类的数字文明建设和繁荣发展[②]。以《唐宫夜宴前传》为例，《唐宫夜宴前传》是继河南卫视2021年的春晚之后再次抓住了观众对国风的喜爱而推出的端午节特别节目《端午奇妙夜》中的片段之一，为春晚节目《唐宫夜宴》补充发生在之前的故事，其中最具有代表性的一个作品为《洛神水赋》（原名《祈》）。该作品通过在水下的一段唯美舞蹈展现了一场别开生面的视觉盛宴。演员和摄制者全程在水下进行拍摄，如此美妙的舞蹈表演背后是无数人的默默付出，不仅如此，该节目每一个动作设计都是特别的惊艳，这离不开灯光的效果作用，通过智能合成的光影让简单的柔光为美丽动人的舞蹈营造了不少氛围。在这个特别的端午节目《端午奇妙游》中，极具创意地将端午节的传统习俗和文化遗产所需的各种不同展现形式，如龙舟、草药和艾草等，通过电视节目的形式，让艺术创作更加具有深意、更加丰富地体现出我们传统文化中的人文情感，无形之中起到了让电视机前的观众缅怀祖先，让传统文化深刻地印入大家心中的作用。《龙舟祭》是对端午节期间人们祭祀场景的还原，还汇聚了乐器和舞蹈等元素；《唐印》巧妙地将木偶戏和舞蹈结合起来，给观众带来了新的视听乐趣；《医圣传人》更是展示了中医文化的强大魅力。整段节目都离不开诸如AR、VR和数字通信技术强有力的科技支撑，才能在世人面前展现美丽的风貌。

（二）"新文化传播介质+视听作品+文化产品供给"模式

传播介质包括传统传播介质和新的传播介质。传统传播介质包括书、报刊、广播、电视等，新的传播介质主要是指自媒体和自媒体平台。尤其在数字化时代，需要充分运用自媒体和自媒体平台，使用机械装置制成人的视觉和听觉能够感知的视听作品，通过提升流量等措施，有效增加文化产品的供给，以群众广泛认可的参与方式或者喜闻乐见的方法让人们认识、了解、喜欢文化产品，从而认可中华优秀传

---

① 周雨城，等.科技助推非物质文化遗产传承发展研究：以孝感雕花剪纸为例[J].长江大学学报（社会科学版），2020（4）：33-37.

② 王晓光，等.文化遗产智能计算的肇始与趋势：欧洲时光机案例分析[J].中国图书馆学报，2022（1）：62-76.

统文化"两创"成果，实现中华优秀传统文化的保护传承和繁荣发展。《唐宫夜宴前传》《唐宫夜宴》《洛神水赋》《天地之中》《龙门金刚》《纸扇书生》《精忠报国》《兰陵王入阵曲》《飞天》等文化产品，实现了中华优秀传统文化的创造性转化创新性发展，以视听作品的形式在自媒体平台发挥了传播裂变效应，最大范围内传播宣传了中华优秀传统文化。其中，"飞天"形象被打造成热门网络游戏形象，进一步催化了中华优秀传统文化的创造性转化创新性发展。以《唐宫夜宴》为例，《唐宫夜宴》本是源自出土在河南省安阳市的一组文物，该组文物属于我国隋朝时期的一组乐舞俑。后来由郑州歌舞剧院改编为舞蹈作品，经进一步加工后形成造型生动、故事编排生动有趣的视听作品。再后来在2021年河南卫视的春晚上一经播出，引起了全国观众的关注和好评。2022年下半年《唐宫夜宴》更被评为"2021十大年度国家IP"，足以见得该作品的优秀程度，创作者通过舞蹈演员的服装、妆容、手中的乐器等，完美地还原了在前往唐宫夜宴的路上打闹嬉戏的场景和唐代宫女娇羞多姿的模样，绘出一幅令观众沉醉的唯美画面。这种惟妙惟肖的场景离不开新媒体技术的强力支持，仅仅在灯光上就采用了AR技术、激光投影、全息投影等多种数字重叠技术，通过运用计算机强大的算法将柔和自然的灯光投射到《唐宫夜宴》舞蹈演员身上，既不失真又能让观众的感官沉沦其中，这便是新型技术的魅力所在，给观众以身临其境的观看体验，看着唐朝宫女们摩肩接踵地走在夜宴路上。《唐宫夜宴》的节目最大限度地展现了中华优秀传统文化和数字科技的结合，感受着传统文化沐浴的同时又不禁感叹媒体技术的日新月异。河南卫视春晚的太极表演《天地之中》则与之前的《唐宫夜宴》不同，仅仅两分二十二秒的节目结合了《易经》中蕴含的"易有太极，是生两仪，两仪生四象，四象生八卦"的观念，在宣传和出手之间展现了从古代到现代的极速飞跃，由曾经的观星台仰望浩瀚的星空到现在的从太空飞船中观望广袤的大地，斗转瞬息间变化为玄幻又真实的科技时空，不变的是我国的大好河山和中华优秀文化传统。同样地，舞台效果展现离不开信息通信技术和AR技术的混合运用。在两位主演和少林武术学校学生们的精彩演绎下，短短几分钟从古代的帝王时期飞跃到神舟飞船起飞升天，这更是AR技术通过数字建模构建出的逼真的场景变化给观众带来的直观感受，无不令人叹为观止。典型的新媒体和优秀舞蹈作品结合的例子不在少数，除了上述的《唐宫夜宴》《洛神水赋》还有《兰陵王入阵曲》《龙门金刚》《纸扇书生》和《精忠报国》等。河南卫视继前述的春晚和《端午奇妙游》节目之后再创新高，又打造了七夕特别节目《七夕奇妙游》，可见河南卫视的用心良苦，每个传统节日前都用心准备传递传统文化。在七夕档节目中，《龙门金刚》是整个节目中最富有技术含量的节目，全程投入了AR技术、3D建模等数字化新媒体技术手段，整个节目的摄制过程分为三大段，一段是在河南洛阳的龙门石窟进行的实景拍摄，另一段是在搭建的摄影棚中拍摄的，使用3D建模和360度影像的方式复原了龙门石窟的奉先寺，最后一段则是完全使用AR技术[①]。最终展现的节目效果不仅唯美大气，也让人们走进历史看到曾经辉煌的寺庙和气派的石窟，通过男性角色"金刚"和女性角色"舞女"的相生相惜表达了中国式的浪漫，尤其是在用AR刻画"金刚"的形象时着重塑造了金刚大力士，令人印象深刻。与《龙门金刚》《唐宫夜宴》相似的运用新媒体技术的还有《纸扇书生》，同样入围并夺得了中国舞蹈"荷花奖"，可见其艺术性和欣赏性之高。在其表演时同样注重不同光线产生的效果，其背后的新媒体技术重要性不言而喻，如LED可变色温灯光，裸眼3D灯光和XR灯光等，背后离不开大量数据的精准计算。电视剧《兰陵王》在2013年推出后火爆全国，让大家知道了"兰陵王"这个历史人物，进而了解到为赞颂兰陵王而创作的知名的《兰陵王入阵曲》，在2022年的陕西卫视丝路春晚特别节目上《兰陵王入阵曲》以"百人百鼓"的形式将中国传统乐器大鼓、古筝、琵琶等相结合，同时运用多重LED屏幕给大家呈现了一场视听盛宴，震撼的鼓乐百人阵击打出声势浩大的气派，多种新媒体的运用使得《兰陵王入阵曲》在创新的形式表达上焕然一新。

（三）以数字技术为推力构建虚实结合的文化IP生态模式

文化内容与数字虚拟技术融合发展，生成中华优秀传统文化"两创"成果的多样态产品，多样态产品类型与IP相互结合，构建出产品IP多元生态模式，并促成数字文化产品多元IP生态化趋势。日本的"初音未来"正是这种融合模式的产物。日本的"初音未来"作为运用数字技术实现的虚拟动漫角色，成功将文化内容与数字虚拟技术相互融合，形成虚实结合的"初音未来"动漫角色，并赋予"初音未来"IP，形成强大的市场品牌影响力。随着"初音未来"IP的诞生，生成围绕数字文化产业链条的多个IP和对应的不同层级的文化产品，实现"初音未来"的IP生态模式。随着数字虚拟技术的发展，进一步助推了文化内容的快速传播，带动不同消费群体的文化体验，促进了文化的传承和繁荣发展。可见，以数字技术为推力，构

---

①《龙门金刚》从传统文化里找观众共鸣点[EB/OL].（2021-08-18）.[2023-03-09]. http://weishi.china.com.cn/2021-08/18/content_41648454.htm.

建虚实结合的文化IP生态模式，可以助力中华优秀传统文化的创造性转化创新性发展，实现文化的传承和繁荣发展。《原神》是米哈游推出的一款原创的IP游戏产品。米哈游在数字技术支撑上使用了动画渲染、游戏智能、动作捕捉等数字技术，在游戏场景中大量还原了我国诸多名胜古迹，例如桂林、黄龙、张家界等，通过数字化虚实结合，将我国大好河山充分嵌入数字化的场景中。在《原神》中，还加入了诸多中华传统节日，例如春节、元宵节等。在《原神》中还可以找到茶道、戏曲等中华文化符号。此外，传统音乐的相关元素和符号也被融入《原神》的游戏环节中，被玩家潜移默化地印入脑海中。可见，游戏也被纳入树立和突出中华文化符号和中华优秀传统文化的形式载体当中。《原神》作为游戏界的原创IP游戏产品，通过在游戏场景、音乐、角色、剧情中融入中华优秀传统文化和中华文化符号，通过潜移默化的方式让玩家了解和深深喜欢上了中国优秀传统文化的相关元素，打破虚实结合的界限，形成一种文化生态IP模式，在推动中华优秀传统文化创造性转化创新性发展中发挥了关键的宣传效应和积极作用。

（四）现代创意设计造就"小精美"文化精品+数字传播模式

该模式是将中华优秀传统文化与当代审美和创意设计相结合，赋予新的时代价值和形式表达，生成"小精美"的文化精品，推动中华优秀传统文化的推陈出新，依托于数字技术实现传播效应。该模式的关键是有效融合中华优秀传统文化的内容表达与当代审美创意，从而生成数字文化精品，通过数字技术发挥文化的传播效应，呈现其内化的文化价值。依据这一模式，出现了无数个文化创意精品，例如创意U盘、书签、人偶、包装袋、创意香制品、古文字文创等衍生产品，再运用数字化技术，实现文化传播的裂变效应。以古文字文创为例，"汉仪字库陈体甲骨文"是将"文化+数字科技"相结合的典型案例。该案例是将单一字体通过创新性发展，不仅升级为数字字库，还形成了无数个内化了中华文化符号的衍生产品。在数字技术的助力下，将衍生产品二次创作开发了视觉创新产品，实现了数字媒体赋能产品和文化宣传[①]。《王者荣耀》是腾讯旗下的一款较受欢迎的国产手游，腾讯与敦煌研究院相互合作，从敦煌莫高窟壁画中获取创作灵感，将现代设计理念融入新产品当中，诞生了一系列富有文化意蕴的精美游戏皮肤。"遇见飞天"的皮肤参考了"反弹琵琶"壁画，以唐朝的"飞天"形象作为设计灵感和创作基础，运用敦煌典型文

---

① 李晶，等.数字化时代文创产品的开发创新：以"汉仪字库陈体甲骨文"衍生产品开发为例[J].出版广角，2020（18）：59-61.

化元素"纹样"进行了创作，敦煌元素被融入飞天造型当中；"遇见胡旋"游戏皮肤亦来源于敦煌莫高窟的壁画，在此基础上融合了现代设计，再次展现了绝美的胡旋舞；"遇见神鹿"游戏皮肤的设计创作来源于"九色鹿本生"的壁画。《王者荣耀》与敦煌研究院联名创作的这些"小精美"的文化精品，不仅让敦煌文化在数字化时代得以传承与弘扬，还能提升人们对文化的保护意识，推动中华优秀传统文化创造性转化创新性发展。大运河文化在中国历史上具有重要的意义，这种重要意义在当代的呈现可以通过文化创意产品实现。可以说，文创赋能大运河的时代意义有利于大运河文化和非物质文化遗产的协同发展。传统文化是文创产品发展的核心资源，文创产品和大运河文化的结合体现着区域族群文化的特色。大运河非遗文化的独特性是保障非遗传承发展的必要因素，文创产品的设计依赖于独特的非遗文化要素，二者相辅相成，共同延续表达着独一无二的民族精神。通过对大运河文化在内容上的创造转化和延伸发展，可以开发出符合广大人民群众审美情趣的"小精美"文创产品，从而赋予了大运河新的文化价值，使大运河文化获得了新的生命活力，不仅促进了当地经济的发展，也促进了文化的时代传承和弘扬发展[1]。在新时代，将大运河文化融入人民的生产生活中，实现其在内容上的创造转化和在形式上的创新表达，可以助力大运河文化"在传承中创新，在创新中传承"。

（五）文化产业数字化全要素价值链融合模式

习近平总书记指出"要顺应数字产业化和产业数字化发展趋势，加快发展新型文化业态，改造提升传统文化业态，提高质量效益和核心竞争力"。充分运用和发挥文化产业数字化全要素价值链的根本目的在于：培育和发展一批示范性文化产业数字化企业并树立企业标杆。从产业数字化全要素价值链的观点来看，文化产业内部有效开展管理支持活动和生产经营活动，整合规划定位、人才培养、技术开发、物料采购、物流运输、经营销售等全要素价值链，高效整合资源和要素，合力打造优质文创产品，充分发挥网络链条的关键性作用，实现产品互联和物联，提升文创产品的数字化、智能化，打造以全域资源为基础、大数据为支撑、智能化为方向，以网络共享为吸流方式，建造文化产业供应链和共享经济平台，培育和发展一批示范性企业，树立标杆作用，促进文化产业的新发展和新增长态势，实现中华优秀传统文化的繁荣发展和传承保护。杭州时光坐标影视传媒股份有限公司是国内数字影

---

① 胡安鹏，董玉玉."非遗＋文创"赋能大运河文化传承与创新研究[J].四川戏剧，2022（10）：153-156.

视领域的一家龙头企业，也是一家"科技＋文创"的高新技术企业。该公司在整合和优化数字文化资源的基础上构建了数字虚拟场景数字资产库，充分运用文化产业数字化全要素，发挥价值链一体化功效，通过融合文化创意和数字科技实现视听作品创作全流程①，实现了视听作品创作的科技化、可视化、要素化和流程化，建立了国内领先的数字视听作品虚拟摄影棚，在业界树立了标杆和影响力品牌。无独有偶，"穿越时空的大运河"数字影像是非常经典的数字化全要素价值链融合模式的典型案例，"穿越时空的大运河"通过在巨幕LED上呈现画质的方式，实现惟妙惟肖的三维场景和动态效果，在新时代的语境下重新阐释了IP化的大运河文化。目前已形成"数字化全要素＋IP化＋全产业链"的开发运营模式，充分发挥了数据全要素的作用，开发了大运河主题文创产品、生成VR视觉体验场景，运营模式中附加了"产品＋深度体验＋科普教育"模式，形成大运河IP主题全要素产业链，取得了创造性转化创新性发展的精品成果。利用创新的艺术形式，深度融合，传播了大运河文化。

二、以新媒体为杠杆推动"两创"模式

新媒体，严格地说，应称为数字化新媒体，是四大传统媒体——报纸、杂志、广播、电视——发展之后的以数字化为核心要素的新的媒体形态，又被形象地称为"第五媒体"。新媒体充分利用了数字技术、成像技术、移动通信技术、网络传输技术的优势，通过无线通信网、卫星网络、互联网、宽带局域网的信息传输渠道，将信息最终传输到手机、电脑、电视的输出终端，向用户提供数据服务、集成信息、娱乐服务等新的媒体形态。新媒体的应用场景主要分为手机媒体、数字电视、互联网新媒体、户外新媒体。互联网新媒体的场景应用包括博客、电子杂志、播客、视频、网络电视；户外新媒体主要是以户外液晶电视为载体，包括楼宇电视、公交电视、地铁电视、列车电视、航空电视以及户外大型显示屏等。在以新媒体为杠杆传播文化信息的时代背景下，利用好以新媒体为杠杆推动"两创"模式发展将大大有利于中华优秀传统文化的传承发展。借助我国发挥关键作用的新媒体运营，本书总结了两种发挥关键作用的新媒体"两创"模式。

---

① 关于企业介绍以及数字产品的详细内容可以参见：http://timeaxis.com.cn/。

（一）"短视频+直播"模式

在以新媒体为杠杆推动中华优秀传统文化"两创"的发展过程中，"短视频+直播"模式在传播中华优秀传统文化"两创"成果时，其制作门槛低、内容丰富鲜活、内容集中、短小精悍、富有创新个性、目标精准、传播速度强等特点，在文化传播中发挥着重要作用。"短视频+直播"模式，作为当下最火的新媒体运营模式，发展速度迅猛，保持着巨大的生命活力。"短视频+直播"模式可以有效传播中华优秀传统文化的生产、加工等过程。以内蒙古的中华优秀传统文化——烤全羊为例，通过直播和短视频，不仅可以了解烤全羊的制作过程，还能提升卖家的销售额，提升经济效益。此外，也能让大众了解中华优秀传统文化的文化载体所处的地方情境，从而拉近大众与文化传播主体之间的距离，真正感受传播主体的生活情境和生活日常。"短视频+直播"模式已成为新时代传播和发展中华优秀传统文化的主要阵地，在占领社交阵地、突出中华文化符号、树立中华民族形象方面发挥最关键的传播作用。美食短视频创作博主李子柒拍摄的有关制作中国传统美食的短视频，获得一致好评。李子柒正是以短视频为主要媒介，在短视频中展现了大量的中华文化符号和元素，呈现出中华优秀传统文化中独有的魅力，通过短视频的形式推动中华优秀传统文化创造性转化和创新性发展。镇江恒顺香醋酿制技艺是我国国家级非遗项目。受制于新冠疫情的影响，江苏镇江中国醋文化博物馆线下业务遇冷，人员流动减少，还造成经济损失。为了解决这一问题，同时把经济损失降到最低限度，中国醋文化博物馆开展直播平台，通过直播平台吸引了大众观看非物质文化遗产。而且在微信视频号中还推出"云游醋博"的平台账号，吸引大众观看。直播在文化传播方面带来最大的优势是让物质文化遗产变得更加接地气，可以让大众对其有身临其境的视觉感和参与感。这样不仅进一步促进了非物质文化遗产的传播，还有效推动了中华优秀传统文化的创造性转化和创新性发展。

（二）"数字拓展现实+云游+新媒体平台"模式

"数字拓展现实+云游+新媒体平台"模式是运用拓展现实（Extended Reality，XR）数字技术，实现虚拟和现实的充分融合，体验身临其境的感觉。数字拓展现实的强大功能是发挥720度视觉体验，突破时空限制，真实体验虚拟现场感，而且具有操作简便、直观表达的独特优势，再运用新媒体平台充分实现中华优秀传统文化的现场体验感和中华优秀传统文化的重塑创新。春节联欢晚会上应用数字拓展现实便是很好的案例说明。有了数字拓展现实技术就可以让创作者更加自由地创新制作优秀的节目作品，如2021年春节联欢晚会上的舞蹈节目《牛起来》和武术表演节目《天地英雄》利用AR技术打造出了栩栩如生的云中山峰、中式园林，将全国各地的不同景色汇聚于同一屏幕之中，由一开始的南方江南小院和北方四合院移步换景到泰山顶峰观看世界之大，风起云涌，无不为妙绝，再到后来的福字和爆竹将人们带回到春节的氛围之中，既增加了节目的效果又让全国各地的观众感受到不同地区的传统文化。无独有偶，通过混合现实（Mixed Reality，MR）技术把虚拟世界和真实世界拼接整合成为一个无缝衔接的虚实融合世界。以经典的诗词节目《中国诗词大会》为例，采用MR技术来达到和观众互动的效果，观众和参赛选手以及主持人在演播室内通过伸手"触摸"的方式拼凑诗句，而上述所有的操作只需要一个简单的MR设备头盔，整体节目的呈现也只需一个配备MR技术的摄像机和一个摄像人员，这样简单的"一人一机"即可达到大家在电视上看到的多种效果，让大家身临其境般感受传统诗词文化的熏陶。"云游敦煌"微信小程序便是结合了数字拓展现实技术实现数字化、现场沉浸化、多维立体化的云游场景的程序应用。该应用充分运用数字拓展现实技术，模拟仿真了敦煌石窟，呈现全景洞窟的虚拟现实感，使体验者深度沉浸在敦煌石窟的场景中，在感觉体验上达到沉浸投入的效果。中国彩灯博物馆及其保护传承的"自贡灯会"运用三维动画、虚拟现实等网络技术，打造云展览、云教育、云直播与云推广平台，让现实与虚拟交织，情感与文化交融，以新的手段让大众领略到传统文化的美好[1]。"惠山泥人"运用三维影像采集技术、三维交互引擎和模型优化技术和基于互联网的数字交互手段，推进了非物质文化遗产保护与传播[2]。还有像"云上敦煌"，利用VR技术、云计算等技术，弘扬长江文化的时代价值、实现其创造性转化[3]。这些利用三维建模和虚拟现实技术的实例让陈列在博物馆里的历史文物和遗产资源"活"了起来，让大众不受空间和时间限制感受传统文化旺盛的生命力，产生强烈的情感共鸣。

中华优秀传统文化的创造性转化和创新性发展，是习近平总书记在党的十九大报告中阐述"新时代中国特色社会主义思想和基本方略"时论述的一项重要思想内

---

① 戴燕灵，杨笔直，马浩博，等.文博资源"两创"：行业博物馆的识见与作为：以中国彩灯博物馆及其保护传承的"自贡灯会"为例[J].中国博物馆，2022：95-99.

② 章立，朱蓉，牛超，等.非物质文化遗产三维数字化保护与传播研究：以惠山泥人为例[J].装饰，2016（8）：126-127.

③ 毕浩浩.论长江文化的时代价值及其创造性转化[J].学习与实践，2021（5）：134-140.

容,亦是"两创"最新文化发展方针。就推动和发展中华优秀传统文化而言,实现中华优秀传统文化的创造性转化和创新性发展是践行习近平总书记强调的"不忘本来、吸收外来、面向未来"的行动方案。新媒体在文化生产、传播和消费上具有得天独厚的优势,无疑是中华优秀传统文化创造和创新的重要杠杆和推手,扮演着不可或缺的角色,在当下的文化传播方面发挥着不可替代的作用。

三、以国民教育为载体营造"两创"模式

随着我国经济社会的快速发展和变革,互联网和数字新媒体的快速发展,各种思想文化的交流、交融以及交锋,对中华优秀传统文化重要性的认识和中华优秀传统文化的文化价值内涵的充分挖掘需要被加强。中华优秀传统文化的传承发扬对传承中华文脉、提升大众素质、增强文化自信和实现文化自强、兼顾文化安全、推动国家治理体系和治理能力现代化具有重要的意义和价值。而国民教育是实现中华优秀传统文化传承发扬的重要实现途径,亦是落实中华优秀传统文化创造性转化创新性发展成果的组织基地。因此,教育部相继印发了关于弘扬中华优秀传统文化的相关政策建议和行动方案。2018年教育部办公厅公布了"第一批全国普通高校中华优秀传统文化传承基地名单"。2019年、2020年教育部办公厅相继公布了"全国普通高校中华优秀传统文化传承基地名单"。2021年教育部印发了《中华优秀传统文化进中小学课程教材指南》的相关通知。可见,国民教育是弘扬发展和传承中华优秀传统文化的重要文化组织和行动方案。探寻以国民教育为载体营造"两创"成果的典型模式是将中华优秀传统文化融入国民教育以及通过国民教育实现"两创"成果的路径方案和实现手段。本书在以国民教育为载体营造"两创"模式分析中,主要分析了以下三种典型模式。

(一)"显性+隐性"教育融入模式

中华优秀传统文化的显性教育模式是指通过外部的、公开透明的、组织的、直接的方式宣传中华优秀传统文化,使大众从中受益,通过直观感受了解中华优秀传统文化及其"两创"成果。显性教育传播包括谈话、讲座、授课、公开展示等,均属于最直接的手段[1]。中华优秀传统文化及其"两创"成果的隐性教育是指通过内部的、渗透的、情境化的方式宣传和传播中华优秀传统文化和"两创"成果,使其潜

---

[1] 万光侠.中华传统文化创造性转化创新性发展的哲学审视[J].东岳论丛,2017(9):8.

移默化地融入大众的生活中。在显性和隐性的互动方面，以显性宣传为先导，以隐性融入为方式，将中华优秀传统文化的核心精髓和信念融入国民教育当中，发挥其深远的影响力。

在践行"显性＋隐性"教育传播模式的方案中，本书列举了不同的实践案例，以此实现"显性＋隐性"的教育模式融入实现方案中，形成践行方案或参考依据。例如在郑州文化广场举办的"贵姓全球巡展第二站"贵姓品牌宣传活动中，通过情境化场景构建，潜移默化地宣传传播了贵姓品牌，再通过显性宣传，将贵姓品牌直接表现出来，深入大众的文化认知中①。在学校践行中华优秀传统文化相关活动中，各校开展了丰富多彩的保护传承中华优秀传统文化和弘扬发展中华优秀传统文化的特色活动。以江苏大学举办的"中国传统'耕读文化'漫谈讲座"为例②，讲座是非常重要的"显性"教育模式，通过以讲座为形式的显性教育，以"耕读文化"讲座为主线，在互联网的时代背景下，向参与的学生传递了中华优秀传统文化延绵的精神脉络。在讲座过程中通过"隐性"教育潜移默化地融入文化自信观和文化自强观，实现培养学生在文化海洋中的情操，提升了学生的文化层次和境界，让学生了解文化耕耘的历史沉淀和发展脉络，基于现在展望未来的文化发展，实现文化的创造性转化创新性发展。由中国艺术研究院研究员王能宪解说的《中华传统文化百部经典》之解读《世说新语》讲座③，运用讲座的显性教育模式，通过重点介绍中华传统文化的经典之作重点挖掘了中华优秀传统文化经典制作中融入的经典价值。而呈现和解读中华优秀传统文化的经典价值便是在运用"隐性"教育模式，即讲座作为显性教育手段或者方式，融入中华优秀传统文化的内在生命力和经典价值成为关键的隐性教育，以此激发《中华传统文化百部经典》的当代生命活力。在经典价值的揭示和发扬中，最关键的便是，从古代经典中探寻与当代价值契合的经典价值，在其中渗透社会主义核心价值观，让参与此次讲座的参与者沉浸在中华优秀传统文化的时代魅力中，增强文化认同感，提升大众的智慧和文化品德，最终实现文化自强。在西北大学网易公开课上，我国著名的思想史家、历史学家、西北大学教授张

---

① 王宏民.区域优秀传统文化"创造性转化，创新性发展"践行与探索[J].湖南包装，2020（6）：5.

② 具体内容参见江苏大学学术讲座信息：罗晓庆.中国传统"耕读文化"漫谈[EB/OL].[2022-12-01].https://www.ujs.edu.cn/info/1065/35859.htm.

③ 王能宪.《中华传统文化百部经典》之解读《世说新语》[EB/OL].[2022-12-01].http://news.cjn.cn/bsy/wl_20088/202211/t4342316.htm.

岂之及其讲师团讲授了为期10集的以"中国传统文化"为主题的公开课①。该公开课充分运用互联网的文化传播优势，以"网络公开课"这种现代显性教育模式，传播了中国的启蒙思想（例如孔子、老子、庄子、荀子等的思想）、二程与朱熹的天理论、陆九渊和王阳明的心学、戴震与乾嘉学术的文化理念等。在公开课的课程讲授过程中，能够夯实中华优秀传统文化的学习基础，在此过程中通过隐性教育潜移默化地将爱国主义观、民族精神观融入课程教育和学习鉴赏的过程中，实现中华优秀传统文化的文化认同和提升中华优秀传统文化的文化自信。北京语言大学的网络公开课"走进中国传统文化"②通过系统性地讲解中华优秀传统文化，揭示了日常生活中一些常见的行为习惯中融入的中华传统文化、呈现了中外文化交流中的关键性的"文化符号"（例如，茶、中餐、中医、龙、长城、汉字、姓名），展示了能够呈现精神气质和历史文化的文化内核（例如，神话传说、哲学思想、艺术哲学、审美鉴赏、信仰等）。在北京语言大学的网易公开课中，讲师团的老师们通过网络化视听作品的形式表达，展现"显性"教育，即通过"显性"的方式全方位呈现中餐、宫殿、园林、四合院、节气、春节、端午节、清明节、诞生礼、寿礼、婚礼、丧礼、姓名、龙、长城、茶、中医、中医名医、盘古、女娲、大禹、《易经》、孔子、《论语》、老子、庄子、书法、京剧，在讲授上述中华文化产物、中华文化符号、文化在生活中的表达、象征符号、交流工具、文化观念的过程中，融入中华哲学思想、艺术美感和审美鉴赏等文化核心，践行"隐性"教育在视听讲授中的自然融入，实现"显性＋隐性"教育融入，铸牢文化观念的传播和巩固，增强文化自信，坚实文化认同，实现文化自强。

（二）校企联合体模式

校企联合体模式是指充分发挥和结合学校的"科研"和企业的"实践"，实现"理论引领＋实践培养"和"以产助研＋以研促产"的人才培养教育模式，从而推进中华优秀传统文化的弘扬发展和实现中华优秀传统文化创造性转化创新性发展的成果落地。校企联合体的最大优势是基于资源优势发挥分工协同集成，通过联合，充分发挥各自资源的优势，推进中华优秀传统文化的转移转化，提高创新成果的转化

---

① 张岂之，等. 西北大学公开课：中国传统文化[EB/OL]. [2022-12-01]. https://open.163.com/newview/movie/courseintro?newurl=%2Fspecial%2Fcuvocw%2Fchuantongwenhua.html.

② 北京语言大学：走进中国传统文化（全41集）[EB/OL]. [2022-12-01]. https://open.163.com/newview/movie/courseintro?newurl=TG591MEG4.

率。校企联合体发挥的最大优势在于，尤其在职业院校，学生可以获得实践经验，企业可以获得实际利润，可以最大限度地实现学校和企业的根本目标，并且可以促进进一步的合作关系，优秀学生文化创意作品可以获得企业的高度赞扬，促进企业的进一步合作意愿，甚至可以成为企业的工作人员，使学生在实践过程中获得最大的实践教育价值，通过实践教育生成创造性转化创新性发展文化成果，学生将在学校学习到的理论知识与实践紧密结合，实现真正的"转移转化""知识转化""理论知识的技能化转化"，这不仅为企业和学校的进一步合作带来深厚的基础和信任，也在推动中华优秀传统文化创造性转化创新性发展中起到以教育为托底的关键作用。

通过"校企联合体模式"的实践案例，可以充分了解该模式的运行原理和实操方案。以双烨控股有限公司为例①，与高等院校进行合作，积极联合各个行业的专家，探索中华优秀传统文化。经过多次组织交流和深度研讨，最终形成多项项目执行计划，组织大规模的师生群体，搭建了"以产助研和以研促产"的尖荷行动。以内蒙古建筑职业技术学院艺术设计学院为例，经前期实践调研获悉，艺术设计学院在美化居家方面加强"校企对接和精准育人"，与装饰公司、设计公司、建筑室内室外美化公司、广告公司合作交流，形成校企联合体，将优秀的学生输送到相关合作公司，在合作公司中，学生以中华优秀传统文化中的元素呈现和物体展现为基础和题材，实现传统文化的创造性转化创新性发展，构建环境艺术设计、建筑室内设计、展示艺术设计、广告设计与制作、建筑装饰，以成果落地作为实践落脚点，将两方的目标精准实现，向社会输送了将理论和实践融为一体的优秀毕业生。校企联合体培养模式，不仅可以提升学生的理论技能化和技能人才的社会输出和提升社会服务能力，还可以提升产教融合，实现教育成果的产品化、知识成果的盈利化。江南服饰手工艺是中华优秀传统文化的重要组成部分，江南服饰手工艺拥有独特的艺术理念和珍贵的艺术价值，由于其独特的设计风格和传统表达，在创新性发展现代服饰手工艺中发挥着创新支撑作用②。在一些高校中也设有服装和服饰设计相关专业，这些专业肩负着传承和弘扬中华传统服饰和服装文化的使命和担当。就高校的资源而言，高校资源不可能全部满足现代服饰服装的设计开发。因此，与服装手工业的合作成为资源共享和目标实现的保障基础，即通过校企联合体不仅可以实现江

---

① 吴余青. 朴拙之美：包装设计中传统文化元素的创新与应用[J]. 食品与机械，2017（8）：110-113.
② 许锐，王志强. 非遗视域下的江南女性服饰手工艺传承[J]. 档案与建设，2022（9）：89-90.

南服饰手工艺的繁荣发展，也可以实现现代服装设计和加工的创新性发展，最终实现传统服饰手工艺的弘扬发展，提升传统服饰手工艺的文化自信，助力发展服饰手工艺行业。

（三）专兼结合入驻模式

专兼结合入驻模式是指由高等院校提供实践和生产场所或者工作室等，将中华优秀传统文化领域内的专家或大师通过专职或兼职的方式常驻学校，与校内专业教师共同组建专业团队，同时吸纳社会人员加入生产实践环节解决社会就业压力，助力中华优秀传统文化的创造性转化创新性发展。专兼结合入驻模式在教育领域的实践方案不仅可以以学校为依托实现中华优秀传统文化的创新弘扬，实现中华优秀传统文化的创造性转化创新性发展，还能构建"教材—课堂—工作室—平台—基地"和"大师—传承人—教师—学生"纵横维度上的中华优秀传统文化创新传承的实践方案，继承中华优秀传统文化精神，实现中华优秀传统文化繁荣发展。

通过"专兼结合入驻模式"的实践案例可以充分说明该模式的运行机理和操作方案。以内蒙古鄂托克前旗民族职业高中践行"专兼结合入驻高校模式"为例，内蒙古鄂托克前旗民族职业高中立足于民族传统工艺的创造性转化创新性发展，利用现有资源，在学校内部建立了民族工艺实习实训基地，邀请了非遗传承人或大师入驻学校，学生参与实践实习，实现传统工艺品和旅游工艺品的创造性转化创新性发展。无独有偶，以临沂职业学院获批山东省非遗传承教育实践基地[①]为案例，说明"专兼结合入驻模式"的理论引导和实践操作。木旋玩具、临沭柳编、琅琊剪纸是我国国家级、省级的非物质文化遗产传承项目，不仅拥有极高的保护传承的文化价值，而且包含了开发利用的开发价值和弘扬发展的保护价值。临沂职业学院以此为契机，在校园专业建设中大力发展木旋玩具、临沭柳编、琅琊剪纸非物质文化遗产项目的保护传承和开发利用。早在2015年，临沂职业学院就打造非物质文化遗产大师工作室和柳编、剪纸工作室，邀请柳编、剪纸领域的大师和非物质文化遗产传承人入驻学校，打造实践为引导的传统技术教学团队，在全校范围内开放选修课程。为了柳编、剪纸的常态化教学和实践化教学，临沂职业学院创建了"柳编+剪纸"技艺的平台，传承和保护柳编和剪纸技艺，弘扬发展柳编和剪纸制品，其中包括玩具。在此基础上，在校园内还创建了非物质文化遗产校园创造基地，为非物质

---

① 我校获批山东省非物质文化遗产传承教育实践基地[EB/OL]. [2022-02-01]. https://www.lyvc.edu.cn/info/1037/9013.htm?yikikata=0a800403-a0b8f4afbc0f8c3035fec513be7bb5ba.

文化遗产的传承人提供了重要的实践基地和运营平台。此外，临沂职业学院还将非物质文化遗产深入教材研学环节和课堂教授环节，以"教材—课堂—工作室—平台—基地"为纵向助力，以"大师—传承人—教师—学生"为横向助力，横纵推进非物质文化遗产入驻校园，构建专兼结合入驻模式，全面推进非物质文化遗产的保护传承和弘扬发展。在柳编和剪纸项目建设的基础上，进一步加强木旋玩具，到了2021年，以"木旋玩具"为传承的重点项目已成为"非遗入校园"的经典案例。到了2022年初，临沂职业学院的三项非物质文化遗产项目（关于"临沭柳编"的项目、关于"木旋玩具"的项目以及关于"琅琊剪纸"的项目），成功获得批准并成为"山东省非遗传承教育实践基地"。

在中华优秀传统文化创造性转化创新性发展的模式构建中，教育是助力人才培养和在"人—时空"二维度上弘扬发展中华优秀传统文化的关键所在。多专业实现联动效应、跨界发展、校企联合、大师入驻、上下游发展的综合研究是构建教育助力中华优秀传统文化"两创"以及"两创"成果落地的时代课题，也是实现"两创"成果落地和运营转化、促进文化事业繁荣、推动文化弘扬发展、增强文化自信、坚定文化认同、实现文化自强、让中国文化实现国际化的综合性课题。"以国民教育为载体营造'两创'模式分析"是以"教育"为切入点，实现上述综合性研究的关键所在，可以将教育中凝练的典型模型适用于更大的时空场域中，将理论模型的功效发挥在更多的现实情境中，发挥理论模型的时空延伸性功能，最终实现中华优秀传统文化在更大时空场域的繁荣发展。

四、以融资为牵引推动全社会"两创"模式

融资是文化创意企业可以持续发展的一个重要保障。融资的重要性不仅体现在资金的及时供给和保障企业的长远发展，其重要性还体现在政府背书、获取指导、获取资源、快速发展。而现阶段，经前期调研和企业访谈发现：第一，内蒙古的文化创意企业作为轻资产企业不仅融资成本高，而且缺乏固定资产等抵押物的担保支撑，提高了融资的门槛，融资变得十分困难。第二，内蒙古自治区的文化创意企业获得融资的主要途径是银行贷款和获取投资人的资金投资。第三，即使是银行贷款业务范围内，内蒙古自治区的以文化创意企业为主体的轻资产企业普遍采取银行抵押贷款方式，对质押等相关概念完全陌生。因此，以融资为牵引，为内蒙古自治区的中小企业提供融资方案，提升"多元融资"意识是推动中华优秀传统文化"两

创"的健康持续发展的金融支持和实现保障。

（一）政策导向融资模式

1.产业政策投资

产业政策投资是指政府为了产业结构的优化和发展、为了促进高新技术成果的转移转化以及推进高新技术成果的产业化发展，提供的以政策支持为主的投资方案。产业政策投资的优点在于：通过税收减免、优惠补贴等相关投资政策和实施方案，尤其在疫情常态的情形下，稳定中小微企业的生产经营和助推企业发展，为企业渡过难关提供政策保障。

2.专项资金投资

专项资金投资是指国家相关部门设立的用于专项用途的资金。为了鼓励中小微企业的健康发展，国家设立了多种助力中小微企业发展的专项资金项目，减少融资成本、助推企业发展。专项资金投资的优点在于：有助于推动中小微企业的自主创新、增强中小微企业的竞争力、推进中小微企业的健康发展。

3.高新技术融资

高新技术融资是指利用高新技术成果实现融资的一种融资模式。其最大的优点在于：中小型企业可以充分运用高新技术成果，例如高质量专利，快速实现融资，保障企业的正常运行。但存在的问题是：企业申请发明专利周期较长，而且需要提前熟悉认定高新技术企业的申报流程和满足条件，很多中小型企业对此的认识还需要进一步提升。高新技术融资的典型成功案例是艾信智慧医疗科技发展有限公司的高新技术融资。该公司主要业务是为医院生产智能化传输和仓储系统的新型高新技术企业。2018年，由于生产规模的扩大，该企业面临资金短缺的难题，随后凭借该公司拥有的专利技术向光大银行申请专利质押贷款，在通过第三方评估机构评估后，成功获得300万元贷款，解决了资金难题。

4.BOT项目融资

BOT项目融资是债务与股权相混合的融资模式，具体而言，中小型私营企业通过参与政府基础设施建设获取融资款，发挥社会价值的一种融资模式。BOT项目融资的特点是不用考虑项目发起人的信用状况和资金实力，只考虑项目的可行性和收益率。项目投入使用后，产生收益后用于还款和回报。BOT项目融资的最大优点是：不仅可以发挥中小型私营企业的创造活力，还可以减少政府财政支出，减少赤字。BOT项目融资的最大缺点是：由于BOT项目融资结构复杂、多为中长期融资、融资资金的使用范围有限制性要求、对资金的需求量较大、可能产生的负债率较高，因此加大项目融资风险，获得资金收益有范围限制。马来西亚南北高速公路是BOT项目融资的一个典型案例。马来西亚南北高速公路是该国的一项重大基建工程，项目实施一半之后，由于财政资金匮乏，项目进入暂停。当地政府随后确认了BOT项目的融资模式，与马来西亚当地的联合工程公司签署合同。该合同主要是以政府特许权为核心的融资。随后项目恢复开工，并于1989年建设完成基建工程。

（二）"资源—权利"交易融资模式

1.资产管理融资

资产管理融资属于内源融资，是指企业通过对有形或者无形资产的有效管理，节省企业在经营过程中的长期资金占用，以提升企业资金流转为最终目的的一种融资模式。资产管理融资的最大优势在于：中小微企业可以充分利用长期被占用的有形或者无形资产，实现抵押或者质押融资，从而提升资金流转率，保障中小型企业的可持续发展。

2.产权交易融资

产权交易融资是指企业财产所有者将产权视为一种商品进行市场交易的一种市场经营活动，通过产权交易获得融资资金的一种融资模式。产权交易的最大特点在于：形式的多样性。从其形式看，产权交易可以分为：兼并式、承包式（承包式主要针对的是承包经营权）、租赁式、拍卖式、股权转让式、资产转让式。产权交易融资的优点是：可以通过多种产权交易形式快速解决中小微企业的融资难问题，可以保障企业的正常运转。产权交易融资的缺点是：可能使公司内部的权益分散，从而导致控制力的降低。关于产权交易融资的典型成功案例是"石磨坊五香粉"。2021年5月31日，巩义市白园食品有限公司在河南省知识产权交易所签约仪式成功举行，标志着白园食品专利产品"石磨坊五香粉"即将在国家平台正式挂牌交易。产品挂牌后，交易价远超挂牌价，说明该产品得到了大众的认可，证明了公司的发展潜力，为企业提供了新的发展机遇。

3.杠杆收购融资

杠杆收购融资是用小资金撬动更大的资金规模的一种金融手段，即发挥杠杆效应。日常生活中，例如购买房子支付首付款，从银行贷款支付余款，随后将房子出租获得出租款并支付银行利息，随着房屋价款的升值，撬动了更大的资金收益。杠杆收购可以发生在公司收购环节。公司通过收购，占有该被收购的公司的股份（往往会控股50%以上，如果无法达到50%的控股，也会借用企业结构性手段实现对企业股份的控制），之后组建新的公司（资产重组），新公司会被以更高的价格出售给别的公司，最终实现差价利润目的或者上市目的等。杠杆收购融资的优点在于：筹资企业正如撬动杠杆一样，用小资本可以获得巨大的资本收益，而且可以实现其他市场经营目的，从而拉高企业的资产价值，还能为投资者提供良好的收益。但存在的风险是：一旦重组失败或者在重组过程中存在某些隐瞒债务或者其他风险情形，将会导致非常严重的风险。因此，通过杠杆收购融资必须开展全面详尽的尽职调查工作，其中知识产权风险亦是不可忽略的尽职调查内容。私募投资基金太平洋联合集团（PAG）的杠杆收购融资是较典型的成功案例。PAG在2006年收购了好孩子集团股份。该集团主要利用了好孩子集团的资产和现金，将其进行抵押并获得银行贷款，用这笔贷款收购了公司。之后经过经营运转，使得公司最终上市，获得投资收益，这是我国第一例杠杆收购融资的案例。

（三）银行业务类融资模式

1.国内银行贷款

银行贷款是通常的融资方式，是按照一定的利率进行的放贷活动，并依据贷款合同以及相关法律，在合同要求的还款期限内归还债务和支付利息的一种融资模式。国内银行贷款的最大优势在于：合法正规、及时满足需求。对于中小企业而言，国家出台了相关惠利政策，减少了中小型企业的还款成本。但国内银行贷款也存在缺点：办理手续和程序较繁杂，需要对中小型企业的信誉、征信、抵押物三个方面进行严格的审核。而中小型企业遇到的最大难题是不像大企业拥有抵押物，支撑还款说明。因此，针对这一难题，知识产权质押业务开始逐渐被拓展。

2.国外银行贷款

国外银行贷款，正如其名，是向国外银行进行贷款的一种非限制性融资模式。国外银行贷款的优点是：门槛低，手续简单，程序简便，不限用途、金额、货币类型，放贷较快，灵活度较高。但存在的缺点是：利率很高，而且受国际金融市场平均利率影响。

3.票据贴现融资

票据贴现融资是指票据的持票人，为了解决资金短缺和实现融资，在所持票据到期之前，以贴息（贴现利息）的方式，向银行出售票据，然后银行会根据票面金额扣除贴息（贴现利息）之后，将余额支付给收款人，从而解决资金短缺和实现融资的一项短期融资方式。简单来讲，票据贴现融资是银行将未到期的银行承兑汇票予以购买，银行获得利息费用，企业获得银行贷款，实现融资的金融行为。票据贴现融资的优点是：资金短缺的中小微企业可以提前获得银行的垫付款，进而解决企业的资金短缺问题，保障了中小微企业的资金的流动性，提高了企业的资金利用效率。

（四）非银行业务类融资模式

1.民间借贷融资

民间借贷融资是指：自然人与自然人之间的、自然人与法人之间的借贷关系。民间借贷融资的三大特点是：借贷手续方便灵活、融资速度较快、吸引力较强。民间借贷融资的优点是：在很大程度上可以避免中小型企业从银行等金融机构融资难的问题，可以快速补充中小型企业的资金缺口。但存在的问题是：不在国家金融系统的监管范围，因此加大了借贷风险和债务纠纷。

2.资产典当融资

资产典当融资是较为熟悉的融资模式，是指企业将有形或者无形物，按照典当标准，通过抵押或者质押的方式典当给典当行获取融资资金的一种较为古老的融资模式。资产典当融资的优势是：门槛较低、流程较便利、省时、获取融资资金较快；但其缺点是：典当的费用较为高昂。

3.融资租赁

融资租赁在本质上属于设备租赁的非银行业务，其要求是需要融资租赁的设备具备可融资性质和所有权可转移的特点。融资租赁是指：出租人根据承租人的请求（用户请求），出租人与第三方订立供货合同（第三方是指供货商），并购买用户请求选定的设备，将该设备出租给承租人（用户），向承租人收取租金的一种金融模式。融资租赁最大的特点是：融资租赁期限较长，而且签订融资租赁合同之后，在一般情况下租约不可以取消，也无须考虑在承租期间设备的老旧淘汰问题。融资租赁发挥的最大优点是：有较强的人性化方案、门槛较低、资金周转速度较快、可以降低直接融资产生的风险，在一定程度上，可以说减少了还本付息的压力。以"有较强的人性化方案"为例，融资租赁公司会依据企业的实力状况，为企业制定人性化的还款方案，可以说，在一定程度上降低了企业还款付息的压力。以"无须考虑在承租期间设备的老旧淘汰问题"为例，承租企业也无须承担"在使用整个设备期间，因设备的使用折旧而产生的老旧淘汰"的风险。

4.商业信用融资

商业信用融资是一种较为普遍的、基于债权债务法律关系的、以企业信用为托底的、以商品形式实现融资的金融活动。作为一种较为普遍的融资模式，其优点在于：流程较为简便、筹款较为便捷、筹资成本较低、限制条件较少等；但其存在的缺点是：获取的融资金额不大、还款期限较短。霍英东创立的立信置业有限公司是我国关于商业信用融资的一个典型成功案例。"二战"结束后，随着香港人口增加，人们对于住房的需求不断增加，可是房屋供给不足，导致房屋供不应求。1953年，霍英东拿出120万港元，随后向银行贷款160万港元，正式进入房地产业发展，并创立了立信置业有限公司。当时房产的价格昂贵，很少有人可以直接全款买房。他采取房产预售的方法，利用买房者的定金来进行盖房，买房者只需要缴纳10%的定金，以后分期付款，就可以获得房屋的所有权。利用这个方法不但筹集了盖新房的资金，也带动了房地产的销售。之后接踵出现了专门买卖楼房所有权来获利的商家。这便是香港盛行的"炒楼花"现象。

5.信用担保融资

中小微型企业属于轻资产企业，能够抵押的担保物较少，因此，从银行等金融机构获得贷款难度非常大，给中小微型企业设置了很高的贷款门槛。如何解决中小微型企业的融资难题，是一个非常重要的课题。信用担保融资是解决这一难题的解决方案之一。信用担保融资作为一个专业性非常强的高风险行业，是由第三方融资中介提供融资款，以企业的信用作为担保背书，为中小微型企业提供资金支持的融资模式。正因为存在高风险，信用担保融资一般具有还款期限较短的明显特征。虽然存在高风险，但信用担保融资对中小微型企业而言，由于其周转能力较强、融资成本较低、贷款门槛较低、抵押物（质押物）的要求较宽松等特点，能够有效解决中小微型企业"融资难""融资贵"的难题。信用担保融资的缺点也是非常明显的，正如上述内容所述，由于相关制度还有待完善，缺少专业的监管机构，所以，信用担保融资存在非常大的法律风险。

（五）与金融资产有关的融资模式

1.国内上市融资

国内上市融资属于内源融资，是指企业根据《公司法》《证券法》以及相关法律法规的要求，经过证监会等机构的审批批准之后上市发行股票的一种融资模式。国内上市融资的优点是：获得上市融资资金、扩大生产规模、提升公司信誉、加大竞争能力、监督经营状况。国内上市融资虽然能够通过上市获得大量的上市融资款，但上市融资之后也会导致交易成本增加、股权被分散化、公司控制权被削弱，更有可能让其他竞争对手以入股的名义控制公司，最终可能导致控制权的丧失，甚者濒临破产。

2.境外上市融资

境外上市融资是指国内企业依据国外的相关法律法规在境外上市融资。境外上市融资的优点在于：不仅灵活性较强、门槛低、融资速度较快，还能在国外产生较好的声誉，加大竞争优势。但境外上市融资的缺点在于：上市成本高昂，与国内市场产生脱节。

3.买壳上市融资

买壳上市融资的实质是非上市公司间接上市获得融资，具体操作是：非上市公司收购上市公司，从而获取控股权，之后再由上市公司收购，融入上市公司中，即通过"二次收购"实现重组整合，最终实现非上市公司获得上市融资的机会。买壳上市融资的优点在于：上市快、成本低、无行政审核批准、有利于公司持续发展。但存在的缺点是：买壳上市融资，正如其名，是通过"买壳"实现的上市目的，因此，政府支持力度不强，而且壳公司的盈利能力欠缺、在业务整合上存在困难，存在较大的风险。

4.留存盈余融资

留存盈余融资是指企业股东将税后利润（即盈余）留存于企业，可以理解为股东对企业的追加投资并获取利润。留存盈余融资的优点在于：方式简单高效、成本低廉、增强原始股东的信任及其信任波及效应，还能增强实际控制权、保障股东的利益，对企业的良性健康发展发挥有益作用。

5.增资扩股融资

增资扩股融资是指：根据《公司法》等相关法律法规，企业基于自身的发展状况，选择扩大股东总量和股权，从而获得企业所需要的资金，实现扩大企业经营规模。增资扩股融资虽然是向社会融资的一种手段,但获得的资金属于企业内部资金,不需要还本付息。增资扩股融资的优点在于:融资形式较为宽泛,可以以资金、设备、场地使用权、无形资产等进行融资。其中知识产权融资也是非常重要的融资手段,可以充分发挥和提高企业的创新、管理、运营等,有利于企业的长远发展。此外,通过增资扩股,还可以进一步调整股权结构和股东持股比例,进而完善公司的治理结构,增强企业的实力。但增资扩股融资会导致股权结构过于分散,不利于企业的管理,甚至有可能丧失控制权。长安汽车的增资扩股案例是值得分析的案例。长安汽车一直致力于推动多元化融资,不断向新能源汽车发展转型,2022年,重庆长安新能源汽车科技有限公司公开挂牌,并以增资扩股的方式,引入新的投资者。通过本轮增资扩股,实现了核心员工持股,从而激发员工的工作积极性,促进长安新能源汽车持续发展。

6. 股权出让融资

股权出让融资是指:企业通过出让企业部分股份权益,以股权换取资金的方式,筹集企业资金的一种融资模式。与其他融资方式相比,股权出让融资的特点是:无偿还期限、广泛性、无须还本付息、不确定性以及无负担性、资金的适用范围方面限制较少。股权出让融资的优点是:吸收外部资金、引入新的合作者、解决融资难题、有助于扩大企业市场份额,还可以提升企业内部的管理水平,有助于企业长远稳定的发展。但存在的缺点是:如果出让的股权过多的话,企业控制权会被分散,影响企业的决策能力和执行力。

7. 发行债券融资

发行债券融资作为一种直接融资方式,是指企业通过发放债券的形式来进行融资。发行债券融资的优点是:能够解决中小型企业资金短缺的问题,也有助于优化资本结构。发行债券融资的缺点是:会加大中小型企业的经营风险,甚至可能导致破产清算。发行债券融资被认为是一种不影响企业控制权的融资方式,但债券融资中的一些限制性条款可能会影响企业的控制权,因此,不能绝对认为发行债券融资是一种不影响企业控制权的融资方式。除此之外,发行债券融资,也会存在经济风险、流动性风险、信用风险、回收性风险、通货膨胀风险、资金用途受限的风险。

8. 信托融资模式

信托融资模式中,其核心依然在于企业的资产,但信托融资并非仅仅以企业资产为衡量标准,而是基于对企业的信任,通过委托手段,进行财产管理的金融制度。信托融资是一种基于信任的委托式融资。具体来讲，项目发起人由于缺乏资金，依托信托公司搭建融资性平台，信托公司制定筹集计划、发行信托，为某个具体项目向社会发起筹资、进行融资，从而信托公司获取相应利益的一种金融业务。信托融资的优点是：效率高、风险具有可控性、融资成本较低，在一定程度上降低了中小微企业的信用弊端，例如，难以以固定资产为融资手段实现融资贷款。

（六）引入投资融资模式

1.项目包装融资

项目包装融资主要是将项目回报展示给投资人，吸引投资人对其投资，从而实现融资的一种融资模式。项目包装融资正如其名，需要符合市场经济的运行规律，具有良好的市场预期和发展前景，通过对融资的项目进行包装和运作，吸引投资者对其投资，实现融资。对项目包装融资而言，投资者关注的是：风险小、回报多、前景好。项目包装融资的优点在于：投资人一旦认可项目，便会给予资金支持。

2.引进风险投资

引进风险投资的实质是由专业风险投资家提供的管理服务，其服务范围是：向"虽然具有高风险，但同时具备高的发展潜力和快的增长速度"的新兴公司提供管理服务，从而全面提升在资本市场上的收益。可以看出，引进风险投资具有高风险、高收益的特点。引进风险投资的优点是：会给中小型企业快速带来需要筹资的资金，促进企业的快速发展。从管理角度而言，还可以完善股权结构、实现规模化管理模式和经营模式，为企业的长远发展提供专业的管理服务。正如引进风险投资的特点，具备高收益和高增长的同时还隐藏着高风险。引进风险投资作为一把双刃剑，其背后可能隐藏着巨大的风险。因此，需要企业根据实际情况和发展水平，统筹决策是否需要引进风险投资。2006年，国际大型投资机构3i集团和普凯投资基金共同出资了2 500万美元，投资给内蒙古小肥羊餐饮公司，两家外资占有该公司20%左右的股份，并派出3名董事参与小肥羊公司的运营，大大促进了小肥羊公司的持久健康发展。

3.投资银行投资

投资银行作为资本市场上的投资性金融中介，具有高专业性特点，可以在中小微企业的筹资上引入投资，快速实现中小微企业的融资。投资银行投资的优点在于：不仅可以满足快速融资需求，还能通过专业性的指导获得企业发展建议，为企业引入较为快速的资金活力，有利于企业的良性发展。但需要通过严格的前期筛选环节。

4. IFC 国际投资

IFC 是国际金融公司的英文缩写，隶属于世界银行集团，IFC 的业务形式是：咨询服务、提供贷款和股权投资。IFC 的主要业务是：为发展中国家的私人企业提供在建设、扩建、改建方面的贷款，促进发展中国家的私人企业的发展。IFC 在中国的投资业务范围涉及金融、采矿、农林等领域，投资增长速度也非常快。

（七）与国际贸易相关的融资模式

1. 国际贸易融资

国际贸易融资是在国际贸易结算过程中的各环节所产生的融通活动，具体而言，就是各国政府为了鼓励国际贸易，由金融机构提供贷款措施的一种融通方式。国际贸易融资的优点在于：方式较为多样、较为便捷。对于中小型企业而言，通过国际贸易融资，可以得到政策支持，解决企业资金问题，促进国际贸易的发展。

2. 补偿贸易融资

补偿贸易融资是可以充分发挥国际资源优势的融资模式，该模式是先由国外企业向融资方提供资金、技术、机器设备、人员等垫付款，通过产业售卖收入偿还借款的一种国际融资模式。补偿贸易融资的最大优点在于：可以快速弥补中小型企业在资金、技术、机器设备、人员等方面的不足，实现扩大化生产，依托国外的资金、技术、机器设备、人员等诸多优势，占据一定的市场份额，提高声誉。但存在的缺点是：手续烦琐、风险也非常大。我国关于补偿贸易融资的典型成功案例是，朱新礼创办"汇源果汁"的案例。朱新礼刚创办"汇源果汁"时运用的融资手段便是补偿贸易融资。1993 年朱新礼与德国的浓缩水果设备供应商达成补偿贸易融资协议，实现浓缩果汁现代化工艺生产。1994 年北京汇源食品饮料有限公司成立，占据了国内果汁市场的市场份额，"汇源果汁"亦成为家喻户晓的品牌。

五、以城乡名片打造为核心联动跨流域"两创"模式

中国拥有悠久的历史和灿烂辉煌的文化。由于地方性情境，我国不同地区有着不同且独特的风土文化。在城市建设和乡村振兴过程中，深入挖掘当地特色的传统文化和文化景观，发掘和阐释当地优秀传统文化的当代价值，打造以本地文化为

特色的"城乡名片",是推动中华优秀传统文化创造性转化创新性发展的重要举措之一。

（一）以城市名片打造为核心联动跨流域"两创"模式分析

以城乡名片打造为核心联动跨流域"两创"模式中，我们重点梳理了城市和乡村两个维度的城乡名片打造模式。从城市名片打造模式方面梳理了四个模式：名人名片打造模式、"公共性＋满足精神需求"模式、"数字创建＋IP"模式、创意文化产业实现城市名片模式。

1.名人名片打造模式

以历史名人来打造本市的城市名片，可以为传统文化的整理、传承和传播带来新思路新方向[1]。成都充分利用杜甫故居的优势，打造了"杜甫草堂博物馆"，开发了多项创新性活动，例如举行国际诗歌周，带动了成都名人符号，将成都符号化表征其为诗意之城，发扬了中华优秀传统文化。江西省九江市通过陈寅恪等名人以及相关文化建设活动增强了九江市的城市名片IP化。"陈门五杰"（陈三立、陈宝箴、陈寅恪以及陈衡恪和陈封怀五人）、诗派创始人黄庭坚均出自江西省九江市（其中黄庭坚和陈寅恪已是当地著名的城市名片）。当地利用这种得天独厚的名人资源，尤其是黄庭坚、陈寅恪是名人录中主打的城市名片，已成为九江市的城市品牌，提高了城市的知名度和宣传效应，增强了当地的文化软实力和文化自信。在此基础上，通过建设文化项目，例如改造黄庭坚纪念馆、筹建国学大师陈寅恪纪念馆以及拍摄影片《大才子黄庭坚》等，进一步提高了城市知名度，促进了当地城市名人符号的IP化发展，助力创造性转化创新性发展。浙江绍兴以名人故居为城市亮点，擦亮了绍兴的城市名片。浙江绍兴的最大亮点是名人故居多、名人多，这已成为浙江绍兴的城市IP。浙江绍兴以名人故居为文化保护和增强文化自信为基础，全面加大浙江绍兴的名人故居的保护力度。其中最著名的名人故居便是周恩来祖居（周恩来祖居早在1997年就已被推荐申报为我国的重点文物保护单位）。此后，为了进一步加强名人故居的保护，开设了"绍兴名人馆"，擦亮了绍兴名人符号，进一步拓展了城市名人IP符号化。无锡市最大的亮点是名人故居的多元资源整合，深度挖掘名人故居的文化价值。无锡市组建的名人故居管理中心主要是将无锡市的名人故居进行资源整合，其中包括东林书院、张闻天旧居、钱锺书故居以及薛福成故居和秦

---

① 孙天垚.创新中激活传统文化传承中增强城市动能：以成都文创产业发展为例[J].科技智囊，2018（8）：50-61.

邦宪故居、顾毓琇纪念馆等[①]。无锡市在保护名人故居的基础上，进一步创造性转化创新性发展，将现有整合资源与文化利用相互结合，深度挖掘故居中内化的文化价值，例如"故居+古琴""故居+非物质文化遗产""故居+戏剧音乐"等。通过整合资源与文化利用相互结合，不仅将静态文化与动态文化相互深度结合，还促进了无锡市的城市名人IP符号化，实现城市文化的创造性转化创新性发展。

2."公共性+满足精神需求"模式

公共艺术是城市公共空间中富有精神内涵、文化气质和美学韵味的景观，传达着城市的精神气质[②]。现在有不少城市以"公共性"为驱动，以公众参与为实现方案，以满足城市人群精神需求为活动目标，开展了一系列城市创意活动，例如艺术空间、网红打卡、文化鉴赏等，给人们的心目中留存了文化意象，向公众传播了中华优秀传统文化。广州市积极开展了一系列公共艺术活动，例如"越秀山五羊石雕"已成为广州市的网红打卡景点，还是传播广州名片的重要经典。"越秀山五羊石雕"中内化了一个优美的古老传说：周朝时连年饥荒导致广州人民不得温饱，此时五只羊化身五羊石雕，广州突然稻穗飘香，从此迎来广州的年年丰收，成为岭南地区最富裕的地方，这也是广州被称为"羊城"（或"五羊城"）的由来。作为广州红色历史的见证的广州起义烈士陵园纪念碑和作为广州市级文物保护单位的广州解放纪念像不仅具有革命教育意义，而且发挥着重要的城市文化历史IP符号化的功能。除此之外，广州市未来之门、广州市拥抱世界等现代三维公共雕塑作品，不仅通过"公共性"发挥着现代文化的形式表达，还用独特的视角融入了中华优秀传统文化的相关元素，推动文化创造性转化创新性发展，给人们留下了深刻的"在地印象"。福建省泉州市惠安县在举办"惠安公共艺术节"时，充分发挥了当代艺术家、企业家、青年学生等多元主体的公共参与和能动作用，从公众视角出发，融合中华文化符号，构建公共艺术场景，推动了惠安雕刻艺术的创造性转化和创新性发展。

3."数字创建+IP"模式

以当地城市紧密关联的文化内容为数字建设内容，在当地城市紧密关联的文化内容中贯穿中华优秀传统文化，通过三维动画展现中华优秀传统文化的精神内核，利用手机、电脑等终端平台展现该数字文化内容，实现"城市"与"文化"的

---

① 如何擦亮名人故居这张城市名片 [EB/OL].（2021-12-02）[2023-03-09]. https://www.wuxi.gov.cn/doc/2021/12/02/3524237.shtml.

② 吕从娜，等.城市文化背景下公共艺术的创造性转化和创新性发展：以沈阳K11购物艺术中心为例 [J].美术大观，2020（1）：134-135.

高度结合，实现城市IP，通过IP实现城市的具象化，形成一种天然的必然联系和联想。为当地城市特色文化建设，打造特有城市名片提供源源不断的优质内容供给①。以"把古都西安带回家"为例，游客们通过扫码便能从平台上切身体会西安动态的、活化的、可视的中华优秀传统文化，向全世界分享展示西安的中华优秀传统文化信息，打响"古都西安"的IP名片，形成IP、城市、文化三者的高度关联。其中城市中蕴含的中华优秀传统文化是核心，亦是基础，形成城市与文化的天然有机关联，"数字创建"是传播媒介和宣传展示，IP是实现目标，让IP直接关联城市与文化，实现传播效应的裂变作用，即"谈IP联想城市和城市中蕴含的中华优秀传统文化"。唐山市路北区文化馆开展的"云享非遗"数字化文化传播服务活动，以"线上平台+线下体验+数字资源库"为构建服务模式，让大众参与到"云享非遗"的活动当中，使大众切身感受和体验到了非物质文化遗产的文化魅力，打响了唐山市的城市IP名片，加大了城市文化的宣传力度，注入了科技活力，为非物质文化遗产注入了新的生命力。江苏省淮安市利用"图像+影像"的模式，通过搭建非物质文化遗产的数据库，充分利用虚实沉浸技术，实现线上线下视觉亲临互动感，构建立体品牌文化，擦亮了古镇名片，推动了非物质文化遗产的创造性转化创新性发展。

4.创意文化产业实现城市名片模式

创意文化产业可以筑牢一个城市的名片和城市IP。"创意"可以更加强化文化在产业发展中所起的重要作用。通过创意文化产业筑牢城市IP的城市有：北京市、上海市、深圳市、广州市、杭州市、重庆市、西安市、成都市、东莞市、南京市等。以北京市为例，北京市承载着丰富的历史文化资源，亦是文化集中消费区域，拥有着全国最大的创意文化市场和信息空间。通过打造创意文化产业名片，可以推动北京的民间工艺等非物质文化遗产的创造性转化创新性发展。深圳市打造的大芬油画文化产业园在国内外打响了自身品牌，大芬油画文化产业园已是重要的油画产业链。大芬油画文化产业园主要通过油画加工生产为主要业务链，同时兼顾了国画、书法、雕刻等传统艺术工艺，推动了艺术的创新发展和品牌打造，铸造了城市文化地标。成都建立文化创意产业综合功能区——成都东村结合了蓉城文化底蕴，紧跟国家文化创意发展趋势，进而激活了成都传统文化的创新发展。陕西省安康市建立安康民俗文创街区，结合安康风土民情、风俗文化，打造了美食天堂和文化创

---

① 王雪婴. 习近平总书记关于传统文化的论述与西安的实践探索[J]. 陕西社会主义学院学报, 2019(1): 37-38.

意基地。一方面发挥了文化产业的经济效益，另一方面弘扬了中华优秀传统文化。

（二）以乡村名片打造为核心联动跨流域"两创"模式分析

在乡村名片打造模式方面，梳理了如下模式："景农一体＋产业驱动"模式、"非物质文化遗产＋文化实践"模式、"农牧业特色品牌"模式、"节日/造节"特色发展模式。

1."景农一体＋产业驱动"模式

农村文化资源以及传统村落社区在传承和弘扬发展中华优秀传统文化上发挥着关键性作用，农村文化资源和农村传统村落是农村传统文化弘扬发展的根基和载体。在农村现代化发展的过程中，如何保障传统村落的文化根基，还能与现代生活相互结合，实现农村传统文化的弘扬发展和创造性转化创新性发展，是一项重要的课题。在这一点上五星村扮演着关键案例的角色。五星村有着深厚的历史沉淀，这是五星村发展的根基所在。五星村在现代化的建设发展过程中，依托当地农村文化资源，将农村整体打包成景观文化，成为城市人休闲娱乐周边游的景观文化带。与此同时，为了发展产业，当地发挥农业的重要优势，发展绿色有机农业产业，让产业带动农村景观文化的发展，实现当地传统文化的创造性转化和创新性发展。这种具有深厚积淀的农村文化在产业的带动下，不仅实现了文化交流和产业发展的需要，还保证了当地文化的传承和发展。双江自治县勐勐镇千蚌村合作社从区位优势出发，以农田为卷，水稻作画，打造出创意十足的农业示范园[1]，发展了"旅游＋康养"的产业振兴模式，打造了乡村休闲康养综合体。汪桥村在党总支的牵头下，利用当地优美的自然风光和市级文物保护单位——古人庵等特色景点，建设了专业的、规模化的农家乐《汪桥人家》《汪桥饭店》。江苏省运河镇以党建为引擎，以发挥水乡优势为乡村振兴思路，发展了以水乡为牵引的"村居＋专业合作社＋龙头企业"发展模式，发展特色产业，带动群众增收。

2."非物质文化遗产＋文化实践"模式

"僵狮子"是一种舞狮文化，是传统节日民俗文化活动，有着非常悠久的历史。当地村民积极参与了非物质文化遗产的申报工作，在国家的大力发展和政策支持之下，将"僵狮子"这一民俗活动引入大型文化展演，让"僵狮子"从小众参与的集体活动变成了可以让大众参与的文化娱乐活动。因此，"僵狮子"已成为当地名片，

---

① 王明世，杨娴，李华秋. 云南双江：基层党组织领办合作社加快绿美田园建设[EB/OL].（2022-09-27）[2023-03-09]. http://union.china.com.cn/txt/2022-09/27/content_42122867.html.

实现了农村文化的创造性转化创新性发展，为当地注入了文化发展的动力。贵州省凯里市通过与企业合作，建设"走出去"合作平台，在全国各地举办"苗绣展"，将苗绣与产业融合，打造了苗绣品牌和城市名片IP化。位于成都平原西北角的隆丰有着历史悠久的"隆丰川剧"。"隆丰川剧"的主要宣传是依靠校企合作实现的，即充分利用高等院校的文化资源，培养高素质、优秀的川剧传承人[①]；"隆丰川剧"利用"互联网+川剧"的运营模式，不仅打造了隆丰文创衍生品，还打造了隆丰川剧品牌，实现了川剧的创造性转化创新性发展。河南省孟津县以"乡"为主题，打造"古+画"的文化产业振兴模式，以"无形+有形"的方式，例如古建筑中融合的古文化，呈现河南的历史悠远和浓情于"古"，传播了河洛地区的乡土文化。在此基础上，充分发挥当地牡丹花的地域特色，发展牡丹花产业，打造了文化产业和乡土文化品牌。坎下村改造的传统民宿，在外观上保留了土楼的古朴特征，但在内部融合了现代人的居住习惯，将土楼内室改造成宜居的体验式民宿[②]。通过对故居的创造性转化创新性发展，不仅实现了对传统建筑的尊重，还融入了现代文化，满足旅居人群的旅居要求。河北省永清县借助各村的雕刻工艺文化资源，以产业空间的布局为实现路径，以雕刻工艺为主线助力乡村振兴，打造"互联网+旅游+文化遗产"模式，通过寓教于乐的方式将雕刻艺术推向大众。黔东南苗族侗族自治州榕江县最有名的传统工艺是当地的刺绣和蜡染，绣娘们缝制的"百鸟衣"和蜡染衣，以及具有当地特色的手工艺品，成为畅销热品，深受游客的热爱，弘扬发展了刺绣和蜡染文化，注入了文化活力。

3."农牧业特色品牌"模式

"农牧业特色品牌"模式是指充分发挥当地农业、牧业的特色和绝对优势，实施产业化经营，重要的是充分发挥农业文化遗产、地理标志、非物质文化遗产等具有背书性质的认证标志的绝对优势，打造当地特色品牌，实现乡村振兴和共同富裕。盘锦市下面的几个农业村充分发挥了当地农业区域的绝对优势，大力发展当地特色生态农业，打造绿色生态品牌，实现乡村振兴和共同富裕。目前，盘锦市已经成为北方最大的粮食市场之一。"寿光蔬菜"是山东寿光地区的地理标志和集体商标。山东寿光依托当地的地理环境和人文环境，在农产品上，打造了"寿光农产

---

① 乡村振兴背景下隆丰川剧品牌塑造与文化传承[EB/OL].（2022-05-17）[2023-03-09]. https://www.thepaper.cn/newsDetail_forward_18127872.

② 该典型案例出自微信公众号的一个典型案例，具体内容可以参见：乡村文化振兴典型案例（二）| 坎下村：资源整合 改造古厝 振兴乡村[N]. 漳州文旅，2022-08-23.

品"地理标志品牌，其中"乐义蔬菜"是成功品牌化的农产品；在企业品牌上，打造了"寿光农发""七彩庄园"等企业品牌。坎下村构建了"茶基地+茶文旅"的产业品牌振兴模式。坎下村充分整合当地的茶文化、茶资源，构建茶产业基地，并且融合发展了南靖土楼茶史之旅精品文旅线路，实现了"茶为贯穿、动静相结合"的产业振兴发展路径，带动了当地茶产业链的发展，打响了"坎下村"品牌①。

4."节日/造节"特色发展模式

在推动农村优秀传统文化的乡村名片打造和"双创"发展中，要充分发挥好农村基层党组织的保障作用②，以"节日"为重要主线，贯穿文化娱乐活动和美食，在文化自觉中提升文化自信。沙河乡布京村小新寨自然村是一个佤族聚居村寨，在当地基层党组织的带领下，充分发挥了火把节、春节、翻年节等重大节日活动的创造性转化和创新性发展。在传统节日的创造性转化创新性发展中，还融入了佤族文艺活动，推出了佤族当地美食，打造了当地特色旅游文化和品牌建设。河北省大激店村依据当地"古、水、文"的特色，融合了音乐节的发展模式，在大激店村举办了"大激店村世界音乐节"，将音乐与当地传统民俗文化相结合，通过每年定期举办音乐节的方式，实现造节驱动，丰富了当地农村文化内涵。

总而言之，以城乡名片打造为核心联动跨流域"两创"模式，主要以当地特色传统文化资源为主要内容和引线，充分保留并挖掘当地文化特色，从而揭示在中华优秀传统文化中内化的核心价值，结合现实，激发多元参与，重点探寻转化创新路径，打造当地名片和IP，推动中华优秀传统文化的创造性转化和创新性发展。

---

① 参见上文"乡村文化振兴典型案例（二）|坎下村：资源整合 改造古厝 振兴乡村"。
② 梁若冰.文化自信引领乡村文化建设的实践路径[J].内蒙古社会学，2021（5）：190-196.

第四章

中华优秀传统文化"两创"要素

一、数字科技要素

中华优秀传统文化是千百年来经历史检验而沉淀下来的文化精华，是中华民族赖以生存和传承发展的文化根基和生命载体。结合时代发展的现实和需求，创造性转化创新性发展为传统文化的传承与发展提供了机遇。借助数字科技的力量，突破以往传播方式的局限，可以让中华优秀传统文化加强影响力的深度与感召力的广度，焕发出与时代相结合的新的生命力，从文化自觉中增强文化自信，实现文化自强，进而让传统文化得到升华与弘扬。孝感雕花剪纸运用数字化、数字交互等相关技术促进中华优秀传统文化的创造性转化和创新性发展[①]。再如，川剧发展戏曲文化数字化，建设戏曲资源库，进一步加强对戏曲文化的认同，推动戏曲文化的传承振兴[②]。将先进的数字科学技术与文物保护理念结合起来，为中华优秀传统文化的快速传播与传承发展奠定了坚实的数据支撑基础。

在当下，中华优秀传统文化的创造性转化创新性发展借助的数字科技要素包含：大数据技术+云计算技术、5G技术+物联网技术、人工智能技术以及智能交互技术。打通文化和科技两大领域，有效运用上述技术，加强监测、分析、研判，聚焦用户数据，预测人们对中华传统优秀文化的个性需求，准确定位目标消费群体的日常用语、价值取向、思维习惯等关键元素，进而进行定制化的内容生产和精准化的文化传播，实现中华优秀传统文化在题材、品种、风格和内容上的供给快速匹配[③]。引入虚拟现实、体感交互、沉浸技术、3D视觉、全息投影等新一代数字媒体技术，生成全真三维场景，让中华优秀传统文化在网络世界中找到新的一方天地[④]。

（一）大数据技术+云计算技术

大数据技术能够大量、高速获取准确、多样、有价值的数字资源；云计算技术则管理各种数字资源并做出技术处理，两者密不可分。数字技术先将文化材料资源数字化、信息化，再将资源整合形成数据库，建立信息平台。例如，江西省博物馆

① 周雨城，陈露.科技助推非物质文化遗产传承发展研究：以孝感雕花剪纸为例[J].长江大学学报（社会科学版），2020（4）：33-37.
② 任红军."互联网+"背景下川剧的保护与传承[J].四川戏剧，2018（1）：88-91.
③ 傅蝉妮，马玥，刘心怡，等.从李子柒系列短视频探索中华优秀传统文化传播的有效途径[J].广西科技师范学院学报，2022（1）：80-85.
④ 王雷.新媒体时代中华优秀传统文化的网络传播路径[J].新闻研究导刊，2022（17）：10-12.

的"数智江博"综合管理服务体系采用大数据、云计算等技术，将文物进行数字化保存，再将资源汇集和管理，提供智慧化博物馆服务，将先进的科学技术与文物保护理念结合起来，助力中华优秀传统文化的传播与创新发展。总体来说，江西省博物馆的"数智江博"综合管理服务体系建设项目的构建模式与成果对传统文化的创造性转化创新性发展做出了生动阐释。"数智江博"采用大数据、云计算、物联网、人工智能、扫描采集、交互技术等，将文物进行数字化保存，再将资源进行汇集和管理，提供智慧化博物馆服务，为中华优秀传统文化的创造性转化创新性发展的实施提供了一个切实可行的行动方案。"籍合网"是一个古籍知识服务平台，由中华书局的全资子公司古联公司所建，站内汇集了多个主题的古籍数据库，旨在提供高品质的古籍数字化产品。数字平台将专业内容和大数据、人工智能等数字技术相结合，以数字科技为运行托底支撑，以保护为出发点和落脚点，构建数字化的古籍平台，在古籍数字化上成为成功案例，用创新手段传播和保护文物。中华民族音乐传承出版工程实施初期展开了民族音乐资源普查，之后建立了分类名录，又进行了数字化修复，近期，利用大数据、人工智能等技术，对中国传统音乐进行数字化采集、整理，打造了"中华民族音乐传承出版工程"资源数据库运营服务平台，该平台对传统文化的保护和传播贡献了一定力量。陈楠（清华大学美术学院）及其团队共同创作开发的"汉仪字库陈体甲骨文"是全世界第一套以甲骨文为设计灵感设计而出的字库。陈楠及其团队借助数字化技术，运用云计算、3D打印技术和维度切换转换等相关应用技术，创作出多角度、立体化呈现的甲骨文动态影像，实现古文字的创造性转化创新性发展，摒弃了古文字，尤其是甲骨文，高深莫测、难以生活化、无法应用化、只适合考古研究不适合融入当代社会的刻板印象。不仅将其融入现代生活，还实现"科技＋文化"的深度融合[①]。西安城墙，作为我国第一批全国重点文物保护单位，是古代城垣建筑，其最大的特点和最凸显的文物价值是：规模庞大，且保护最完整。西安城墙，充分利用了物联网、5G、大数据及云计算技术，对文物进行保护和监测，同时搭建了智慧旅游平台。综合应用了声、光、电、数字投影，可以让游客感受唐长安的繁华与魅力。数字化助力西安有效解决了其文化遗产传承问题，创新保护方式，加强文物保护和文化遗产传承。

---

① 李晶，李青松. 数字化时代文创产品的开发创新：以"汉仪字库陈体甲骨文"衍生产品开发为例[J]. 出版广角，2020（18）：59-61.

（二）5G技术+物联网技术

5G技术是指第五代移动通信技术，是一种网络通信技术。5G无线关联技术和网络关键技术是5G技术的关键技术。5G技术是实现多种数字技术的强力支撑，解决网络性能问题；物联网技术将各方联系到一起，进行有效的信息传输。5G技术和物联网技术在中华优秀传统文化创造性转化创新性发展成果的物联交互和网络快速传播中会发挥关键作用，即通过物联网技术实现物与物、人与物之间的监控、连接和互动，而5G技术在其中将发挥高效信息传播的功效。2020年9月，中国国家博物馆联合中央广播电视总台开展战略合作，发起主题为"手拉手：我们与你同在"活动。该活动采用"跨国双边/多边视频连线+海内外多平台直播+内外宣联动"的方式，"5G直播环境+8K拍摄/制作/大屏呈现+AR动画特效"相结合的新技术手段，以新颖的方式带给了观众沉浸式的观看体验。此次活动覆盖广、规格高、文物精、技术新、触达深，吸引了许多年轻观众，受到广泛好评。这种数字科技的助力，让藏品的历史价值和文化价值得到了更好的传递，也为中华优秀传统文化创造性转化创新性发展的落地方案提供了切实可行的行动路径。

（三）人工智能技术

人工智能技术通过它所特有的方式，为中华优秀传统文化的保存与传承提供了新的可能，让文物焕发强大生命力。例如，谷歌的《智绘甲骨》交互艺术装置就是运用先进的AI人工智能技术，用全新的视角帮助大家解读甲骨文的秘密，传播了中华文化符号，彰显了古典文艺之美[①]。甲骨文最早于1899年被发现，作为中国现代汉字的基础，很长时间以来并没有被公众所理解和熟悉。谷歌的《智绘甲骨》交互艺术装置运用先进的AI人工智能技术，让人们在平板电脑上临摹的甲骨文字出现在面前的大屏上，以动态形式融汇于各种场景，以全新的方式让普通大众来探索和理解甲骨文的奥秘[②]。在人工智能技术的助力之下，人们对中华优秀传统文化产生极强的视觉刺激和强烈感知，使得中华优秀传统文化在潜移默化中为人们所记忆。有了人工智能技术的托底支撑，创造出了更好的视觉感和情境式互动感，让大众对中华优秀传统文化产生深刻的记忆点的同时，还实现了亲临接触的情感共鸣。

---

① 杨彦.传统文化在数字媒体艺术中的创新表达研究[J].中国包装，2020（10）：35-38.
② 同①。

（四）智能交互技术

智能交互技术涉及增强现实、虚拟现实、混合现实以及全息影像等相关技术，以营造沉浸式探索体验为主，能以新的感官体验让大众对传统文化有新的认知。例如，中国彩灯博物馆及其保护传承的"自贡灯会"运用了三维动画、虚拟现实等网络技术，打造云展览、云教育、云直播与云推广平台，让现实与虚拟交织，情感与文化交融，以新的手段让大众领略到传统文化的美好[1]。在四川自贡召开的第二十九届自贡国际恐龙灯会上，主办方负责人说明今年将举办元宇宙灯会，利用虚拟现实、混合现实等技术，打造故事化的科技互动的元宇宙灯会，这也是中国首个元宇宙灯会。再如，"惠山泥人"最初通过摄影和摄像的方法记录文物的细节，又创新地运用激光三维扫描的数据采集与基于全景摄影的三维影像采集技术，将二维空间的内容拓宽到三维立体的空间，外加AR、VR等交互技术的应用，配合相关的文字及音频，深度挖掘文物的魅力，大大提高了大众的主观参与性，这样的"科技+文化"的手段，创新了非物质文化遗产保护与传播方式，弘扬传统文化的时代价值、实现其创造性转化和创新性发展[2]。总体而言，这些利用数字技术的实例让陈列在博物馆里的历史文物和遗产资源"活"了起来，让大众不受空间和时间限制感受传统文化旺盛的生命力，产生强烈的情感共鸣。2020年春节期间，由于疫情原因，敦煌研究院决定对所辖石窟暂停开放。"云游敦煌"小程序便是敦煌研究院与腾讯合作的优秀成果。这个小程序将敦煌搬到云上，让大众在疫情期间足不出户就可近距离体会古老文化的美丽。它们不仅将敦煌的历史和文物搬到线上，还利用VR、5G、物联网、大数据、云计算等技术，对敦煌文化进行深入挖掘，这种文化遗产和数字科技的结合，弘扬了传统文化的时代价值、实现其创造性转化。具有南京版《清明上河图》之美誉的《仿杨大章画宋院本金陵图》是由清朝大画家冯宁创作，不仅具有极强的艺术价值，也具有极高的历史文化价值。由德基美术馆牵头打造的"金陵图数字艺术展[3]"中，传世长卷《金陵图》被放大百倍呈现在大屏中，利用虚拟现实、增强现实等技术，观画人群可通过佩戴视听设备，在移动端App上选取特定角色后，便可以"化身"画中人物，以一位身穿宋朝服饰的古人形象出现在画卷之

---

① 戴燕灵，杨笔直，马浩博，等.文博资源"两创"：行业博物馆的识见与作为：以中国彩灯博物馆及其保护传承的"自贡灯会"为例[J].中国博物馆，2022（2）：95-99.

② 章立，朱蓉，牛超，等.非物质文化遗产三维数字化保护与传播研究：以惠山泥人为例[J].装饰，2016（8）：126-127.

③ 具体报道内容可以参见德基美术馆官网中的详细报道：https://www.dejiart.com/exhibition/jinlingtushuzi yishuzhan/。

中，与多位"画中人"进行交流。这样的新型观展模式，让观展者沉浸式入画，让历史"说话"，跨越千年时空感受宋朝的繁华，体会传统文化的温度，让每位观众都成为中国文化的传播者。这两年，河南卫视凭借春节、端午等传统节日的晚会节目频繁冲上热搜，收获了大批观众的称赞。2021年春晚的《唐宫夜宴》，从舞蹈演员的妆容到整体的演奏，外加5G、AR等技术，让虚拟世界和现实世界联系起来，让《唐宫夜宴》在一众传统的舞蹈表演中脱颖而出，获得良好的反响。之后，河南卫视又陆续策划了许多类似节目，像《元宵奇妙夜》《莲鹤方壶》《清明节奇妙游》《洛神水赋》《端午奇妙游》等，利用VR等技术，搭配精美的造型和舞蹈编排，给观众带来全新的视听体验。这种"科技+文化+艺术"的形式，赋予传统文化新的生命力。2021年12月18日—2022年2月12日，在深圳海上世界中心举办的，由故宫博物院和腾讯公司联合主办的"'纹'以载道——故宫腾讯沉浸式数字体验展①"获得了很大的关注。该展览以中华传统文化里的纹样元素为主题，顺应数字化和智能化的发展趋势，利用沉浸式渲染技术、全景声技术、AR、VR等科技手段，带观众了解故宫古建筑和文物藏品中的纹样，让静态的文物以更为鲜活的方式展现在大众眼前。数字展运用"科技+艺术"的手段将传统纹样提取、转化、创造性展示，以新颖的视角展示纹样中所蕴含的中国古代匠人精神与智慧，复兴传统文化。

总的来说，在互联网时代背景下，要运用大数据、云计算、5G、物联网、智能交互和人工智能等数字化技术支撑手段，对中华优秀传统文化进行创造性转化创新性发展。对于中华文化遗产和相关文化资源而言，数字化的处理和存档是最基础的保护方式，同时在数字化的基础上建立资源库，搭建信息平台。除此之外，通过人工智能技术、三维建模和虚拟现实技术让遗产和文物"活"起来也越来越重要。借助科技手段，让文化遗产发挥其价值，不断传承中华文明的精髓，也让一代代人更加真实地走进文化遗产，领略其新时代的文化活力，让中华优秀传统文化焕发出新生魅力和新的生命力。

二、媒介要素

随着信息技术的快速发展，数字化信息传播媒介在文化传播中发挥了关键的作用。文化传播媒介不仅是中华优秀传统文化在民众中的传播和弘扬发展的实现途

① 沉浸式故宫文物体验展：《"纹"以载道》[EB/OL].（2022-01-19）[2023-03-09]. https://sohu.com/a/517721672_121124776.

径，更是中华优秀传统文化创造性转化创新性发展的关键所在，尤其是与"创新性发展"有着直接关联，即利用数字信息媒介实现中华优秀传统文化内涵的新形式的表达。在大数据、算法、流量经济和数字经济时代，媒介在文化生产者、文化传播者、文化消费者中无疑发挥着关键作用。

那么文化传播媒介到底由哪些要素组成？在文化传播媒介中到底包含哪些核心要素？从数字化信息传播媒介的组成部分看，数字化信息传播媒介由物理及虚拟载体、信息表现形式和标识符号三个核心要素组成。三个核心要素的相互叠加发挥着文化传播的关键作用。

（一）物理及虚拟载体

文化传播的物理载体是指信息可以依附的有形或无形负载物，或称为信息存储的介体。从宏观角度看，任何物体均可以成为文化负载的载体形式；从微观角度看，一粒米也可以成为传承文化价值和发挥文化功能的载体形式。物理载体因其时代分类，可以划分为传统物理载体和新媒介物理载体。出版物、报刊栏、报纸、期刊、CD、DVD等均是传统物理载体；新媒介物理载体是新媒体时代的产物，更多是以数字化、可视化方式呈现的数字载体形式。物理载体因其形式可以划分为实体物理载体和虚拟数字物理载体。书籍、录音制品、录像制品均可以称为实体物理载体，即将文化传播信息记录在有形的物理载体之上。在数字化时代，网络作品也是依附在形式载体上，相较于实体物理载体，在形式上处于无形状态。网络时代最关键的物理载体是视听作品。视听作品已成为负载信息并传播文化信息的关键性载体和实现文化传播的高效途径，这也是为何在《著作权法》新法修订时，因其时代背景将视听作品加入著作权客体的原因所在。

1.基于知识图谱可视化的动静态物理载体

为了全面展现物理载体的具体形式，本书基于中国知网数据库，在中国知网以"创造""创新""文化符号""载体"为主题关键词，基于调试逻辑符号，得到本主题的研究数据，经手工筛选，获得本书的分析数据，运用引文空间（CiteSpace）知识图谱可视化分析软件，生成关键词结构聚类图谱、关键词聚类群表、高频关键词贡献图谱、高频关键词的热点研究分类表，科学析出关键性和热点的静动态物理载体。下面逐一列出相关知识图谱的结果。

关键词结构聚类图谱是对主题文献中的关键词根据其高关联性进行结构化归

纳的知识图谱。考虑到精确性，本书选取对数似然比（Logarithm Likelihood Ratio，LLR）算法生成关键词结构聚类图谱（见图4-1）。通过对数似然比算法，聚类本主题的结构高度关联的关键词，形成结构化区块网络，呈现本研究关注的结构体系和研究关注的核心。关键词结构聚类图谱的合理结构评价指标依据的是"Q值"（Modularity值）和"S值"（Silhouette值）。评价指标的参考指标是：Q>0.3表明聚类结构显著；S>0.5代表聚类结构相对合理，S>0.7指称聚类结果可信度极高。由于本书数据样本量不需要进行调试检验，可以直接默认Q值和S值确定图谱的结构合理性。本书生成的关键词结构聚类图谱的Q值是0.890 1，S值是0.941 9。可见，本书生成的聚类图谱结构合理，可信度极高，符合结构质量标准。

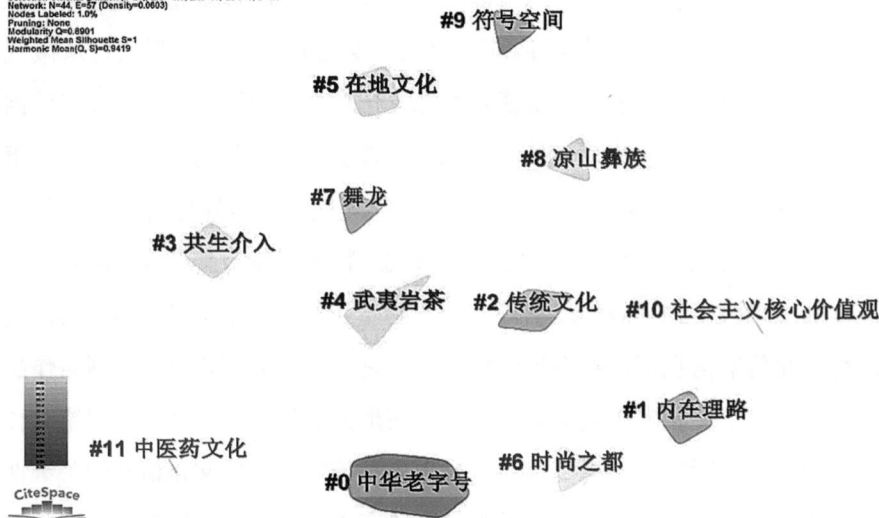

图4-1 关键词结构聚类图谱

表4-1 关键词聚类群表

	聚类	频次	年份	对数似然值最大的6个标签词（LLR）
中华文化	#2	4	2014	传统文化（5.68，0.05）；匾额（5.68，0.05）；习俗（5.68，0.05）；中医药文化（0.15，1.0）；社会主义核心价值观（0.15，1.0）
	#11	2	2016	中医药文化（5.68，0.05）；中华民族（5.68，0.05）；统战工作（5.68，0.05）；社会主义核心价值观（0.15，1.0）；在地文化（0.15，1.0）
	#5	4	2020	在地文化（5，0.05）；文旅融合（5，0.05）；产品设计（5，0.05）；文化创意（5，0.05）；中医药文化（0.2，1.0）
文化主体	#8	3	2018	凉山彝族（5.68，0.05）；建筑文化（5.68，0.05）；少数民族（5.68，0.05）；中医药文化（0.15，1.0）；社会主义核心价值观（0.15，1.0）

	聚类	频次	年份	对数似然值最大的6个标签词（LLR）
文化符号	#9	3	2005	符号空间（5.68，0.05）；文化文本（5.68，0.05）；符号域（5.68，0.05）；中医药文化（0.15，1.0）；社会主义核心价值观（0.15，1.0）
形式载体	#7	3	2012	舞龙（5.68，0.05）；价值认同（5.68，0.05）；符号特征（5.68，0.05）；中医药文化（0.15，1.0）；社会主义核心价值观（0.15，1.0）
	#4	4	2017	武夷岩茶（5.68，0.05）；木版年画（5.68，0.05）；文化传播（5.68，0.05）；中医药文化（0.15，1.0）；社会主义核心价值观（0.15，1.0）
	#6	3	2020	戏剧节（5.68，0.05）；时尚之都（5.68，0.05）；文化发展（5.68，0.05）；中医药文化（0.15，1.0）；社会主义核心价值观（0.15，1.0）
实践路径	#3	4	2020	共生介入（4.49，0.05）；多维重塑（4.49，0.05）；乡村符号（4.49，0.05）；pvesm（4.49，0.05）；载体设计（4.49，0.05）
价值认同	#1	4	2014	内在理路（5，0.05）；大众化（5，0.05）；文化传承（5，0.05）；典型载体（5，0.05）；中医药文化（0.2，1.0）
	#10	2	2018	社会主义核心价值观（5.68，0.05）；清明文化（5.68，0.05）；价值功能（5.68，0.05）；中医药文化（0.15，1.0）；在地文化（0.15，1.0）

　　本书结合关键词结构聚类图谱（见图4-1）和对数似然值最大的6个标签词的关联内容（见表4-1），经交叉检验获悉：中华优秀传统文化中融入中华文化符号和中华民族形象的物理载体的研究涉及的架构体系包括：传统文化、中医药文化、在地文化、凉山彝族、符号空间、舞龙、武夷岩茶、戏剧节、共生介入、内在理路、社会主义核心价值观，共11个聚类结构群组。通过分析11个标签词对应的关联内容可以得知：第一，形式载体的研究主要围绕"中华文化—文化主体—文化符号—形式载体—实践路径—价值认同"的系统结构展开研究；第二，在系统结构内部的"物理载体（亦被称为物理载体）"中，具有代表性的形式载体包括舞龙、武夷岩茶、戏剧节三种动态形式载体和一种静态形式载体——木版年画，即上述四种具有代表性的动静态形式载体中融入中华文化符号和中华民族形象，有效呈现了中华文化中内化的核心价值，通过有效的实践方案促进了中华文化的传承和发展。

　　基于关键词聚类群表和系统性结构特征，为了能够呈现该主题的更多热点形式载体，本书生成高频关键词贡献图谱（见图4-2）以及基于系统结构和图4-2分类实施的高频关键词的热点研究分类表（见表4-2）。

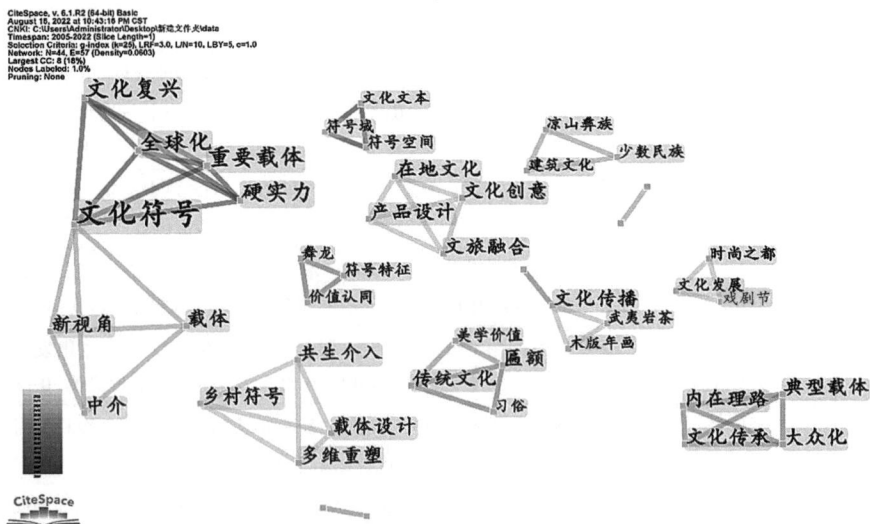

图4-2　高频关键词贡献图谱

表4-2　高频关键词的热点研究分类表

	频数	中心	年份	关键词		频数	中心	年份	关键词
中华文化	1	0	2013	习俗	形式载体	2	0	2013	匾额
	2	0	2013	传统文化		1	0	2014	文学翻译
	1	0	2018	清明文化		1	0	2018	建筑载体
文化主体	1	0	2020	在地文化		1	0	2020	武夷岩茶
	1	0	2016	中华民族		1	0	2020	木版年画
	1	0	2018	少数民族		1	0	2020	产品载体
	1	0	2018	凉山彝族		1	0	2020	戏剧节
文化符号	1	0	2005	符号域	实践路径	1	0	2020	多维重塑
	1	0	2005	符号空间		1	0	2020	文化创意
	3	0.03	2008	文化符号		1	0	2020	文旅融合
	1	0	2012	符号特征	价值认同	1	0	2012	价值认同
形式载体	1	0	2020	乡村符号		1	0	2014	内在理路
	2	0	2008	重要载体		1	0	2017	美学价值
	1	0	2014	典型载体		1	0	2018	价值功能
	1	0	2018	载体	传承发展	2	0	2008	文化复兴
	1	0	2020	载体设计		1	0	2014	文化传承
	1	0	2005	文化文本		1	0	2014	文化传播
	1	0	2012	舞龙		1	0	2020	文化发展

通过图4-2和表4-2交叉检验可以得知：第一，本主题研究的频数和中心性最高的四个关键词是：文化符号、重要载体、传统文化、文化复兴。本主题研究上述四个关键词构建辐射研究。第二，中华文化中融入中华文化符号和中华民族形象的物理载体的热点研究的系统结构为"中华文化—文化主体—文化符号—形式载体—实践路径—价值认同—传承发展"。该系统结构较全面地展现了该主题研究的系统性。第三，从系统结构内的"物理载体"可以得知本主题研究的动态热点形式载体包括：武夷岩茶、舞龙、戏剧节；静态热点形式载体包括：文化文本、文学翻译、木板年画、匾额、建筑载体、产品载体。

2. 中流砥柱的传统物理载体：中华优秀传统文化典籍出版

书籍出版物是中华优秀传统文化很重要的一种物理载体，通过对书籍等物理载体的深度开发，对于弘扬发展爱国精神和人格力量，提升民族的自信心，以及践行社会主义核心价值观，具有非常重要的意义。

中华优秀传统文化典籍的出版发行不仅是对民族精神内核的表达，也是对中华优秀传统文化的文化传播。《周易》《孟子》《老子》《孙子兵法》《史记》《左传》《吕氏春秋》等都是中华优秀传统文化典籍，也是中华传统文化图书项目经典。随着传统典籍出版物的科技化和网络化的发展，如何对中华优秀传统文化典籍出版实现创造性转化以及创新性的典籍出版？随着数字化的快速发展，典籍出版还要满足社会公众多样化的阅读需求，即实现多元化发展，而不能进行单一化的信息传播和典籍出版，可以说，图书选题和出版的内容是实现创造性转化以及创新性出版的前提条件。从物理载体的形式上看，需要注意的是纸质书中流砥柱的作用不可因为数字化而被彻底否定，即在数字化典籍出版成为一种趋势的背景下，不可忽略纸质典籍出版。在数字化发展路径的建议上，不仅需要促进出版物的数字化发展，还要开展有声融入的技术支撑。从版权保护和运营转化问题上，还要加大版权保护和对侵犯著作权和邻接权的惩罚力度，为出版市场提供一个良好的营商环境和鼓励创新环境，保障权利人的合法权益。

3. 流量时代的核心虚拟载体：视听作品

视听作品是2021年《著作权法》新修订的内容中增加的一条关键性内容。之所以增加这条关键性新修订内容是基于其时代背景——我国已全面进入流量时代。流量时代的核心形式载体是视听作品。

视听作品是指通过视听装置生成的为人类视觉和听觉直接感知的《著作权法》

的新客体类型和人们信息创造、交流、运营的核心形式载体。与传统动静态形式载体不同的是，视听作品需要借助视听装置创造内容，构建视听呈现方式。

随着互联网信息时代的快速发展，视听作品的文化内容被快速创造和传播，文化内容的表现形式呈现出丰富多彩、品类繁多的特征，诞生了诸多耳熟能详的优秀视听作品，例如《唐宫夜宴》《洛神水赋》《龙舟祭》《唐印》《医圣传人》《丽人行》等。视听作品在国与国之间的文化交流和借鉴方面也发挥着重要作用，可以说，视听作品，在国与国之间的文化交流和学习所长中构建起文化友谊的桥梁。此外，视听作品作为流量时代的文化宝库，为人们提供了更加积极的预期，在满足人们的精神消费方面发挥着关键性作用。视听作品的重要性还体现在版权运营上，根据《版权工作"十四五"规划》可以得知"版权产业增加值占 GDP 的比重提高至 7.5%"。视听作品在流量时代不仅是文化传播的重要载体，还是文化消费和经济发展的重要动力。在文明信息时代，保障以视听作品为形式载体的非遗"两创"成果的产权安全亦是关键议题。视听作品亦是弘扬中华优秀传统文化和中华优秀道德品质的传播载体和形式载体。例如，以视听作品为形式载体的《小牛向前冲》是中国首部以牛为主角的动画片，《小牛向前冲》与以往国内的动画片最大的区别在于，它融合了中华优秀传统文化的文化元素和现代元素，实现中华优秀传统文化元素的创造性转化创新性元素拓展。此外，还将中华优秀传统文化中的吃苦耐劳、甘于奉献的"老黄牛精神"与不怕挫折、勇于向前冲、坚持不懈的"小牛精神"完美融合，不仅给小朋友们讲述了中华优秀传统美德，还给小朋友们传递了正确的世界观、人生观、价值观，该动画片已成为向小朋友传递中华优秀传统文化和中华优秀道德品质的重要形式载体①。

4. 迎合诞生于网络时代的数字原住民的关键虚拟载体：网络游戏

根据中国产业研究院对我国 2022 年前 6 个月的网络游戏用户的统计数据可以看出，网络游戏用户的总数规模已达到 5.54 亿人次，占全体网络用户的 53.6%②。可以说，我国网络用户的几乎半数人都玩过游戏，可见网络游戏不仅是文化传播的重要形式载体，还是中国文化输出的重要载体。在网络游戏中融入中华文化符号，构建中华文化符号视觉场景，通过在中华文化符号视觉场景中的操作实践，熟悉掌握中华文化符号，甚至采取文化践行行动，例如前往中华文化符号对应的实际场景中进

---

① 陶雯. 内蒙古动画的崛起：评获奖动画片《小牛向前冲》[J]. 内蒙古宣传思想文化工作，2013（1）：25-26.
② 2022 年上半年我国网络游戏用户规模达 5.52 亿占网民整体 52.6%（图）[R/OL]. [2022-01-02]. https://www.askci.com/news/chanye/20221118/0929472026901.shtml.

行体验式实践活动，即通过虚拟实践和文化体验实现对中华文化符号、文化内涵以及中华文化观念的接受，并对其进行文化传播和文化践行①。下面以成功案例为例说明上述观点。《我的世界》网络游戏重新复刻了《清明上河图》，让《清明上河图》成为一幅生动活泼的游戏场景，让游戏玩家可以穿梭在北宋宫殿、街道、小巷、溪水等可以活动的场景之中。《逆水寒》是一款受网友欢迎的网络游戏，它在游戏场景中的最大特点是重现了北宋时期的中华文化元素，例如北宋皇城、春节、雕刻画、灯笼、春联、门神等中华文化元素，甚至重新呈现北宋时期百姓的衣食住行，受到游戏玩家的广泛好评②。《原神》是一款在海外深受欢迎的网络游戏，是我国文化输出的成功案例，也是我国文化出口重点项目，在国外游戏市场里占据着较大的市场份额，在国外应用平台和支付平台中获得巨大营收额（其收益额达18亿美元）③。《原神》虚拟世界中建设的城邦中深度融入了中华文化元素，例如陶瓷、茶叶等静态中华文化元素，日常礼仪习俗等动态中华文化元素。网络游戏中的重要角色"云堇"中有机融入了中国传统戏曲中的文化元素，例如舞花枪，通过融入的中华文化元素实现文化的海外输出，"云堇"已成为中国戏曲文化的海外"名片"④。可以说，中华优秀传统文化的文化动态路径不是仅仅被限制在传统路径上，还可以进入虚拟世界，例如网络游戏、元宇宙等，实现中华优秀传统文化走向国际、走向虚拟世界。

（二）信息表现形式

信息表现形式是指通过言语、肢体动作（肢体动作亦是一种语言表达）、文字、图形、模型、建筑、视听、美术、摄影、艺术表达等方式呈现内容信息的一种表达方式和传播媒介的重要组成部分。信息表现形式与其"针对性"构成直接相关性，即越具有针对性的信息，才能产生或发挥越强的感染力、认知力和穿透力。以《平"语"近人——习近平总书记用典》为例，《平"语"近人——习近平总书记用典》是《百家讲坛》（是在百姓中普及中华优秀传统文化的一档视频节目）中一档重要的电视节目。该节目通过"讲坛"这种口述表现形式，通过视频的呈现方式（《著

---

① 吴玲玲. 网络游戏的传播模型建构与传播机制分析：基于大型角色扮演类网络游戏[J]. 福建论坛（人文社会科学版），2010（4）：104-105.

② 胡钰，朱戈奇. 网络游戏与中华优秀传统文化的当代传播[J]. 南京社会科学，2022（7）：155-162.

③ 谢若琳. 2021年全球8款手游收入超10亿美元中国游戏公司狂揽前三[EB/OL]. [2022-01-02]. http://www.zqrb.cn/finance/hangyedongtai/2022-01-12/A1641951422194.html.

④ 同②。

作权法》中的视听作品），依托视频作品的系统设备保障，为百姓传播了习近平新时代中国特色社会主义思想，提供了大众传播基础。通过"讲坛"这种视听表现形式，《百家讲坛》还有效且大范围传播了中华优秀传统文化，在新形式的表达上实现了创新性发展。

以视听为重要的信息表现形式的典型案例选取中，首选的典型案例无疑是以弘扬中华优秀传统文化为主题的视觉盛宴——河南卫视通过"视听作品"的形式载体，以"视听"的表现形式，不仅向人们传达了中华优秀传统文化"两创"成果，还为观众提供了新潮的、立体的、内涵融入的表现形式和感觉体验，还向观众传递了"中华美学精神"①。河南卫视的成功就在于打破了视觉僵局，在静态实景中充分融入新技术、新理念，呈现动静相结合的视觉表达，在观众对千篇一律的网络节目日益疲劳的审美状态下，展现了传统文化的独特魅力，在实质内容上进行创新，在形式表达上实现新突破，通过互联网影视新媒体弘扬发展了中华优秀传统文化，解锁了影视传播新方式，发展了"文化+商品+旅游"的综合性传播方式②。以下我们以河南卫视的诸多优秀视听作品为案例论证上述观点。《门神》通过视听的呈现表达，塑造了门神的经典神话形象，同时运用数字虚拟技术，在静态实景的表现形式中，跨越时间和空间的限制，用数字技术呈现了非凡的视觉盛宴和经典的门神形象。《国潮盛典》是"视听+晚会"的动静态呈现表达，利用了互联网的快速信息传递优势，充分结合新媒体的信息扩大效应，创造了一场别开生面的"双十一"视觉晚会，开启了一场"网剧+综艺"的动静态表现风格。《水乡伞缘》通过实地取景，再结合数字视觉技术，以"文字+杂技+视听"的呈现方式表达了"实中有虚，虚中有实"的江南水乡的浪漫情怀。在这里我们需要指出的是《水乡伞缘》原本是以文字方式呈现的剧本，在此基础上，进一步演绎成杂技艺术作品，杂技便是其中的信息表现形式，之后该杂技艺术作品进一步被演绎成视听作品，实现"文字作品—杂技艺术作品—视听作品"的演艺路径。演绎作品是《著作权法》中很重要的作品形式，演绎作品的重要性不仅体现在作品的演绎创作，在文化领域的重要性还体现在实现了文化的创造性和创新性，是实质内容的进一步创新、是形式表达的进一步创新。《唐宫夜宴》更是通过视听表现表达了俏皮可人的宫女进宫形象，通过视听的表现形式，将传统的艺术表达与数字虚拟技术有机结合，将传统文化中的情感

① 张国涛，欧阳沛妮. 在中华美学精神层面寻得共鸣：解析河南卫视"中国节日"系列节目[J]. 中国电视，2021（7）：23-29.

② 赵彤. 对中华优秀传统文化影视表达的小识[J]. 中国电视，2022（11）：1-2.

表达和审美情趣全面地展现给观众，形成传播面极广的优秀作品。中国舞《洛神水赋》尤为令人称绝，该作品通过水下取景，将水中舞蹈的舞者的美感全景呈现在视听作品中，还原了水中洛神的美妙风采，超凡脱俗、浑然天成。《洛神水赋》不仅是视听作品，还属于演绎作品，通过"文字作品—舞蹈作品（还涉及邻接权的内容）—视听作品"的演绎路径，以"文字+舞蹈+视听"的文化信息表达方式，开创了影视奇观。从创造性转化创新性发展（"两创"）的主题上看，《洛神水赋》在实质的内容上，通过"水中创作"的艺术转化，探寻到文化与艺术的完美结合，实现内容上的创造性转化。就形式创新上，《洛神水赋》虽然通过电视节目的传统传播方式，但其视听作品的演绎结果在传播中发挥了关键作用，实现形式的创新表达。

　　音乐是人类的共同语言，好的音乐不仅可以表达好的形象，还能带来好的文化传播效应。中华经典音乐、优秀音乐的海外传播不仅可以产生文化的深度交流，还能实现音乐文化的创新和创造[1]。可见，音乐是非常关键的信息表达形式。以音乐为信息表现形式的典型案例精选中，本书选取了《经典咏流传》作为典型案例，指出《经典咏流传》在内容上的创造性转化和在形式上的创新性表达，最终实现中华古诗词文化的裂变式传播。中央电视台推出的文化音乐节目《经典咏流传》实现的创造性的新内容、新载体转化和创新性的新形态表达方式的实践路径是：《经典咏流传》是通过在物理载体、信息形式表达上实现创新，最终落实古诗词的创造性转化和形式上的创新性表达，从而让大众对古诗词有了全新的认识，焕发出中华优秀传统文化——古诗词的新时代的生命活力。《经典咏流传》实现了古诗词的创造性转化，将古诗词创造性地转化成朗朗上口的流行音乐，即从文字作品的实质内容演绎成为音乐作品，从而让大家进一步体会到了中华优秀传统文化的独特魅力，给听众留下了非常深刻的印象。在创新性表达上，将书本中记载的文字呈现出动态化乐感信息，实现新的表达形式。为了让年轻人更加喜欢古诗词，新生代偶像王俊凯演唱了开场歌曲《明日之歌》，使得《明日之歌》火遍全网，发挥了文化的裂变式传播效应。

　　传统节日可以说是中华民族已经约定俗成的"信仰"。因为，传统节日已经拥有文化记忆，而这种文化记忆具有传承性，例如在世界各地的唐人街，过中国新年时，都会有舞龙舞狮等中国新年的庆贺活动，这种文化记忆并没有因为时空距离而

---

①张厚远.《经典咏流传》：审美特征研究[J].中国广播电视学刊，2018（7）：38-39.

断裂，反而因文化记忆在海外传承发展。传统节日不仅具有文化记忆，还囊括了中华民族的生活观、价值观。可以说，节日已成为非常重要的媒介要素，即一种非常重要的信息表现形式。通过节日可以传递中华优秀传统文化中蕴含的生活观、价值观以及文化记忆。通过节日，中国各地都会举办形式多样的相关节庆活动，而节庆活动是节日传播信息的重要途径。可以说，通过节日和与节日捆绑的节庆活动，不仅传递了节日中蕴含的关键信息，还传递了节日中内化的价值观、生活观。中秋佳节，香客会登山赏月，烧香祈福，热闹非凡。通过节日和烧香这种节庆活动传递着祭拜先祖等文化信息。端午节中国有不少地方会开展龙舟赛，通过龙舟赛传递着农业丰收、风调雨顺等美好寓意。在东北地区有"龙灯会"，也被称为"龙灯节"，人们会拿着龙灯祈求平安如意，可以说龙灯作为物理载体，在"龙灯会"这个信息表现形式上，传递着平安吉祥的文化信息和美好愿景。在山西，还有一个很有趣的节庆活动——"旺火"，在春节，人们会将木柴、煤炭等堆积起来点燃，随着火光的"兴旺"，传递着新的一年红红火火的文化信息。正因如此，传统节日在内容上的创造转化和在形式上的创新表达变得十分重要。随着时代的发展，造节驱动产生的创新表达和创造转化也在当代社会发挥着关键作用，在传统节日和造节驱动的相关节庆活动中传递了文化信息，潜移默化地注入文化记忆，产生了积极的文化影响力。

（三）标识符号

标识符号无处不在，标识符号是指文化信息传播中外在的形式和信息表达，有时也被称为一种物质载体或者一种言语表达。随着数字技术的快速发展，无形化的数字符号表达已然成为一种重要文化符号和可用于知识产权运营的数字资产。数字化的符号表达远比传统符号表达发挥着更高关注性的作用，尤其在疫情常态化背景下，数字化标识符号更是传播中华文化符号和中华优秀传统文化的关键所在。中华优秀传统文化符号发挥的关键作用在于加强文化认知和提升文化向心力，提升民众的文化自豪感。

文化标识符号表达需要注意三层次递进表达，较通俗的表达为"我看到的和表达的、他看到的和表达的"。首先是"看到的是什么"，即当看到文化标识时，在"我者"上看到的是什么内容；其次是"从看到的是什么诉说自己看到的是什么"，即站在"我者"的角度上，去诉说自己看到的；最后是"从他者的视角看到的又是什么表达的又是什么"，即站在"他者"的角度上，看到的文化标识是什么，又是如何诉说自己看到的文化标识。如果可以实现"我看到的和表达的=他看到的和表达的"这个公式，就可以认定为文化标识符号具有极高的清晰形象，属于优质的文化符号和标识表达，可以实现国家化文化标识，发挥文化传播的关键作用。

具有世界影响力的中华优秀传统文化符号包括故宫、四大发明、中国龙、中国戏曲、中国书法、中国汉字、中国功夫、中华医药、中华传统节日、孔子、儒学、丝绸、纺织刺绣、京剧脸谱、万里长城、古代园林、中国陶瓷、兵马俑等。这里列出不同层面的中华优秀传统文化的标识符号，说明标识符号在媒介要素中的重要作用。故宫是中国宫殿的最高典范，也是现存的历史悠久、宏伟壮丽、保留最完整的建筑群，不仅是中国的一张名片，更是当代文化领域的超级IP（知识产权）和中国文化符号。故宫的文化符号中还镶嵌着技术文化符号，故宫建筑群没有使用钢筋混凝土建筑宫殿，而是用了糯米、石灰、砂浆来建筑宫殿，这使得故宫更加牢固。同时故宫还使用了榫卯技术，通过凹凸式结构将柱子合并在一起。正因为建筑故宫时利用了榫卯技术，故宫才得以保留至今。龙是古代神话中的动物，是中国的一种象征文化标识。龙虽然存在于神话故事中，但在中国人的精神世界里有着非常重要的地位，龙的文化符号已经深入中国人的日常生活中，例如中国人被称为龙的传人，"龙"也进入十二生肖中，在中式婚礼中，人们会用"龙凤呈祥"来庆祝新人，男子为龙，女子为凤。"二月二龙抬头"已成为理发的节庆文化标识。实际上，这与中国人对龙的信仰不无关系。汉字是中国传统文化中非常典型的文化标志。汉字的使用多种多样，最有趣的是汉语的词汇在不同语境之下会有不同的意思表达。与字对应的便是"写字"，文房四宝——笔、墨、纸、砚也是中国的文化符号，该文化符号体现的是中国书法的艺术文化气息。毛笔是基于地方性情境和中国古代实践情境发明出来的。墨是用来画图或写字的文化载体，亦是文化符号。砚台是笔和墨在发展过程中的创新产出。造纸术毋庸置疑是中国古代的四大发明之一，也是中国重要的文化符号。中华医药是非常重要的文化符号。中医强调的是"望闻问切"，"望"指的是用眼睛看，看的是脸色、唇色、舌苔等，从而对疾病进行初步判断。而"脸色"这一中国特色文化概念是完全不同于西医的文化概念。"闻"对应的是气味，闻的是血液的味道、食物的味道等，从而对疾病进行判断。中医中的"问"是个非常地方性的文化术语，问的是起居、饮食、生活习惯、性格脾气等。"切"的指向性非常明确，即脉搏，常说的切脉搏——将手指搭放在病人的手腕上，感受病人的脉搏跳动，进而判断其病情。中医除了有"医"，还得有"药"。中药的成分多为草本植物，即植物药。从治疗方式上，中医还有针灸、火罐、按摩等治疗手段，通过这些手段，帮助病人梳理气血，提升阳气。而这里说的"气血""阳气"等不仅是一种诊疗手段，还是区别于西医的特色中华文化符号。陶瓷器、景泰蓝也是中国优秀传统文化的文化符号和代表性标志。古人通过将特殊的陶土进行塑型、灼烧、绘图等传统工艺流程，将其制作成一件精美的艺术品。景泰蓝是中国独特的金属工艺品。景泰蓝中关于"蓝色"的制作工艺，实际上像云南白药配方一样，应成为我国的商业秘密。景泰蓝是运用了金属勾边染色技艺所形成的精美工艺品，外表多为蓝色，也有其他不同颜色。景泰蓝的高端艺术品具有非常强的收藏价值。京剧脸谱是按照人的面部轮廓以及人生阅历而刻画出的一种表演形式。京剧脸谱实际上源自劳动人民的日常生活，比如，因长期在太阳下劳作，从而皮肤变得黝黑、当人受到惊吓脸会发白、人害羞或不好意思时脸会涨红、生病时人的脸会发黄等。脸谱实际上是将人的生活百态用一种夸张的手法刻画出来，用一种表演的方式将其呈现给观者，是具有非常浓厚的中国文化的一种民族表演形式。中国功夫是具有中华文化符号和文化标识的表现形式。中国功夫不仅是一种对抗敌人的"功夫"，更是修身养性的"功夫"，是中国的非物质文化遗产，是中国的文化瑰宝。在海内外深受欢迎的电影《功夫熊猫》便是将中国两大文化符号"中国功夫"和"熊猫"结合在一起，实现内容上的创新和表达形式上的创新发展，在电影中展现出了中国功夫的独特魅力。在体育运动方面，中国古代的蹴鞠、击鞠、捶丸、武术、中国跤、围棋、舞龙、舞狮、龙舟竞渡等运动项目是中国的体育文化符号。随着国与国之间的体育文化交流的频繁，这些运动也逐渐流向世界各国[1]。茶文化也是中国传统文化的文化标志，中国人自古就有饮茶习惯，中国的茶文化有诸多讲究步骤，包括洗茶、泡茶、喝茶等。喝茶时还会配有专门的饮茶茶具。丝绸、刺绣、汉服、旗袍也是中华优秀传统文化的重要文化标识。张骞出使西域，开辟了丝绸之路，将中国与其他国家联系到了一起，自此中国丝绸流向世界各地。中国是最早养蚕缫丝的国家，运用特殊的蚕丝抽取工艺步骤，编织成丝绸，从而拥有了华贵的蚕丝面料。有了华贵的面料，还需要有精湛的刺绣手法，使衣物不再只是单调的颜色，而是将衣服塑造成一种工艺品。在节日方面，中秋节、端午节、春节等节日不仅是中国的传统节日，也是中国的文化符号。中秋节实际上是源自古人对天象的崇拜，正值中秋，月

---

① 崔乐泉，刘兰. 新时代中华优秀传统体育文化的创造性转化与创新性发展研究[J]. 首都体育学院学报，2022，34（1）：8-15.

亮是一年中最圆的时候，逐渐延伸出"团圆"的文化，沉淀在中国人的内心深处。在这一天，中国人会一家人坐在一起吃圆圆的月饼，一起赏月。春节是一年中最热闹的节日，也是吉庆的日子，春节代表的是"阖家团圆"。在这一天中国人会喜爱穿红色，代表着喜气洋洋和平安吉祥。春节这一天，人们还会挂代表中国文化符号的红灯笼，迎接新的一年。兵马俑、红灯笼、中国结、剪纸、孔子、四大发明等均是中国典型的文化符号。在喜庆团圆的节日里，中国人会挂起大红灯笼，寓意喜庆吉祥。中国结因其独特的编制方法和精巧的装饰以及便携性，已成为一件艺术品。过年时，在窗户上贴的窗花便是剪纸的一种文化表现形式，是我国非常重要的非物质文化遗产，更是文化符号和识别标识。

通过挖掘媒体要素揭示中华优秀传统文化"两创"成果的宣传效应和辐射效应，不仅有助于文旅产业的繁荣发展，还能增强和提升文化自信，助力国际传播和塑造美好中国国际形象。挖掘中华优秀传统文化媒介要素是助力文化产业发展、提升文化自信、助力文化符号的国际化和塑造美好中国形象的关键所在。例如，通过抖音、快手、小红书等以视听作品为主的平台载体，以视听作品表现形式，传播中华优秀传统文化的文化符号，加强文化认同和文化归属，还能促进文旅和文化产业的蓬勃发展。

三、人力资源要素

"人"是传承与弘扬中华优秀传统文化创造性转化创新性发展的基础，亦是重要组成部分。2021年在北京召开的中央人才工作会议上习近平总书记提出新时代人才强国之路的长远性、全局性、系统性的战略措施和路径方案。在衡量一个国家的综合国力时，人力资源是非常重要的衡量指标和构建要素。在推动中华优秀传统文化创造性转化创新性发展过程中，挖掘人力资源要素和发挥人力资源要素在推动"两创"过程中的重要作用是非常重要的课题研究。应聚天下英才而用之，推动中华优秀传统文化"两创"，意义重大。发挥人力资源要素、开展中华优秀传统文化"两创"人才培养是实现中华优秀传统文化繁荣昌盛的"人"的基础，因此，发掘人力资源要素发挥着重要作用。本书所指的人力资源要素是面向大众、全员参与的人力资源要素，而非大学或者其他形式的专门教育。本书将人力资源要素划分为三个层面，分别是：人才培养目标、课程体系建设、三维路径。"人才培养目标—课程体系建设—三维路径"既是人力资源要素的三个核心要素，又是实施路径方案和顺序选择——首先确立中国特色人才培养目标，其次开发基于中华优秀传统文化"两创"的专业课程体系（专业课程体系可以参照本书调研目录），最后构建三维路径。

（一）确立人才培养目标和培养"两创"专门人才

人力资源要素中的第一个要素，亦是核心要素：确立中国特色人才培养目标、培养中华优秀传统文化"两创"专门人才。人才培养目标中需要以"双创教育与思政教育的精准融合①"为前提。目标设定上考虑总体目标、育人目标、知识目标等多维层级目标。从知识目标看，既要考虑基本知识，也要涉猎需要学习的专门知识，例如，中华优秀传统文化"两创"成果的产权保护相关的知识目标。确立人才培养目标时，需要众人参与确定，包括教育者、领导者、管理者等，只有在共同参与研究下，才能完整地确立中华优秀传统文化创造性转化创新性发展人才目标。

中华优秀传统文化不仅是文化本身，也是一种思想内涵、道德伦理、精神精髓。中华优秀传统文化是中华民族的精神命脉，也是实现创造性转化创新性发展的根本所在、创新资源和传承活力来源。中华优秀传统文化中融入了中华民族的智慧思想和实践经验，是源远流长的优秀传统文化、是生生不息的优秀传统文化。就设立中华优秀传统文化"两创"人才目标和培养中华优秀传统文化"两创"人才而言，设立中华优秀传统文化"两创"人才目标和培养"两创"专业人才，是促进中华优秀传统文化更好发展的有效途径。

2017年，中共中央办公厅和国务院办公厅印发的《关于实施中华优秀传统文化传承发展工程的意见》中明确提出中华优秀传统文化贯穿国民教育始终。可见，践行中华优秀传统文化的国民教育路径不仅仅在高等院校培养中华优秀传统文化"两创"人才，而是覆盖各适龄阶段的教育。从各级院校与中华优秀传统文化"两创"人才培养的关联性上看，中华优秀传统文化的保护传承与弘扬发展离不开各级院校的课程建设和教育培养，通过宏观和微观双管齐下的路径安排，发挥各适龄阶段的教育的优势性和可操作性，培养中华优秀传统文化专门人才。那么，就如何设立中华优秀传统文化"两创"人才培养目标和培养中华优秀传统文化"两创"人才这一问题上，本书认为需要通过三个层面寻求答案。

---

① 陈伟民，谭晓兰. 精准供给视域下高校双创教育与思政教育协同育人研究[J]. 教育探索，2022（5）：36-39.

1. 以习近平战略思想为"两创"人才培养的理论指导，培养中华优秀传统文化"两创"人才

中华优秀传统文化"两创"人才的目标设定和培养方案上，需要以习近平战略思想为主要理论导向，在各适龄教育阶段培养中华优秀传统文化阶段性人才方案上，通过宏观和微观双管齐下的路径安排构建行动方案——弘扬中华优秀传统文化的创新理念、建设中华优秀传统文化"两创"师资队伍、选择适合各适龄阶段的教学读本、开发中华优秀传统文化的精品课程、开展中华优秀传统文化校园实践活动等实践方案等，助力中华优秀传统文化的传承保护和弘扬发展，培养对中华优秀传统文化相关课程浓厚的兴趣，提升文化自信、增强文化认同，实现中华民族的文化自强。

2. 制定各适龄阶段的人才培养方案，构建人才培养蓝图

在制定高校人才培养方案与教育过程时，要时刻坚持"以人为本"的理念，将学生作为主体，开展"以人为本、以学生为本"的教育观念，即将"以人为本""以学生为本"贯穿到各适龄教育阶段的教学实践的环节中。"以人为本""以学生为本"的理念如何体现在人才培养方案中是一项关键性的课题。在此课题中，哪些精神内涵、德育内容、育人理念能够深入"以学生为本"的人才培养方案中亦是值得重视的内容。中华优秀传统文化中融入了诸多丰富的精神内涵、育人理念和德育内容，可以说这是方案的前提条件和关键步骤，培养拥有诚实守信、坚持不懈、勤劳勇敢、自强不息、仁者爱人、认真负责、帮助友善等良好品德的社会主义接班人是方案的落实目标。在此前提条件和落实目标的引导下，在各适龄阶段的学生教育方案中，依托中华优秀传统文化的丰富资源基础，加强中华优秀传统文化"两创"的教学内容的设计和编排，营造良好的教育教学环境，完善各适龄阶段学生的思想品德和德育教育。

3. 深度挖掘中华优秀传统文化资源的内涵，提升各适龄教育阶段的学生的思想道德[①]，践行社会主义核心价值观

教科书的内容编排是中华优秀传统文化"两创"人才培养的核心环节，是践行社会主义核心价值观和提升各适龄教育阶段学生的思想道德的关键步骤。因此，教师依据各适龄阶段的学生的具体情况，以中华优秀传统文化资源为素材基础，在深度挖掘中华优秀传统文化资源中融入正确的社会价值观和高尚的道德教育要素，将

---

① 汪荣，荣霞. 中国传统文化对大学生思想道德观的建塑与提升[J]. 山西财经大学学报，2012(S4): 72-73.

要素有机融入课程内容安排中，对各适龄阶段的学生进行正向价值引导和陶冶高尚情操，潜移默化地施加影响。

（二）建设中华优秀传统文化"两创"专业课程体系

人力资源要素中的第二个要素是：建设中华优秀传统文化"两创"专业课程体系。课程体系的构建应该严格围绕"中华优秀传统文化"和"创造性转化""创新性发展"的课程要求，开发专业课程。需要注意的是，明确"中华优秀传统文化"的内容一级、二级分类，以及对其"创造性转化""创新性发展"的模式探索和路径方案。建设中华优秀传统文化"两创"专业课程体系时，本书围绕三个方面展开论述，分别是建设课程内容的基础、路径实施以及实践开展。

1. 课程内容应以中华优秀传统文化资源为基础

课程内容是培养中华优秀传统文化"两创"类人才的关键环节，是提升中华优秀传统文化系统认知的基本条件。可以说，梳理和挖掘中华优秀传统文化资源是设计和编排课程内容的关键所在。在了解这一前提的基础上，我们需要更正如下观点："以思想政治方面的教学内容为主，其次将传统文化作为辅助，开设专业类课业。"可以说，这种学说并未能将中华优秀传统文化视为一种系统性知识群，而是辅助于思想政治课程的案例型知识点。中华优秀传统文化系统性知识群中囊括了丰富的思政要素，在弘扬和践行社会主义核心价值观时，可以充分挖掘中华优秀传统文化在现代社会中发挥的正确社会价值。如何配置以中华优秀传统文化资源为基础的课程体系和相关内容，我们在下文中将全面论述。在这里我们需要重点指出产生上述观点的错误根源在于：并未对中华优秀传统文化资源开展全面的梳理和统计工作，甚至未能对中华优秀传统文化资源进行分类实施，从而导致对中华优秀传统文化资源的片面认识。因此，中华优秀传统文化"两创"类课程设计的依托基础是中华优秀传统文化资源以及对中华优秀传统文化资源的深度挖掘。此外，在设计教材时，还需要注意的是：教材设计主旨明确，目标清晰；教材内容应通俗易懂、触类旁通。

2. 基于中华优秀传统文化资源，明确受教育主体，重新审视课程内容和课程目标，开设"两创"课程，进行实践教育，开展相关实践活动，深度理解中华优秀传统文化"两创"实践路径，增强文化自信、提升文化认同、实现文化自强，铸牢中华民族共同体意识

设计中华优秀传统文化"两创"课程，并将其列入教学方案，在开展实践教育和实践活动过程中，我们一方面需要明确和拓展受教育群体，另一方面还需要在中华优秀传统文化资源的基础上重新解释课程内容和课程目标。就受教育主体而言，国内学者主要将受教育群体集中在大学生群体。就课程内容和课程目标而言，国内学者的主要观点集中在：结合中华优秀传统文化开展思想道德政治方面的课程并进行实践教学，开展相关实践活动①。就中华优秀传统文化课程设计模式而言，国内学者普遍倾向"思想政治教育+中华优秀传统文化"模式，即在《思想道德修养与法律基础》等思想政治课程中融入中华优秀传统文化的关联内容，以课程思政为主线引出中华优秀传统文化的相关内容。在这种模式认知下，可以说，中华优秀传统文化的教育实际上已成为理论教育或思想政治教育。这里，我们需要重新明确受教育群体、课程内容以及课程目标。明确课程目标是设计课程体系和内容的前提。就笔者的观点而言，开设中华优秀传统文化以及中华优秀传统文化"两创"类课程的课程目标是增强受教育群体的文化自信、提升文化认同、实现文化自强，践行社会主义核心价值观，加强民族团结、铸牢中华民族共同体意识。就受教育群体而言，中华优秀传统文化及其"两创"类课程的受教育群体不能仅仅限定在大学生群体，应当将受教育群体拓展至群体教育，构建不同适龄群体为参与主体的教育教学实践，即不同适龄阶段的受教育群体。拓展受教育群体的根本原因在于课程目标。课程的设计安排需要紧紧围绕课程目标，以实现课程目标为根本。就课程体系内容的设计而言，必须先行确认中华优秀传统文化资源。只有对中华优秀传统文化资源有全方位的调研，才能对中华优秀传统文化有深刻的认识。本书推荐可以以七大类"非物质文化遗产—农业文化遗产—工业文化遗产、中医药、古籍整理与古文字、文化地理IP打造、经典民间故事—民族音乐—戏曲、传统工艺—中华老字号、少数民族传统节日"作为中华优秀传统文化的底层逻辑框架，在此基础上可以进一步细化具体内容，例如，在"文化地理IP打造"中可以进一步分为"跨流域文化地理IP打造、地方文化—农耕文化IP打造、历史文化名城—城市文化生态—名镇—名街区—少数民族特色村寨—历史建筑"。在充分了解中华优秀传统文化资源的基础上，设计中华优秀传统文化"两创"类课程，课程设计的根本原则在于系统性，中华优秀传统文化"两创"类课程是系统性课程，不只是思想政治类课程，也不应该只将其列为马克思主义学院的专属课程。产生这种狭隘见解的根本原因在于：一方面，

---

① 熊焰. 中国传统文化与思想政治教育的创新实践：评《中国传统文化与思想政治教育的创新》[J]. 领导科学，2019（15）：127.

未能对中华优秀传统文化的七大类进行全面的系统调研和深度了解、未能充分挖掘中华优秀传统文化"两创"的典型案例，未能系统性展开认识中华优秀传统文化的系统工程，更没有切实履行中华优秀传统文化"两创"成果在市场上的产权正向反馈。可以说，中华优秀传统文化是涉猎传统工艺、传统医药、古籍整理、古文字开发利用、民间版权资源、地理标志资源、改进技术专利等多个研究领域的系统性知识群。就人才培养而言，在开发专业课程的过程中，需要考虑全员参与和专门人才培养。就专门人才培养而言，既要包含"中华优秀传统文化"专门人才，也要涉猎"创造性转化""创新性发展"专门人才。就"中华优秀传统文化"专门人才而言，以古籍整理专门人才为例（古籍整理是中华优秀传统文化的核心分类），北京大学、南京大学等设立了古籍相关专业，培养了古籍类相关人才①，可以满足培养专门人才的社会需求。就"创造性转化""创新性发展"专门人才而言，加大人才培养力度是推动中华优秀传统文化现代化的根本动力，应加快建设产学研结合的专门人才队伍②。

就笔者而言，从中华优秀传统文化的课程设置路径上看，以中华优秀传统文化资源为根基，以中华优秀传统文化"两创"的多元实现方式为落脚点，以中华优秀传统文化"两创"典型模式为跨越时空场域的理论模型，以中华优秀传统文化"两创"成果在市场上的产权正向反馈为根本保障，确保"两创"成果的知识产权安全和防范侵权风险，构建中华优秀传统文化的全系统课程设计安排。可见，中华优秀传统文化是涉猎哲学、民俗学、工艺设计、医学、法学、知识产权（知识产权实务部分课程不属于法学课程）等多学科、多研究领域的知识群。就教学教育实践而言，需要理论与实践紧密相连，不同适龄阶段的学生不仅需要学习教材、课程内容中的理论知识，还需要理论与形式多样的实践相互结合，通过实践充分认识理论的指引性作用，通过实践充分掌握相关实践技能，从而进一步推进理论创新。

3. 开展多样态文化教育实践类课程

开展多样态的中华优秀传统文化的实践课程是培养"两创"类人才的关键部分。通过在中华优秀传统文化"两创"类课程中融入实践，不仅可以让不同适龄参与主体了解、掌握、热爱、实践中华优秀传统文化，还能助力中华优秀传统文化的创造性转化创新性发展。中华优秀传统文化的实践类课程同时也是培养学生的赤诚

---

① 王立清，董梅香，肖卫飞.港台地区古籍数字化现状分析及启示[J].图书情报工作，2006（8）：87-90+109.

② 田世英.基于新冠肺炎疫情防控的中药材发展研究[J].中国农业资源与区划，2020（4）：292-298.

敦朴、坚韧勇敢、努力向上、善解人意、热爱他人、关心社会的优秀品质，助力社会主义现代化建设，提升文化自信、增强文化认同、实现文化自强，促进民族团结，铸牢中华民族共同体意识。

（三）构建"教师—学生—实践"三维路径

人力资源要素中的第三个要素是：构建中华优秀传统文化融入人力资源优秀人才培养的"教师—学生—实践"三维路径。"教师—学生—实践"是传统路径，但面对全员参与中华优秀传统文化的创造性转化创新性发展，"教师—学生—实践"是经实践检验而满足全员参与的可践行路径。教师的课堂教学是培养优秀人才的重要渠道，教师是人才培养的关键所在，教师的能力决定了人才培养的质量；培养合格的中华优秀传统文化"两创"人才是检验目标实现的关键标准；采取教育实践不仅可以培养优秀人才，也可以培养"两创"类课程师资。可以说，通过实践教育可以保障中华优秀传统文化创造性转化创新性发展成果的实现和落地。培养具有创新能力和实践能力的合格人才，真正满足促进中华优秀传统文化"两创"人才的要求，为推动中华优秀传统文化铺路架桥，为建设文化强国添砖加瓦。就"教师—学生—实践"三维路径的具体展开和注意事项我们从三个方面展开论述。

1.积极培养教师的创新能力

中华优秀传统文化"两创"系统性知识群的有效学习掌握，与教师的教学水平、教学质量、教学艺术、教学能力紧密关联。为了实现培养中华优秀传统文化"两创"专业人才这一目标，需要注意以下三方面的问题。

教师首先需要了解和掌握中华优秀传统文化资源，而中华优秀传统文化资源是系统性知识群，因此，对教师掌握全方面的知识和技能提出了新的挑战。也就是说，教师光有自身所学的专业知识与技能是远远不够的，更应该具备全方面的知识与技能，尽管不能全部熟练精通，但要做到对学生有问有答，不能被学生提出的一些问题难住而说不出答案，在此基础上，提升教师对中华优秀传统文化"两创"的独特认知与深度见解，践行中华优秀传统文化的保护传承和弘扬发展，铸牢中华民族共同体意识。

其次，教师的创新创造思维以及实践能力在践行中华优秀传统文化"两创"中也发挥着相当重要的作用。可以说，上述两个方面对教师提出了较高的要求，如果教师能够在教育教学过程中就面对的困难，用创新思维和实践能力，再结合专业技能，最终不仅可以解决在"两创"类课程中所面临的问题，还能深度践行和深刻理解中华优秀传统文化创造性转化创新性发展。这种创新思维和实践能力还能对教师的职业生涯以及个人现实生活产生深刻和积极的影响，这样不仅可以提高教师自身的能力，也可以进一步提高学生的理解能力。因此，教师在教学过程中必须重视且有意识地培养创新思维和实践能力，积极改进教学方法、教学策略，更新教学内容，提升解决"两创"课程中产生的问题的能力。

最后，师资团队也是值得关注的问题。因为，中华优秀传统文化是综合性知识群，而不是隶属于某个学科的知识点。高水平、严标准的优秀师资队伍是学校的关键所在，也是培养专业人才的重要保障。因此需要有效建设教师师资队伍。同时还可以邀请非遗传承人、大师等社会上优秀的中华优秀传统文化"两创"专业人才进校园开展丰富多彩的实践活动，有利于促进教师团队的人才培养目标。

2. 充分发挥学生的主观能动性

学生是培养中华优秀传统文化"两创"优秀人才的关键目的，是践行"以人为本""以学生为本"的关键所在。在践行中华优秀传统文化"两创"人才的实践方案中，充分发挥学生在践行中华优秀传统文化上的主观能动性，不仅可以实现中华优秀传统文化"两创"类专业人才培养的目标，还能更好地促进和弘扬中华优秀传统文化发展。

充分发挥学生的主观能动性实施中华优秀传统文化教育教学的实践方案时，需要以社会主义核心价值观为价值导向①，为中华优秀传统文化"两创"类课程打下坚实的、深厚的理论基础和提供正确的价值导向。认真学习和掌握中华优秀传统文化系统性知识群时，需要正确的社会价值引领，积极克服现实生活中遇到的困难，坚定信念，积极寻求解决方案，充分发挥学生自下而上的主观能动性，牢牢掌握中华优秀传统文化系统性知识，做好积极向上、勇于创新的中华优秀传统文化"两创"类专业人才培养，投身建设富强民主文明和谐美丽的社会主义现代化强国，促进中华优秀传统文化的弘扬发展。

3. 以良好校园风气建设为基础，培养文明礼仪，积极开展丰富多彩且具有教育意义的实践活动

在中华优秀传统文化"两创"人才培养中融入"教师—学生—实践"三维路径，实现"教师—学生—实践"的有机结合和三维配合，形成促进机制，最终落实

---

① 陈淑一，邢光晨.培养大学生文化自信的三维路径[J].江苏高教，2020（7）：112-115.

培养优秀的中华优秀传统文化"两创"人才。在开展丰富多彩的教育实践活动时还应做到如下三点：积极构建上行下效的良好校园风气、积极开展中华优秀传统文化礼仪、积极开展生动有趣且有教育意义的中华优秀传统文化"两创"实践活动。

首先，积极构建上行下效的良好校园风气。建设良好的校园文化风气，以良好的道德观和社会主义核心价值观为核心，践行中华优秀传统文化教育理念，提升良好的校园文化建设，可以促进校风校纪的提升，营造良好的校风建设，拥有正确的价值观，促进良好的文化价值观的养成。中华优秀传统文化"两创"教育是一个螺旋上升的教育过程，在这个过程中，美好的校园文化氛围是关键性要素，只有在醇浓深厚的中华优秀传统文化的美好氛围之中，学生们才能充分得到中华优秀传统文化的熏陶，才能在领悟、感受、理解的基础上完成相应的价值辨别，从而深层次地理解中华优秀传统文化的精神和内涵，并外化为一定的行为习惯，同时加以实践表达[①]。

其次，积极开展中华优秀传统文化礼仪。在中华优秀传统文化中，中华礼仪是中华民族传统美德中的珍宝，是中华优秀传统文化的精华[②]。将传统礼仪课程化、示范化、实践化、社会化，将文明礼仪融入社会生活的衣食住行之中，形成一种良好的习惯，努力营造优良传统礼仪和社会美好氛围，体现中华优秀传统文化的独特魅力，助力建设美好的文明国家和文化强国。

最后，积极开展生动有趣且有教育意义的中华优秀传统文化"两创"实践活动。在开展中华优秀传统文化实践活动时，需要明确中华优秀传统文化活动目标，确定活动对象，并将中华优秀传统文化中的文化元素有机融入学生的实践活动和生活情境中，实施多样式、生动有趣、富有教育意义的实践性活动方案，最终增强学生的文化自信，兼顾文化安全，提升文化认同，加强民族团结和铸牢中华民族共同体意识，最终实现文明国家和文化强国建设。

总而言之，夫争天下者，必先争人。国以才立，政以才治，业以才兴。赢得青年、赢得人才，才能赢得未来，才能赢得中华优秀传统文化创造性转化创新性发展的蓬勃未来。济济多士，乃成大业；人才蔚起，国运方兴。因此，人力资源因素是中华优秀传统文化创造性转化创新性发展的重要组成部分；培养优秀人才，也是促进中华优秀传统文化"双创"的重要途径。

---

① 张庆伟. 中华优秀传统文化融入综合实践活动课程的路径探讨[J]. 当代教育科学，2018（7）：36-40.
② 桂署钦. 大学生传统礼仪教育探究[J]. 学校党建与思想教育，2010（19）：84-86.

四、产业要素

产业是生产力以及社会分工的发展产物，随着社会分工的进一步发展，产业应运而生，随着社会分工的进一步发展而发展。随着社会分工的进一步细化，生成不同的产业，文化产业便是其中一个，并发挥着重要的经济价值和文化价值。联合国教科文组织曾对文化产业做出如下定义：文化产业是以工业标准为基础，是文化产品和服务的生成、生产、存储以及分配等一系列活动。由此可见，文化产业的落足点是形成"文化产品和文化服务"。本书涉及的文化产业要素实际上是能够实现"文化产品和文化服务"的核心要素或者关键因素。在借鉴产业三大核心要素（制度性要素、技术性要素、经济性要素）的基础上，本书结合文化产业的特点以及实践案例，总结出六个文化产业要素，分别是：国家政策、文化资源、科技支撑、人才培养、成果市场化和成果保护。国家政策对应的是产业要素中的制度性要素、科技支撑对应的是产业要素的技术性要素、成果市场化对应的是产业要素的经济性要素。中华优秀传统文化作为文化产业的基础性资源和创造性转化创新性发展的动力源泉，应成为资源要素，而人才培养是实现创造性转化创新性发展的人力保障。成果市场化是落脚点，而成果保护是创新环境的兜底保障。

推动中华优秀传统文化创造性转化创新性发展，要着重关注以下六个方面的产业要素：国家政策、文化资源、科技支撑、人才培养、成果市场化以及成果保护。以下分别对六个要素展开论述。

（一）国家政策

文化产业发展的国家政策是文化产业的发展环境。为了促进文化事业的繁荣，相继颁布《关于实施中华优秀传统文化传承发展工程的意见》《关于戏曲进校园的实施意见》《革命传统进中小学课程教材指南》《中华人民共和国国民经济和社会发展第十四个五年规划和2035年远景目标纲要》《中华优秀传统文化进中小学课程教材指南》《"十四五"文化发展规划》等国家战略指导和政策意见。文化事业振兴发展的相关政策是国家文化治理不可或缺的政策工具，实现国家文化治理体系和文化治理能力现代化离不开政策决策，拓展中华优秀传统文化的发展路径、加快中华优秀传统文化创造性转化创新性发展成果的链条式立体保护以及让中华优秀传统文化融入大众的"衣食住行康乐购"，不断增强人民对中华优秀传统文化的自信，实现文化自强，文化事业发展政策为其健康发展提供了关键的发展环境。

（二）文化资源

文化资源的选择是文化产业高质量发展的关键。中宣部印发的《中华优秀传统文化传承发展工程"十四五"重点项目规划》中列出了23个重点中华优秀传统文化项目和15个原有项目。这些项目的资源统计不仅可以摸清"文化家底"，实现对文化资源的全面了解和掌握，还可以从中提炼养分、获取灵感、实现创造性转化创新性发展、构建数字化发展和文化资源的开发利用，最终增强文化自信、实现文化自强。本书基于155个民族自治地方中华优秀传统文化的调研情报，收集了与本书契合的调研数据，助力中华优秀传统文化的创造性转化和创新性发展（具体数据信息参见附录）。

（三）科技支撑

科技支撑是关键要素，亦是中华优秀传统文化以及文化产业未来的发展方向。如果没有科技支撑，仅仅依靠文化自身的发展是难以实现可持续的，更无法与现代社会的发展相互契合，尤其在数字化、数智化时代，更需要以科技为核心支撑，着力发展中华优秀传统文化。以科技为支撑发展中华优秀传统文化时，应以"人民"为核心，取其精华、去其糟粕，以增强文化自信，实现文化自强为目标，助力中华优秀传统文化实现创造性转化创新性发展，形成符合时代发展需求的、发挥社会效益和经济效益的、具有国际影响力的文化产业。科技支撑掌握着文化事业的发展方向。科学技术的快速更迭，直接影响着中华优秀传统文化的传承和弘扬发展。通过数字化技术，可以打破中华优秀传统文化发展的时空限制，可以不受时间和地域的约束展现数字化的中华优秀传统文化，使其适用范围、传播力以及影响力可以进一步扩大，加强了优秀传统文化的感染力和影响力。近年来，依靠3D影像、4K高清、数字大屏、大数据、云计算、全息投影、虚拟现实和增强现实等数字化技术，将中华优秀传统文化在新场景以新形态展现，使大众仿佛穿越时空，身临其境，提升体验感的同时更激发了想象力，增强了对中华优秀传统文化的自信心。例如（这里以黄琳的研究团队总结概括的关于数字科技支撑的相关案例为支撑论据），在现代视听技术发展的推动下，诗词、歌舞、书画等民族文化显现出蓬勃向上的生命力，并带动了新一轮国风热潮。《国家宝藏》通过对文物进行3D立体影像再建，使民族文化基因得以再次解码，通过4K高清镜头、全息投影技术多角度呈现了故宫文物，使千年文物浮现于现代人的眼前，让人们既能感受到文物全貌，又能欣赏到文物的岁月痕迹和细节之处，文物不再是抽象而遥远的传说，而是在特定情景中可感可知的文化脉络，使我们更加亲近民族文化，更加坚定文化自信。2022虎年春晚借助舞蹈《只此青绿》动态呈现了北宋王希孟的《千里江山图》，利用数字巨屏实现画卷全维覆盖、多维变换视角，应用多区域多点扩声技术实现交互式沉浸音效，科技化作人类穿越时空的桥梁，使国风古韵流连全场，秀丽江山化作满场青绿，画卷与舞者之间交叠尽显千年文化之蓬勃活力。《舞蹈风暴》采用强化慢镜头和模拟变速特效，实现"时空凝结"，及时捕捉具有高技术含量的瞬间动作，让观众能够全方位沉浸式欣赏舞者近乎完美的舞姿，在瞬间调动观感情绪。《洛神水赋》采用水下拍摄方式模拟飞天神态，全角度旋转定格拍摄等技术将舞者婀娜而干脆有力的绝美舞姿展现于大众面前，每一帧都"翩若惊鸿，婉若游龙"。在科技支撑下的中华优秀传统文化创新，已经显现出极大的发展潜力，它推动着传统文化迈向更高的艺术造诣和追求更极致的审美，激发了强烈的文化认同与民族自豪感[①]。

（四）人才培养

人才培养是传承发展中华优秀传统文化的人力保障。中华优秀传统文化创造性转化创新性发展是传承发展中华优秀传统文化的动力，而人才培养是创新的人力保障。在人才培养方面，本书主要关注高等院校课程和实践中融入中华优秀传统文化"两创"。高等院校承担着源源不断向社会输送合格的中华优秀传统文化"两创"人才的社会责任。保障中华优秀传统文化的高质量可持续发展，全面发挥人力资源的优势，深入挖掘中华优秀传统文化的内涵，创造性转化创新性发展出符合人民群众文化生活需求的文化产品和文化服务，最终增强文化自信和实现文化自强。这里以职业技术教育中融入中华优秀传统文化人才培养为例说明（徐元的研究较为全面地梳理了职业技术教育中融入中华优秀传统文化人才培养的典型案例）。为文化事业的发展，职业技术教育的人才培养发挥着关键作用。职业技术教育院校以培养技能型人才为宗旨，具有技术种类多、区域特征明显和技术强等特点，与传统文化具有多样性、地域性、技艺性的特点相匹配。近年来，不少职业技术教育院校都结合当地特色，从本校可利用的资源实际出发，担当起为中华优秀传统文化培养高质量传承人的使命并不断探索中华优秀传统文化发展的可行性途径与模式。例如，福建安溪陈利职业中专学校结合福建当地竹藤工艺优势在竹藤工艺起源地尚卿乡专门开设

---

① 黄琳，张毅.嵌入、融合、共生：传统文化的数字新图景：技术逻辑下电视综艺节目的文化创新[J].中国电视，2022（5）：60-66.

了竹编职业技术班，目前已经为福建省竹编行业输送了70多名专业人才，并且都成为竹藤编织技艺行业的中流砥柱，为竹编行业的发展提供了活力。而且据调查目前安溪280多家竹藤编织技艺公司中，超过一半的核心公司都是在他们的引领下创立发展的，并且发展潜力都很好。浙江省宁海县第一职业中学抓住发展机遇，利用传统文化这一纽带将企业公司引入学校，将技术技能培养计划与企业公司需求对口，与宁波东方艺术品有限公司联合推出工艺与美术专业，并设立泥金彩漆工艺人才培训班，为企业培养工艺传承人，进行专业技艺研究，持续开发工艺产品，使传统民间工艺市场化商业化，不断激发传统工艺活力。在校创办工作室，设立有关刺绣的各种理论与实践课程，不断提高学徒的刺绣审美能力和刺绣技能，并培养学徒的精进创新能力，在不断磨炼刺绣技艺的同时保持守正创新的能力，使传统刺绣更加符合时代特色。广西艺术学校致力于发掘本地区传统民族乐器并将其发扬成为地区特色，发现广西靖西地域的传统民族乐器天琴别具一格，并在广西靖西地区多次招选了有天赋、肯吃苦钻研传统民族乐器的学生，专门在靖西市聘请天琴技艺师傅、民族文化传承人，特地给学生展示并传授天琴技艺和壮族民歌，培养了大批天琴演奏者和民族歌曲传唱人，有利于保护区域特色民族传统文化，促进与东南亚各国的文化交流与沟通①。

（五）成果市场化

文化产品和服务市场化是中华优秀传统文化创造性转化创新性发展的最终落脚点，亦是实现目标。通过中华优秀传统文化"两创"成果的新颖奇特、特色鲜明、大众普适，促进竞争能力，加强体验感，实现动态发展，最终实现中华优秀传统文化的内在价值和产业价值的双重叠合作用的充分发挥。同时，强调"走出去"的时候还要重视"引进来"，实现交流互通，推动中华优秀传统文化"两创"成果的国际化进程。随着经济科技的迅速发展，中华优秀传统文化传播媒介更加多元化，加之电商平台的不断优化，打造具有传统民族特色的文化IP，将优秀传统文化元素市场化、商业化，可使其灵活变现，转化为可观的经济收益，也有益于推进对中华优秀传统文化的进一步保护。例如，近年来，西游IP持续高频率地出现在大众的视野当中②，并以强劲的势头占据着文化IP市场份额。随着时代的发展，西游不再是

① 徐元. 文化大发展大繁荣离不开职业教育 [J]. 中国职业技术教育，2013（3）：40-46.
② 黄琳，张毅. 嵌入、融合、共生：传统文化的数字新图景：技术逻辑下电视综艺节目的文化创新 [J]. 中国电视，2022（5）：60-66.

一个刻板的、固定不变的传统形象，而是更加地贴合当代年轻人的价值追求和审美变化，甚至与现代科技相结合，每个西游形象都具有现代科技感。既有穿插情感的《西游降魔篇》《西游伏妖篇》等改编电影，迎合当下年轻受众市场，又有充满活力和童趣的《西游记之大圣归来》《哪吒之魔童降世》等3D电影，对传统西游形象进行"魔改"，不断开拓未来的潜力市场。西游IP也不仅局限于影音市场，西游游戏市场的开发也是其发展的重点，如近期较为火爆且市场潜力巨大的《王者荣耀》和《梦幻西游》等游戏，其中都融入了西游文化，加之近年来我国游戏产业的迅猛发展，几乎占据文娱产业消费的大部分市场，未来发展潜力巨大[1]。文化IP除了在线上具有强大的市场吸引力，在线下也具有强烈的号召力。2022年春晚的舞蹈《只此青绿》在线上引起热烈讨论和关注，直接带动了模仿表演和转发分享的一股热潮。《只此青绿》的表演走红之后，演出邀约供不应求，并且有粉丝不远万里只为一观，近两万人欣赏过这一艺术作品，好评如潮。《只此青绿》并不是个例，近来许多传统文化主题的艺术表演都受到追捧，《孔子》《杜甫》《诗经·采薇》等多部艺术佳作演出一票难求[2]。故宫近年来也致力于打造文化IP，并不断推出文化创意周边产品，开发线上销售渠道，让故宫不再与大众有俨然的距离感。通过设计"接地气"的IP形象，借助新媒体平台，打造属于故宫的专属品牌，获得了相当不错的反响和经济收入[3]。

（六）成果保护

只强调成果的实现路径，轻视"两创"成果在市场化过程中的产权保护，会使"两创"成果付之东流。可以说，"成果进入市场，产权保护应先行"。此外，还要对侵犯知识产权的假冒、侵权行为加大打击力度，从而提供更好的保护创新成果的创新环境。守正创新是中华优秀传统文化的根本所在，亦是内在要求。但只谈创新，却忽略创新成果在市场上的"安全"，会使中华优秀传统文化"两创"成果付之东流。因此，成果落地之后，更需要对创新成果采取法律保护措施以及加强保护的意识，即只有加强和提高对知识产权的保护意识，才能保证中华优秀传统文化的高质量可持续发展。例如我国在奥运知识产权保护方面就做出了长足的努力。在北

---

① 黄琳，张毅. 嵌入、融合、共生：传统文化的数字新图景：技术逻辑下电视综艺节目的文化创新[J]. 中国电视，2022（5）：60-66.

② 韩轩. 传统文化IP圈粉年轻观众[N]. 北京日报，2022-04-26（11）.

③ 王邑雯，邓晰. 网络环境下非物质文化遗产的创新性保护与传播：以故宫文创IP的打造为例[J]. 艺术教育，2020（5）：133-136.

京申奥成功之后，就已经开始出台关于保护奥运知识产权的相关条例和地方性法规。之后国务院颁布了《奥林匹克标志保护条例》（国务院令第699号）。该条例不仅仅是对奥运会相关标识的保护，还在社会范围内产生了"多维度"保护知识产权的意识。在冬奥会举办之际，国家知识产权局也加强对冬奥会和残奥会知识产权的保护工作，对冬奥会和残奥会的相关吉祥物标识、冬奥热词的商标抢注行为给予了严厉的打击，驳回了相同近似的相关商标①。而在2022年春晚走红的《只此青绿》却遭到抄袭以及恶意抢注等知识产权侵权现象。《只此青绿》的版权权利人——中国东方演艺集团在此次商标抢注事件中积极捍卫了法律赋予的权利。由于《只此青绿》已经具有一定的社会影响力，商标抢注行为应被商标局逐一驳回②。在网上引发热议的"马面裙"事件中，我们需要知道的是：虽然"马面裙"的年代久远和搭配相似，在现行知识产权保护的法律制度内很难被认定为侵权行为。但我们仍然可以通过"马面裙"事件得到知识产权保护的启示——设计者要及时对具有独创性和新颖性的设计、花纹、形状进行版权登记，以及对具有商标特征的元素要及时进行商标注册，以防恶意抢注③。"马踏飞燕"的图形标志也曾经被抢注，但随着文化经济发展，人们的商标意识逐渐增强，国家相关部门决定对"马踏飞燕"申请法律保护，并取得了阶段性的胜利，有效地保护了其品牌资源④。从以上知识产权保护的案例可以得知，权利人对知识产权的保护要在开始就做好做全，社会要不断增强全民知识产权保护意识，相关部门要加快完善知识产权维权体系，尤其在数字文化领域内新型知识产权侵权方面在立法上应加快进程。

从中华优秀传统文化创造性转化创新性发展"两创"成果的实现要素看，国家政策给予其优良的发展环境，科技给予其强有力的支撑，人才赋予其源源不断的动力，加之广阔的市场发展空间和法律兜底保障，中华优秀传统文化创造性转化和创新性发展会得到高质量的推进。

---

① 孙志超. 他国在奥运知识产权保护方面对我国的启示[J]. 学术论坛，2008（7）：27-30.
② 周佳佳. 委员点出《只此青绿》维权关键和难点[N]. 人民政协报，2022-06-08.
③ 刘国民. 传承汉服文化需做好知识产权保护[N]. 中国贸易报，2022-08-09.
④ 徐万佳. "马踏飞燕"商标注册路[N]. 中国旅游报，2014-05-19.

五、法律要素

坚持党的领导，是现代法治建设的强大底气；坚持中国特色社会主义，是现代法治建设的浓厚底色。坚持走中国特色社会主义法治道路，需要根植于传统法律文化，推动中华优秀法律文化的"两创"。从中华优秀法律文化的创造性转化创新性发展的方式上看，以传统作为参照体系，通过自我理解和创造性转化实现中华优秀法律文化的现代化；通过"拟制方法"实现对传统的创造①，与社会主义法律规制相互协调，增强传统法律文化的自信、树立法律权威、实现法治文明、实现传统法律文化的自强，维护社会稳定和保障人民安全，铸就中华文化的繁荣辉煌和安全发展。在全面依法治国的时代背景之下，以"原则性立法、专门立法、相关立法"三者有机融合，建立起"非物质文化遗产—物质文化遗产—传统文化精神"为法律保护范围，实现"引导、鼓励、管理、预防、保护、惩戒"的基本框架②。借鉴国外立法经验，推动文化文明的繁荣发展。

中华优秀传统文化创造性转化创新性发展典型模式的"两创"法律要素包含三个核心内容，分别是：原则、概念和规制，具体来说，在明晰知识产权法的基本原则的情况下，明确知识产权侵权所涉及的相关概念，并对其侵权行为依据相关法律法规予以行为规制。

（一）侵权责任的归责原则

知识产权侵权所涉及的原则主要指的是侵权责任的归责原则。侵权责任的归责原则包括两个方面的内容：过失责任原则和过错推定原则。下面围绕上述两个原则分别进行论述。

1.过失责任原则

过失责任原则也被称为过错责任原则，是指行为人存在故意或者过失情形，从而承担侵权责任，并且以行为人的上述过错或者过失的错误程度而确定其侵权责任形式和范围。过失责任原则确定的立法目的在于：可以为民事主体的行为树立标准。过失责任原则的根本目标在于：通过尊重他人的权益、对他人的尊重以及预防损害的发生，最终达到个人自由与社会安全之间的平衡和协调处理两者之间的关系。以下选取典型案例说明过失责任原则在司法实践中的实际应用。

---

① 李拥军.论法律传统继承的方法和途径[J].法律科学（西北政法大学学报），2021（5）：31-42.
② 杨建军.通过立法的文化传承[J].中国法学，2020（5）：127-145.

剪纸是中华优秀传统文化的典型代表，是我国重要的非物质文化遗产，还是我国第一批国家级的非物质文化遗产。剪纸展现了丰富的艺术表达、文化表达和历史信息表达。中华优秀传统文化"两创"成果的知识产权侵权案例的筛选对"两创"成果在市场上的正向反馈起到警示和规避风险的作用。就剪纸这一主题，"白秀娥诉国家邮政局侵犯著作权纠纷案"是非常典型的案例，适用于"过失责任原则"的案例。本书选取了"白秀娥诉国家邮政局侵犯著作权纠纷案①"，以此说明该原则是实务中的应用。辛巳蛇年生肖邮票是由本案的原告白秀娥受邀设计而成，由邮票印制局印刷完成的。该邮票的特色在于：白秀娥对"辛巳蛇年"这一主题独特的艺术理解，设计出了"辛巳蛇年"独特的艺术形象展示和艺术内容表达，体现了其独特性和独创性（因其具有独创性，属于《著作权法》中的"艺术作品"，享有著作权），在白秀娥制作完成并提交给邮票印制局的图稿之后，邮票印制局选取了其中的四个作品，并保留了副本。但辛巳蛇年生肖邮票最终公布的设计图稿，是由邮票印制局的设计师呼振源在白秀娥的设计基础上做了修改而成的艺术作品。设计师呼振源以及本案的被告邮票印制局，在未经过白秀娥同意且未与其订立合同的情况下，擅自修改了本案原告的设计图稿，并且将其公开作为辛巳蛇年生肖邮票的图稿，存在主观故意的情形，适用过失责任原则，从而可以确定邮票印制局的设计师呼振源及其所在单位邮票印制局侵犯了白秀娥包括署名权、发表权、修改权、保护作品完整权以及获得报酬的权利在内的著作权。对于白秀娥诉侵权人未经著作权人的同意将其擅自修改，并且公开利用了原告享有著作权的作品，适用过失责任原则。有力保护当事人白秀娥的权益，保护我国优秀的传统剪纸文化，从法律的角度来看，完全符合我国《著作权法》第一条关于"鼓励创作"的立法精神，为优秀传统文化的法律保护提供了有效经验。

2.过错推定原则

过错推定原则也被称为过失推定原则，是指受害人在诉讼过程中，能够对"违法行为以及损害事实"之间的因果关系给予证明的情况下，如果加害人无法证明损害的发生自己无过错，那么，就从损害事实的本身推定加害人（被告）的致人损害、致物损失的行为是存在过错的，因为存在过错，所以需要为该无法证明的事实承担赔偿责任。过错推定原则，是以事实为基础，推定过错。因此，在举证责任方面，对过错需要采取的是举证责任倒置，无法证明不存在过错，就无法免责，为

---

① 北京市高级人民法院[2003]高民再终字第823号。

此，需要承担赔偿责任。过错推定原则在一定程度上可以提高知识产权保护的效率和水平，还可以弥补过失责任原则适用的不足。

过错推定原则可以从损害事实的本身进行推定侵权人的行为是存在过错的，从而确定侵权人需要承担的赔偿责任。就过错推定原则的司法实践案例，本书选取了"童新钰诉恒鑫陶瓷工艺店侵害著作权纠纷案①"。在本案中，原告陶瓷工艺设计师童新钰创作出了名为"Q版福禄寿"的陶瓷制品，并且在国家版权局进行了版权登记事项，即完成了权利固定的证明。但恒鑫陶瓷工艺店从童新钰处购买正版的"Q版福禄寿"陶瓷公仔后，又从他人处购买被控侵权商品，是明显的制假售假行为，具有侵权的主观恶意，同时也对童新钰的利益造成了实质的侵害。童新钰对涉案作品进行了著作权登记，对涉案作品依法享有著作权，而且对创作出的作品进行了版权登记，其具有独创性的艺术品是受到法律保护的，不能被他人随意侵害。无独有偶，在"重庆美多食品有限公司与赵梦林著作权纠纷上诉案②"中，赵梦林的《中国京剧脸谱》画集在2002年6月由朝华出版社出版。这本画集包括568幅京剧脸谱和20多幅人物图，均是由赵梦林绘制。重庆美多食品有限公司生产的矿泉水的包装上有12幅涉案的京剧脸谱，并且在每个脸谱的下面还标注了对应的名称。同时，在外包装上标注的文字说明③也构成侵犯本案原告的文字作品的著作权，因为这段文字抄袭自赵梦林画册中序言第一段的部分。重庆美多食品有限公司和重庆市家乐福商业公司在使用赵梦林作品时，均未标明作者身份，也未支付报酬，严重侵犯了赵梦林的署名权、复制权、发行权和获得报酬的权利。涉案美术作品脸谱是经本案原告赵梦林创作的，且作品享有独创性，属于我国《著作权法》上的美术作品，并将美术作品立体化、产品化——将它们以艺术品的形式呈现出来，不仅与其他作品形成显著的区别，而且在京剧艺术的表达上实现内容的创造转化和形式的创新表达。

---

① （2019）粤06民终3469号。

② （2010）渝一中法民初字第460号。

③ 涉案侵权产品的外包装上写有如下注释性文字内容："中国传统戏曲的脸谱，是演员面部化妆的一种程式，一般应用于净、丑两个行当，其中各种人物大都有自己特定的谱式和色彩，借以突出人物的性格特征，具有'寓褒贬、别善恶'的艺术功能，使观众能目视外表，窥其心胸。因而，脸谱被誉为角色'心灵的画面'。"而这部分字实际上来自本案原告画册中的序言部分。需要注意的是：在《著作权法》中并没有明确规定"多少字"构成抄袭，之所以强调这一点是因为：本项目团队在进行调研过程中发现部分被调研人认为只要篇幅不是很大的复制不视为侵权。这种观点是完全错误的。《著作权法》上的文字作品不是以文字数量确认其享有著作权，而是因其"独创性"。

（二）知识产权侵权的概念

这里指的"概念"是明确界定对知识产权的侵权，即对边界的划定。该边界划定需要从概念外延展开说明。第一，主观上犯有过错并对此负有责任。第二，公民侵权行为之间必须存在因果联系，侵犯知识产权属于民事侵权行为，界定侵权行为时，必须存在因侵犯知识产权而造成的破坏性的后果，以帮助确定侵权人的责任范围。第三，案件本身涉及违法问题，且违法问题需要与具体性质相关联。第四，存在对权利人的有害行为。侵犯知识产权必须对权利人的权利造成实质损害和实质侵犯。

就知识产权侵权的概念的理解上，需要明确知识产权侵权的边界划定，掌握知识产权侵权概念的外延，可以更好地明确"什么是知识产权侵权"。本书选取"罗伊视效动漫有限公司诉陆良县中枢镇小鱼儿商店侵害发行权纠纷案[①]"，说明上述概念的外延性内容。罗伊视效动漫有限公司是依法设立的涉外法人企业，并经我国版权保护中心审核后，自愿进行登记的系列动漫作品。本案属于涉外案件，但基于知识产权"国民待遇"的基本原则，就本案的管辖而言，涉案的美术作品受我国《著作权法》的保护。小鱼儿商店销售的被控侵权玩具包装上印制的卡通形象，与罗伊视效动漫有限公司享有著作权的"珀利""罗伊""安巴""海利"等涉案作品进行比较之后发现，两者之间几乎无实质差别，因此，本案的涉案玩具侵害了罗伊视效动漫有限公司的作品发行权，应承担相应的民事责任。未经许可的使用、销售他人享有著作权的卡通、动漫、游戏形象，在《著作权法》上构成侵权行为。具有独创性的卡通动漫形象享有著作权，而且其周边产品也享有著作权保护，因为《著作权法》强调的是独创性。从动漫产业看，动漫产业是个参与人数众多，利润巨大，侵权问题一直存在的营利性文化产业以及文化周边产业。《著作权法》之所以强调独创性是由于对创作者"创作""创新"的尊重，是作者的智力劳动成果，因此，未经同意不可以随意使用。就国家版权战略而言，国家大力支持和鼓励在文化领域的创新和产权保护。动漫中融合中华优秀传统文化不仅是对美术作品在内容上的创造转化，也是在形式上的创新表达，在打造动漫IP上发挥着重要意义，在推动"中华优秀传统文化+优质动漫作品+自主知识产权"方面发挥着重要的时代意义。无

---

① （2022）云民终668号。该案例具有非常强的典型意义，既是侵权作品，也是新的著作权客体类型，受我国《著作权法》保护。

独有偶，在"曹新华诉濮凤娟著作权侵权纠纷案①"中，曹新华通过北京工艺美术出版社出版了《曹雪枫画集》。该画集收藏了曹新华的多幅山水画和工笔画，其中包括本案的涉案作品《华清浴妃图》（以工笔画为主题的图画册）。濮凤娟未经曹新华同意，根据涉案作品《华清浴妃图》进行了二次开发，即从《著作权法》中的作品逐渐生成包含享有著作权作品的产品，是"作品"向"产品"的生成，是一种著作权的运营行为，是从"权利"向"商品"的转变升级。这种升级可以理解为二维作品向三维产品的转变，其中最核心的依然是作品本身。濮凤娟便是将作品转变成为苏绣产品，制作了《华清浴妃图》苏绣。但濮凤娟的苏绣必须经过著作权人的许可同意，未经其同意，其产品形态依然构成侵权行为。曹新华随即向人民法院提起诉讼，并要求本案的被告濮凤娟承担因侵犯著作权需要承担的法律责任。该案例发挥的意义在于：其一，苏绣是中华优秀传统文化，亦是我国非物质文化遗产。苏绣是美感、图形、造型、针织手法、刺绣工艺、色彩渲染以及装裱等方面的综合艺术体现。苏绣作品虽然是以绘画为基础——在刺绣之前需要进行平面作画创作，在此基础上进行刺绣的技艺性程序。刺绣艺术家对造型、色彩、针法等因素的选择和创造，形成了一种新的表现形式，构成中华优秀传统文化的新的形式表达，是一种艺术的再创造，其实质是对绘画作品的改编。但这种"改编"、这种"二次创作"、这种"产品化改变"、这种"中华优秀传统文化在内容上的创造转化和在形式上的创新表达"，必须以原作品的著作权人的许可同意为前提。如果不是，则构成本部分"概念"中的"侵权行为"。可以说，中华优秀传统文化的"两创"必须与"市场正向反馈"相结合，防止侵犯知识产权的行为发生。其二，未经授权使用手稿侵犯的不是复制权，而是修改他人作品的权利。在改编中加入了一定程度的独特性的元素表达，在呈现效果上产生完全不同的视觉效果。但我们需要注意的是：改编后的作品虽与前作仍有"实质性的相似之处"，但呈现给观众的欣赏体验和视觉感受也可能受原作品的深度影响。虽然改编后的作品已不是对原作品的"完全复制"，但这种改编是基于原作品，而不是独创性创作。其三，本案涉案作品"刺绣作品"侵犯了手稿绘画的改编权，与此同时也形成了新的作品类型，在内容的创造转化和形式表达的创新发展上与原手稿有明显的不同，因此该刺绣作品也拥有独立的版权并受我国《著作权法》保护。必须明确的是改编后的作品虽然享有著作权保护，但依然构成著作权侵权。

---

① （2019）苏民终1410号。

（三）侵权后的行为规制

所谓侵权后的行为规制就是在发生侵权行为之后，对侵权的一方采取的措施、制裁和惩罚等一系列行为，以及被侵权方在受损害之后应有什么样的权利，从而采取具体的落实措施以便达到救济的法律效果。无论是知识产权侵权案件，还是其他普通侵权行为，其救济途径均有相同的对应解决路径。正如《民法典》第一千一百八十五条规定的内容：知识产权侵权行为发生之后，惩罚性赔偿可以由被侵权人请求，被侵权人有权维护自己的合法利益。这便是对于侵权后相对应的规制办法，赔偿费用的相关支付方式、赔偿对等的金额等相关事项可以由被侵权方和侵权方相互协商确定。其实在侵权后采取保护被侵权人的利益这一出发点背后蕴含的正是在错误面前我们应该怎么做。自古以来我国便流传着"知错能改善莫大焉"的至理名言。因故意导致的侵权行为在当今社会必然会受到法律的制裁和道德上的谴责，当我们的知识产权受到侵害，我们的权益受到损害时，我们需要明确侵权行为的规制方案，以便更好地保护我们的智力财产，促进鼓励创新、敢于创新的美好社会环境。

知识产权侵权案件的行为规制依赖于具体行为的侵权认定以及权利救济的法律效果。法律规制对侵权行为的权利救济发挥着重要的法律意义。本书以二次创作的苏绣作品为例说明上述观点。苏绣制品之所以受大众喜欢不仅因其绣工细致和绣法活泼的刺绣工艺，还因其图案秀丽和清雅美观的设计美感。苏绣也是我国非物质文化遗产和中华优秀传统文化的典型代表。此外，苏绣制品的知识产权侵权案件具有非常强的典型意义，对这类案件进行分类总结可以对中华优秀传统文化"两创"成果在市场上的"正向反馈"起到借鉴作用。"苏宇光与苏州唐风刺绣艺术有限公司侵害其作品的复制权、发行权纠纷案[①]"集中体现了刺绣作品及其创作过程中所涉著作权保护问题。在该案中，可以具体指出法律规制的关键性作用。苏宇光是我国著名的画家，其作品的拍卖成交价年年攀升，其作品具有很强的收藏价值。苏宇光美术作品《百财聚来图》公开出版，随即也产生了诸多侵权主体。唐风刺绣艺术有限公司便是其中的一家。唐风刺绣艺术有限公司在天猫电子商铺上销售的"百财图""百财聚来图"等刺绣商品在内容上与苏宇光的美术作品《百财聚来图》形成实质性相似，构成了对苏宇光美术作品的著作权的侵犯。由于苏宇光本人具有一定的知名度，其涉案作品《百财聚来图》的拍卖价由于其知名度也相对较高，侵权产

[①]（2018）苏05民终7038号。

品的销售金额也相对较高①。最终法院依据侵权行为做出判决结果，被告需要赔付50万元以下的侵权赔偿。在本案中，苏绣作品对于原版权作品利用行为的定性、不同等级的绣品（工艺品、艺术品、珍藏品）若构成侵权赔偿如何确定等较多《著作权法》中值得进一步研究和探讨的问题，具有一定典型意义。

六、其他要素

在助力中华优秀传统文化创造性转化创新性发展的大背景下，在分析了数字科技要素、媒介要素、人力资源要素、产业要素、法律要素的基础上，进一步列出并分析了中介要素、金融要素和产能要素。

（一）中介要素

本书在中介要素中重点选取了中介服务机构和公益平台。这里指的"中介服务机构"是依托于政府资源的公益性机构。中介服务机构是以"为政策制定提供依据和执行政策"为主，以政策时效性为前提，扩大政策的辐射效应和受益面、加大公民的参与和支持力度、互联互动，加强监督管理，发挥中介服务机构在助推中华优秀传统文化创造性转化创新性发展中的关键作用。中介服务机构在助力中小微企业的成长中发挥着桥梁的作用：第一，中介服务机构能够实现政策与文化、科技、金融一体化。从前期调研结果发现，内蒙古自治区的相关文化企业对政策支持的了解不足，对公益性中介服务机构的帮扶作用不了解，还处于寻找投资商的认识层面。第二，政府和中介服务机构为政策实施创造了良好的环境，并给予财政支持，但政策环境和区域发展的差异显著，关键问题的界定不清晰，在一定程度上影响了中介服务机构的全域服务质量。

公益平台是为了进行公益活动而形成的一种工作环境、一种资源集合、提供服务保障的一种组织平台。公益平台可以包含线上公益平台和线下公益平台。线上公益平台可以通过电脑终端、手机终端等网络媒介，传播和输出公益需求，提供公共服务信息。线下公益平台可以开展社区服务、知识传播、项目备案、权利固定等相

---

① 这里需要注意的是：第一，侵权产品的价格中的关键因素在于绣工的工艺水平，绣工的工艺水平高超直接影响着苏绣的价格。第二，在中国的传统文化中，白菜、蝈蝈等是较为常见的绘画元素，并不是只有白菜和蝈蝈就会被认为侵权。但本案的典型意义在于二次创作之后的作品的独创性高度以及侵权赔偿的边界问题。这是司法实践中的重要议题，换句话说，虽然二次创作构成侵权，但二次创作比较原作品在"独创性"上有多大的高度，从而影响赔偿数额。

关公益服务。通过公益平台可以有效传播中华优秀传统文化，提升为人民服务的便利性。此外公益平台发起的公益活动，不仅可以产生和加大中华优秀传统文化"两创"成果的品牌效应，还能将服务送到人民的文娱生活中。

这里以中医药中介服务为例，说明中医药中介服务在践行中医药创新性实践中发挥的中介优势。2016年是中医药改革创新的关键年。我们可以看到，无论从颁布的《中医药发展战略纲要（2016—2030年）》政策、通过的中医药的专门法《中华人民共和国中医药法》，还是为了政策落地而搭建的各类中医药的相关平台，都彰显着我国政府将中医药健康发展纳入中国健康发展和建设的决心，也彰显着支持我国中医药的健康发展和创造性转化创新性发展的决心。这可以让中医药文化得到重振，更可以让更多人，尤其是年轻人了解中医药、相信中医药、热爱中医药，提升对中医药的文化自信，实现中医药健康发展的文化自强，以及中医药的国际化发展。在此过程中中医药中介服务机构在健康服务上发挥桥梁作用，例如在居民点为居民提供健康监测点、中医药调理等相关咨询或评估服务，除此之外，中医药中介服务机构在开展健康养老、康养旅游、中医药产业化和特色化发展、中医药数据库组建、中医药知识产权成果的产权保护等方面可以提供指导性建议或者服务措施。其中，中医药知识产权成果数据库和样本数据库会为中医药的发展提供规避风险和产业发展的咨询建议，可以将服务真正落实到人民中间，尤其在这种普遍为西医治疗的情形下，"中医药普惠人民群众"为中国健康服务多样性开启新的领域。在"中医药药方节""中医药讲坛""中医药进社区""中医药市民体验"等诸多践行中医药创新性活动中中介服务机构会发挥渠道作用。

（二）金融要素

从要素驱动转向创新驱动的过程中，资金补足是核心驱动力。对于中小微文化企业而言，获得资金补足是很困难的事情，根本原因在于：一方面，中小微企业没有可以抵押的固定资产；另一方面，创新驱动不仅需要充足的资金，即使资金补足成功还会产生风险和信息不对称的情况。但中小微文化企业却有资金补足的需求和意愿。对于这种需求，政府和市场应该发挥有效作用，即"政府补贴＋金融支持"，在优化金融资源在中小微文化企业中的资金配置中，以政府补贴为补充性资金来源，为企业的创新活力提供资金补足的保障。政府在实施政府补贴的时候应采取差异化的补贴措施和补贴区间，同时建立约束机制，打通企业的资金链条，实现金融支持，激发中小微文化企业的创新意愿，推动中华优秀传统文化"两创"成果转化，提升创新效率。在资金运用上，还需要提升资金管理（项目管理）能力和确保及时的信息披露。

这里以枭龙科技有限公司[①]成功实现金融融资的经典案例论证上述内容，该案例可以为中小微企业成功实施金融融资提供案例参考。枭龙科技有限公司在双创大背景下成功完成多项融资。对于中小微文化企业而言，获得资金补足是件很困难的事情，但创业者史晓刚作为AR技术领域领头人，带领研发团队聚焦"高精尖"技术研究，先后四次成功融资，融资到戈壁创投、京东方集团等投资方5 500万元用于研发的融资金额。京工弘元基金（该基金是由中关村发展集团、北京理工大学、海淀科技园等机构共同发起设立的基金，助力于高效科技成果转移转化）[②]也参与到枭龙科技有限公司的融资活动中，其根本原因是枭龙团队开发了较多的重量级AR产品，这些产品在众多行业里遥遥领先。数字化科技可以说是文化传播领域中的关键性支撑科技，在"文化—科技"二元发展中发挥着关键作用，可以说是处于"风口"的关键技术。AR智能眼镜的核心技术是光栅波导技术，展现在AR眼镜上的效果就是：视角大、机身轻便小巧。2020年枭龙科技有限公司推出了"XLOONG X300"AR智能眼镜。掌握这项技术核心原理和工艺的公司在全球内屈指可数。枭龙团队凭借140余项AR技术核心专利和各式各类不同场合使用的AR产品，例如AR工业眼镜、安防眼镜、运动眼镜等收获了社会各界对枭龙科技有限公司的肯定和关注[③]，这也是能够实现资金补足的关键所在。

酒产业是贵州的特色产业。贵州酱香白酒是通过创新金融服务实现地方特色产业升级改造和提升高效发展的可借鉴的案例。该案例的成功经验可以推广应用至内蒙古的特色产业。内蒙古的奶制品产业、农畜产业、民族文化产业等是内蒙古自治区的特色发展产业，也是中小微企业吸纳了众多社会劳动力的就业导向型产业。内蒙古自治区的特色发展产业如何借助其他兄弟省份成功吸纳融资保障扩产的案例，是可以实现自治区的特色产业扩产和发展的借鉴方案。有些产业是通过创新金融服务，来推动新旧产能更换和升级改造、低谷产业高效发展，贵州酱香白酒[④]就是金融创新服务下的受益者。贵州白酒一直是贵州新型工业化的重要支撑产业，白酒

①AR智能眼镜研发商枭龙科技获得京东方5000万A+轮融资[J].信息技术与信息化，2016（9）：7.
②同①。
③具体内容和数据参见北京枭龙科技有限公司官网，https://www.xloong.com/。
④许安.创新金融服务 助推白酒产业高质量发展[J].当代贵州，2022（37）：66-67.

产业的良性发展不仅与贵州特色产业的发展紧密相连，还与贵州的经济发展紧密相连。这里所说的创新金融服务就是银行自发的融资，根据党中央、国务院以及贵州当地政府的全局部署和制度设计，贵州银行深入贯彻落实新发展理念，集聚金融资源，实现全域范围内的相关企业实现产业金融融资，对白酒行业全部产业链进行了金融支持。国家相关政策文件的及时出台、融资平台的支持、整合资源和实现绿色金融，保障了贵州白酒产业相关项目的融资需求，对中小微企业给予补贴，有利于相关技术和白酒产业的改造升级。白酒与金融的合作，不仅带动白酒产业发展，还催生了贵州特色优势产业实现招商引资、带动文旅市场的辐射效应[①]。

（三）产能要素

本书所指的产能要素是中小微文化企业实现"扩产"的核心要素。在这里重点列出两点：符合消费者需求的产品创新和金融投资。我国已全面进入数字化时代，在数字化浪潮中，文化企业的创新转型刻不容缓，符合消费者日常生活需求的产品创新势在必行。如何将中华优秀传统文化"两创"成果实现扩产，金融投资是关键一环。"符合消费者需求的产品创新＋金融投资"为何会叠加的原因在于企业在发展过程中不仅会面临创新不足，接踵而来的最核心的问题是市场份额的变窄。市场份额对企业而言是至关重要的。企业之间的争夺可以说是市场份额的争夺。因此，对于企业扩产而言，如何同时解决"符合消费者需求的产品创新＋金融投资"瓶颈是重要的课题。古越龙山是通过"符合消费者需求的产品创新＋金融投资"实现成功扩产的典型案例。古越龙山作为绍兴黄酒的代表，肩负着发扬黄酒文化的重任。但发展过程中，遇到了创新不足和市场份额变窄的难题。为此，一方面古越龙山和盈投控股开展战略合作，盈投控股为古越龙山提供扩产的融资供给，助力古越龙山的快速发展和巩固古越龙山在黄酒市场的市场地位。另一方面，古越龙山以迎合消费者的需求为核心推陈出新"不上头"黄酒。通过上述两个方案，最终解决企业发展过程中的创新不足和市场份额变窄的瓶颈。扩产之后，古越龙山在黄酒市场上获得了诸多突破，成功实现了黄酒文化的创造性转化和创新性发展。

"符合消费者需求的产品创新＋金融投资"的产能要素是实现扩产的关键。"符合消费者需求的产品创新"直指产量这一概念。在以需求为前提下（因为有需求意味着产业就会有生机和希望），产量是产业兴旺的直观性要素。有发展的创新性产

---

① 许安. 创新金融服务 助推白酒产业高质量发展[J]. 当代贵州，2022（37）：66-67.

业和值得发展的创新性产业会得到投资方的青睐和实现金融融资及资金补足，即实现扩产。但扩产并不意味着盲目扩张和占领市场份额。因此扩产时需要中小微企业开创人或管理者的视野、团队的创新能力和合作协同能力、风险的承担能力等，这些进一步论证的要素内容不在本书的探讨范围内。

第五章

中华优秀传统文化"两创"实施路径

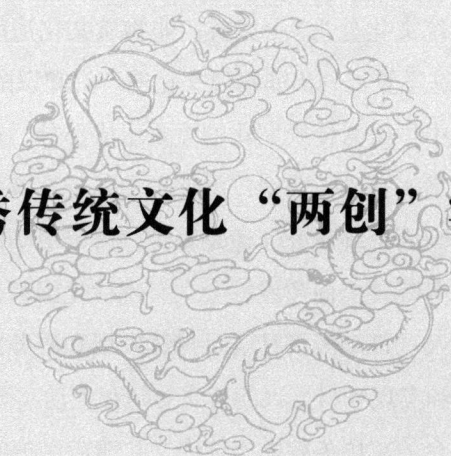

一、知识图谱呈现全景信息路径

本书将中华优秀传统文化分为7个大类。非物质文化遗产作为典型，考虑到每个大类的篇幅数很大，这里重点列出非物质文化遗产的知识图谱的实施路径研究。

非物质文化遗产是中华优秀传统文化的重要组成部分，是中华优秀传统文化创造性转化创新性发展的坚实基础，非遗传承保护和弘扬发展是坚定文化自信和实现文化自强的有力保障。全面系统研究非遗是凝结"铸牢中华民族共同体意识"精神力量的学理实践，是国务院"全面建设社会主义现代化国家提供精神力量"和"服务当代、造福人民"以及"推动经济社会可持续发展和服务国家重大战略"的工作落实，是盘活文化资源和实现乡村振兴的智慧总结和生动实践。

2008年，国务院出台的《国务院关于加强文化遗产保护的通知》（国发〔2005〕42号）中就强调了非遗保护的紧迫性，此后各省、自治区、直辖市相继开展非遗抢救和保护传承工作，并相继出台了地方政策（见表5-1）。2008年及此后，非遗保护的相关法律法规被相继颁布：《历史文化名城名镇名村保护条例》（国务院令第524号）（2008）、《中华人民共和国非物质文化遗产法》（2011）等。结合时代发展需求，国务院相继发布了不同领域的政策意见，文中均有强调非遗抢救保护和传承发展的重要性。

表5-1 各行政区划非物质文化遗产政策数量

梯度顺位	行政区划	政策数量	梯度顺位	行政区划	政策数量
第一梯度	西藏自治区	1 981	第六梯度	山西省	300
第二梯度	吉林省	1 522		上海市	293
第三梯度	广西壮族自治区	975		安徽省	281
	内蒙古自治区	948	第七梯度	四川省	270
第四梯度	天津市	714		新疆维吾尔自治区	209
第五梯度	浙江省	457		北京市	204
	广东省	400	第八梯度	青海省	132
第六梯度	福建省	323	第九梯度	其他加总	633

注：该政策数量的选取时间为2008—2022年，选取范围为行政区全域政策数量，政策出处为省、直辖市、自治区政府官网，梯度按照每100数量单元划分，数量越大表明政策发布数量越多。

因此，对非物质文化遗产的研究现状、研究关注的核心、热点、研究发展新趋势、主要内容，借助引文空间（CiteSpace）知识图谱可视化，对国内该领域的研究进行回顾总结，有利于全面了解非物质文化遗产研究，为党中央关于非物质文化遗产的发展战略提供参考和借鉴。

（一）知识图谱可视化分析

国内外对非物质文化遗产的研究经历了较长的研究积累，为了能够更好地把握研究动向，通过对中国知网（CNKI）数据库中关于"非物质文化遗产"的相关文献进行全面整理和总结，使用引文空间可视化数据分析功能，呈现总体动态趋势、研究主体、研究关注的核心和热点、研究发展新趋势等知识图谱，挖掘非物质文化遗产研究领域的动态、核心、热点和趋势等信息，在非物质文化遗产的横纵研究上加强更直观的认识，为非物质文化遗产的后续研究提供切实可行的科学参考。

1.数据来源与研究方法

（1）数据来源。本书构建知识图谱的数据基础源自中国知网。在中国知网以"非物质文化遗产"为主题进行检索，梳理了1997年至2022年（截至2022年7月4日）在中国知网收录的中英文学术期刊文献共计24 765条数据，将其作为本书的研究数据样本，运用引文空间进行数据可视化分析。

（2）研究方法。本书通过引文空间软件分析24 765条数据样本，生成研究主体、关键词结构聚类、高频关键词共现、关键词突现时间进度等可视化知识谱图，明确非物质文化遗产的研究动态、核心、热点和发展趋势。

2.知识图谱可视化分析

（1）总体动态趋势分析

从1997年至2022年，以"年"为时间单位，从24 765条非物质文化遗产主题研究文献的研究动态可以得知：非物质文化遗产的研究作为"旧热点"呈现持续上涨的研究趋势（见图5-1）。研究过程中，出现两个峰值，分别是2012—2013年和2018—2019年的研究峰值。从预测线（见图5-1虚线）的发展趋势看，非物质文化遗产主题研究会处于增长趋势。

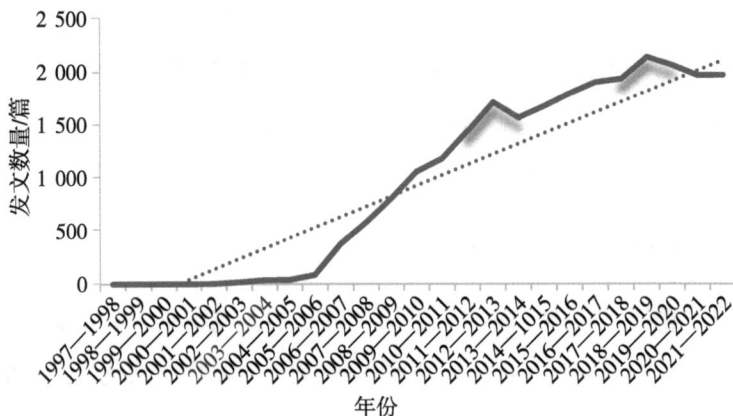

图5-1　主题研究文献发文数量

（2）研究主体分析

非物质文化遗产的研究主体知识图谱由研究机构共现图谱和作者共现图谱组成。通过研究主体的知识图谱分析，可以了解非物质文化遗产研究的主要发文机构和学者情报。研究主体分析中的节点大小表示发文量，节点越大表明发文量越多；连接线表示节点之间的合作关系，连接线越粗表明合作关系越紧密；节点连接线形成的结构呈现的是合作群组，通过合作群组可以挖掘研究的主题类型，合作群组越多表明合作关系越紧密，最理想的状态是所有节点能够形成合作群组从而形成综合研究。

从研究机构共现图谱（见图5-2）可以得知：中国艺术研究院的发文量最多，华中师范大学国家文化产业研究中心、中山大学中国非物质文化遗产研究中心、山东大学历史文化学院、中国社会科学院民族文学研究所、中央民族大学是非物质文化遗产主题研究发文量较多的研究机构。从研究机构的地域特征上看，研究机构地域分布较广，与非物质文化遗产资源的集中度存在关联；从节点连接线形成的结构呈现的合作群组看，节点连接线较少，节点连接线形成的结构较分散，合作群组较少，体现出非物质文化遗产研究机构之间未能形成紧密的合作关系，未能形成系统研究。

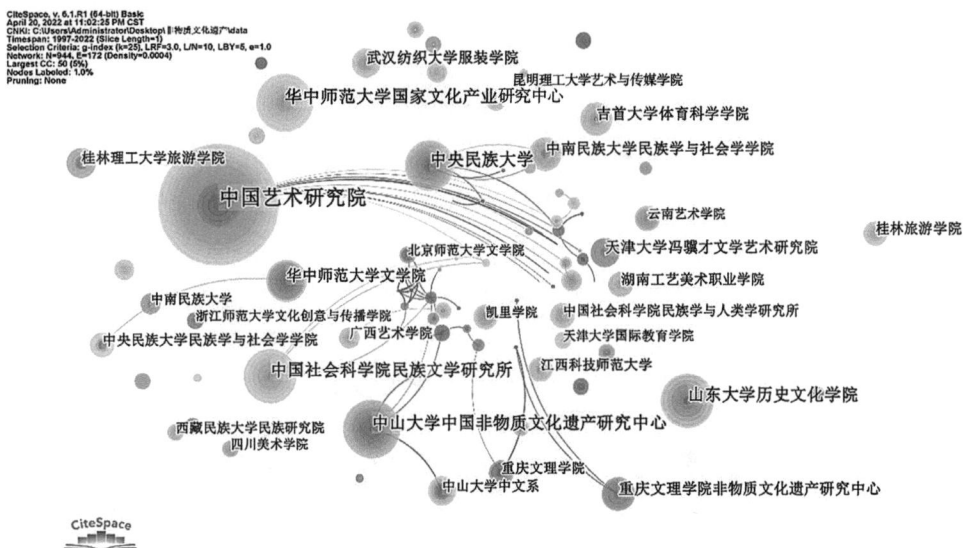

图5-2 研究机构共现图谱

从作者共现图谱（见图5-3）可以得知：非物质文化遗产主题研究的代表作者有陈炜、马知遥、孙志国、王丹等。非物质文化遗产的研究侧重点各有不同，陈炜的研究主要关注西部地区非物质文化遗产的旅游开发及其适宜性，对传统体育、传统音乐、传统戏剧、传统节日等非遗内容的开发与保护有所关注。马知遥的研究涉猎较为广泛，主要研究非遗文化空间中抢救性保护措施、价值呈现、文化和身份认同、活态传承发展、媒介传播、传统工艺与乡村振兴、文化中介人和文化经纪人的作用、传承困境与产业化带来的危机、非遗教育等。孙志国的研究主要关注武陵山片区的非物质文化遗产的传承与发展对策，其中重点关注开发利用和"非物质文化遗产+地理标志"的保护模式。王丹的研究主要围绕关联关系，其中包括传承人年龄结构与传承能力的关系、文化关系在文化生态保护实验区建设中的作用，除此之外，藏族动物故事的传承保护、精准扶贫等内容有所涉猎。从作者共现图谱整体上看，首先，除孙志国的研究形成较显著的合作群组外，非物质文化遗产主题研究在25年的研究时间内并未形成多个显著的合作群组；其次，非物质文化遗产主题研究领域内研究学者众多，但处于独立研究状态，彼此之间未能形成合作式群组关系，未能形成系统研究。

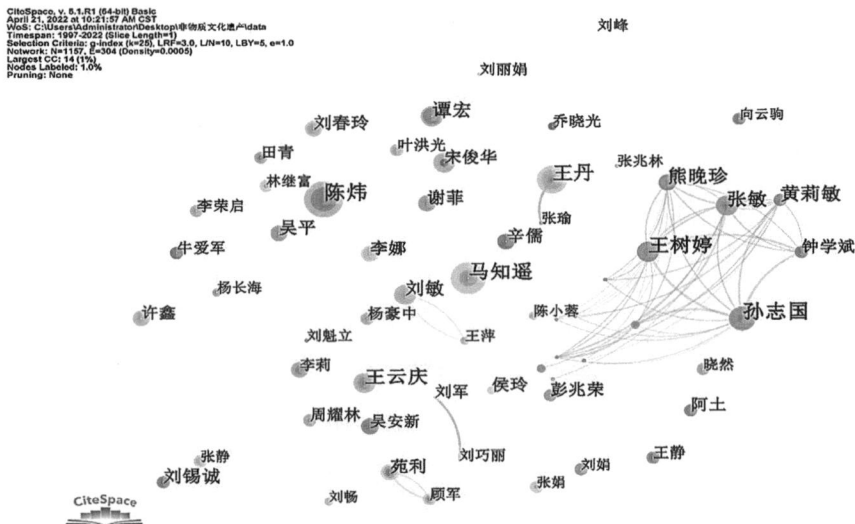

图5-3　作者共现图谱

（3）研究关注的核心分析

关键词结构聚类图谱是关键词共现网络聚成的标签化的不规则区域，是运用对数似然率算法，通过聚集紧密相关的关键词，形成关键词共现网络区域，从而呈现研究领域关注的核心。关键词结构聚类图谱的质量评价主要参考聚类模块值（Modularity）和聚类平均轮廓值（Silhouette），简称为"Q值"和"S值"。Q>0.3表征结构显著；S>0.5表征聚类合理，S>0.7表示聚类令人信服。但需要注意的是：数据量不大且在默认值的条件下，生成的关键词结构聚类图的质量参数可以依据Q值和S值，确定结构的显著性和聚类的合理性。但数据样本量较大时，不能仅通过默认生成的关键词结构聚类图谱的质量参数确认结构的显著性和聚类的合理性，应通过调试"TopN"和"TopN%"获得至少5个生成图的基础上，进行交叉验证，最终确认选用的生成图数量和聚类的关键词，即样本数据量较大时，即使Q值、S值数值喜人，一张默认的生成图也不能全面反映该研究关注的核心，从而忽略部分重要的核心情报。基于上述操作实践，本书在调试后获得5个符合Q值和S值质量要求的生成图的基础上，经交叉检验，最终选取了两个关键词结构聚类图谱（见图5-4）。两个图的Q值分别是：0.418、0.313；S值分别是：0.745 4、0.670 2，即结构的显著性和聚类的合理性均符合质量标准。

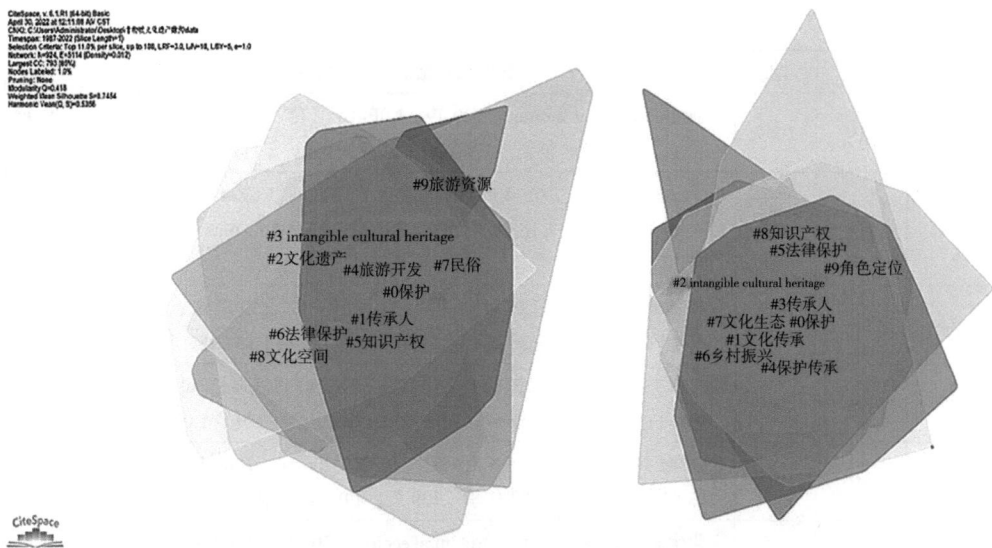

图5-4　非物质文化遗产关键词结构聚类图谱

本书以图5-4中右图为主图，结合聚类主题对应的对数似然值最大的6个标签词（见表5-2），对比两个关键词结构聚类图谱，融合两图相同主题和标签内容，发现：第一，除了局部情报信息有差异外，其他主题类型和标签内容均吻合，即使有些主题内容看似不一致，实质上标签内容也相互吻合。可以说，多个关键词结构聚类图谱在绝大程度上反映了非物质文化遗产研究关注的核心内容，并通过"标签"呈现其研究核心。第二，局部有差异的情报信息的频数较高，这部分情报信息还应纳入核心研究的内容中，从而呈现较为完整的非物质文化遗产研究关注的核心内容。根据图5-4和表5-2可以得知：非物质文化遗产研究关注的核心领域涉及：intangible cultural heritage、传承人、民俗、文化生态、非物质文化遗产保护、保护传承、文化传承、旅游开发、乡村振兴、角色定位、法律保护、知识产权，共12个聚类群，非物质文化遗产的相关研究还关注新媒体传播、数字化保护传承、整体保护模式、活态传承、空间分布、保护模式等研究领域。

表 5-2　非物质文化遗产关键词聚类群表

聚类	频次	年份	对数似然值最大的6个标签词（LLR）
#0	186	2011	保护（1 311.47，1.0E-4）；传承（1 084.59，1.0E-4）；发展（469.02，1.0E-4）；intangible cultural heritage（306.09，1.0E-4）；对策（285.31，1.0E-4）
#1	162	2014	文化传承（285.03，1.0E-4）；新媒体（233.16，1.0E-4）；非遗（218，1.0E-4）；传播（200.6，1.0E-4）；创新（191.55，1.0E-4）

聚类	频次	年份	对数似然值最大的6个标签词（LLR）
#2	119	2009	intangible cultural heritage（909.79，1.0E-4）；传承（313.66，1.0E-4）；发展（237.1，1.0E-4）；创新（170.82，1.0E-4）；保护（117.59，1.0E-4）
#3	118	2009	传承人（628.17，1.0E-4）；文化遗产（378.29，1.0E-4）；非遗项目（312.4，1.0E-4）；非物质文化遗产保护（286.33，1.0E-4）；intangible cultural heritage（199.75，1.0E-4）
#4	98	2011	保护传承（244.29，1.0E-4）；民间艺术（243.49，1.0E-4）；数字化（219.73，1.0E-4）；非遗保护（207.84，1.0E-4）；民间美术（194.48，1.0E-4）
#5	89	2007	法律保护（340.72，1.0E-4）；文化空间（296.18，1.0E-4）；cultural space（221.58，1.0E-4）；整体保护（36.51，1.0E-4）；文化记忆（22.9，1.0E-4）
#6	80	2015	乡村振兴（293.9，1.0E-4）；活态传承（206.34，1.0E-4）；rural revitalization（183.57，1.0E-4）；非遗传承（129.82，1.0E-4）；传统工艺（124.04，1.0E-4）
#7	79	2013	文化生态（222.89，1.0E-4）；cultural ecology（206.2，1.0E-4）；传承保护（192.59，1.0E-4）；空间分布（188.36，1.0E-4）；spatial distribution（159.93，1.0E-4）
#8	79	2010	知识产权（468.84，1.0E-4）；intellectual property（220.64，1.0E-4）；文化产业（196.45，1.0E-4）；保护模式（188.7，1.0E-4）；地理标志（145.11，1.0E-4）
#9	8	1999	角色定位（130.2，1.0E-4）；local government（130.2，1.0E-4）；the new period（130.2，1.0E-4）；转向（130.2，1.0E-4）；protection and development of intangible cultural heritage（130.2，1.0E-4）
#4	65	2011	旅游开发（542.67，1.0E-4）；tourism development（446.71，1.0E-4）；传统文化（196.15，1.0E-4）；文化生态（150.22，1.0E-4）；网络（39.34，1.0E-4）
#7	51	2005	民俗（153.97，1.0E-4）；民间信仰（54.99，1.0E-4）；地域文化（53.13，1.0E-4）；intangible cultural heritage（49.23，1.0E-4）；人类学（45.64，1.0E-4）

　　基于图5-4和表5-2中关于非物质文化遗产研究关注的核心内容，构建了非物质文化遗产的综合研究体系，其思路主要围绕"空间资源基础—保护新模式—传播新模式—应用场景—政府角色—法制保障"，在此基础上归纳总结了每个部分的典型模式（见表5-3）。

表5-3　非物质文化遗产研究领域体系构建及典型模式

非遗体系	聚类分类	典型模式
非遗空间资源	非遗、传承人、民俗、文化生态	公权空间资源基础
保护传承新模式	非遗保护、保护传承	"公权资源+基于公权的私权资源+数字化"
文化传承新模式	文化传承	"公权资源+基于公权的私权资源+新媒体"
开发应用	文创产品、旅游开发、乡村振兴	"公权空间保护+线上线下传播途径+发展赛道"
政府角色	角色定位	"制定制度规则+监管市场+协调社会参与"角色
法制保障	法律保护、知识产权	"公权+私权"立体保护模式

（4）研究热点分析

高频关键词共现图谱呈现的研究内容有助于分析非物质文化遗产的研究热点。通过引文空间对非物质文化遗产研究文献生成的高频关键词共现图谱（见图5-5）显示：非物质文化遗产研究的高频关键词网络节点数（N）共计1 082个、网络连线（E）共计7 612条、网络密度（Density）为0.013。数据表明：非物质文化遗产的研究非常广泛，且具有高度相关性。根据图5-5和表5-4，结合高频关键词的频数（Frequency）和中心值（Centrality），可以得知：在非物质文化遗产的研究中，"非物质文化遗产（intangible cultural heritage）"和"保护""传承"的频数和中心值最高，对其他关键词产生辐射效应。围绕非物质文化遗产的研究，将中心值限定在0.01的影响节点，获得频数和中心值较高的39个中文高频关键词（见表5-4），分别是：传承人、少数民族、文化遗产、数字化、文化传承、传播、创新、活态传承、开发、旅游开发、传统文化、产业化、法律保护、知识产权等。这些高频关键词是非物质文化遗产研究关注的中心，亦是研究热点。

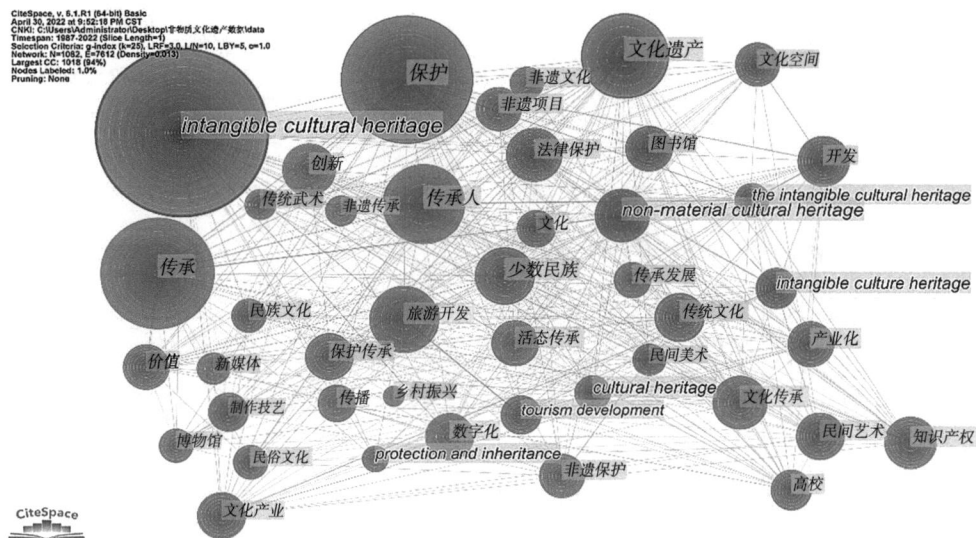

图5-5　非物质文化遗产研究文献生成的高频关键词共现图谱

在列出高频关键词的基础上，结合调试"TopN"和"TopN%"后获得的5个关键词聚类群表（其中包括表5-2），以及非物质文化遗产综合研究体系（见表5-3），将现有的高频关键词按照综合研究体系划分为如下热点研究，即"非遗空间资源—保护传承新模式—文化传承新模式—应用场景—法制保障—非遗入教育"。"政府角色"不再成为研究热点。

表5-4 高频关键词列表及基于高频关键词的热点研究分类表

序号	频数	中心值	关键词	分类	频数	中心值	关键词
1	4 596	0.54	ICH		4 596	0.54	ICH
2	289	0.08	NMCH		289	0.08	NMCH
3	138	0.01	TD		2 452	0.21	保护
4	112	0.02	P&I		2 032	0.11	传承
5	2 452	0.21	保护		645	0.10	传承人
6	2 032	0.11	传承		474	0.14	文化遗产
7	645	0.10	传承人	非遗	387	0.06	传承保护
8	474	0.14	文化遗产	空间	287	0.02	创新
9	407	0.03	旅游开发	资源	260	0.05	少数民族
10	287	0.02	创新		195	0.02	非遗项目
11	262	0.04	数字化		143	0.02	非遗文化
12	260	0.05	少数民族		130	0.01	文化生态
13	260	0.03	文化传承		124	0.01	民族文化
14	238	0.02	知识产权		114	0.01	博物馆
15	216	0.02	开发		105	0.01	民俗文化
16	216	0.03	活态传承		112	0.02	P&I
17	213	0.03	传统文化	保护	262	0.04	数字化
18	210	0.02	法律保护	传承	163	0.05	民间艺术
19	202	0.02	产业化	新模式	129	0.01	传承发展
20	199	0.02	传播		103	0.01	民间美术
21	195	0.02	非遗项目		260	0.03	文化传承
22	387	0.06	传承保护	文化	199	0.02	传播
23	175	0.01	图书馆	传承	159	0.03	价值
24	171	0.02	高校	新模式	147	0.01	新媒体
25	163	0.05	民间艺术		138	0.01	TD
26	159	0.03	价值		407	0.03	旅游开发
27	156	0.01	文化产业		216	0.02	开发
28	147	0.01	新媒体		216	0.03	活态传承
29	143	0.02	非遗文化	应用	213	0.03	传统文化
30	142	0.02	文化空间	场景	202	0.02	产业化
31	131	0.01	乡村振兴		156	0.01	文化产业
32	130	0.01	文化生态		131	0.01	乡村振兴
33	129	0.01	传承发展		119	0.01	制作技艺

续　表

序号	频数	中心值	关键词	分类	频数	中心值	关键词
34	124	0.01	民族文化	法制保障	238	0.02	知识产权
35	119	0.01	制作技艺		210	0.02	法律保护
36	114	0.01	博物馆		142	0.02	文化空间
37	105	0.01	传统武术		105	0.01	传统武术
38	105	0.02	民俗文化	非遗入教育	175	0.01	图书馆
39	103	0.01	民间美术		171	0.02	高校
ICH：intangible cultural heritage				NMCH：non-material cultural heritage			
P&I：protection and inheritance				TD：tourism development			

在非物质文化遗产研究热点综合研究体系构建的基础上，归纳总结了每个部分的典型模式。由于"空间资源基础—保护新模式—传播新模式—应用场景—法制保障"的典型模式在前文已列出，这里仅列出"非遗入教育"的典型模式（见表5-5）。

表5-5　非物质文化遗产研究热点综合体系构建及典型模式

非遗体系	聚类分类	典型模式
非遗入教育	图书馆、高校	"公权资源＋创造性转化创新性发展的私权要素＋实践融入"

（5）研究发展新趋势分析

在研究关注的核心、研究热点的基础上，结合关键词突现时间进度（见表5-6），进一步总结出非物质文化遗产主题研究的新趋势。通过表5-6可以了解一段时间内的研究热点和研究发展新趋势（"开始年"和"结束年"是指关键词突现的时间阶段，而不是第一次出现和消失的时间）。研究新趋势出现于2017年，突现的关键词主要包括文化遗产、空间分布、文化自信、新媒体、文化传承、文创产品、文旅融合、乡村振兴以及知识图谱等。该趋势主要围绕"公权空间资源与文化自信—文化传承新模式—应用场景—体育非遗—知识图谱可视化"。

表 5-6　关键词突现时间进度

关键词	强度	开始年	结束年	1997—2022年
代表作	22.2	2001	2009	
文化遗产	42.69	2003	2013	
保护	31.69	2005	2010	
ICH	15.65	2005	2011	
NMCH	54.43	2006	2012	
档案馆	15.15	2006	2011	
成果展	10.83	2006	2011	
土家族	10.3	2006	2012	
图书馆	24.59	2007	2011	
地理标志	16.79	2011	2015	
传统村落	9.8	2016	2020	
文化自信	14.18	2017	2022	
传统体育	16.16	2018	2022	
新媒体	18.5	2018	2022	
非遗文化	22.8	2019	2022	
文化传承	15.03	2019	2022	
空间分布	11.45	2019	2022	
文创产品	23.35	2019	2022	
文旅融合	24.86	2019	2022	
rural revitalization	15.57	2019	2022	
乡村振兴	48.4	2019	2022	
知识图谱	10.1	2019	2022	
备注	ICH：	intangible cultural heritage		
	NMCH：	non-material cultural heritage		

（二）研究关注的核心、热点、发展新趋势内容综述

1.非物质文化遗产保护传承新模式

针对保护传承新模式，主要围绕数字化、新媒体、开发应用、非遗入教育展开研究。郑伟（2021）提出加强保护管理、文旅融合、文创产品的保护传承对策[1]。马翀炜、夏禾等（2021）提出运用网络平台、图像数字化手段保护传承非物质文化遗产[2]。邱海洪等（2022）运用国家发展战略，依托学者话语权、媒体宣传的方式，构建体育非物质文化遗产的话语权和保护传承[3]。

① 郑伟.四川调味品类非物质文化遗产保护传承现状及对策研究[J].西北民族研究，2021（4）：155-166.

② 马翀炜，夏禾.坐看云起时："云上"开秧门与非物质文化遗产保护传承的图像化路径[J].西北民族研究，2021（4）：155-166.

③ 邱海洪，等.体育非物质文化遗产保护传承中乡村精英的话语权生成：基于湖南"汝城香火龙"的田野考察[J].武汉体育学院学报，2022（4）：28-34.

2.非物质文化遗产文化传承新模式

针对文化传承新模式主要围绕"人—方式"两个维度展开研究，"人"的维度主要围绕多元主体，"方式"的维度重点关注数字化技术。潘光繁（2022）指出通过GIS、大数据、人工智能等现代数字技术实现文化传承[①]。郭永平等（2022）指出通过多元主体合力实现非遗的文化传承。臧鹏等（2022）通过完善传承人制度、推进数字化工程、建立传统村落归档机制实现文化传承。江娟丽等（2021）指出基于资源、经济、产业、制度、民众的现实条件，渝东南民族地区的非遗资源与旅游开发有效融合实现文化传承[②]。李亚楠等（2021）提出发展乡村特色文化产业、文化生活、文化生态促进天琴艺术的活态文化传承[③]。

3.非物质文化遗产应用场景

（1）文创产品

针对文创产品，主要围绕非物质文化遗产文创产品的生产方案展开研究。谷梦恩等（2021）提出花瑶挑花文创产品的设计原则和方案[④]。陶晶雯（2021）以结合地域文化、价值认同、情感要素为设计方向，指出其实现路径：创建跨学科合作平台、开展活动并在活动中融入非遗元素[⑤]。涂伟等（2019）通过建立价值认同、营造法律环境、开发衍生品、制作微纪录片、开发App、博物馆展览等方式开发长乐故事会的文创产品[⑥]。

（2）文旅融合

针对文旅融合，主要围绕文旅融合的实现路径展开研究。杨红（2022）提出以露天博物馆为载体，融合非物质文化遗产和文旅的行动方案：利益相关者之间的互动、呈现历史再现空间[⑦]。章牧（2021）提出非物质文化遗产的文旅融合路径：提高文化认同和原真体验、开展生产和消费循环、强化利益相关者的价值需求[⑧]。杨耀源（2021）的文旅实现路径是：运营模式与保护开发并重、加强宣传、优化传播方

① 潘光繁.贵州省国家级非物质文化遗产数字人文发展战略路径研究[J].贵州民族研究，2022（3）：83-88.
② 江娟丽，等.非物质文化遗产传承与旅游开发的耦合逻辑：以重庆市渝东南民族地区为例[J].云南民族大学学报（哲学社会科学版），2021（1）：48-56.
③ 李亚楠，等.乡村振兴战略背景下非物质文化遗产的传承创新研究：以天琴艺术为例[J].广西民族研究，2021（5）：157-164.
④ 谷梦恩，等.湖南花瑶挑花文创产品的设计创新[J].丝绸，2021（7）：122-126.
⑤ 陶晶雯.非遗传统技艺保护视角下高校图书馆文创产品开发构想[J].图书馆工作与研究，2021（4）：87-91.
⑥ 涂伟，等.非物质文化遗产长乐故事会的文创产品开发策略[J].包装工程，2019（10）：119-124.
⑦ 杨红.遗产保护与文旅融合：关于露天博物馆模式的探讨[J].民族艺术，2022（1）：105-112.
⑧ 章牧.非物质文化遗产活化研究：基于文旅融合的视角[J].社会科学家，2021（6）：15-20.

式、提高现场解说、开发旅游产品①。萧放、周茜茜（2021）提出节日非物质文化遗产资源转化为文旅资源的实现路径②。江伟等（2020）指出以需求为导向、以技术为支撑、以文旅融合和研学拓展为行动方案开发拈花湾文化产品③。

（3）乡村振兴

针对乡村振兴，主要围绕非物质文化遗产助力乡村振兴的实现路径展开研究。李亚楠等（2021）提出天琴艺术与文化产业、乡村文化生活、乡村文化生态相结合的乡村振兴的实现路径④。张洁（2022）以丹寨万达小镇的多元主体在旅游中融入非遗表演为例，提出"流动博物馆"助力乡村振兴的方案⑤。杨洪林等（2022）提出部分非遗被纳入公共文化服务体系实现文化治理的论证依据⑥。

4.非物质文化遗产法制保障

（1）非物质文化遗产的法律保护

针对非物质文化遗产的法律保护研究，主要围绕新法修订、公益诉讼、保护路径展开研究。易玲等（2021）指出探索非物质文化遗产的行政和民事协调保护机制，推动《非物质文化遗产法》的修订和《民间文学艺术作品著作权保护条例》的出台⑦。孟峰年等（2020）指出通过民事公益诉讼解决非物质文化遗产的侵权纠纷，同时制定配套实施细则⑧。严永和等（2021）提出了非物质文化遗产公益诉讼的必要性和可行性，围绕保护范围、原告资格、诉前程序、事先预防诉讼模式、法律援助和行为保全、举证责任倒置、诉讼费用七个维度完善非物质文化遗产公益诉讼⑨。黎群（2020）提出非物质文化遗产的法律保护路径：确定权利主体、完善保护机构、加大经费支持、整体性保护和动态保护⑩。

---

① 杨耀源.文旅融合背景下少数民族非物质文化遗产保护性旅游开发[J].社会科学家，2021（4）：64-69.

② 萧放，周茜茜.文旅融合视阈下节日类非遗传承与非遗资源的开掘利用[J].广西民族大学学报（哲学社会科学版），2021（6）：52-57.

③ 江伟，等.文旅融合背景下的非遗主题文创产品开发策略研究：以无锡灵山小镇·拈花湾为例[J].艺术百家，2020（5）：200-204.

④ 李亚楠，等.乡村振兴战略背景下非物质文化遗产的传承创新研究：以天琴艺术为例[J].广西民族研究，2021（5）：157-164.

⑤ 张洁.流动的博物馆：旅游民俗表演与文化景观的再生产：以贵州丹寨万达小镇"非遗"展演活动为例[J].北方民族大学学报，2022（2）：81-87.

⑥ 杨洪林，等.非物质文化遗产保护视野下乡村振兴的文化治理转向[J].文化遗产，2022（3）：16-23.

⑦ 易玲，等.我国非物质文化遗产保护30年：成就、问题、启示[J].行政管理改革，2021（11）：65-73.

⑧ 孟峰年，等.民族传统体育非物质文化遗产保护：属性、分类及路径选择：基于对丝绸之路甘肃段的观照[J].西安体育学院学报，2020（3）：335-342.

⑨ 严永和，等.论我国非物质文化遗产公益诉讼制度的构建[J].文化遗产，2021（4）：37-48.

⑩ 黎群.乡村振兴背景下侗族非物质文化遗产的法律保护路径探析[J].广西民族大学学报（哲学社会科学版），2020（5）：190-197.

（2）非物质文化遗产的知识产权保护

针对非物质文化遗产的知识产权保护，学者主要围绕完善法律体系、知识产权立体保护模式展开研究。王燕仓等（2021）提出"分类实施、共同保护"的知识产权保护路径，充分运用专利、商标、著作权、反不正当竞争等多手段保护[①]。严永和、李帅通（2021）以"权利"为核心，以客体、主体、运行、授权、权利内容、限制等内容，提出传统工艺知识产权保护的制度设计[②]。陈雅忱等（2022）提出保护路径：完善法律体系、加强全链条保护、优化多元保护模式[③]。

5. 非物质文化遗产入教育

针对非遗入教育，学者主要围绕融入方案研究。刘文良等（2022）指出高校育人协同发展策略：专业渗透、馆室传习、产学协同[④]。董云川等（2022）提出非物质文化遗产的教育应是"滋养式慢教育"，而不应只强调经济发展式工具理性教育[⑤]。张小彤等（2022）提出依托校际社区共享资源，开发造纸、雕版印刷、木工、竹藤编织等工艺，通过文化传承推动产业发展的育人模式[⑥]。张勃（2021）提出"人才培养—科学研究—社会服务—文化传承—国际交流合作"的教育融入路径和基于耦合关系的非遗保护路径[⑦]。张举文（2021）指出以中国文化传统为出发点，整体保护和传承为认识视角，加强跨文化交流，在多维度上加强传统知识产生的影响力[⑧]。

6. 体育非物质文化遗产

针对体育非物质文化遗产，学者重点围绕体育非遗协同保护和传承发展路径展开研究，空间布局和影响指标的研究比较显著。闫艺等（2021）提出新疆少数民族体育非遗的综合保护路径：政府联动、生态保护区和数据库构建、民间文化和学校

---

① 王燕仓，等. 非物质文化遗产传承人智力成果的知识产权保护路径：以苏州现状为蓝本[J]. 知识产权，2021（4）：58-66.

② 严永和，李帅通. 传统手工艺知识产权保护的路径选择与制度设计[J]. 河北法学，2021（5）：31-44.

③ 陈雅忱，等. 全球非物质文化遗产保护制度演进路径[J]. 经济地理，2022（6）：225-230.

④ 刘文良，等. 非遗传承与高校育人协同发展策略研究[J]. 大学教育科学，2022（2）：75-82.

⑤ 董云川，等. 非物质文化遗产传承教育者之角色冲突：以壮族坡芽歌书为例[J]. 学术探索，2022（4）：108-114.

⑥ 张小彤，等. 中华传统手工艺非物质文化遗产创意开发与高校传承人培养机制研究[J]. 包装工程，2022（S1）：391-397.

⑦ 张勃. 新文科视域下的非物质文化遗产学科建设：从高校使命担当与非物质文化遗产保护的耦合关系谈起[J]. 文化遗产，2021（4）：8-19.

⑧ 张举文. 从实践概念"非物质文化遗产"到学科概念"文化遗产"的转向[J]. 民俗研究，2021（5）：14-20，158.

教育传承、适度开发和整体保护[①]。孟峰年等（2020）提出民族传统体育的保护路径：增强保护意识、生产性活态保护、构建非遗走廊、加强教育传承、完善法律保护体系[②]。张忠杰等（2022）指出基于利益镶嵌行动者网络的、以苗拳为代表的、武术文化旅游的乡村振兴路径[③]。冯泽华（2022）围绕法制协调、区域规划、供给体系、行政协调、多元解决机制构建传统体育非遗的协同保护。

7.非物质文化遗产知识图谱可视化

针对知识图谱可视化，学者主要使用Citespace和VOSviewer知识图谱可视化分析软件，从宏观和微观维度展开非遗研究，关注研究机构和作者、合作强度、重点和热点研究、研究新方向。陈晨等（2020）得出结论：非遗研究涉猎多领域，但机构联系少、学术交流合作关系弱，研究热点围绕概念界定、可持续发展、开发管理，研究方向围绕发展与创新、产业管理、开发利用[④]。段晓卿（2021）以2001—2020年为数据研究得出结论：中山大学为非遗研究的主力军，非遗研究重点关注文化认同、文化产业、乡村振兴、民族体育等热点议题，新媒体、生产性保护成为新的研究方向[⑤]。李野等（2021）以藏戏为研究对象指出藏戏研究发展缓慢，研究呈现多元，但研究核心机构和作者较少，合作关系不明显，服务公共文化体系和文化传承是研究新方向[⑥]。林继富等（2021）以花儿为研究对象，指出花儿研究呈现多元，但学科和机构合作欠缺，花儿的非遗研究是重点研究[⑦]。

（三）三个主要研究阶段及演变特征

基于主题研究文献发文数量（见图5-1）、关键词突现时间进度（见表5-6），在时间序列上大致可以将非物质文化遗产主题研究划分为三个研究阶段：1997—2005年、2006—2016年、2017年及之后。

---

① 闫艺，等."一带一路"背景下少数民族体育非物质文化遗产保护与传承机制研究：以新疆地区为例[J].西安体育学院学报，2021（1）：96-104.

② 孟峰年，等.民族传统体育非物质文化遗产保护：属性、分类及路径选择：基于对丝绸之路甘肃段的观照[J].西安体育学院学报，2020（3）：335-342.

③ 张忠杰，等.体育非物质文化遗产传承的引导性协同机制生成：基于Y寨苗拳的田野调查[J].武汉体育学院学报，2022（3）：61-69.

④ 陈晨，等.基于CiteSpace的国内非物质文化遗产研究知识图谱分析[J].包装工程，2020（14）：228-234.

⑤ 段晓卿.2001—2020年CNKI非遗研究文献计量分析[J].文化遗产，2021（4）：28-36.

⑥ 李野，等.近三十年藏戏研究的发展脉络与趋势：基于计量可视化分析[J].民族学刊，2021（4）：101-109+122.

⑦ 林继富，等.花儿研究的基本态势与热点问题的知识图谱：基于1999—2019年计量可视化分析[J].青海民族大学学报（社会科学版），2021（1）：80-92.

第一阶段：从1997—2005年的研究起步阶段。该阶段研究文献数量较少，从1997年诞生第一篇非物质文化遗产的主题研究开始，直到2001年学术界才开始关注非物质文化遗产的研究。自2001年学术界开始关注非物质文化遗产主题研究的国际背景是：1989年的《关于保护传统和民间文化的建议》（或译《保护民间创作建议案》）、2001年的《教科文组织世界文化多样性宣言》和2002年的《伊斯坦布尔宣言》强调了全球化和社会转型的国际背景下"非物质文化遗产"的重要性。此后研究数量开始逐年上升，根据中国知网的数据信息，2001年共4篇、2002年共17篇、2003年共37篇、2004年共40篇、2005年共86篇，该阶段共计发表185篇期刊文献，占据总数量的0.7%。

2001年的发表数量虽然很少，但从2001年开始对非物质文化遗产的基本概念和相关内容进行梳理，同时开展了以"代表作"为导向的非物质文化遗产的抢救性记录传承和挖掘工作。2002年开始了抢救性保护记录工作，武陵源、乐山大佛、平遥古城、武当山古建筑群、清西陵等的保护记录工作正是始于2002年。2003年开展了以记录"活态文化"为主的保护记录工作，先后记录了口头文化、古琴艺术、民间剪纸、农耕文化、少林文化等本土文化。2004年非物质文化遗产的"无形资产"属性被强调之后，自此形成了非物质文化遗产的两种研究路径：以旅游业为驱动的应用研究路径——"借助民间文化资源和少数民族地区非物质文化遗产资源，以旅游业为驱动，形成符号经济和文化资本"和以记录挖掘为主的民俗学研究路径——"以记录、挖掘民间信仰和民间文化为主的民俗学研究"。

第二阶段：从2006—2016年的研究快速发展阶段。2006年非物质文化遗产主题研究开始快速发展，发表数量显著提高，共发表380篇期刊文献。2006—2016年共发表了14 101篇文献，占据总数量的57%。

非物质文化遗产主题研究之所以得到学术界的重视离不开国家战略指导和政策意见。2008年3月国务院出台的《国务院关于加强文化遗产保护的通知》强调了非物质文化遗产保护的重要性和紧迫性，提出了存在的问题以及行动框架，开启了非物质文化遗产的普查、规划、抢救、建立名录和保护工作。此后，国务院先后于2006年、2008年、2011年和2014年公布了四批国家级项目名录（前三批名录名称为"国家级非物质文化遗产目录"，《中华人民共和国非物质文化遗产法》实施后，第四批名录名称改为"国家级非物质文化遗产代表性项目名录"）。2008年3月在《国务院2006年立法工作计划》（国办发〔2006〕2号）中提出《非物质文化遗产保护法》《历史文化名城和历史文化街区、村镇保护条例》《商标法（修订）》等立法计划，这为2011年通过的《中华人民共和国非物质文化遗产法》、2008年通过的《历史文化名城名镇名村保护条例》、2013年第三次修订的《中华人民共和国商标法》提供了基础。

之后国务院相继出台了多个涉及非物质文化遗产的国家层面的战略指导和政策意见。该阶段国务院关于非物质文化遗产的政策脉络主要围绕"公权空间资源—开发利用—知识产权保护—非遗入教育—数字化保护传承"。该阶段的国务院政策脉络特征包括两点，其中一个特点是少数民族非物质文化遗产的保护、传承和传播工作被加强，同时扩展了非物质文化遗产名录，其中关键三项的排序是中医药、民族民间传统体育、符合条件的地方戏曲。《国务院关于进一步繁荣发展少数民族文化事业的若干意见》（国发〔2009〕29号）、《少数民族事业"十二五"规划》（国办发〔2012〕38号）加强了少数民族非物质文化遗产的挖掘和保护工作；《国务院关于扶持和促进中医药事业发展的若干意见》（国发〔2009〕22号）、《中医药健康服务发展规划（2015—2020年）》（国办发〔2015〕32号）、《中医药发展战略规划纲要（2016—2030年）》（国发〔2016〕15号）加强了中医药非物质文化遗产的保护、传承、传播工作，并进一步推动中医药中医诊疗技术列入联合国教科文组织和国家级非物质文化遗产名录；《全民健身计划（2011—2015年）》（国发〔2011〕5号）、《国家基本公共服务体系"十二五"规划》（国发〔2012〕29号）将优秀民族民间传统体育项目纳入非物质文化遗产名录，并纳入"十二五"规划公共文化体育重点任务。《关于支持戏曲传承发展的若干政策》（国办发〔2015〕52号）中符合条件的地方戏曲被纳入非物质文化遗产名录。

该阶段国务院政策脉络的另一个特点是从2011年开始主要以文化产业（2011）、文旅融合（2014）为导向的非物质文化遗产的开发利用。"公权资源"被开发利用的政策背景下，2015年及时提出知识产权保护，保障"开发成果"在市场化中的安全性；此外，2014年关注传承人参与职业教育体系；2016年重视非物质文化遗产的数字化保护传承。《兴边富民行动规划（2011—2015年）》（国办发〔2011〕28号）、《国务院关于推进文化创意和设计服务与相关产业融合发展的若干意见》（国发〔2014〕10号）、《国务院关于新形势下加快知识产权强国建设的若干意见》（国发〔2015〕71号）、《国务院关于新形势下加快知识产权强国建设的若干意见》（国办函〔2016〕66号）、《"十三五"旅游业发展规划》（国发〔2016〕70号）加强了以文化产业、文旅融合为导向的传承利用、保护利用、开发利用。文旅融合的开发利用被提出之后及时出台了知识产权保护的政策，以明晰成果产权、防范侵权风险。《国务院关于推进文化创意和设计服务与相关产业融合发展的若干意见》《关于支持戏曲传承发展的若干政策》（国办发〔2015〕52号）提到传承人被纳入职业教育体系。随着数字化技术的发展，在《"十三五"国家战略性新兴产业发展规划》（国发〔2016〕67号）中提到非物质文化遗产的数字化转化和开发。

该阶段非物质文化遗产研究路径的发展与国务院出台的非物质文化遗产的政策脉络——"公权空间资源—开发利用—知识产权保护—非遗入教育—数字化保护传承"相呼应。传统研究路径依然是文化生态空间内抢救记录和拓展非物质文化遗产名录，从而增强文化认同、文化自觉的研究路径，其内容涉猎民间文学、美术、艺术、手工技艺（2006）、传统武术（2006）、传统体育（2008）等活态文化，其记录空间包含档案馆、图书馆、博物馆、数据库（2009）。在应用开发研究路径上，延续了旅游开发、文旅融合研究，还融入了文化产业研究（2006）、产业化研究（2008）。该阶段出现了保护传承新模式、文化传承新模式、非遗入教育、法制保障的研究路径。2007年出现知识产权"私权"保护模式，2009年出现地理标志保护，但该阶段的知识产权保护模式仅指地理标志保护；2009年开启以数字化保护为主的保护传承新模式；2009年非遗入教育的研究路径中侧重高等院校职业教育；2014年开启以新媒体为主的文化传承新模式研究。

第三阶段：2017年及之后研究呈现新趋势。自2017年至今（截至2022年7月4日）非物质文化遗产研究主题的期刊文献共发表了10 479篇，占据总数量的42.3%。党中央高度重视非物质文化遗产的保护传承，发布了专门政策《"十四五"非物质文化遗产保护规划》（文旅非遗发〔2021〕61号）和《关于进一步加强非物质文化遗产保护工作的意见》，如何有效推进非物质文化遗产的多元保护机制和传承工作，成为学术界着力研究的重要课题。

该阶段国务院关于非物质文化遗产的政策脉络主要围绕"公权空间资源—保护利用—知识产权保护—非遗入教育"。这一阶段进一步加强了公权空间资源的保护传承和弘扬工作，尤其是加大传统医药类非物质文化遗产资源的保护传承力度，同时发布了第五批（2021）国家级非物质文化遗产名录。《"十三五"促进民族地区和人口较少民族发展规划》（国发〔2016〕79号）加强少数民族优秀传统文化的保护传承和弘扬发展。《中国传统工艺振兴计划》（国办发〔2017〕25号）、《体育强国建设纲要》(国办发〔2019〕40号)、《"十四五"推进农业农村现代化规划》(国发〔2021〕25号)在传承人、传习所上加大传承保护力度。《关于加快中医药特色发展的若干政策措施》(国办发〔2021〕3号)、《"十四五"中医药发展规划》(国办发〔2022〕5号)加大传统医药类非物质文化遗产保护传承。

该阶段进一步推动了非物质文化遗产的保护利用、知识产权保护和非遗入教育。《兴边富民行动"十三五"规划》(国办发〔2017〕50号)、《国务院关于促进乡村产业振兴的指导意见》(国发〔2019〕12号)、《"十四五"旅游业发展规划》(国发〔2021〕32号)推动挖掘资源和保护利用。知识产权保护政策在该阶段为开发利用的成果及成果国际化提供法制保障。《"十三五"国家知识产权保护和运用规划》(国发〔2016〕86号)、《"十四五"国家知识产权保护和运用规划》(国发〔2021〕20号)中制定非物质文化遗产知识产权工作指南、制定知识产权保护制度和国际规则。在《国家教育事业发展"十三五"规划》(国发〔2017〕4号)、《中国传统工艺振兴计划》、《体育强国建设纲要》中推动传统工艺、传统体育非遗进校园活动。

该阶段非物质文化遗产研究路径的发展与国务院出台的非物质文化遗产的政策脉络也相呼应。在传统研究路径上,在文化生态空间内的抢救记录和保护传承活态文化工作,从而增强文化认同、文化自觉、文化自信(2017);在应用开发路径上,延续了上一阶段中关于旅游开发、文旅融合、文创产品、文化产业、产业化的研究,该阶段中新纳入了乡村振兴(2018)研究。该阶段延续了以数字化为主的保护传承新模式、以新媒体为主的文化传播新模式、非遗入教育、法制保障的研究路径。根据表5-6,除了上述研究路径,还出现了非物质文化遗产的定量化、可视化研究以及体育非物质文化遗产研究的发展新趋势。

(四)总结与展望

借助引文空间可视化知识图谱对非物质文化遗产的全域研究进行回顾和总结,有利于全面了解和推动非物质文化遗产的横纵研究,为推动经济社会可持续发展和落实国家重大战略部署,实施党中央和国务院关于加强非物质文化遗产保护工作提供参考和借鉴。

总的来说,非物质文化遗产近26年的研究呈现如下特点,第一,从发文主体上看,通过研究机构发文与作者发文交叉验证可以得知,受资源的时空限制,发文主体之间合作关系不够紧密,各省、自治区和直辖市的艺术研究院或保护中心主要依托区域资源开展抢救保护和传承发展的调查研究亦可佐证这一观点。第二,从研究核心、热点、发展新趋势上看,总体上呈现以"个案研究及其传承发展的实现路径"为主的融合研究,其中"公权+私权"的法律保障研究和量化可视化研究是最为凸显的新趋势。但存在的问题是:一、学者普遍认可数字科技要素在非遗的保护传承、文化传承、应用场景(文创产品、文旅融合、乡村振兴)等研究维度上发挥的重要作用,但多提及技术概念,未能依据技术逻辑揭示技术架构和技术构成,技术信息情报的全面梳理工作严重不足;二、数字化保护传承和应用场景的实务远超过学术研究,非物质文化遗产的数字平台、NFT确权凭证、数字交易、风险规制、数字资本化的学术研究严重滞后;三、非物质文化遗产的公益诉讼和私权保护在认识上存在错误;四、"私权系统性保护"的相关成果中,"综合融合运用"私权手段构建立体保护模式的研究滞后,个案研究中提及"分类保护",缺乏"立体融合",专利保护尤为薄弱,严重缺乏基于技术逻辑的专利情报性利用研究;五、非物质文化遗产的量化可视化研究中缺乏调试检验和交叉验证,当数据量较大时,未经过调试检验和交叉验证获得的知识图谱不能全方位呈现研究内容,即"数据也会说谎"。第三,从三个主要研究阶段及演变特征看,第一阶段(1997—2005年)是起步阶段,在国际大背景下,学术界开始非物质文化遗产的调查研究,并且呈现民俗学研究路径和以旅游业为驱动的应用研究路径。从研究路径与政策的关联上看,该阶段呈现"学术先行,政策跟进"的特征。第二阶段(2006—2016年)是快速发展阶段。该阶段非物质文化遗产研究路径的发展与国务院出台的政策脉络相呼应。党中央和国务院出台的政策在该阶段起到了关键作用,即"政策指引,学术跟紧"。第三阶段(2017年及之后)中,政策脉络和学术路径研究关联呼应。非物质文化遗产研究路径的发展离不开国务院出台的政策指导,亦是"政策指引,学术跟紧"。

非物质文化遗产的研究是融合了不同学科的综合性研究,今后需要发挥多学科研究优势,重视学科交叉,尤其以法律、知识产权、技术系统、数字金融、信息情报挖掘为研究切入点;在科技创新、知识经济和数字化信息的时代背景下,在研究关注和新趋势中,借力科技,搭建技术架构、揭示技术构成,充分挖掘技术信息情报,找准每个技术节点对应的非遗文化产品和工艺方法,以法律为准绳,加强确权意识,厘清产权关系,融合运用权利类型构建立体保护模式,防范产权风险,融入数字金融,实现多维资金支持和运营模式。这里需要特别注意的是,非物质文化遗产是公权资源,是全人类共同的财富,其主体是全人类。非遗的知识产权私权保护针对的是：基于"公权资源"的，依据不同知识产权客体分类实施保护的"私权成果"。因此，对非遗传承人的公益诉讼、非遗产权保护只能针对私权成果，而不是非物质文化遗产十大门类中的客体类型，非物质文化遗产的传承人不能，也不可能将非物质文化遗产视为"私权"，公益诉讼和私权保护只能针对私权，而非公权，当下，应尽快调研非遗传承人将公权视为私权，妨害他人合理使用人类共同遗产的民事纠纷，并予以纠错和普法；在量化可视化研究方法中，知识图谱可视化主流软件主要以 Citespace、VOSviewer 为主，后者虽操作简便和图谱简洁，但生成的知识图谱远没有前者多、功能略显欠缺。无论哪款软件需严格执行"调试检验和交叉验证"，防范"数据说谎"；在研究阶段和演变特征中，不能仅以呈现的特征作为研究结论，应全面梳理国际、国内政策，总结学术路径特点，以及关联关系。可以说，非遗研究从第二个阶段开始，政策指导已成为学术研究路径的风向标。

二、人员实施路径

（一）对内教育路径

通过对内教育平台可以激发中华优秀传统文化的新生命力和新活力，更加有利于中华优秀传统文化的创造性转化创新性发展。中华优秀传统文化"两创"成果的教育平台实施路径遵循的指导思想是"马克思主义"，运用的方式是"课程思政融入课程"。坚持马克思主义，加强中华优秀传统文化"两创"成果与课程思政有效融合有利于筑牢新时代青年的文化观和教育价值观，筑牢文化自信，实现文化自强。"文化自信、文化自强"是中华优秀传统文化实现创造性转化创新性发展的内在推动力和内驱式软性力量。

中华优秀传统文化"两创"的国内教育实施路径主要从两个维度展开，其一，教育体系中渗入以体系为支撑的中华优秀传统文化；其二，以开放的心态和兼容并包的态度全力推动中华优秀传统文化的"走出去"，是增强文化自信和实现文化自强的最有力的证明。

1.教育体系中渗入以体系为支撑的中华优秀传统文化

教育体系中渗入以体系为支撑的中华优秀传统文化，是以人员定位为服务对象，以文化分类为基础，以融入读本为切入载体，以推广应用为落脚点，实施展开中华优秀传统文化的创造性转化创新性发展。从人员定位看，其服务对象从学生群体拓展至整个社会大众，从而实现全员参与中华优秀传统文化的振兴和发展；从文化分类的基础看，将中华优秀传统文化以分类实施为前提，在每个类别中充分融入中华优秀传统文化内容，最终形成体系化的知识架构，而不是单一的、碎片化的、无逻辑架构的知识贯穿。本书推荐可以以七大类"非物质文化遗产—农业文化遗产—工业文化遗产、中医药、古籍整理与古文字、文化地理IP打造、经典民间故事—民族音乐—戏曲、传统工艺—中华老字号、少数民族传统节日"作为中华优秀传统文化的底层逻辑框架，在此基础上可以进一步细化具体内容，例如，在"文化地理IP打造"中可以进一步分为"跨流域文化地理IP打造、地方文化—农耕文化IP打造、历史文化名城—城市文化生态—名镇—名街区—少数民族特色村寨—历史建筑"；从融入读本为切入点的角度看，将体系化的知识架构和内容排版到教科书或者电子化的读本中，推大了知识普及覆盖面；从推广应用为落脚点的层面看，振兴中华优秀传统文化，可以通过打造文化体验馆、推广文创产品等方式方法，实现中华优秀传统文化"两创"成果的落地转化和传承发展，在推广应用中将中华优秀传统文化潜移默化地根植于人心，发挥其深远的影响，筑牢文化自信、实现文化自强。

教育体系中渗入以体系为支撑的中华优秀传统文化，已有诸多实践案例。这里列出实践案例论证上述观点。人民教育编辑部为了落实中华优秀传统文化的"两创"实践，组织十所中小学校成立了"中华优秀传统文化教育协作体"。该协作体的行动方针从四个方面对具体实施做出了规定：一是，中小学传统文化教育中纳入社会主义核心价值观，实现理论和价值引导；二是，中小学实施的中华优秀传统文化的相关实践活动需要跟紧时代步伐；三是，利用中小学自身优势，充分发挥中小学生的主观能动性，将"创新"从青少年抓起；四是，中小学继承好、发扬好中华优秀传统文化精神，为中华民族的文化繁荣发展和为世界文明的进步添砖加瓦[①]。为推动中华优秀传统文化通过国内教育实现中华优秀传统文化的"两创"，我国开展了第三次全国文物普查以及"摸家底"工作、全面梳理文化资源，助力中华优秀传统文化能够下沉到寻常百姓的生活中。为此，开展了多项活动，例如"中华古籍保护计划"使2 000万册古籍得以保存，构建了中华优秀传统文化传承的新体系。同时，该项目将已经收集梳理好的纸质资源顺利实现数字化转化，实现形式的新形式

---

① 任国平.树文化自信 铸中国灵魂：首届人民教育"中华优秀传统文化教育"研讨会综述[J].人民教育，2017（24）：68-69.

表达，在数字化转化过程中还将古籍保护、民族音乐传承进行分类实施，构建了资源共享数据服务平台[①]。为了促进"互联网＋文物"的融通发展，国家文物局与我国的三家互联网公司（网易、百度、腾讯三家企业）构建战略合作协议[②]。该战略合作协议涉猎文物、文创和网络的合作平台。国家文物局也与网易共同推进在线教育平台的建立，一同推进、建立、推广应用"互联网＋中华文明"行动计划，通过项目促进"互联网＋"和文物的交流汇通。该项目不仅可以实现文化的创造性转化和文物新形式的创新表达，还可以借助我国互联网公司优秀的技术支撑，扩大受教育群体的覆盖面，促进教学手段的便利化、教学内容的丰富化[③]，推进文物的"两创"。

2. 以开放的心态和兼容并包的态度全力推动中华优秀传统文化的"走出去"，是增强文化自信和实现文化自强的最有力的证明

以开放和兼并包容的态度实现中华优秀传统文化的"走出去"有利于中华优秀传统文化在传承发展过程吸收更多的活性力量，迸发出更加鲜活的文化力量，逐渐成为经典，孕育根植于心灵的强大生命力。中华优秀传统文化"走出去"的遵循原则是"德为根基[④]、打开隔阂[⑤]、相互解释[⑥]"。

中华优秀传统文化中凝固"德"，以"德"为根本，让思想品德教育凝固其中，筑牢中华优秀传统文化的根基，弘扬中华优秀传统文化的长远深度发展。中华优秀传统文化在国内教育路径上实现"两创"的新发展，国民教育建设在其中必然发挥关键性作用，尤其在新时代新青年的教育建设中，要把中华优秀传统文化贯通于青少年教育工作的不同环节。中华优秀传统文化融入国内教育路径上，不是仅仅开设几门课程或者是在课程内容中涉及一节或者几节传统绘画、传统诗歌的相关内容，核心的莫过于"德"的培养。在此方面，台湾地区做出了一个很好的示范：台湾地区学校非常注重对于儒家传统文化的教育和对学生开展传统道德思想的陶冶[⑦]。我们如果要让中华优秀传统文化"两创"在教育路径上落地生根，就要落实到中小学生

---

① 陈雪.中华古籍保护15年：科技助力促进古籍有效利用[EB/OL].[2022-12-15].http://cul.china.com.cn/2022-06/22/content_42011120.htm.

② 国家文物局与百度、腾讯、网易签署战略合作协议[EB/OL].[2022-12-15].http://www.ncha.gov.cn/art/2017/12/4/art_2050_145598.html.

③ 宋小霞.中华优秀传统文化创造性转化与创新性发展的路径[J].东岳论丛，2019（2）：125-130.

④ 陈祺，等."德法兼治"理念下的高校思想政治教育[J].高教发展与评估，2018（4）：79.

⑤ 刘成科，等.新时代创新自觉的新进路：从创造教育谈起[J].科学管理研究，2018（6）：14-17.

⑥ 陈国峰.论高等教育民族传统的创造性转化[J].高等教育研究，2020（1）：9-17.

⑦ 沈林，刘文珍.台湾公民课特点及对大陆中学德育相关课程建设的影响借鉴研究[EB/OL].[2022-12-15].https://gdae.gdedu.gov.cn/gdjyyjy/yjcgb/202008/9daffd0b33a3404d83b9435bbc7f6665.shtml.

的"德"的教育以及培育其对传统文化的鉴赏能力。要想中华优秀传统文化在"走出去"的过程中迸发新的生命活力，离不开"打开隔阂"，其中开放心态和兼容并包是关键所在。在此基础上，通过相互解释和相互对话，加强不同文化的对话和碰撞，使中华优秀传统文化发挥其更加顽强的生命力和鲜活力量。

总体而言，中华优秀传统文化"两创"实现的国内教育路径是以中华优秀传统文化的知识体系和分类解读为基础，以服务于人民群众为根本，以读本为形式载体，以推广应用为落脚点，以立足"德"为根基，以中西会通为保障，实现中华优秀传统文化的"走出去"，通过国内教育路径实现中华优秀传统文化的创造性转化和创新性发展，从而孕育更强的鲜活生命力，筑牢文化自信、实现文化自强。

（二）对外通过海外华人和汉学家的实施路径

随着全球化的趋势，推动中华优秀传统文化"两创"成果的"走出去"、提高中国文化的对外影响力、增加国际话语权、"讲好中国故事、传播好中国声音"、对外文化交流与传播发展以及能力建设变得尤为重要。在助推中华优秀传统文化"两创"成果的海外传播和弘扬发展中海外华人和汉学家发挥着不可替代的关键作用。海外华人和汉学家可以合理判断和准确把握中华优秀传统文化的文化元素和内在价值，将中华优秀传统文化的基本内涵和核心要义准确地传播出去，让世界各国人民认同中华文化、认同中国精神、认同中国价值。

1.海外华人的实施路径

海外华人认同中华文化符号，有着共同的文化心理，是铸牢中华民族共同体意识的海外践行者，是助推中华优秀传统文化"两创"成果在海外弘扬发展的关键力量。例如，非遗传承匠人毕六福在美国、俄罗斯、日本等国家传播"油纸伞"文化，在海外传播中华优秀传统文化中内化着的中华工匠精神和中华优秀传统文化及其以"伞"为形式载体的"两创"成果。又如，为了在海外拓展发展华文教育事业，华侨大学建立"华文星火"项目，以中华优秀传统文化内容为基础，以课程为核心，以加强对中华文化的理解和认识为目标，持续推动着华文教育高质量发展，培养华裔青少年，促进中外文化交流和中华文化的传承发展①。"华文星火"运用了"4+1+N"的中华文化传播模式。这里的"4+1+N"中的"4"强调的是：成长导向、课堂教学、故事讲述会、分享课堂。"成长导向"是以中华文化的内涵为支撑和目

---

① 袁媛卢，等.中华优秀传统文化对外传播实践路径探索：基于华侨大学"华文星火"中华文化海外传播实践项目[J].思想教育研究，2019（7）：127-130.

标引领，制定融合地方文化资源的相关课程，在课堂教学中充分融入中华文化的内涵，通过故事讲述会的形式深度掌握、体验和实践中华文化，再通过分享课堂实现课堂效果的向外拓展。在"课堂教学"环节中注重内容趣味化、形式多样化；在"故事讲述会"环节中注重多形式实践和互动实践；在"分享课堂"环节中强化课堂的向外复制效应，实现课堂的向外延伸，实现文化扩大效应的最大化。"4+1+N"中的"1"强调的是"中华重要传统节日"——将中华重要传统节日融入日常生活中，发挥节日的"内化"和"常态化"效应，突出中华节日的核心要素和日常实践，加强海外华人学生的文化体验感，增强认同感。可以说，这种日常化、内化的中华重要节日元素，通过写春联、贴窗花、包饺子等文化实践，加强中华文化的认同感，将文化影响力发挥到最大化。"4+1+N"中的"N"强调的是"与海外多院校的深度合作和文化交流"。在"N"的行动方案中，采用的是线上和线下的实践方案。在线下通过实习基地、读书践行等具体行动方案，强化传播中华优秀传统文化。在线上开展网络直播课程，实现数字化课程建设和课堂分享。通过线上和线下两种实践路径，加强海外合作项目的拓展，推动长期合作，加强学生对海外文化的交流，实现多元文化的融通，同时强化学生的沟通能力，增强文化传播的吸引力。除此之外，"华文星火"项目依托其运营成本低、形式多样、参与主体多元化的特点，大大降低了运营成本，实现创新的文化传播模式，通过学习借鉴海外经验加强加深教学经验，加强了中华文化的传播力[1]。

2.汉学家的实施路径

汉学家亦是助推中华优秀传统文化"两创"成果在海外传播发展的重要力量。汉学家通过研究中华文化特有的哲学理论、伦理道德、文学历史，以及研究衣食住行、琴棋书画、风俗习惯等，将中华优秀传统文化"两创"成果源源不断地向世界传播。《论语》《史记》等中华经典书籍是被世界高度认可的中华文化符号，汉学家对这些中华经典书籍的研究成果会成为传播中华文化、中国精神的重要形式载体和文化传播路径。例如法国著名的汉学家汪德迈撰写的《新汉文化圈》，运用了跨文化研究的理论和方法论，对中国的现代化问题研究提供了诸多启示和思考，同时为中华文化的向外传播提供了行动方案[2]。

---

① 袁媛，卢鹏，韩昀. 中华优秀传统文化对外传播实践路径探索：基于华侨大学"华文星火"中华文化海外传播实践项目[J]. 思想教育研究，2019（7）：127-130.

② 法国著名汉学家汪德迈著作《新汉文化圈》再版跨文化视角解读现代中国[EB/OL]. [2022-12-31]. https://zmgr.chinanews.com/cul/2022/12-18/9917152.shtml.

总体而言，充分发挥海外华人和汉学家多元主体在跨地域、跨文化合作与交流中的重要作用，以中华优秀传统文化为基础，借助多种创新方式，通过实现"两创"成果，让中华优秀传统文化焕发出新的生命活力，引导外国友人去感知和体验中华文化的内在核心，让中华优秀传统文化变成世界的文化，让中华优秀传统文化中内化的精神价值成为世界共享的精神价值。

三、文化组织路径

文化组织是指人们为了实现某个文化目标，按照一定的规范要求，经过互相协作而形成的文化生产、管理、传播等工作的社会集团，是从事各项文化活动的基本单位。文化组织可分为静态和动态的文化组织基本单位，静态文化组织基本单位涉及学校、图书馆、博物馆；动态文化组织基本单位中还可以划分为传统和现代两种形态的文化组织基本单位，传统文化组织基本单位中包含出版、广播，现代文化组织基本单位中涵盖网络等。

学校、图书馆、博物馆、出版、广播、网络是我国中华优秀传统文化建设重要的组织形态和基本单位，是我国文化传播的主要阵地，在文化组织、文化宣传、文化传承发展中发挥着不可替代的作用。因此，在推动中华优秀传统文化创造性转化、创新性发展以及筑牢文化自信和实现文化自强的时代背景下，守正创新、推陈出新，有序开展和充分发挥学校、图书馆、博物馆、出版、广播、网络等文化组织在推动中华优秀传统文化创造性转化创新性发展上的关键作用，让中华优秀传统文化绽放出新的时代光彩。

（一）通过学校的文化组织路径

在学校的层级维度，本书重点关注高校的文化组织路径。在高校，大学生作为中华优秀传统文化传承和弘扬发展的主体，在推动中华优秀传统文化"两创"和文化建设中肩负着重要使命。

在高校开展中华优秀传统文化"两创"教育时，以社会主义核心价值观为思想指引，将中华优秀传统文化的分类体系和内容适应时代发展需求进行相应的选择和编排，在"两课"和相关专业课程体系中融入中华优秀传统文化以及"两创"成果，通过教学实践环节，让学生理解和掌握中华优秀传统文化"两创"成果的基础内容、模式应用、砌垒要素、实践方案、风险防范等"系统性内容"，最终实现筑牢文化自信和实现文化自强的长远教育目标。

高校是培养国家栋梁之材的重要阵地，在弘扬发展中华优秀传统文化方面发挥着重要作用，是践行中华优秀传统文化在内容上的创造转化和在形式上的创新表达的重要载体。学校在推动中华优秀传统文化在内容上的创造转化和在形式上的创新表达时，以落实社会主义核心价值观为目标导向，以践行实践方案为行动路径，全力推动高校的中华优秀传统文化教育。从"内容上的创造转化和形式上的创新表达"看，其形式的创新表达需要紧密贴合科技发展，还要融合当今社会发展环境，与其协调发展和交流沟通；其内容的创造转化需要深度挖掘和提炼中华优秀传统文化的内涵，发掘中华优秀传统文化的内涵赋予的当代价值，加强当代学生对中华优秀传统文化的感受力、领悟力、使命感，提升学生的民族自信意识。

就学校的文化组织路径而言，我国高校开展了丰富多彩的中华优秀传统文化的"两创"活动。教育部开展了首批国家重点普通高校中华优秀传统文化传承培训基地，包括清华大学"京昆"传承基地、北京大学"昆曲"传承基地、复旦大学"吴越踏歌"传承基地等①。基地的建设可以充分发挥在高校的中华优秀传统文化在内容上的创造转化和在形式上的创新表达，可以践行在高校开展中华优秀传统文化的实践行动，可以为普通高校学生深度了解和系统掌握中华优秀传统文化提供理论和价值引导，有助于揭示中华优秀传统文化中的精髓内容和深层内涵，将其充分融入学生的道德培养和鉴赏能力中，有助于引导广大青年学生做中国传统文化的建设者和践行者，最大限度发挥教育的文化功能②。一方面，推进基地建设，另一方面，还要采取"产学研创用"五位一体的行动（工作）方案，充分发挥中华优秀传统文化基地的多元功能，在"产学研创用"中深度了解和掌握中华优秀传统文化，实现中华优秀传统文化在内容上的创造转化和在形式上的创新表达。

（二）通过图书馆的文化组织路径

图书馆作为一种文化机构，收藏和储备着人类文明的文化典籍，在文化教育发展、信息开发传递、社会主义文化建设和发展繁荣等方面发挥着重要的作用。近年来，我国图书馆迎合时代发展需求，在中华优秀传统文化"两创"的实践方案中发

---

① 教育部办公厅关于公布第一批全国普通高校中华优秀传统文化传承基地名单的通知[A/OL].（2018-12-31）[2022-12-16]. http://www.moe.gov.cn/srcsite/A17/moe_794/moe_628/201812/t20181206_362552.html.

② 熊莉君. 基于供给侧改革的图书馆经典阅读推广：兼论中华优秀传统文化的创造性转化与创新性发展[J]. 图书馆理论与实践，2019（11）：12-17.

挥着示范性的作用。我国图书馆开展了"图书馆＋景区""图书馆＋酒店""图书馆＋研学游"等结合地方资源"图书馆＋"的融合发展模式。

1. 在"图书馆＋文旅深度融合"的实践方案中，充分发挥图书馆的独特资源优势，依托馆藏特色文化资源，以特色化"图书馆＋"建设为行动目标，实现图书馆在内容上的创造性转化和形式上的创新性表达，最终落实中华优秀传统文化的弘扬发展和满足人们的精神文化需求

图书馆具备很强的文化社会功能——中国传统文化教育发展与传承的知识殿堂，是中华优秀传统文化教育传承与发展的文化组织和实践平台。在内容上实现创造转化和在形式上呈现创新表达时，应以国家发展战略与图书馆国际合作为宏观视野，深度融合"顶层设计论证＋理论深度探讨＋创新实践方案"，实现跨学科资源融合、跨界阅读推广，实现图书馆在助力中华优秀传统文化在内容上的创造转化和在形式上的创新表达，发挥图书馆的基本职能和主体优势，以图书馆为文化组织阵地弘扬发展中华优秀传统文化[①]。为了践行中华优秀传统文化通过图书馆的文化组织路径实现在内容上的创造转化和在形式上的创新表达，我国图书馆积极探索"图书馆＋文旅深度融合"的实践方案。"图书馆＋文旅深度融合"工作是政府大力推进和改善社会主义公共文化服务新生态的重要政策举措[②]。现行的"图书馆＋文旅深度融合"一体化发展的行动方案中，以"图书文化出版资源"为基础，从"阅读景观区、资源供给、信息服务、阅读推广、产品供给"图书馆五大功能入手，实现"图书馆＋文旅发展"的特色融合发展模式[③]，充分发挥"图书馆＋"的建设理念，特色化融入了"图书馆＋景区""图书馆＋酒店""图书馆＋研学游"的多元创新模式，以特色化图书馆建设为实现目标，促进图书馆的协同创新发展，实现图书馆在内容上的创造转化和在形式上的创新表达[④]。就"图书馆＋"的实践路径而言，我国各地图书馆均在践行图书馆在内容上的创造转化和在形式上的创新发展。浦东图书馆新馆开展的孔子学堂授牌活动标志着"孔子学堂＋图书馆"的全面启动[⑤]。"孔子学堂＋图书馆"的结合是图书馆的创新性发展，是图书馆的传统功能的升级改造，是图书馆

①谢紫悦，陈雅.图书馆助力优秀传统文化创造性转化和创新策略研究[J].图书馆理论与实践，2021（2）：124-130.

②邵明华，倪昊玥，李泽华.公共图书馆文旅融合的基本逻辑及发展路径[J].图书馆学研究，2021（10）：18-24+38.

③康思本.图书馆文旅融合模式与路径系统研究[J].图书馆，2020（6）：61-66.

④周红雁.公共图书馆文旅融合路径探析[J].图书馆工作与研究，2020（6）：23-27+41.

⑤孔子学堂落户浦东图书馆 开启"孔子学堂＋图书馆"新模式[EB/OL].（2016-04-18）[2022-12-16]. https://www.rujiazg.com/article/7957.

在功能上的创造性转化，这种在功能上的创造转化和形式上的创新表达极大地促进了中华优秀传统文化教育创新发展工作的推进。乌鲁木齐市图书馆与相关机构共同打造了"古韵流芳——中华经典诗文朗诵会"①，该活动充分运用"线上＋线下"的方式推进图书馆的创新性发展。在"线上"，乌鲁木齐市图书馆主要运用微信公众平台等新媒体平台，开展了线上的"经典诗文朗读活动"；在线下，乌鲁木齐市图书馆积极参与进社区、进校园、进部队等活动传播中华优秀传统文化，实现了图书馆的创新性。

"图书馆＋文旅深度融合"给我国的图书馆创新发展带来了新的机遇，在"中华优秀传统文化在内容上的创造转化和在形式上的创新表达"中承担了新的使命。但"图书馆＋文旅深度融合"的"出发点"和"落脚点"还应是弘扬发展中华优秀传统文化以及满足人民的精神文化需求。"图书馆＋文旅深度融合"不可脱离其本质要求。"图书馆＋文旅深度融合"也并不意味着将图书馆作为资源平台，开展新的文化旅游的业务，而是充分利用图书馆的现有文化资源实现在内容上的创造转化和在形式上的创新表达。我国图书馆有着丰富的文化资源，就以"特色馆藏资源"为例，特色馆藏图书资源有着独特且核心的竞争力，对这些"特色馆藏文化资源"进行在内容上的创造转化和在形式上的创新表达可以最大范围地实现"图书馆＋文旅深度融合"，从而提升图书馆在传播文化时的社会影响力。通过对特色馆藏图书资源的宣传可以吸引读者前往阅读，这实际上是对中华优秀传统文化的有效且积极的传播②。

2."图书馆＋"的创新方案依托图书馆特色馆藏资源，深度融合数字交互技术，呈现虚实交互时空场景，最大范围发挥文化传播的场域功效

在"图书馆＋"的创新方案中，深度融入超大空间数字化技术，构建虚实合一、动静相衬、时空相揉的现场体验场所。依托数字化技术，结合地方性资源的图书馆创新发展模式树立融合理念、合作理念、特色化理念③，呈现图书馆的创新发展，为实现中华优秀传统文化"两创"的宣传、应用、传承发展等方面提供着重要的场景空间和文化组织的关键作用。"图书馆古籍＋交互技术"是对传统古籍阅读方式的变

---

① 乌鲁木齐举办中华经典诗文朗诵会汇演[EB/OL].（2014-11-03）[2022-12-16]. http://news.cnr.cn/native/city/20141103/t20141103_516717712.shtml.

② 王乐. 略论高校图书馆特色馆藏建设的价值与发展方向[J]. 大学图书馆学报，2020（3）：12-17.

③ 周红雁. 公共图书馆文旅融合路径探析[J]. 图书馆工作与研究，2020（6）：23-27，41.

革，它对促进图书馆古籍阅读推广和传统文化传播都具有重要的现实意义①。

（三）通过博物馆的文化组织路径

博物馆作为传承人类文明和提升国民综合素质的重要文化组织机构，在收藏、展示、教育、研究等方面发挥着重要的文化传承和发扬的作用。作为公共文化服务机构，博物馆在中华优秀传统文化"两创"成果的传承发扬中已起到非常重要的示范性作用，迎合数字化时代的需求，如何让文物"活起来"已成为关键性行动方案。依托博物馆现有文化资源，增强特色化建设，通过数字化让馆藏物品不受时空的约束，在任何时间和空间中亲临感受博物馆的馆藏物品，实现真正的馆藏物品"活起来"。除此之外，基于公权资源，充分开发周边产品亦是一种馆藏物品的文化宣传的实践方案。

1. 以"为人民服务"和"满足人民的精神文化需求"为出发点，在内容上结合当代人的审美创造出基于博物馆馆藏品的文化创意产品和精美书籍，在文化创意产品和精美书籍中有机融入中华优秀传统文化元素，提升文物保护特色品牌建设，实现中华优秀传统文化在内容上的创造性转化

通过博物馆的文化组织路径实现中华优秀传统文化在内容上的创造性转化其关键在于创造出内容上新颖丰富的精神文化创意产品。可以说，博物馆馆藏品在《著作权法》上隶属于"公共领域"，是公权领域。正因博物馆馆藏品不属于私权范畴，因此，私权保护可以充分运用公权领域内的作品，基于公权领域实现在内容上的创造性转化，构建丰富新颖的文创产品。博物馆文物需要以保护和"为人民服务"为初心和出发点，通过博物馆文化教育实现全民素质的提升，创造出贴合当代人审美的、有机融入中华优秀传统文化符号的博物馆文化创意产品和精品书籍，提升文物保护特色品牌建设，实现博物馆馆藏品在内容上的创造性转化②，铸牢中华民族共同体意识。

随着时代的发展，人们对"美"、对"色彩"、对"线条布局"等有了新的定义和认识，贴合当代人的审美需求和实际生活的文化创意产品和精品书籍不仅可以将博物馆文物背后的历史脉络、故事情节、文化魅力、人文情怀、艺术蕴含等表达给社会大众，健全中华优秀传统文化向社会大众的传播机制，还能实现文物在内容上

---

① 张宁，Miguel Baptista Nunes，李俊炀．"VR+文化"背景下的中华古籍阅读与传统文化传播新路径研究[J]．图书馆建设，2019（6）：128-134．

② 冯东梅．促进博物馆文化创造性转化、创新性发展[J]．文物鉴定与鉴赏，2021（5）：154-156．

的创造性转化，对文物的文化传播发挥关键性作用。

2. 在形式上构建"全景体验数字化博物馆"，通过数字化呈现活态文物，通过"博物馆+新媒体"打造文化传播新模式，打破博物馆的时间和空间限制，实现中华优秀传统文化在形式上的创新性发展

对于在形式上构建"全景体验数字化博物馆"而言，全景体验数字化博物馆的构建不仅可以打破文化传播在时间和空间维度上的限制，还能最大限度地保护博物馆文物。建设数字化全景式博物馆，可以实现空间维度的无形拓展，能够让博物馆文化资源实现最大时间和空间范围的传播效应，实现博物馆馆藏文物在最大时空场域中的陈列，最终呈现活态文物①。

就"博物馆+新媒体"打造文化传播新模式而言，运用新媒体可以真正实现"全景体验数字化博物馆"的文化传播和无时间及空间限制的亲临体验。中国文字博物馆正是通过"博物馆+新媒体"的方式开启了一个可以随时随地观看博物馆文物满足精神文化需求的方式。为了更好地传播文字博物馆的精品文物，中国文字博物馆在腾讯、哔哩哔哩（也称为B站）、抖音等多个数字化新媒体平台开设运营号，向群众传播了中国文字博物馆的馆藏文物，实现了文化的大众传播，通过数字化的呈现方式，运用新媒体的传播媒介功能，最便捷、最有效、最快速地把文物传递给了大众，吸引大众观看文物、了解文物、热爱文物，从而了解文物背后蕴含的厚重的文化脉络，感受其背后的深厚文化底蕴②，呈现出内化的中华文化符号。

随着时代的快速发展，博物馆的文化组织在大众文化建设方面发挥着重要的作用。从博物馆的文化组织路径上看，实现中华优秀传统文化在内容上的创造性转化和在形式上的创新性表达是关键所在。在内容上需要紧密贴合当代人的审美需求和文化生活需求，创造出精美的文化创意产品和精品书籍，在形式上紧紧拥抱数字化的形式表达，充分有机运用新媒体的文化动态功能，在最大时空场域中弘扬发展中华优秀博物馆文化。在日新月异的社会动态发展中，构建文物"新"的生命活力和呈现文化的当代文化价值，让全国人民了解文物中蕴含的时代精神和文化内涵，让大众深度了解和热爱中华优秀传统文化，实现其在内容上的创造性转化和在形式上的创新性表达。

---

① 单霁翔. 以优质文化产品增强文化认同（创造性转化创新性发展纵横谈）：故宫文创研发的启示[EB/OL].（2020-07-24）[2022-12-28]. http://industry.people.com.cn/n1/2020/0724/c413883-31796519.html.

② 荣慧. 系统呈现文字文化的整体形象：以中国文字博物馆为例谈文化的创造性转化和创新性发展[J]. 文化产业，2022（22）：61-63.

（四）通过出版的文化组织路径

出版是党的宣传文化组织工作的重要组成部分，出版的文化组织路径在实现中华优秀传统文化创造性转化创新性发展上发挥着重要的文化传播作用。从出版的文化路径上看：出版优质读物，一方面，需要明确方向、把牢导向，运用马克思主义的立场、观点和方法进行创造性转化和创新性发展[1]，扎根时代和读者需求，在学习典籍与联系现实的基础上，挖掘中华优秀传统文化的内在价值，把控精品标准[2]，通过便携性、趣味性、图表化、故事化、情境化、仪式性等方式，在内容上实现创造性转化，在形式上呈现创新性表达，出版更多优秀的主题图书，为中华优秀传统文化创造性转化创新性发展提供文化传播平台；另一方面，还需要加强版权保护，打击盗版、打击著作权和版式设计侵权，确保出版物在市场上的正向反馈和鼓励创作者的创作热情。

1. 扎根于时代需求、读者需求和现实需求，通过便携性、趣味性、图表化、故事化、情境化、仪式性等方式，在内容上实现创造性转化，在形式上呈现创新性表达，把控质量标准，出版更多优质的中华优秀传统文化主题图书

出版行业是紧密结合时代发展和创新发展的行业。从出版技术的创新上看，出版经历了手工誊写、雕版印刷、活字印刷、激光照排、数字出版、互联网出版的历史演变。就现代和下一代的出版而言，实现虚拟现实技术、大数据技术、云计算技术、人工智能技术等技术的融通运用，会造就未来的新形态出版。从出版的载体上看，出版载体经历了黏土板载体、竹简载体、丝绸载体（部分学者认为丝绸载体和竹简载体也可能在同一时期出现过，并不是前后的关系）、纸张载体、电子摄制载体（例如磁盘、光盘等）、网络载体的历史演变。就中华优秀传统文化以及中华优秀传统文化"两创"的出版而言，出版物在内容上的创造性转化和在形式上的创新性表达是实现大众对出版物喜欢的关键要素。在内容上的创新性转化和在形式上的创新性表达是没有止境的，尤其随着数字化出版新形式的增强，传统出版行业打破原来的僵局，会实现从量到质的飞跃，读者的关注会变得更加突出[3]。这里我们以革命主题出版物为例，可以从革命主题的相关题材中挖掘故事素材，形成连环画的形式，从《著作权法》的角度看，从原来的文字作品改编成形式创新之后的美术作

---

① 郑长忠. 文化生产新空间中的传统文化再加工：对二次元、网上文化社区与弘扬传统文化关系的研究[J]. 中国青年研究，2017（9）：78-85+90.

② 刘芳艺. 新时代民族音乐及相关出版探析[J]. 出版广角，2020（16）：78-80.

③ 萧宿荣. 谈传统文化的创造性转化与创新性出版[J]. 出版参考，2017（12）：12-17.

品,即在形式上构建演绎作品,是形式的创新出版,从而践行和加强社会主义核心价值观,铸牢中华民族共同体意识。《明朝那些事儿》便是践行转变作品类型构成演绎作品的经典方案。《明朝那些事儿》出版之后荣升为当当网终身五星级的畅销优质图书,在2018年入选亚马逊中国付费电子图书销售榜的第五名,获得了诸多荣誉①。就内容上的创造性转化和形式上的创新性表达而言,当时的历史教材或者历史辅助阅读材料多以文字为主,可以说,文字的版面占比非常之大,从而导致记忆具体的知识点十分困难和生涩,甚至没有观感。作者在内容上通过讲故事的方式实现内容的创造性转化,在形式上将文字作品转换成美术作品,通过图片的方式让人一目了然地了解历史脉络和人物关系,从而对明朝的那些事儿有了系统性的认识。就笔者而言,图书在便携性、趣味性、图表化、故事化、情境化、仪式性等方面均可以实现内容上的创造性转化和形式上的创新性出版。例如,面对都市上班一族,在乘坐公交车或者地铁时,可以拿一本轻便小巧的读本,一些专业类图书可以以更多的图表展示具体内容,可以通过线连接的逻辑脉络展现内容的逻辑关系等,例如在《趣味中国史》中就将中国历朝历代的皇帝拉到一个微信聊天群中,以微信聊天和表情包表达的形式展现出来,使读者在轻松氛围下认识到不同历史人物之间的关系和具体的历史事件,实现在形式上的创新性出版。

2. 严厉打击版权盗版和版式设计侵权行为,为出版者提供良好的营商环境,为创作者提供良好的创作环境,为消费者提供良好的正版阅读和保护消费者利益的环境

我国已将版权保护提升到国家战略层面,版权保护是助力和提升创作优质作品氛围的前提条件,也是顺利开展版权运营的关键所在。没有良好的版权保护氛围,不仅影响出版者的版权出版,还会打击创作者的创作热情,也会影响消费者的阅读体验和销售权益。尊重版权、打击盗版是全社会的基本共识。随着我国版权事业的快速发展和版权意识的不断提升,我国版权运营、版权保护事业实现了从小到大的快速发展,推动了版权事业的蓬勃发展,促进了版权行政保护和司法救济。就《著作权法》第一条的立法初衷来看,可以说,版权的全方位法律保护是实现我国版权运营及版权经济的繁荣发展、文化事业的繁荣昌盛、艺术事业的蓬勃发展、科技事业进步的牢固根基、兜底保障,亦是关键所在。

---

① 具体数据内容和荣誉信息可以在"亚马逊中国"付费电子图书搜索栏中搜索《明朝那些事儿》获得具体信息。

（五）通过广播的文化组织路径

1.广播电台的文化组织路径

就广播的本质而言，广播是为了向大众提供一种"价值"表达，在践行中华优秀传统文化的实践方案中，弘扬社会主义核心价值观是关键所在，即就以中华优秀传统文化为主题的广播而言，在广播节目或者广播产品中融入社会主义核心价值观是核心所在。这样一方面可以通过声音的传递方式，将社会主义核心价值观潜移默化地注入人们的心灵之中，另一方面还能将中华优秀传统文化以及"两创"的内容注入人们的深层记忆①。那么如何践行？或其实践方案是什么？最基础的一点是需要在对中华优秀传统文化进行分类实施的基础上实现广播内容的分类实施。有了分类实施的内容之后需要注入通过声音方式产生的场景表达和沉浸体验。可以说场景表达和沉浸体验是可以产生情感共鸣的关键所在。

在实现广播在内容上的创造性转化和在形式上的创新性表达时，需要在场景表达上践行创造和创新。场景表达创新是通过声音的方式将听众潜移默化地引入场景和氛围感当中，让听众有种身临其境的感觉。这种身临其境的最大功能是可以在广播员与听众之间形成词频共振的现场效果感，让听众可以感受到广播员想去营造的场景表达和内容讲解。随着沉浸式体验系统技术的发展，未来的广播形式还可能演变成为利用数字化沉浸式的播放模式，让听众可以在数字虚拟和现实中自由穿梭，感受故事情节带来的魔幻效应，最终实现"听者就在其中却又不在其中"的体验感。

广播的数字化表达是核心内容。随着我国数字化和流量化的发展，广播作为传统媒介需要与数字化相结合，构建数字化的广播路径。这里我们以"喜马拉雅FM"为例说明上述观点。通过声音，人们需要获取的体验方式有五种，分别是：好奇体验、视觉的审美体验、形成与他人互动的社交体验、能够引发兴趣的兴趣体验以及形成模板或者提供践行路径的成就感体验。那么，问题是能否将上述人的五种体验融合到一起？在传统的媒介路径上很难实现"五维一体"，但在数字化广播体验中就可以将上述五点融合在一起，喜马拉雅FM便做到了这一点。喜马拉雅FM可以通过用户兴趣爱好提供个性化音频推送，甚至可以通过朗读的方式让人沉浸到场景当中。由于喜马拉雅FM是一个大型的知识库，可以在其中获取专业性的相关广播

---

① 张毅.赋能创新表达绽放创新活力：以河南广播电视台中国节日系列节目新技术应用为例[J].新闻战线，2021（20）：94-96.

知识和见解分享。通过记录自己的声音和视听作品获得他人的认可和欣赏，从而提升自己的信心和成就感，并且在此过程中可以产生交流互动，形成一个"广播圈"，加强了一种虚拟平台上的归属感。可以说，以全方位迎合人的体验感为根本，以数字化的广播为实现途径，加强通过广播获取审美体验和社交体验，在此过程中激发人们的成就感和认可感，最终通过广播践行社会主义核心价值观，将正确价值引导潜移默化地注入人们的脑海，实现文明广播，通过广播的文化动态传播路径提升文化自信和实现文化自强。

最后一个方面是需要进行人才培养，尤其是需要对年轻人才的专业化进行大力培养。高质量人才队伍的培养可以助力青年才俊实现广播节目或者广播产品在内容上的创造性转化和在形式上的创新性表达。需要对青年才俊进行及时的专业化培训教育，为广播事业在内容上的创新性转化和在形式上的创新性表达提供人力保障①。

2.电视台的文化组织路径

国家广播电视总局推出了《经典咏流传》《国家宝藏》《上新了故宫》《从长江尽头回家》《万里走单骑——遗产里的中国》《还有诗和远方》《国乐大典》《戏码头》《中国》《大禹治水》等一大批受大众喜爱的优秀电视节目。优秀电视作品之所以被大众认识、被大众喜爱并得到极高的关注度离不开电视台的文化组织路径，其实现路径为：电视节目以群众路线为根本，立足于中华优秀传统文化，以严格把控作品质量为落脚点，充分运用网络化、数字化、视觉立体化的传播模式，以《著作权法》中的新客体类型——视听作品为关键形式载体，开展"两创"，坚定文化自信，拓展群众文化自信的辐射效应，从而实现广播电视节目的做优做强以及中华优秀传统文化的繁荣发展。

以优秀视听作品《唐宫夜宴》为例说明在弘扬和发展中华优秀传统文化时的电视台的文化组织路径。河南卫视推出的舞蹈节目——《唐宫夜宴》，以视听作品为形式载体，以复活的唐俑在皇宫内穿梭的舞蹈为表现形式，以传承中华优秀传统文化为核心，运用立体化视觉呈现技术将虚拟与现实浑然衔接在一起，将唐装宫女的服饰、容貌、生动舞姿活灵活现地展现在视听作品中，仿佛将这一切置身于盛唐夜宴当中，通过电视台的文化组织路径实现文化传播，激发了创新表达、增强了文化自强。在电视台的文化组织路径上，《唐宫夜宴》获得了前所未有的热烈反响，实

---

① 聂辰席.坚持创造性转化、创新性发展用心用情用功做好文化类节目创作播出[J].中国广播电视学刊，2021（8）：4-7.

现了中华优秀传统文化的有效传播。而这种有效传播的核心依然在于作品的质量本身。这种优质的视听作品在文化传承和发扬上发挥了关键作用，并产生了重要意义。这种意义体现在：其一，在中国古典舞的内容编排上的创造性转化和通过数字化虚实相连的创新性表达。其二，充分呈现了中国古典舞的韵味，使观者观看完之后的流连忘返和高度称赞。其三，在视听作品的艺术表达中充分融入了中华文化元素以及中华民族形象，用唐装宫女演绎出胜景，赋予了历史气韵。其四，增强了对中国古典舞的文化自信，激励了更多优质的中国古典舞的创新创作，可以在更广阔的舞台上讲好中国故事，弘扬中国文化，最终实现文化自强①。

（六）通过网络的文化组织路径

现代科学技术的发展把世界推向了虚实结合的网络时代。网络因其巨大的信息承载量和交互数据量，成为人们传播和交流信息的重要途径。从文化传播的网络文化组织路径上看，应以马克思主义为指导方向，充分运用新媒体技术，开展中华优秀传统文化在网络空间内的创造性转化创新性发展。与此同时，充分运用信息网络传播权守护好"两创"成果，加强版权固定的意识，以网络为工具向公众传播版权确权的意识，防范网络侵权以及由于固权意识薄弱导致的公开方案。

1. 通过网络组织路径发挥文化传播的裂变式效应，加强中华56个民族的优秀视听作品传播的广度和深度，激发人们在网络环境下的创作热情，增强文化自信，让中华56个民族像石榴籽一样紧紧团结在一起

"中华56个民族服饰大赏"这一视听作品便是通过网络环境和App应用实现了文化的裂变式传播，让全世界人民了解中华56个民族的精美服饰，实现了文化的向外传播和弘扬发展。该视听作品中56个民族的创作者，通过迎合年轻人动感的音乐背景、优美华丽的民族服装展示、自信式气质的外显表露的方式展现了56个民族的服饰，给众多网友留下了深刻的印象，不仅增加了点击量和影响力，还加深了对中华56个民族服饰的印象。这种优秀的视听创作作品同时还激发了更多相关视频的创作热情，在此过程中潜移默化地增强了文化自信、铸牢了民族团结意识。可以说网络的文化组织路径在其中发挥了关键作用。以《围炉煮茶》为例，说明网络的文化组织路径在文化传播和增强文化自信方面发挥的重要作用。《围炉煮茶》之所以成

---

① 李婷. 5G时代电视内容生产与传播创新：以河南春晚《唐宫夜宴》与元宵特别节目为例[J]. 中国广播电视学刊，2021（8）：110-112.

为典型案例是因为通过网络动态路径成为点击量过"亿"的文化视听产品①。《围炉煮茶》通过"茶+文化场景""茶+礼仪文化""茶+饮食文化"三大文化主题，在节目中充分融入中华文化元素，通过中华文化元素增强了文化自信。《围炉煮茶》中融入的中华文化元素包括中华庭院、香炉、文竹等，将中华美学价值呈现得淋漓尽致，给快节奏的都市人带来了视觉上的放松体验感。通过打造田园式美好场景，实现人与场景的共融和对美好生活的向往。在这一点上，《围炉煮茶》可以说与李子柒的视听作品中强调的田园生活有着异曲同工之妙。就中华优秀传统文化在内容上的创造性转化和在形式上的创新性表达而言，《围炉煮茶》融合了中华文化元素与现代场景元素，实现了文化的传播，给当代人，尤其是大都市人群，带来了一种对美好生活的向往。而实现这一视觉盛宴的关键便是通过网络的文化组织路径。

2. 中华优秀传统文化通过网络路径的传播，还应将其与文化产业、版权产业等相关产业融合发展

将中华优秀传统文化"两创"成果纳入文化产业②、版权产业等相关产业发展的网络组织路径中，实现中华优秀传统文化"两创"成果拓展至生产、消费和运营环节中，推动中华优秀传统文化"两创"成果的立体价值展现（文化价值+经济价值+产业价值+运营价值）。这就需要充分运用互联网文化组织的优势条件，将中华优秀传统文化以成果化形式展现，拓展网络组织路径的行动交错路径，强化"两创"成果在网络环境中的最大化曝光度和关注度，充分发挥网络组织路径在促进中华优秀传统文化在内容上的创造性转化和在形式上的创新性表达以及弘扬发展中华优秀传统文化方面的重要作用。

3. 加强中华优秀传统文化优秀视听作品的网络传播的同时，还需要加强网络平台对作品内容和表达的严格监管和对平台自身的自律强化

通过互联网实现文化的裂变式传播的同时，也带来了一定程度的挑战，比如网络上出现了大量的泛娱乐化、内容低俗化的网络传播信息。在网络上实现中华优秀传统文化在内容上的创造性转化和在形式上的创新性发展，还需要建设良好的网络环境。就网络平台而言，一方面平台必须承担起审查义务，需要加大对作品内容和表述的监管力度，运用法律的手段强化网络监督管理，严厉打击低俗化的网络视频内容。另一方面平台自身还要强化平台自律。通过多方联动，最终实现文明网络环

---

① 点击量过"亿"的具体数据可以参见各大网络平台的具体点击量。

② 吴倩.「互联网+」与传统文化创新性发展的实现路径：基于网络化关系的视角[J]. 中国海洋大学学报（社会科学版），2019（3）：84-89.

境，助力中华优秀传统文化的弘扬发展[1]。

总体而言，充分运用学校、图书馆、博物馆、出版、广播、网络等文化组织，承担文化传承发扬的使命，加快推动中华优秀传统文化创造性转化创新性发展，丰富人类文化宝库，发挥其时代价值，激发其旺盛的生命活力。

四、传播媒介路径

习近平总书记指出："中华文明源远流长、博大精深，是中华民族独特的精神标识，是当代中国文化的根基，是维系全世界华人的精神纽带，也是中国文化创新的宝藏。"随着科技进步、经济发展，人们获取知识信息的方式方法呈现多样性，文化传播的方式变得丰富多彩。文化需要一个"出口"，需要输出，即文化通过传播媒体传播辐射文化内容和内化价值。本书依据传播媒介路径中的运用设备，将文化传播媒介路径划分为：发出方设备化的一类传播媒介路径、发出和接受双方设备化的二类传播媒介路径以及数字化背景下的三类传播媒介路径。以下就上述三类传播媒介路径分别进行论述。

（一）发出方设备化的一类传播媒介路径

"发出方设备化"是指：信息的发出一方"开始"需要通过传播设备进行信息传播，而信息的接受方主要通过感官接收信息。这里的"开始"是指在"一类传播媒介路径"中实际上还包含了最早的交流方式，即不能因信息发出方需要传播设备而将其绝对认为信息发出方必须持有传播设备。就发出方设备化的一类传播媒介路径而言，在《著作权法》上主要对应的作品类型是文字作品、图形作品、模型作品、建筑作品、美术作品、摄影作品。通过对应的作品类型可以看出，"一类传播媒介路径"属于传统的传播媒介路径，但"一类传播媒介路径"在文化传播中依然发挥着关键作用。

这里以中国动漫为案例指出"一类传播媒介路径"的实践方案。近几年来，我国也出现了《新神榜：杨戬》《大鱼海棠》《木兰横空出世》《姜子牙》《哪吒之魔童降世》《山海经》等一大批非常优秀的动漫作品。这些优秀的动漫作品的共同特点是：第一，以中华优秀传统文化为创作背景，以耳熟能详的中国神话故事人物为主人公，以弘扬中华优秀传统文化和民族精神为价值引导；第二，在内容上进行创造

---

[1] 张咪.网络时代中华优秀传统文化的转化与发展[J].广西社会主义学院学报，2021（3）：80-84.

性转化和在形式上实现创新性表达。观众在观看这些动漫的时候，不仅可以感受到融合了"文化一技术一艺术"的视觉体验，动漫中的高潮部分惊心动魄和激动人心，在此过程中潜移默化地生成民族自豪感，提升以动漫为形式载体的文化自信，在动漫中融入的中华文化元素也被潜移默化地注入人们的脑海，进一步加强了文化认同感。以《哪吒之魔童降世》为例，《哪吒之魔童降世》是对中国传统神话故事《哪吒》在内容上进行创造性转化和在形式上实现创新性表达的一部动画影片。《哪吒之魔童降世》不仅将中国神话故事传播给大众，还传播了家庭关爱、勇敢拼搏等美好价值。将传统主题与形式上的创新表达相结合，从中国传统神话故事中汲取精神滋养，创造了符合新时代广大人民群众需求的动画影片，在影片中凸显了浓厚的中华文化元素，呈现了中国画风，加强了文化认同感和民族自豪感[①]。

（二）发出和接受双方设备化的二类传播媒介路径

"发出和接受双方设备化"是指：信息的发出方和信息的接收方"必须"需要借助传播设备，实现信息的互联互通。"一类传播媒介路径"和"二类传播媒介路径"相比，"二类传播媒介路径"明显需要信息的发出方和信息的接收方均持有传播技术设备，从而实现信息的互联互通。这里需要注意的是"二类传播媒介路径"不是因为双方均使用了传播技术设备而比"一类传播媒介路径"高端或者具有替代性。正如随着手机的普及，座机并未彻底被淘汰一样，"一类传播媒介路径"依然发挥着文化传播的重要作用。就"发出和接受双方设备化的二类传播媒介路径"，在《著作权法》中对应的客体类型主要集中在邻接权中，分别是录音制品、录像制品、广播电台节目、电视台节目等。

1.融媒体传播媒介路径

融媒体是指：主要利用广播、电视、网络实现在内容上的相互兼容、在文化传播宣传上的相互融合、在资源上的相互融通以及在利益分配上的共融分配。从《著作权法》的角度看，融媒体更多是指传统媒介的资源整合和利益共享的方案，在官方媒体的运用上较为显著。需要注意的是：这里提到的电视、广播、网络等依据"数字化新媒体"的分类标准，也可以划分到"数字化背景下的三类传播媒介路径"上。可以说，这里所说的融媒体更多是传统媒体的融合协同发展。

在中华民族伟大复兴的时代背景下，为弘扬和发展中华优秀传统文化，运用互

---

① 苏欣悦.论《哪吒之魔童降世》的传统文化表达[J].中国报业，2022（14）：76-77.

联网时代传播信息的及时性、广泛性、趣味性，利用融媒体平台的信息传输渠道多元化特性，可以发挥中华优秀传统文化的传播效应。

2.通过综艺类节目呈现的传播媒介路径

综艺类节目实际就是"综合艺术类"节目，在《著作权法》意义上，实际上是音乐作品、舞蹈作品、杂技艺术作品、戏曲作品、曲艺作品、口述作品等进行融合，在形式上形成"类汇编作品"，将其在舞台上呈现，再通过电视媒介进行二次创作形成视听作品，给观众带来视觉上的审美和文化娱乐鉴赏的"类汇编作品—视听作品"。2022年最受欢迎的综艺类节目包括：以口述作品为表现形式的《脱口秀大会第五季》、以戏剧作品为表现形式的《最美中国戏第二季》、以喜剧作品为表现形式的《一年一度喜剧大赛第二季》、以家庭情境式戏剧作品为表现形式的《毛雪汪秋番》、以音乐作品为表现形式的《声在中国—草原乐会》、以"水与舞"为主题和以舞蹈作品为表现形式的《诗画中国》、以旅行社交真人秀为主题和以戏剧作品为表现形式的《相遇的夏天》、以舞蹈作品为表现形式的《沸腾校园》、以音乐作品为表现形式的《披荆斩棘第二季》以及以美食真人秀为主题和以戏剧作品为主要表现形式的《打卡吧！吃货团第二季》等。从作品形式上看，涉及口述作品、音乐作品、舞蹈作品、戏剧作品等。可以说，通过电视为物理载体的（包括传统电视节目、数字电视节目）综艺类节目是非常受欢迎的节目①。

在党和国家倡导发扬中华优秀传统文化的时代背景下，我国开展了诸多践行中华优秀传统文化的相关活动。推出的不同主题类型的综艺类节目不仅传播了中华优秀传统文化，还让观众认识、了解、热爱上中华优秀传统文化。高质量的综艺类节目是"吸流"和聚集用户群体的重要文化传播平台。在综艺类节目中融入中华优秀传统文化是实践媒介传播的有效方式。诗词类综艺节目的传播是"弘扬中华优秀传统文化'两创'"精神的具体落实②，借助网络直播平台的传播媒介，可以更加系统地、视觉化地、不受时空限制地展现和传播中华优秀传统文化"两创"成果，即通过文化传播媒介路径可以最大范围地、视觉接触式地、全面地展现和传播中华优秀综艺节目。综艺节目《经典咏流传》，以歌曲的形式传播优美的古诗词，增添了趣味性、观赏性，同时借助网络平台，无时空限制地传播了中华优秀文化。将中华优秀传统文化与现代媒体衔接起来的一个典型实例中就是央视推出的火爆网络的、以

---

① 具体数据的统计可以参见不同App平台上的关注度、评论数等影响因素。

② 郦波.诗词类综艺节目的文化传播意义与路径选择[J].中国广播电视学刊，2018(12)：44-45，82.

音乐作品为表现形式的、以"以曲承词"的形式呈现的《经典咏流传》。经典传唱人将经典诗词融入现代流行音乐之中，实现了诗词在形式上的创新性表达。这种在形式上的创新性表达将传统诗词与现代旋律相互融合，同时结合了传唱人的现场表演和观众评赏，通过媒介传播途径将这档优秀节目传播给千家万户。在形式上实现创新性表达的《经典咏流传》产生的影响力是经过媒介路径传播将诗词经典传播给不同适龄阶段的人群，让大家了解、掌握、热爱经典诗词，在此过程中实现中华优秀传统文化的弘扬发展和保护传承。《经典咏流传》中的一个名为《竹石》的节目通过铿锵有力的音乐形式，赋予了竹子如磐石般的力量，让观众赏心悦目，激发了更多人热爱诗词的文化向往。《经典咏流传》实现了经典和创新的碰撞，于继承中发展，于发展中继承，通过综艺类节目搭建传统文化和当下形式创新的桥梁，实现中华优秀传统文化的发展和进步①。《如果国宝会说话》呈现了国宝背后的文化精神，借助网络平台传播，使该综艺节目不仅传播了生动的中华优秀文化故事，还将其在大时空尺度内进行传播，促进了文化传播的最大化功效。以诗词类综艺节目为主的《中国诗词大会》、以文化音乐类综艺节目为主的《经典咏流传》、以文物类综艺节目为主的《国家宝藏》、以中国典籍类综艺节目为主的《典籍里的中国》等，让书本上生涩的文字、摆设在博物馆中的文物变得生动、变得立体，实现观众与国宝、典籍、诗词的深度对话，还让不同受众群体获得了视觉盛宴，不擅长玩手机的老年人、学龄中的青少年均可以在观赏过程中获得视觉享受和经典诗词的瞬间记忆，还可以让上班一族充分利用碎片时间观看经典片段。

（三）数字化背景下的三类传播媒介路径

随着全面进入数字经济时代，文化传播媒体呈现新旧交替的特征。基于传统传播媒介与数字传播媒介的交替变迁，本书将数字化背景下的传播媒介划分为三类，分别是：工具性传播媒介、方式性传播媒介、大数据传播媒介。从我们获取信息的工具来看，有手机、电脑、电视等电子设备，在这些设备中手机已成为核心的文化传播终端；从传播媒体的方式看，涉及社交软件、公众号、短视频App、网络直播平台等，在传播媒体上看短视频是核心的传播媒体；在数字经济时代，人们穿梭在数据河流，甚至自身已成为一组数据。数据传播媒介是元宇宙和数字经济转型时代的重要载体形式和传播媒介，数据传播媒介包含虚拟现实、增强现实、混合现实、

---

① 宁海林."中华优秀传统文化+短视频"整合传播研究[J]. 现代传播（中国传媒大学学报），2018（6）：135-138.

扩展现实、影像现实等交互技术。这些交互技术可以充分融入工具性传播媒介和方式性传播媒介中，发挥前两个传播媒介的高效性、信息传播的扩散性，以及观感的逼真性。这里将工具性传播媒介中的核心媒介——手机和方式性传播媒介中的核心媒介——短视频，两者融合到大数据传播媒介中得到"数字化+手机+短视频"这一关键结果。"数字化+手机+短视频"便是"数字化背景下的三类传播媒介路径"。可以说"数字化+手机+短视频"是最重要的中华优秀传统文化的媒介传播路径，也可以称为核心的文化传播手段。短视频在《著作权法》中被称为视听作品。视听作品是2021年新修订的《著作权法》中增加的新的客体类型。视听作品是指通过机械装置制成的、可以让人的视觉和听觉感知的、可以形成《著作权法》上的作品类型的作品[①]。之所以在新修订的《著作权法》中纳入"视听作品"这一概念，是因为我国已经全面进入数字时代、流量经济时代。在数字化时代、流量经济时代、粉丝经济时代，可以说视听作品发挥着最重要的作用。这一点可以通过2022年发布的《中国互联网络发展状况统计报告》[②]得知。通过视听作品呈现的中华优秀传统文化"两创"成果以及"两创"成果通过数字化传播媒介实现的文化传播的辐射效应，会加强中华优秀传统文化在范围和影响上的扩大和快速延伸效果。

短视频是重要的一类视听作品，具有交互化、碎片化的视听传播特质，有效促进了内容生产的创新性表达，极大地降低了受众参与文艺活动的艺术门槛，成为助力中华优秀传统文化推广和复兴的重要方式[③]。在众多的短视频App中，比如抖音、快手等，都有很强的交互性和传播性，具有用户传播速度快、影响范围广、层级趋向扁平化、获取知识新途径、形成人际联系、实现版权运营等特点。就传播速度快而言，可以将文化资讯快速传播到手机用户端，让用户可以接收到及时性的、贴合需求的文化资讯。就影响范围广而言，通过将各种文化资讯下沉到用户端，可以提高手机端用户的参与量。就层级趋向扁平化而言，用户对文化资讯的接收主要依据的是算法，将讯息分配到用户手机端，实现文化资讯的扁平化态势。就获取知识新途径而言，通过短视频可以参与到诸多公益性的培训教育、文化课程教育，实

---

① 这里需要注意以下几点。第一，视听作品必须运用机械装置制作而成，而不是机械性的机械录制，如果仅仅是机械录制则构成邻接权的录音制品或者录像制品。第二，既然是视听作品必须是《著作权法》上的"作品"，因此需要具备独创性，而利用机械装置机械地录像或者录音的制品则不能构成视听作品，而是属于原始录音作品或者原始录像制品。第三，录音制品或者录像制品是通过机械装置进行机械地、连续地对声音的录制或者对影像的录制。虽然录音录像制品中存在声音、形象、图像等记录的信息，因缺乏独创性，则不能构成"作品"。但依然是《著作权法》中受保护的类型，称其为邻接权。

② 报告中的具体数据统计和相关信息将在后文中详细列出。

③ 刘佳. 中华传统文化创新性传播的路径与对策[J]. 传媒，2021（10）：73-76.

现知识获取的新途径。就形成人际联系而言，短视频不仅仅是视频接收、观看的平台，甚至已成为交友、洽谈联络的人际联系平台，可以将价值观一致的群体凝聚在一起，形成社交群体。就实现版权运营而言，短视频作为《著作权法》上的视听作品，可以获得版权运营赋予的权益。所有的这些特点都恰好贴合了当代人的碎片化的时间以及及时交互性的文娱需要和获取信息的需求。将中华优秀传统文化"两创"成果与短视频制作相结合，可以使文化的传播不失趣味性，而且赋予传统文化创新性。

总而言之，以中华优秀传统文化内容为核心和输出点，通过新旧交替的文化传播媒介，基于融媒体的整合资源、优化配置、覆盖面广的优点，推动中华优秀传统文化的创造性转化创新性发展。

五、文化动态路径

文化需要传承，在传承发展中华优秀传统文化的时代背景下，在纵深拓展铸牢中华民族共同体意识的新形势下，为了共享中华民族复兴的伟大荣光，通过文化动态，弘扬发展中华优秀传统文化，突破思维定式、与时俱进、融合发展，充分利用互联网思维，结合用户"日常必须行为"，以中华优秀传统文化"两创"成果的体验和参与为核心，加强用户体验感和参与感，开展创造性转化和创新性发展，最终实现中华优秀传统文化"两创"成果的动态传播，坚定文化自信、实现文化自强。

与大众的"日常必须行为"紧密结合的文化动态建设，在充分运用互联网思维的基础上，一般可以紧密围绕电子商务、专门网站、网络平台、网络教育串联人们的"衣食住行学用玩"，增强大众体验感，在大众眼前充分展现中华优秀传统文化的文化魅力，从而增强文化自信、实现文化自强。

（一）最重要的文化动态路径：短视频＋直播平台

根据2022年《中国互联网络发展状况统计报告》的数据，我国上网人数已经超过10.51亿，互联网的普及程度接近75%的普及率。报告最显著的数据点在于新媒体用户的数据统计，短视频用户的使用规模出现了显著的增长趋势，数据已达到9.62亿的用户数，短视频用户的使用规模占全部网络用户的92%的数据量。直播用户的统计数据也是显著性数据，用户数量已经达到7.16亿，仅8个月的时间内（该报告的发表时间为2022年8月），网络用户的使用人数增长了1 290万，网络直播用户的统计人数已经接近全部上网人数的70%①。可以得知，短视频已经成为绝对的流量媒介，在文化传播上发挥着不可替代的关键作用。网络直播亦成为文化传播的关键平台和媒介手段。可以说"短视频+直播"是传播中华优秀传统文化的"最"重要的文化动态路径，是实现文化传播的裂变效应的"最"重要新媒体手段。这里仅以快手为例，快手公司在贵州雷山、四川凉山等地区开展了选拔非遗传承代表人，对传承人培训使用短视频平台和直播平台，助力实现"非物质文化资源+产品产生+品牌设计"。之所以开展上述项目是由于在短视频平台上，非物质文化遗产的数据量已达到海量大数据。这种海量大数据意味着非物质文化遗产的高关注度以及曝光度。截至2018年，在平台上已经存储了1 164万条的关于非物质文化遗产的相关视频。在短视频平台中，用户的点击量是衡量传播性和用户关注度的重要影响要素。就非物质文化遗产相关视频的点击量已达到250亿次，每3秒就能出现一条非物质文化遗产的相关视频，在1 372项非物质文化遗产乡村振兴项目中，快手平台已覆盖了其中的989个项目，占据总项目的72%②。"短视频+直播"助力非物质文化遗产的数字化保护和传承，可以将这些可能面临消失的人类文化遗产保留到数字化空间中，彰显着非物质文化遗产中内化的精神价值，记录着非物质文化遗产传承人的非遗技艺，留下了真实的记忆和美好的印记，使非物质文化遗产重现在数字化的文化生态系统中，激活了其新的生命活力。在另一个重要的短视频平台——抖音平台上，超过以"亿"为播放量单位的关于中国传统文化的视频内容就超过10个，分别是戏曲、国画、诗词、皮影、音乐等。其中"我'变脸'比翻书还快"的短视频的播放次数已接近60亿次③。《国家宝藏》从内容上的创造性转化看，摒弃了传统的固定讲授方式，以传承和弘扬中华优秀传统文化为设计节目根本，以讲授"文物的故事"为主要形式，将娱乐与文物保护有机结合，以逼真的舞台剧的方式将文物呈现在观众面前，吸引观众的眼球，让观众深度了解文物所处的时代背景和价值内涵。在观赏体验上，《国家宝藏》也实现形式上的创新性表达，拒绝单一的呈现方式，在节目环节中穿插式融合舞台剧演绎、深度访谈、专业人员深度解说、快板开场等

①　具体数据参见"第50次《中国互联网络发展状况统计报告》（PDF版）或（WORD版）"。数据出处源自：中国互联网络信息中心. CNNIC发布第50次《中国互联网络发展状况统计报告》[R/OL].（2020-08-31）[2022-12-16].https://www.cnnic.net.cn/n4/2022/0916/c38-10594.html.

②　快手与苏工美开展非遗研培计划　打造非遗扶贫新模式[EB/OL].（2019-11-07）[2022-12-16]. http://it.people.com.cn/n1/2019/1107/c1009-31443667.html.

③　短视频激活传统文化魅力[EB/OL].（2019-05-13）[2022-12-16]. http://culture.people.com.cn/n1/2019/0513/c70658-31082023.html.

创新表现方式，并以"AR+"和"3D+"的方式将国宝的不同维度呈现给观众，做了国宝的"故事视觉化"和"物体的可视化"，构建直观式、情境式、场景式的数字呈现效果，打破了文物的距离感和隔绝感，通过数据化缩短文物与观众的距离。在节目的宣传上，《国家宝藏》节目组充分运用网络的动态组织路径，通过互动的方式让大家在网络生态环境中进一步了解文物，再通过直播平台，为观众提供了更多的参与机会。融合了中华优秀传统文化的短视频内容，并通过直播的形式，促进了中华优秀传统文化的弘扬，加强了创作者的创作热情和传播力度，依托于用户习惯的发送路径，给中华优秀传统文化带来了新的生命活力，推动了中华优秀传统文化在内容上的创造性转化和在形式上的创新性表达，为现代生活带来了新的视觉表达。

（二）融合运用的文化动态路径：新媒体网络平台

之所以称为"新媒体网络平台"，主要在于不同于"传统媒体平台"的新媒体平台。传统媒体平台主要是指以文字作品方式呈现的报纸、杂志，以及以邻接权的客体类型方式呈现的广播、电视。而新媒体网络平台主要是指在数字化、流量化以及粉丝经济的大背景下产生的与传统媒体平台形成鲜明差别的新型网络平台，主要包括公众号平台、微博平台、社群平台以及短视频平台。人们对文娱的需求，不仅可以通过看电视、刷短视频，还可以通过数字云游的方式让人们在家就可以实现实景体验和观看，比如，敦煌研究院新媒体中心在微信公众号平台推出的"云游敦煌"，让用户足不出户就可以从艺术类型、朝代、颜色等维度，获取敦煌文化知识，感受敦煌文化之美。

融通运用新媒体实现文化在动态传播中的裂变式效应，充分发挥不同新媒体的独特优势，构建立体式的文化动态传播效应。这些案例充分说明通过文化动态路径构建中华优秀传统文化在内容上创造性转化和在形式上创新性表达。"垫底辣孩"是主要以变装为主题的视频达人账号，其产生的意义在于，通过变装视频在粉丝群中引发了"国风少年"的变装引领。以往我们的案例研究多以宏大案例、大时空应用以及极高关注度的头牌主播或视频博主案例为主，很少关注名气不大或者没有名气但却在一定粉丝群中可以引起很多关注的案例。"国风少年"便是其中一个值得深度分析的案例，"国风少年"在文化动态传播上主要通过"抖音平台+公众号平台+社群平台"模式加强在粉丝群中的关注度和影响力。从内容上的创造性转化和形式上的创新性表达的视角看,"垫底辣孩"不再拘泥于化妆前后的视频差异效果,开始重点关注"国风少年"以及依托"国风少年"的"城市宣传"、"走进中国十大国粹"等体现中国各省特色和充分融入中华文化元素的"变装"视听作品的创作之中。其呈现的视听作品,具有一定的审美价值、文化价值,由于在粉丝中的高关注度也产生了一定的经济价值。可以说,在一定限度上带动了国风视频的创作发展和实现了版权盈利。笔者认为,在运用融通新媒体实现文化动态传播的相关案例的筛选上,不能仅仅选取头号主播或者视频运营号作为典型案例。头号主播或者视频运营号不可能全方位地展现中华优秀传统文化。随着人们的审美多元化以及对美好生活的向往和追求,人们对视频的选择也逐渐趋向理性化,这种"理性"实际上是对"贴合自身情境并改善生活和追求美好生活"的一种诉求性映射,可以说,如果没有大资本支持是不可能拍摄出有着极致的视觉愉悦感和内涵强大的故事叙述的视听作品的。在"大视频""头号主播"的文化动态路径上能以一己之力实现优质视听作品冲出重围,这不仅是指创作的视听作品享有高质量的呈现结果,更重要的是视频本身可以赋予的模仿性和诉求性,即可以成为一种对向往美好生活的具有"操作性"的模仿方案和行动路径,也是一种能力的视觉化表达和被认可。新时代,在加强体育强国建设的背景下,掀起了一场增强身体素质的实践行动,在文化传播的动态路径上尤为明显,出现一大批体育健身播主。在文化动态的传播路径上主要运用了"短视频+公众号运营+社群直播+带货+打赏"模式。体育播主在疫情下号召大家在家的时候也要积极锻炼、保持健康的身体状态。从内容上的创造性转化和形式上的创新性表达的视角看,内容上不仅包含自创体育舞蹈、健美操等,在形式上还融入了国风元素,例如具有国风元素的音乐或者舞蹈等,使国风元素潜移默化地融入人们的脑海中,将寓教于乐与每一个受众的健康相互关联,让受众感觉到轻松愉悦。蓝染是我国一种古老的传统印染工艺,也是我国非物质文化遗产,亦是中华优秀传统文化。蓝染最早出现于秦汉时期,有着非常久远的传统技艺史,是古人用于染制的"浸透—染色—晾晒"工艺手法,因此蓝染非常考验手艺人的技艺。走入新时代,蓝染实现了在内容上的创造性转化和在形式上的创新性表达,从古代的奢侈品逐渐趋向大众商品,而高质量的蓝染也逐渐走向世界。这一转变,表明了作为中华优秀传统文化蓝染的生命活力的延续与发展。蓝染技术的改进发明人通过专利申请,为蓝染工艺改良及技术改进采取了有效的法律保护,为这一中华优秀传统文化的改进保护措施提供了法律武器。蓝染印制花布不仅是非物质文化遗产的物质载体，更是《著作权法》上的二次创作作品。手艺人吴元新就是蓝印花布类非遗传承人的代表性人物①。他不仅在传承着文化，也在发展着文化，坚守着匠人的本心，突破着前人的艺术成果。在坚持传统工艺的手工刻板、手工染色等程序的同时，还广泛借鉴剪纸、刺绣、织锦、年画等相关艺术作品，从中汲取灵感，既保留了蓝印花布的原色和品质，又流露出新的文化和技术创新以及时代气息，激发着中华优秀传统文化在新时代的生命活力②。蓝染之所以被大众广泛熟知离不开新媒体融通传播。正因为非物质文化遗产的传承人通过运用新媒体融通传播手段才能将蓝染介绍给网络大众，尤其在大健康驱动的大背景下，新媒体的信息裂变效应将蓝染信息传播发挥到极致，让大众认识到蓝染，了解到蓝染，热爱上蓝染。可见，新媒体融通网络平台是在数字化时代背景下放大中华优秀传统文化的传播效应的实现路径和有力保障。独竹漂是一项黔北民间绝技，是古代赤水河畔的非物质文化遗产。独竹漂的诞生源自人们的出行，可以说是一种"被动"下的出行需求——当地人为了出行，不得不创造出的渡江绝技。如今的独竹漂已经逐渐演变成为一种水上表演节目。由于独竹漂需要在水上具有极强的稳定性和平衡感，独竹漂的学习过程可以说非常艰辛，这种难不仅在于在水上的稳定性和平衡感，对其敏捷性也有非常高的要求。贵州独竹漂"95后"的非遗传承人杨柳，仅仅凭借一根细长的竹竿，便能在江面上翩翩起舞，还原了中国古代武侠小说中的"一苇渡江"的绝技。杨柳可以在细长的竹竿上完成高难度的优美动作，例如高抬腿、一字马等高难度舞蹈动作。学习独竹漂最需要的是平衡感。但这里所说的"平衡感"只可意会不可言传，只能通过一次次摔倒和落水来获得这种"感觉"。杨柳无数次的跌伤、无数次的疼痛，才勉强换来在柱子上站稳脚跟。用了五十多根竹子后，杨柳的独竹漂技逐渐变得娴熟。有了这些基础技能，杨柳对独竹漂在内容上进行了创造性转化和在形式上实现创新性表达。她将自己热爱的舞蹈，汉服，戏曲等元素融入独竹漂之中。杨柳被大众所熟知的关键在于充分运用了新媒体这个网络平台，将自己的视听作品发布到网络上，从而让大众所了解、所敬佩。许多人就是为了观看杨柳表演的独竹漂，前往她所在的地方。而这也促使杨柳带火了自己家乡的旅游业，自己也登上央视舞台，当地政府出钱支持她跳舞，弘扬了了不起的中华优秀传统文化。独竹漂在内容上的创造性转

---

① 吴元新：国家级非物质文化遗产代表性项目代表性传承人[EB/OL]. [2022-12-15]. https://www.ihchina.cn/ccr_detail/2998.

② 非遗传承人吴元新把"土布"变时尚品，在抖音让非遗"活"起来[EB/OL].（2021-06-18）[2022-12-15]. https://tech.chinadaily.com.cn/a/202106/18/WS60cc508fa3101e7ce9756132.html.

化和在形式上的创新性表达，不仅让人们对独竹漂产生了极大的兴趣，还给独竹漂这种非物质文化遗产注入了新鲜生命力。在新媒体时代，独竹漂这种富有文化内涵和具有极强曝光性的作品会被大众所认识和了解，从而发扬了中华优秀传统文化，践行了文化自信①。有了新媒体对文化动态传播的帮助，各地人民的多彩生活被了解和熟知，新媒体已经成为展现非物质文化遗产的重要传感器，在推进文化动态传播上发挥着关键作用。

总体而言，文化动态建设，基于地方文化资源，突出主题文化、文化特色，以紧密贴合大众的"日常必须行为"为落脚点制定文化动态发展策略，以技术和人才为核心，充分运用互联网的文化传播机制，实现文化的融合发展，激发文化活力，在互联网的便利条件下实时保障文化在传播过程中的传统与创新的协同发展，将中华优秀传统文化"两创"成果深深扎根于大众心中，促进文化动态发展的长远影响。

六、传统节日创新路径和造节驱动路径

人们渴望家庭团圆，将团圆节日里的圆桌饭称为"团圆饭"，将许多团圆食品做成圆形的，例如丸子、汤团、元宵、月饼；渴望农业丰收，庆丰收的节日里就有了舞龙灯、龙头、麻谷；渴望人丁兴旺，就有了元宵节送灯、抢灯、走桥、摸门钉；渴望健康长寿，在清明节吃青团、饮菊酒等②。可以说，我们今天耳熟能详的传统节日是现实需求、价值依附和时代创新的产物。在传承发展中华优秀传统文化的新时代背景下，在纵深拓展铸牢中华民族共同体意识的新形势下，为了弘扬发展传统文化和共享中华民族复兴的伟大荣光，通过造节驱动，将融入了中华文化符号和中华民族形象的中华优秀传统文化"两创"产品作为造节驱动中的价值载体，可以最大限度传播和在拓展"两创"产品中融入的中华文化符号和中华民族形象。

（一）传统节日创新路径

随着时代的发展，中国传统节日也会因为时代需求和人们的精神需求在内容上实现创造性转化和在形式上呈现创新性表达。可以说，中国传统节日并非一成不

---

① 贵州95后女孩，18年苦练"水上漂"，中国人会轻功瞒不住了[EB/OL].（2022-07-07）[2022-12-16]. https://www.163.com/dy/article/HBMKSG0B05419N70.html.
② 张勃. 中华传统节日的文化内涵：基于人与自然、他者和自身关系视角的考察[J]. 中国文艺评论，2021（5）：39-50.

变，毫无创新，中国传统节日在时代的驱动下被赋予了新的时代内涵和全新的形式表达。

在传统节日的创新路径上，最具代表性的节日便是七夕节。七夕节是中国传统节日，也被称为乞巧节，是男女之间表达爱意的传统节日，有着祈求美好爱情的寓意。七夕节在2006年的5月20日被正式列入国家级非物质文化遗产名录。随着时代的发展，七夕节也被赋予了新的时代内涵和节日表达，可以说，七夕节在新时代的新内涵表达不仅实现了在内容上的创造性转化，同时在形式上也呈现了创新性表达。就传统节日在内容上的创造性转化而言，中国传统节日的文化内涵不是单独存在的，它寄托于传统节日这一全民赋予时代意义的欢庆中被呈现出来。七夕节从乞巧节到中国爱情节便是在内容上的创造性转化。从内容上看，七夕节原本是纪念"牛郎和织女"的爱情故事而在古代诞生的一种节日，随后逐渐成为中国的传统节日。可以说，七夕节并未一直处于"元"内涵，而是在时代的需求中造就了其内容上的创造性转化，可以说，七夕节是中国古代赋予的在内容上进行延伸和拓展的节日。如今，随着时代的需求，七夕节又被赋予了新的内容含义，七夕节变成了中国独有的爱情节。在过去，七夕节当天人们祈福、乞巧；当今，七夕节又一次成为中国人民热议的节日。就形式上的创新性表达而言，每当到了七夕节，情侣、夫妻皆会互送被赋予意义的鲜花、礼物、水果等，或携手观看七夕节电影、一同旅行等，以此来祝愿爱情的长久和稳定。无论是以往人们在乞巧节遵守的习俗，抑或是如今我们在这一节日的仪式感，都象征着我们对美好生活的向往以及对中华优秀传统文化的创新发展[1]。

（二）造节驱动路径

融入中华文化符号和中华民族形象的中华优秀传统文化"两创"成果在大众化普及的实践方案中可以充分运用"造节"驱动性节日的重要影响力。"4·18""6·18""8·18""双11""双12"等通过造节驱动产生的新型节日，不仅具有大时空波及影响，更是流量时代的信息热点和全民参与的绝佳时机。

为了打造网络消费场景和加大消费升级，天猫、苏宁易购、京东等大型电商平台打造了不同的网络人造节日，实现节日的创造性转化和创新性表达。天猫平台打造"造节+网络营销"的模式，实现了造节创新。随着造节驱动的加强和推进国内

---

[1] 张勃. 中华传统节日的文化内涵：基于人与自然、他者和自身关系视角的考察[J]. 中国文艺评论，2021（5）：39-50.

消费大循环,"特殊日+造节商品驱动"模式不断推陈出新。在春节前期,大家开始备置年货,天猫平台推出"年货节"。3月8日"妇女节"期间,母婴用品和女性用品成为关键促销品,"女神节"随之诞生。"520"借用其谐音"我爱你",在5月20日当天被赋予"表白节"的含义。6月18日亦被赋予"618天猫理想生活狂欢节"的含义。随着数字化新媒体和网络技术在中国的快速发展,消费模式也发生了重大变化,流量经济也呈现了增长之势。数字化新媒体以及流量经济的叠合发展,促生了强有力的商业发展新模式。在6月18日,天猫电商平台将网络销售与粉丝经济相互捆绑,构建"电商+粉丝经济"的网络消费模式,开展了电商消费模式,加入天猫电商平台的电商们通过与粉丝的互动,实现粉丝经济推动电商平台盈利。无论电商如何发展,需要以消费者的需求为落脚点①。最为出名的莫过于"双11全球狂欢节",在"双11"当天商品促销力度较强,优惠较多,在商品销售上创造了新的局面。这种以促进消费为目的的人造节日,开创了创造性的消费热点,促进了平台收入。可以说,"造节"归根结底是一种仪式感的具体表达,商家充分融合了"仪式感+物美价廉的消费心理"的营销模式,但这种营销模式的长久运营离不开市场监管和平台监管②。苏宁易购也加入了电商市场的争夺当中。为了抓住年青一代的消费群体,迎合年轻人的消费喜好,运用营销手段培养并引导年轻人的消费行为和习惯,实现品牌年轻化和营销年轻化,苏宁易购通过造节驱动,构建贴合年轻人的"宝宝节",传播"谁还不是个宝宝"为消费引流和消费传播核心,开展了"宝宝节"的系列活动,在网络消费逐渐趋于低迷的情况下,获得了巨大的成功。随着年龄的增长,人们不得不给自己加上"大人"的枷锁,给人们带来越来越多的精神焦虑。苏宁易购通过让消费者过上一个不一样的儿童节,呼吁人们拒绝焦虑,从而契合年轻人的口味,致力于打造更年轻的市场③。京东通过"正妆蝴蝶节""超强奶爸节"造节驱动,将市场定位到母婴用品,不仅让母亲进入母婴网购平台,更让父亲也加入网购平台中。"正妆蝴蝶节"传播了"女性文化"。"超强奶爸节"最大的活动亮点不是突出"母婴产品售卖",而是别出心裁地运用了"奶爸"这一核心关键词。通过"正妆蝴蝶节""超强奶爸节"造节驱动,不仅激发了女性的购买热情,还带动了男性加入网购大军中。

① 蒋晗琦,张桓森.电商环境下粉丝经济发展现状研究[J].商场现代化,2020(5):21-22.
② 周宵,谢明荣."互联网+"时代下电商造节营销的策略研究:以天猫"双十一"网购狂欢节为例[J].中国商论,2016(21):15-16.
③ 张语恩.品牌出圈:破圈融入,年轻化营销的革新之路[J].国际公关,2021(8):10-12.

　　"造节"驱动产生的节日已经深深注入当代人的生活中，通过造节概念赋予新型节日仪式感。从最初的小众群体的内部消遣到今天大众的集体参与。造节驱动的节日下，商家借助电商平台结合消费需求，融合消费和互联网平台，将非约定俗成的日子打造成具有共识性的节日，通过"造节"驱动传导消费升级，打造多种营销模式，构建网络购物消费热点，加大消费内循环的扩张效应，在文化交流传播等方面发挥着不可替代的作用。因此，在内循环的大背景下，借助造节驱动的节日，依托电商平台的流量宣传以及传导效应，不仅可以将中华优秀传统文化"两创"成果中凝练的中华文化符号和中华民族形象得以大时空场域的宣传和普及，更重要的是可以为中华优秀传统文化"两创"成果的创作者带来可观的收入，在乡村振兴和共同富裕中亦会发挥重要的作用。

　　一方面，造节驱动扩大传播效应和全民参与，另一方面，在造节驱动中充分融入中华优秀传统文化"两创"成果，其中以视听作品为形式载体的"两创"成果，在创造性转化创新性发展的原则指导下，打造中国节日 IP，探寻"节庆经济"，深度融入优秀"两创"成果，加大新市场空间①，实现"造节驱动+网络流量+两创成果"的实现路径和发展模式。通过造节驱动的实现路径，实现融入了中华文化符号和中华民族形象的中华优秀传统文化"两创"成果的最大时空的传播效应和横纵拓展的深远影响。

　　总体而言，将节日作为创作主线，以内容建设为根本目标②，以技术为文化支撑，以视听作品为重要形式传导载体，借助网络流量，将"两创"成果作为造节驱动的落脚点，推广和加强"两创"成果的辨识度和影响力，进而丰富新型节日的文化内涵③，让大众触发其深层文化底蕴，全新呈现中华文明的内核和精神④。在此过程中潜移默化地通过"两创"成果呈现其内化的中华文化符号和中华民族形象，将其扎根人心，加深影响。

　　① 郑伟，等.节日文化的融媒生产与认同形塑[J].新闻论坛，2022（2）：64-66.

　　② 张毅.赋能创新表达绽放创新活力：以河南广播电视台中国节日系列节目新技术应用为例[J].新闻战线，2021（20）：94-96.

　　③ 张勃.中华传统节日的文化内涵：基于人与自然、他者和自身关系视角的考察[J].中国文艺评论，2021（5）：39-50.

　　④ 马英.短视频叙事方式与讲好中国故事的实践路径：以2021年河南卫视"中国节日"系列节目为例[J].新媒体研究，2022（5）：102-104，109.

第六章

中华优秀传统文化"两创"在内蒙古
的推广应用

一、在内蒙古推广应用：增强文化自信兼顾文化安全

习近平总书记指出"我们一定要重视历史文化保护传承，保护好中华民族精神生生不息的根脉"。中华优秀传统文化是中华民族精神生生不息的根脉。在全球化的背景下，国家和民族边界逐渐被消解的时代洪流中，全球文化资源再分配和配置促使文化形态之间的碰撞和文化商品快速流动的历史潮流下，既要实现中华优秀传统文化的传承保护，也要确保中华优秀传统文化创造性转化创新性发展成果（"两创"成果）的安全落地、风险防范和顺利实施，这已成为重要的课题研究（本书着重探讨中华优秀传统文化"两创"成果的产权保护涉及的文化安全问题）。践行中华优秀传统文化创造性转化创新性发展是保护中华优秀传统文化的方式和手段，守护好中华优秀传统文化"两创"成果是落实文化安全的方式方法，即融合且践行"守正创新和保护创新"，从而增强文化自信，兼顾文化安全，最终实现文化自强。在如何实现守正创新和保护创新的问题研究上，本书按照"理论引导—践行方案—坚守安全"的思路展开论述，力图通过内蒙古自治区的中华优秀传统文化创造性转化创新性发展，提升内蒙古各族人民群众的文化自觉，坚定内蒙古各族人民群众的文化自信，兼顾文化安全，最终实现文化自强，助力内蒙古的文化繁荣和健康发展。

（一）增强中华优秀传统文化的理论根基

习近平总书记发表了关于"文化自信"的系列讲话。习近平总书记指出"文化自信，是更基础、更广泛、更深厚的自信，是更基本、更深沉、更持久的力量""坚定中国特色社会主义道路自信、理论自信、制度自信，说到底是要坚定文化自信"。从"文化自信"和中华优秀传统文化的关系上看，"文化自信"的文化基础和精神保障可以通过中华优秀传统文化提升和增进，"文化自信"是加强和巩固中华优秀传统文化的理论基础和现实保障，"文化自信"也是实现"在中华优秀传统文化中赋予新的文化内涵和符合现代社会发展的新的形式表达"的现实保障，亦是中华优秀传统文化实现当代转换的基础和保障。而中华优秀传统文化是增强"文化自信"的基础。那么，如何通过中华优秀传统文化实现"文化自信"是重要的研究课题。

（二）践行中华优秀传统文化的创造性转化创新性发展

内蒙古自治区除了拥有丰富的土地、矿产、草原、气候、水等自然资源和农畜产品资源，还拥有丰富的文化旅游资源。可以说，自然资源、农畜产品资源和文化旅游资源是内蒙古自治区重要的资源类型，是践行"两个基地、两个屏障、一个桥头堡"战略定位的资源基础。其中文化旅游资源不仅在"文旅发挥经济效益和社会效益"中起着至关重要的作用，也是铸牢国家文化安全的关键所在。实现中华优秀传统文化的创造性转化创新性发展，同时规避中华优秀传统文化"两创"成果在市场上的产权风险，实现文化安全，形成市场"正向反馈"是"两手都要抓"的重要事项，即促进中华优秀传统文化创造性转化创新性发展可以增进文化自觉、提升文化自信，实现文化自强，并在此过程中需要兼顾文化安全，确保"两创"成果的安全落地和顺利实施，形成市场正向反馈，保障文化安全，增强国际影响力。

中华优秀传统文化创造性转化创新性发展是通过赋予时代新内涵和对其内涵加以现代表现新形式，实现中华民族传统文化的保护和传承[①]。那么，如何构建中华优秀传统文化创造性转化创新性发展的实践路径并将其践行？本书在概念分析、案例分析和理论探讨的基础上，凝练出中华优秀传统文化创造性转化创新性发展的践行路径：发挥现代汇编和演绎创新手段的独特优势，通过新媒体数字科技实现新的形式表达，力图践行方案助力内蒙古的中华优秀传统文化创造性转化创新性发展，增强内蒙古各族人民群众的文化自信、兼顾文化安全，最终实现文化自强。

1."平台—空间—交流"三维下的政府扶持文创产业的行动方案以及知识扩散实现的文化传播和创新传播

内蒙古自治区文创产业的顺利发展离不开政府的政策扶持和工作引导，笔者认为"平台—空间—交流"三个方面的行动方案是关键所在。"平台"是指组织或者开展文化交流平台，例如开展文化博览会、民间文化交流会等，将文化创意的相关群体聚在一个平台，实现交流互动、借鉴学习、品牌推广、知识运营。"空间"是指提供一定的创作和参与的物理空间或者实践基地，在参与空间内可以让参与者体验文化创意产品的创作过程，实现"DIY创作"和文化传播。"交流"是指为文化创作主体，例如非物质文化遗产传承人，提供教育培养和交流学习的机会，将优秀的师资和全国非物质文化遗产传承人"引进来"进行师资培训和学习交流，带领文化

---

① 彭流萤. 影视传播与族群文化发展：以边境少数民族村寨生活文化塑型为例[J]. 现代传播（中国传媒大学学报），2016（12）：99-102.

创作主体"走出去",参观优秀文化创意产业基地、非物质文化遗产产业基地,交流先进经验,形成产业联盟。在促进鄂温克族皮毛手工艺在内容上的创造性转化和在形式上的创新性表达上,当地政府给予了极大的政策扶持和大力帮助,实现鄂温克族传统皮毛工艺的创新创造[①],助力了乡村振兴和共同富裕。接下来,笔者认为需要着力拓展知识扩散,实现创新的辐射效应和创新经验的标准化扩散。就知识扩散而言,前提是经典案例,即在经典案例的基础上实现其创新扩散和知识扩散。这里以鄂温克旗太阳姑娘文化发展有限公司的文创产品为例。该公司自2015年注册成立之后,基于鄂温克族的民间文化,在公权资源的基础上创造出"太阳姑娘"的周边产品,产品类型包括玩偶、汽车挂件、灯具、服饰、挂饰等特色纪念品。"太阳姑娘"的周边产品之所以受大众的喜欢有几个关键因素:积极了解政府政策和参与多地文化交流博览会;积极与相关部门合作和开展创意参与空间,使更多人能参与到"太阳姑娘"周边产品的创作环节中,通过皮毛工艺品的制作培训实现中华优秀传统文化的传承发展,积极参与多元主体的文化交流和促进文创产品的多元化和日常化[②]。这种成功经验是知识扩散和创新扩散的前提和基础性工作,通过梳理和抽离在不同案例中的共性模式,将其提炼总结,构建知识扩散的理论模型,再将模型逐一扩散到不同时空区域,实现模型的标准化扩散,最终实现创新的扩散。

2. 以政府政策为指引,充分运用区域公共品牌的宣传效应,积极抢救散落在民间的蒙医药公共资源,实现蒙医药古籍整理数字化,以蒙药厂为动力引擎,在横纵维度上生产多元蒙药产品,充分发挥蒙药材基地和蒙医院在药材生产、品牌推广、人才培养方面的功能,实践医疗实践,凝聚"基地—合作社—散户"多元主体,确保药材供应,把控材料加工和药品生产的质量标准,确保药品销售,保障药品生产的全链条实践环节,实现蒙医药的创造性转化和数字化创新发展,助力乡村振兴和共同富裕。

蒙医药作为中华优秀传统文化的重要组成部分,具有独特的民间医药理论体系和治疗实施手段的"医""药"相融的地方性情境化医药实践。通辽市库伦旗作为中国蒙医药文化之乡,在"蒙医药的内容上的创造性转化和形式上的创新性表达"上践行着蒙医药的创新发展。库伦旗构建的行动方案是:充分依托政府的政策指引

---

① 鄂温克手工艺[EB/OL].(2017-09-20)[2023-01-01]. http://www.minwang.com.cn/mzwhzyk/67477 1/682476/682477/614290/index.html.

② 呼伦贝尔草原上的"太阳姑娘"[EB/OL].(2020-08-11)[2023-01-01]. http://politics.gmw.cn/2020-08/11/content_34077448.htm.

和借助区域公共品牌的宣传效应，充分运用当地的自然环境和人文环境，构建地理标志品牌宣传，积极收集和抢救蒙药的验方、秘方，对其进行挖掘、整理和数据库建设，研发《蒙医药古文献知识库教学应用平台》系统，开展古籍整理数字化建设工程，实现蒙医药古籍数字化，实现知识的体系化为特征的国家通用语言文字和蒙古文智能检索系统以及自动识别和智能文字标引，自动标出蒙药、蒙药方、病症等关键信息，实现"教学—研究—应用"的高度统一，也有助于从信息中探寻理论规律指导实践工作①。推进建设蒙药厂，以蒙药材企业为引擎动力，以生产蒙药为主、补充替代品为辅的多元产品②，通过蒙药材基地保障原料供应、品牌推广和人才培养，在人才培养上，以基地和蒙医院为依托，以蒙医专家为带头人，开展学科建设和人才培养，开展治病、防病的相关医疗实践，通过农户合作社以及散户实现全员参与和原料供给，构建从药材种植到药材加工处理，再到蒙药的制作和销售全链条实践环节③。

3. 以汇编和演绎创新手段实现内容的创造性转化

中华优秀传统文化创造性转化创新性发展可以运用现代演绎和汇编的创新手段。演绎和汇编一词源自我国《著作权法》中的演绎作品和汇编作品。《著作权法》中的演绎作品是指在已有的作品上通过改编、注释、翻译、整理等多种方式实现具有独创性且享有著作权的"延伸式"的新的作品类型。《著作权法》中的汇编作品是指在作品或者作品片段以及不构成作品的数据或者其他数据材料上，对其内容的重新编排、精炼选择而产生的"聚合式"的新的作品类型。这里将《著作权法》中的"汇编"和"演绎"概念延伸至中华优秀传统文化创造性转化创新性发展中，构建中华优秀传统文化的"融合和（或）延伸式创新"。在推动中华优秀传统文化创造性转化创新性发展相关活动中，可以融合当代语境、融入现代元素、运用演绎拓展，实现赋予新的内涵和新的表达形式，丰富人们的文化生活、带来美好体验，实现对美好文化的欣赏和向往。以民歌民乐的融合延伸为例，在民歌民乐的创造性转化创新性发展中，充分融入当代流行性元素，再经过演绎拓展，产生新的民歌民乐，从而满足人民群众的视听需求和市场需求④。"舞凤"是龙州县的一大特色民间

---

①包哈申，才奥日丽玛，亚男.《蒙医文献学》课程教学中运用"蒙医药古文献知识库教学应用平台"的实践成效[J].内蒙古医科大学学报，2022（3）:333-336.

②补充替代品可以包括营养品、化妆品、牲畜用品、化妆品等。

③库伦旗：加快推动蒙医药产业高质量发展[EB/OL].（2021-01-02）[2023-01-01].https://www.thepaper.cn/newsDetail_forward_10634810.

④金涛.四川民间音乐产业可持续性发展研究[J].四川戏剧，2019（10）:174-177.

体育项目，为了将舞凤运动突破原有的节日内涵，将舞凤运动演绎拓展为舞凤舞蹈，在凤身和凤尾部分实现艺术化创新性表达，促进了舞凤运动的多样化表达，使演绎后的"舞凤"成为龙州县的一大亮点①。

从内蒙古的实践经验来看，内蒙古自治区有着丰富的民间音乐版权和以民歌为载体的非物质文化遗产，其中具有代表性的民间音乐版权为鄂尔多斯短调民歌《森吉德玛》。《森吉德玛》之所以被列为内蒙古自治区具有代表性的短调民歌不仅在于《森吉德玛》在鄂尔多斯地区的高传唱度，还在于伴随马头琴之后的具有地方特色的表演方式。由于鄂尔多斯短调民歌受地方性情境的影响，表演风格总体上粗犷且豪放、促音较强。《森吉德玛》被列为代表性短调民歌也在于《森吉德玛》的历史影响力——1987年5月1日首次在鄂尔多斯展出的舞剧版的《森吉德玛》获得不同民族的观众的高度赞扬。《森吉德玛》通过舞剧表现形式向观众表达了不畏强权和至死不渝的爱情（鄂尔多斯地区的短调民歌多以歌颂爱情为主题）。学者霍嘉媛总结出《森吉德玛》在内容上实现创造性转化的创新之处，主要有三点：第一，与其他民族的传统音乐相互融合，实现音乐的"汇编"；第二，将短调民歌搬到了大众舞台实现"演绎"；第三，与现代舞蹈相互结合，再次实现"演绎"。从"汇编"的角度看，《森吉德玛》中保留了蒙古族的乐曲旋律，还融入了二人台戏剧作品，促进了汉族和蒙古族的文化交流，实现"汇编"式创新，形成了中华优秀传统文化在内容上的创造性转化，强化了民族认同感，铸牢了中华民族共同体意识。从"演绎"的角度看，《森吉德玛》原本作为民间音乐作品，实现不同维度的演绎拓展。从第一个演绎维度上看，《森吉德玛》从民间音乐作品演绎成为以舞蹈方式呈现的戏剧作品。从第二个演绎维度上看，《森吉德玛》从民间音乐作品演绎成为融合多种音乐元素的曲艺作品，在表演中融入了西方乐器，使音调变得更加丰富。这也促使民族音乐迈向世界舞蹈，可以让更多人了解鄂尔多斯短调民歌②。无独有偶，民俗歌舞剧《鄂尔多斯婚礼》便是将民间音乐版权演绎成为戏剧作品的典型代表。《鄂尔多斯婚礼》在进行演绎创新时还保留了大量的传统表演形式，在此基础上实现在内容上的创造性转化，将民间音乐版权演绎到了现代舞台剧的内容展示中，充分运用舞蹈技术和视觉技术表达，向观众传递了生动的鄂尔多斯传统婚礼习俗。这种舞

①陈支越.中越边境民俗体育文化探析：以广西龙州金龙板烟布傣舞凤为个案[J].沈阳体育学院学报，2012（2）：139-140+144.
②霍嘉媛.内蒙古地区音乐类非物质文化遗产的保护、传承与发展：以鄂尔多斯短调民歌《森吉德玛》为例[J].艺术评鉴，2017（11）：26-28.

台剧的创新性表达，不仅使《鄂尔多斯婚礼》成为民俗文化品牌，也让艺术表达深深地印入人们的脑海中，实现文化的生动传播[①]。

4. 以新媒体数字科技实现新的形式表达

中华优秀传统文化创造性转化创新性发展中，新内涵是创造基础，新表达是创新输出。基于中华优秀传统文化的资源基础，构建新的文化内涵，充分运用新媒体载体实现以科技为支撑的数字传播裂变效应，实现传播力和影响力的最大化。例如，在北京市文化形象的新媒体呈现中，以新媒体为传播载体，以数字科技为呈现方式，将北京市深厚的文化底蕴和文化形象清晰地呈现在大众面前，引发广泛的社会讨论[②]。敦煌研究院创作出的《敦煌岁时节令》《吾爱敦煌》等新内容通过新媒体数字科技实现全社会范围内的快速传播。在兼顾传统融媒体的文化传播方式的基础上，加强新媒体的选择，充分运用吸流视频分享平台和社交平台，例如抖音、快手、哔哩哔哩等视频分享平台，微信、微博等社交平台实现快速矩阵传播效应。在观看效果上融入充盈的数字化视觉科技，例如云展览（云展厅），打破时间和空间的限制，突破了二维视觉向三维视觉的转变，呈现360度全息观赏模式，得到社会面的广泛认可和好评，在获得非常大的社会效应的同时，加大加深了敦煌文化的品牌传播力和影响力。尤其在区域一体化的时代背景下，更是加强了敦煌文化的传播魅力和品牌影响力[③]。以结合数字化的蒙古族传统服饰的创新性表达为例，蒙古族传统服饰在形式上的创新性表达不仅需要紧跟现代审美趋势，还需要在传统服饰中融入现代元素，进行新的排列创新组合，实现形式的创新性表达。在形式上的创新性表达中还需要注入数字化处理方式，例如通过数字化制图软件呈现元素的叠加和融合，通过3D人体扫描技术实现人体与服饰的结合，从而确定其个性化、贴合度、精细化、满意度。经过网络新媒体的动态传播媒介，可以将结合时代元素的蒙古族传统服饰展现在网络平台，实现其跨越时空场域的传播和宣传[④]。

内蒙古自治区的中华优秀传统文化创造性转化创新性发展是基于内蒙古的中华文化资源，对其创造性地赋予新的内涵和创新性地展现新的表现形式，在新的内涵中呈现新的内部补给，新的表现形式中充分融入数字科技表达，实现数字文化传播

---

① 民俗歌舞剧《鄂尔多斯婚礼》[EB/OL].（2021-02-06）[2022-12-31]. http://www.dfyst.cn/news/info112.html.

② 宋凯. 北京文化形象的媒体呈现：基于大数据和社会网络分析方法 [J]. 现代传播（中国传媒大学学报），2020（10）:18-24.

③ 李瑞. 创新传播方式让敦煌文化走进千家万户 [N]. 中国文物报，2021-08-13.

④ 蒙古族服饰文化与时尚的一次激情碰撞 [EB/OL].（2018-09-05）[2022-01-01]. https://epaper.gmw.cn/gmrb/html/2018-09/05/nw.D110000gmrb_20180905_2_09.htm.

方式的影响力和波及面①。

（三）坚守中华优秀传统文化"两创"成果的产权安全

知识产权安全是维护国家安全的主战场。知识产权安全在维护国家安全上发挥着战略屏障的关键性作用。无论从文化建设发展、关键核心技术攻克难关，还是商业版图海外拓展，都离不开知识产权的全链条立体保护。知识产权保护与国家科技安全、国家经济安全、国家文化安全以及其他安全密不可分。如果说经济安全在国家安全中发挥着基础性的作用，那么，知识产权安全是经济安全的根本保障；如果说文化安全是国家安全的底线，那么，知识产权安全是实现文化安全正向反馈的基础。我国文化事业的创新传承与繁荣发展不仅可以促进文化经济的繁荣发展，还可以促进文化自身的传承发展。如果无法实现知识产权保护和未能在进入市场之前提前布局知识产权全域保护，不仅会使文化创新成果付之东流，甚至引发巨大的经济损失。可以说，知识产权是助力文化安全的根本保障，是落实文化创新成果在市场上正向反馈的以法律为托底的支撑力量。就中华优秀传统文化创造性转化创新性发展而言，推动中华优秀传统文化的创新发展，增强文化自信、实现文化自强，离不开知识产权的全域立体保护。助力中华优秀传统文化创造性转化创新性发展成果（"两创"成果）在市场上的正向反馈更离不开知识产权的保驾护航以及对侵权行为的严厉打击。

从内蒙古自治区的中华优秀传统文化创造性转化创新性发展的前期调研结果发现：从事文化创新事业的相关企业的知识产权保护意识严重薄弱、固权意识严重不足，从而也引发了诸多知识产权侵权或者权属纠纷案件。因此，在内蒙古坚守中华优秀传统文化"两创"成果的产权安全，一方面，必须加强知识产权全域保护意识，提升固权意识。另一方面，还需要明确公权和私权领域的界限，不能将公权领域内的知识视为私权领域的权利归属。再一方面，如果遇到知识产权纠纷时，在确定未侵权的情形下，还需要充分运用法律专业知识积极应对。

1.加强内蒙古自治区全区的知识产权保护意识，提升固权意识

就内蒙古自治区加强知识产权保护意识的案例而言，可以参见内蒙古铁木真酒业有限责任公司（本案原告）诉赤峰套马杆酒业有限公司（本案被告）侵犯商标专

---

① 季相龙，车俊文，焦晶音.乡村振兴背景下的传统文化对山东省绿色农业经济发展研究[J].时代经贸，2020（26）:51-52.

用权案①。从本案的历史脉络看，早在1994年，原内蒙古宁城老窖酒厂成功注册本案的涉案商标——"铁木真"商标。"铁木真"商标分别在"铁木真"图像和"铁木真"文字上申请注册了商标。第×××号为"铁木真"商标注册证号。在2011年王某通过签订的商标转让合同获得"铁木真"图形和文字商标的商标权。2012年，王某又将"铁木真"图形和文字商标的商标权转让给本案的原告内蒙古铁木真酒业有限责任公司。原告认为被告赤峰套马杆酒业有限公司在外包装上使用了与"铁木真"图形商标相似的图案，侵犯了原告的商标专用权，并给原告造成了巨大的经济损失。但被告辩称：其生产销售的套马杆系列酒，是内蒙古自治区的老字号品牌酒，即使用的"套马杆"属于内蒙古自治区老字号品牌，而不是属于私权垄断的客体类型。被告所称包装装潢上的图像，是取自巴林右旗某美术老师的《套马归来》水彩画上的人物部分图像，与原告的商标不存在相似性。经赤峰市中级人民法院对比，认为被告装潢上的人物图像在布图结构、人物细节上并无差异，被告的商标装潢已经与原告的产品装潢构成了相似性，属于侵犯商标专用权的行为。故人民法院判决：要求赤峰套马杆酒业有限公司停止侵权行为，并赔偿原告损失。

2. 尤其在非物质文化遗产领域，需要明确公权与私权的边界，不能将公权纳入私权垄断的范畴并无限扩大私权垄断的疆域，加大普法宣传力度，避免无谓的争端和纠纷

就明确公权和私权的边界的案例而言，可以参见上诉人马仁毕力格因与被上诉人东乌珠穆沁旗东芳丝绸、东乌珠穆沁旗红翻天丝绸店、内蒙古忽澜民族服饰有限公司著作权权属、侵权纠纷一案②。这类案件在内蒙古非物质文化遗产领域较为明显。一审中原告乌仁毕力格诉称东乌珠穆沁旗东芳丝绸、红翻天丝绸店未经允许擅自使用原告设计的具有民族特色的图案，并提交了该作品的《作品登记证书》。经一审法院核实：该作品完成时间为2017年3月8日，登记日期为2020年6月3日。一审法院认为虽然乌仁毕力格已获得《著作权登记证书》，但根据《著作权法》的相关规定其登记作品不具有独创性。本案中原告主张的涉案图案由牡丹花、回形纹、团形云纹元素组成。这些元素在百度图库、民间传统纹饰、蒙古民族元素图案、牡丹花素材、边框素材等公有领域中均可以查询到相关图片。于是一审法院判决认定涉案花型图案不构成《著作权法》保护的作品。二审中，内蒙古自治区高级

---

① 内蒙古铁木真酒业有限责任公司与赤峰套马杆酒业有限公司等三人商标侵权纠纷一审民事判决书（2013）赤民知初字第3号。
② 乌仁毕力格、东乌珠穆沁旗东芳丝绸等著作权权属纠纷民事二审民事判决书（2021）内知民终22号。

人民法院围绕"涉案作品是否构成《著作权法》上认定的作品类型、涉案作品是否享有独创性"进行核实。二审法院认为，乌仁毕力格提供的铅笔素描绘制的草稿，其完成时间的真实性无法证明，故不能证明该作品由乌仁毕力格独立完成。二审法院认为该涉案作品对现有元素进行简单排列组合，仅具有审美性，不具有独创性。二审法院维持了一审做出的判决结果，驳回了原告的上诉请求。

3. 运用知识产权专业知识，积极应对知识产权纠纷，降低或化解知识产权风险

就积极应对知识产权侵权纠纷的案例而言，可以参见北京四方之志科技发展有限公司（本案原告）诉包头市中体盛奥场馆管理有限公司（本案被告）外观设计专利权纠纷案①。原告称：自2017年12月起，我公司与包头市中体盛奥场馆管理有限公司共同商讨对包头市体育场的外景建设工程的设计，并派人多次前往包头实地勘测。在我公司与包头市中体盛奥场馆管理有限公司多次探讨、协商、修改相关方案的准备工作的基础上，最终确定方案，达成建设细节。后我公司发现：包头市中体盛奥场馆管理有限公司在没有告知或通知本公司（本案原告）的情况下，擅自使用本公司享有知识产权的设计方案。该设计方案于2018年8月23日申请外观设计专利，授权公告日为2019年1月22日。被告包头市中体盛奥场馆管理有限公司辩称：该体育馆的设计方案是世纪坐标天津公司所提供的。被告提供了与该公司签署的代理合同，该公司对包头市体育中心外场导视进行了设计，并对其制作安装。该公司设计的方案与原告设计的方案相比较，除外形相似外，在材料选择、颜色搭配、设计内容上均存在差异。且极坐标天津公司于2018年7月25日就完成了搭建工程，早于原告外观设计专利取得的时间，所以不存在侵权行为。包头市中级人民法院认为被告工程竣工时间早于原告取得外观设计专利的时间，即在专利申请日以前已经对该体育场的建设做出了必要的准备，并且也未在原使用范围外进行其他使用，故本院不支持北京四方之志科技发展有限公司的侵权主张。

总而言之，文化所发挥的力量与创造力、生命力紧密相关。文化的繁荣发展必须兼顾文化安全，不能只提发展，不谈安全。内蒙古自治区的中华优秀传统文化是生生不息的文化命脉，是实现创造性转化创新性发展的文化资源基础，是实现文化繁荣发展的根本保障。创造性转化创新性发展是实现保护中华优秀传统文化的途径。落实内蒙古自治区的中华优秀传统文化创造性转化创新性发展成果的安全落地

---

① 北京四方之志科技发展有限公司与包头市青山区人民政府、包头市中体盛奥场馆管理有限公司知识产权合同纠纷一审民事判决书（2019）内02民初419号。

和健康实施是兼顾文化产权安全的重要举措。以文化自信的理论为引领，在内蒙古自治区践行中华优秀传统文化创造性转化创新性发展，兼顾文化安全，可以提升内蒙古自治区的文化自信，兼顾文化安全，实现文化自强，加强文化生命力和加大文化贡献力，促进内蒙古的文化繁荣兴旺和健康发展。

二、在内蒙古推广应用：铸牢中华民族共同体意识

2014年，习近平总书记在中央民族工作会议暨国务院第六次全国民族团结进步表彰大会上首次提到并强调了"积极培养中华民族共同体意识"。党的十九大报告再一次强调了"铸牢中华民族共同体意识"，并在新修订的《中国共产党章程》之中，写入"铸牢中华民族共同体意识"。可以说，"铸牢中华民族共同体意识"是我国新时代的重要战略部署。

内蒙古自治区是我国五个少数民族自治区之一，是践行"两个基地、两个屏障、一个桥头堡"战略定位的重要区域，在守护我国生态安全和文化安全中发挥着关键作用。"铸牢中华民族共同体意识"是守护我国边疆地区文化安全的关键所在。想要在内蒙古自治区推进"铸牢中华民族共同体意识"的国家重要战略部署和在内蒙古自治区推行"铸牢中华民族共同体意识"的国家工程，需要以"爱国主义"为根本价值导向，从内蒙古自治区的实际出发，将中华优秀传统文化、中华优秀传统文化创造性转化创新性发展与铸牢中华民族共同体意识深度结合，扎实有效地在内蒙古自治区推进"铸牢中华民族共同体意识"的伟大工程。

推进铸牢中华民族共同体意识，我们在此总结出三个实现路径，分别是：铸牢中华民族共同体意识的根本前提、中华优秀传统文化"人—载体—方法"三维传播机制、培育青少年铸牢中华民族共同体意识。

（一）铸牢中华民族共同体意识的根本前提

习近平总书记指出"必须以铸牢中华民族共同体意识为新时代党的民族工作的主线，推动各民族坚定对伟大祖国、中华民族、中华文化、中国共产党、中国特色社会主义的高度认同，不断推进中华民族共同体建设"。"铸牢中华民族共同体意识"在传承和弘扬中华优秀传统文化、实现中华优秀传统文化的创造性转化创新性发展，从而增强文化自信、实现文化自强上发挥着重要意义。但我们首先需要深刻认识"铸牢中华民族共同体意识"的精神内涵，一方面，从横向比较角度出发，我

们需要对中华文化和西方文化有正确认识，更需要深刻认识中华文化和西方文化的差异性①。另一方面，从自身纵向角度出发，我们需要厘清"铸牢中华优秀传统文化"的根本前提。习近平总书记提出"文化认同是最深层次的认同，是民族团结之根、民族和睦之魂"。那么"铸牢中华民族共同体意识"的根本前提是什么？"铸牢中华民族共同体意识"与"根本前提"之间是什么关联关系？"铸牢中华民族共同体意识"的根本前提便是"文化认同"。从"文化认同"与"铸牢中华民族共同体意识"的关系上看，把握"文化认同"实现对"铸牢中华民族共同体意识"的深刻理解，增强"文化认同"实现对"铸牢中华民族共同体意识"的坚定信念。

（二）中华优秀传统文化"人—载体—方法"三维传播机制

加强中华优秀传统文化传播机制重点关注"人—载体—方法"三维的传播机制——在"人"的维度上本书重点关注网络社群，在"载体"的维度上充分发挥手机的绝对优势，在"方法"的维度上发挥"融媒体+新媒体"的传播优势。2022年6月，中国互联网络信息中心发布的第50次《中国互联网络发展状况统计报告》显示，我国网络的普及范围已达74.4%，网民的人数规模已攀升至10.51亿。我国互联网用户已形成庞大的网络社群。因此，在"人"的维度上，在网络社群中加强中华优秀传统文化的传播力量和传承机制是铸牢中华民族共同体意识的关键所在。根据第50次《中国互联网络发展状况统计报告》数据，截至2022年6月，我国网民人均每周上网时长为29.5个小时，较2021年12月提升1.0小时。网民使用手机上网的比例达99.6%；使用台式电脑、笔记本电脑、电视和平板电脑上网的比例分别为33.3%、32.6%、26.7%和27.6%。因此，在"载体"的维度上，需要将"载体"划分为：终端载体和作品载体。手机已成为文化传播的、以"物"为基本属性的，优势性通信终端和核心载体。而作品载体是指在《著作权法》中的、以作品类别为划分依据的，适应互联网传播机制的作品，比如互联网上的文字作品、二维或三维图形作品、美术作品、摄影作品、视听作品等。这些作品载体中，在数字流量时代，核心的形式载体为视听作品。在手机App应用端中，抖音、哔哩哔哩、小红书、微信（微信视频号囊括其中）等以发布视听作品或录音录像制品为主的应用均属"热门应用"，在文化传播中发挥着极其重要的作用。数据快速增长与基础设施的持续推进、互联网的高速增长和数字时代的媒体发展不无关系。融合了广播、电视、互

联网的"融媒体"和实现快速传播和可形成裂变效应的"新媒体"已成为重要的传播文化途径和方法。

1．"人"的维度：网络社群

中华优秀传统文化的传承发展需要构建由主体参与的文化传播和传承机制①。网络社群是参与主体的关键主体。之所以称为关键主体是由于其10.51亿的人数基础。网络社区是指通过各种互联网应用连接的，以行为、目标、期望为依据的，在互联网虚拟场域中以人的群体性属性为牵引和无形凝聚的网络连接群体。网络社群是文化传播的主力军，亦是可称为以人为载体的传播节点和信息终端以及主要信息场域。通过显性或隐性方式，向网络社群推送和传播包含了铸牢中华民族共同体意识的优秀作品，让中华优秀传统文化进入人们的"衣食住行学用娱"，在此过程中铸牢中华民族共同体意识。

2．"载体"维度：视听作品

视听作品是2021年《著作权法》新修订的内容中增加的一条关键性内容。视听作品是指通过视听装置生成的为人类视觉和听觉直接感知的《著作权法》的新客体类型和人们信息创造、交流、运营的核心形式载体。与传统动静态形式载体不同的是，视听作品需要借助视听装置创造内容，构建视听呈现方式。在新法修订时，之所以增加这条关键性新修订内容是基于其时代背景——我国已全面进入流量时代。流量时代的核心形式载体是视听作品。从中国互联网络信息中心发布的数据来看，2022年6月最新数据显示，我国网民的规模人数已经突破2021年12月统计的10.32亿，达到10.51亿，互联网普及率达74.4%。其中短视频（在《著作权法》上，将短视频定义为"视听作品"）的用户规模增长最为明显，短视频（本书所指的"视听作品"的一种关键表现形式）的用户规模为9.62亿，较2021年12月增长2 805万，占网民整体数的91.5%②。通过上述统计数据可以明显得知在数字化时代视听作品是传播中华优秀传统文化的关键性载体。在统计数据中，我们还观察到涉及内蒙古自治区的中华优秀传统文化的关键数据，以非物质文化遗产为例，在视听作品平台中，可以说覆盖了非物质文化遗产的全部门类，网友们通过视听作品平台可以充分

---

① 范小青．基于新媒体、网络社群的少数民族文化传承：以阿昌族、裕固族为个案[J]．民族学刊，2020（3）：73-79，137-138．

② 中国互联网络信息中心．第50次《中国互联网络发展状况统计报告》发布[EB/OL]．[2023-01-03]．http://www.gov.cn/xinwen/2022-09/01/content_5707695.htm．

了解内蒙古自治区的烤全羊、蒙古大调、蒙古族传统木雕等非物质文化遗产①。"呼麦"作为中华优秀传统文化，作为内蒙古自治区的非物质文化遗产项目，在视听作品平台中的点击量已经达1.8亿次②。"95后"的小伙阿尔腾呼亚格因在视听作品平台中表演中华优秀传统文化"呼麦"而受到网友的广泛关注。阿尔腾呼亚格因其低沉厚重的独特嗓音表演的"呼麦"让人眼前一亮，受到网友的喜爱。抖音平台的数据显示，短短的十几秒的"呼麦"表演就获得60万次的热情点赞量③。可以说，内蒙古自治区的中华优秀传统文化借助视听作品，让网友不再受时间和空间的限制，可以自由浏览、了解、热爱内蒙古自治区的非物质文化遗产项目，让内蒙古自治区的非物质文化遗产项目变得不再遥远。随着视听作品平台的大数据推送功能，平台可以持续向喜爱内蒙古自治区的非物质文化遗产项目的网友推送相关视听作品，促进中华优秀传统文化的个性化传播，通过数字化的方式弘扬发展和传承中华优秀传统文化，铸牢中华民族共同体意识。

内蒙古自治区充分利用视听作品来弘扬中华优秀传统文化、增强文化认同、铸牢中华民族共同体意识。2022年9月在全国热映的《海的尽头是草原》，作为一部长视听作品（在《著作权法》新法修订之后将电影作品也列为视听作品），通过60年的时空跨越，将草原人民的爱与民族团结共融在一起，通过荧屏的视觉和听觉展示，感染着观众，让中华民族共同体意识注入每个观众的心中。视听作品《国家的孩子》以三千孤儿入内蒙古为题材，让全国人民了解到内蒙古自治区以及内蒙古各族人民群众，通过视听作品的物理载体，实现文化认同，铸牢了中华民族共同体意识。

视听作品是弘扬发展中华优秀传统文化的重要载体，也是铸牢中华民族共同体意识的关键载体。随着互联网信息时代的快速发展，视听作品的文化内容被快速创造和传播，文化内容的表现形式呈现出丰富多彩、品类繁多的特征，诞生了诸多耳熟能详的优秀视听作品，例如《唐宫夜宴》《洛神水赋》《龙舟祭》《唐印》《医圣传人》《丽人行》等。视听作品在国与国之间的文化交流和借鉴方面也发挥着重要作用，可以说，视听作品在国与国之间的文化交流和学习中构建起了文化友谊的桥

---

① 非遗数字化大有可为 [EB/OL]. (2022-11-30) [2023-01-03]. https://feiyi.gmw.cn/2022/11/30/content_36 198554.htm.

② 殷耀，张云龙，于嘉，等. 内蒙古"非遗"项目紧抱中华文化根[N]. 参考消息，2022-06-09.

③ 蒙古呼麦引抖音网友膜拜，这项中国非遗就连美国歌后JessieJ都震惊了 [EB/OL]. (2019-07-25) [2023-01-03]. http://biz.ifeng.com/c/7oatPrPZvAO.

梁。此外，视听作品作为流量时代的文化宝库，为人们提供了更加积极的预期，在满足人们的精神消费方面发挥着关键性作用。视听作品的重要性还体现在版权运营上，根据《版权工作"十四五"规划》可以得知"版权产业增加值占GDP的比重提高至7.5%"。视听作品在流量时代不仅是文化传播的重要载体，更是文化消费和经济发展的重要动力（在文明信息时代，保障以视听作品为形式载体的中华优秀传统文化"两创"成果的产权安全亦是关键议题）。因此，内蒙古自治区可以充分运用视听作品这一形式载体，充分发挥视听作品在文化传播上的独特优势，以视听作品担任文化传播的关键载体，弘扬发展中华优秀传统文化，践行铸牢中华民族共同体意识。

3."方法"维度："融媒体+新媒体"的传播模式

充分发挥媒体优势，构建"融媒体+新媒体"的传播模式，创新发展中华优秀传统文化表达新形式，加强中华优秀传统文化的传播机制。融媒体是充分运用不同媒介载体的优势，在宣传主体、宣传内容、宣传手段等方面进行全面融合的新型媒体；新媒体是依托于新科技、新技术系统的新型媒体形态。从技术系统的运行角度看，新媒体是以数字科技为展现手段，经信息网络渠道实现信息传输，在数字电视、电脑、手机等数字终端实现信息呈现，向信息获取方提供信息和服务的、消融时间和空间界限的一种有别于传统媒体的新型媒体。那么，在中华优秀传统文化及其创造性转化创新性发展中，构建"融媒体+新媒体"的传播模式的原因在于，从方向上把控文化传播，搭建中华优秀传统文化的宣传高地；而新媒体的功能在于实现"中华优秀传统文化的新内涵的新形式表达"，并发挥传播的裂变效应，在"全民互联网+"和人手一个信息终端的时代背景下，在社会面上形成影响力和传播力，营造良好社会文化氛围，从而铸牢中华民族共同体意识。

以下通过内蒙古自治区的具体实践案例说明"融媒体+新媒体"的传播模式实现的全面且高效的文化传播。2022年播放的节目《根脉》是全网总播放量达到1亿的优秀节目[①]。《根脉》以内蒙古自治区境内的长城沿线、黄河流域以及辽河流域的考古遗址和考古文物为文化物理载体和节目主题，融入手绘作画、诗歌朗诵等创新表现形式，探寻中华文明在内蒙古自治区生根发芽和传承发展的历史"根脉"，让

---

① 弘扬中华优秀传统文化融媒体直播《根脉》全网播放过亿 [EB/OL].（2022-09-13）[2013-01-02]. https://page.om.qq.com/page/OFwzwTWVNIA6pgvAfzMmCDnQ0?source=cp_1009.

观众欣赏到文物之美、历史之美、遗迹之美、中华民族共同体"根脉"之美①。《根脉》产生"亿"级的影响力离不开"融媒体+新媒体"的传播模式，通过"融媒体"平台连接传统媒介路径，通过"新媒体"平台实现数字化媒介路径，构建"传统+数字"融合路径，实现文化传播的最大化。可以说，"融媒体+新媒体"是融合不同年龄阶层观众的文化动态传播路径，是充分融合运用多元媒介的文化传播手段。以往的文物解说是通过解说员对文物进行讲解实现文物历史的文化传播，但这种传统解说方式会附上枯燥乏味之感，在一定程度上取决于文物解说员的解说能力。《文物中的内蒙古》的系列报道虽然是以报道的方式呈现文物，但打破了枯燥乏味之感，将内蒙古自治区的各级博物馆珍藏的重点文物通过生动形象的方式呈现给观众，通过通俗易懂的方式展现文物背后的历史事件和在文物中蕴含的传统文化，其生动有趣的内容展示拉近了文物与读者之间的距离。基于上述优点，《文物中的内蒙古》再运用融媒体和新媒体实现文化在更大时空场域的传播，实现文物讲解在内容上的创造性转化和在形式上的创新性表达②。"2022内蒙古民歌大会"在文化传播中运用了多元文化传播手段，在大会召开之前"内蒙古民歌大会"会务组联系电视台、电台等传统融媒体文化组织机构，在大会召开期间，"2022内蒙古民歌大会"会务组通过现场直播、短视频平台等数字化新媒体手段实现民歌大会的现场直播和转播，多维度、全方面展示了本届大会全过程③。通过"融媒体和新媒体"的文化传播手段，让观众全面了解到"内蒙古民歌大会"，同时也促使了内蒙古的中华优秀传统文化的广泛且深度的文化传播和普及，弘扬并铸牢了中华民族共同体意识。由内蒙古艺术剧院出品的《骑兵》是2022年荣获大奖的舞蹈作品、戏剧作品。在文化动态传播路径上，《骑兵》也是充分运用融媒体手段和新媒体手段的成功作品。在内容的创造性转化方面，构建汇编创新，在舞蹈表演过程中融入电影镜头的开幕表现形式，放弃了常规马步舞的步态，强化新的步态走姿和新的表演形式表达，塑造出一种全新的、有情有神的骑兵和战马形象④。在文化动态传播路径上，《骑兵》运用融媒体手段发挥了传统媒介传播手段的优势，再运用短视频等新媒体手段实现文

①弘扬中华优秀传统文化融媒体直播《根脉》今日开启[EB/OL].（2022-08-27）[2023-01-02]. https://mp.weixin.qq.com/s/BhFSs_gE_zEeEY0tBg7ecA.

②《文物中的内蒙古》系列报道可以参见内蒙古自治区人民政府网中的"历史人文"栏目下的"人文历史"板块中的相关系列报道。

③传承与创新交融：焕发传统民歌文化新魅力：记"2022内蒙古民歌大会"[EB/OL].（2022-08-24）[2023-01-02]. https://mp.weixin.qq.com/s/TnYjNh9fDCqnP3OTTQPKXQ.

④《骑兵》：再现激情岁月弘扬骑兵精神[EB/OL].（2021-09-13）[2023-01-02]. http://grassland.china.com.cn/2021-09/13/content_41671980.html.

化传播的裂变效应，实现跨越时间和空间维度的文化传播，增强了文化认同感，铸牢了中华民族共同体意识。

通过"融媒体+新媒体"的传播模式加强中华优秀传统文化传播机制的最终实现是为了铸牢中华民族共同体意识。通过文化传播机制的功能发挥，可以实现"有难一起帮、成功共分享、传播正能量"的社会效益和经济效益。在"有难一起帮、成功共分享、传播正能量"的过程中，铸牢中化民族共同体意识的凝聚力，将大众的力量形成一股绳，产生心系共鸣。以锡伯族非物质文化遗产的保护为例，锡伯族非物质文化遗产的保护出现的困境是：尽管地方出台颁布了相关保护措施，但传承人老龄化且继承出现断层现象，导致阻碍锡伯族非物质文化遗产的传承发展①。"融媒体+新媒体"的传播模式在此过程中发挥了重要的传播价值和帮扶力量，铸牢凝聚和心系传承。

（三）培育青少年铸牢中华民族共同体意识

"拔节孕穗期"是对青少年阶段的精妙比喻，该阶段需要精心的指导和耐心的栽培，该阶段也是快速吸收知识和观念的关键阶段②。因此，在"拔节孕穗期"，在青少年的教育体系中融入"铸牢中华民族共同体意识"在践行社会主义核心价值观，夯实文化认同，铸牢青少年的中华民族共同体意识，增强文化自信、实现文化自强中发挥"拔节孕穗"的作用。在教育部发布的《中小学综合实践活动课程指导纲要》中可以探寻到行动方案。这里我们列出两个行动路径，分别是："文化践行课堂教学"和"文化践行知行合一"，践行并发挥社会主义核心价值观，铸牢中华民族共同体意识。

1.文化践行课堂教学

文化践行课堂教学是指将中华优秀传统文化以知识点或者体系化的方式融入青少年的课本教育和课堂教育中。做好青少年的中华优秀传统文化的践行教育为何如此重要的原因在于中华优秀传统文化是创造性转化创新性发展的资源基础，是生命动力，也是传承弘扬中华优秀传统文化的根基所在。将中华优秀传统文化融入青少年的课程体系中需要注意的是要对中华优秀传统文化进行分类实施，形成体系性知识，而不能以点概面，不可仅以掌握知识点作为课程目标，必须由教师先看到"全

---

① 张雅难.锡伯族传统文化传承现状调查与研究：以察布查尔锡伯自治县爱新舍里镇为例[J].满族研究，2021（2）:108-111.

② 李泽文.在"拔节孕穗期"打磨自己[N].人民日报，2019-04-18.

貌"。另外，在中华优秀传统文化的分类实施中充分融入56个民族的中华优秀传统文化以及中华优秀传统文化创造性转化创新性发展的生动案例，使学生真实地感知到中华优秀传统文化以及中华优秀传统文化的拓展和延伸效应，最终通过显性和隐性的教育认知，在青少年的心底潜移默化地融入铸牢中华民族共同体意识，践行社会主义核心价值观，增强文化认同、提升文化自信、实现文化自强。

2.文化践行知行合一

如果把课本教育比喻为"知"，是对知识的理解和把握，那么文化践行主题活动是"行"，是对中华优秀传统文化的深入认识和行动掌握，文化践行主题活动便是将"知"与"行"融会贯通的方式手段。因此，文化践行教学在前，文化践行主题活动在后，在"知"的理论引导和知识掌握下"行"，用"行"检验"知"的正确性和可操作性。那么如何践行"行"？可以将中华优秀传统文化转化成激发学生兴趣和提升好奇心的主题活动。在主题活动中强调"劳动"、重视"实践"、提升"荣誉"、践行"中华民族共同体意识"。主题活动可以包括参观文化馆、博物馆等，参与非物质文化遗产研学旅游，观看革命文物了解历史背景，沿街观看古城、古街道感受其历史脉络，也可以观看纪录片了解农业遗产和保护地等。通过文化践行知行合一的相关活动，让中华优秀传统文化融入青少年的心怀中，增强铸牢中华民族共同体意识，通过中华优秀传统文化的践行教育提升文化自信，最终实现文化自强。

"教育是渗进血液、透入灵魂的"[①]，铸牢中华民族共同体意识，需要以教育为抓手，应先从教育入手践行铸牢中华民族共同体意识。因此，铸牢中华民族共同体意识通过"行"注入教育理念、课程教育、教育实践的多维实践环节中，从小抓起铸牢中华民族共同体意识，让铸牢中华民族共同体意识深入学生的内心，为此，内蒙古自治区践行了诸多教育实践方案。内蒙古自治区推出了"石榴籽"绘本丛书，该丛书通过讲述三千孤儿入内蒙古、骑着毛驴上北京等12个经典故事，强调铸牢中华民族共同体意识和民族团结的重要性[②]。内蒙古自治区积极推进"童语同音"计划，加强学前儿童的基础的普通话交流能力。在青少年中铸牢中华民族共同体意识，内蒙古自治区推进大中小学思想政治课程的一体化建设方案，成立专业教育委员会，

---

① 习近平.论党的宣传思想工作[M].北京：中央文献出版社，2020:86.
② 内蒙古自治区出版发行"石榴籽"绘本丛书[EB/OL].（2022-09-21）[2023-01-01]. https://www.neac.gov.cn/seac/xwzx/202209/1158833.shtml.

相关专业负责编写专门教材，录制拍摄了相关线上课程[①]。在青少年中践行铸牢中华民族共同体意识的实践活动中，由锡林郭勒盟团委组织的"感党恩，听党话，跟党走"主题教育活动，少先队员苏登伟勒苏的名为《三千孤儿入内蒙，民族团结闪光辉》的出色演讲被共青团中央录制在"石榴籽一家亲"主题团课队课的视频中，经网络动态组织路径，获得非常好的网络反响，其演讲的视听作品的累计播放量已经超过2.1亿次[②]。榜样的力量在铸牢中华民族共同体意识中发挥着重要作用。勇闯火海救民的张望、带着村民脱贫致富的青年村干部刘叶阳、人民警察黄健、返乡创业青年郭晨慧、电焊工高磊、团队技术负责人赵天宇等六位优秀青年心中有"大我"，在各自的行业中闪着光芒，激励着青年们为建设社会主义现代化国家和铸牢中华民族共同体意识努力奋斗着[③]。

铸牢中华民族共同体意识，应时刻坚持以习近平新时代中国特色社会主义思想为指导，以文化认同为根本理念，以铸牢中华民族共同体意识为实现目标，以"发挥并激发'人—载体—方法'三维传播机制和铸牢青少年的中华民族共同体意识"为行动方案，提升文化自觉、增强文化自信、实现文化自强，让中华优秀传统文化变得更好更强！

三、在内蒙古推广应用：彰显中华文化自信促进民族团结

习近平总书记多次提出并强调"增强文化自信""坚持文化自信"。"文化自信"为何被如此高度重视？从大国竞争的角度看，文化自信是国家软实力之间竞争和国家文化治理体系和治理能力现代化的现实需求和时代要求。在国际竞争的大背景下，文化的制高点意味着文化话语权，即文化的软实力越强意味着在国际竞争大环境下拥有的话语主动权越多。可以说，只有我们有坚定的文化自信，才能在世界文化竞争和意识形态冲击的国际环境中获得话语权和主动权，抵制文化冲击和腐蚀，保障和维护民族团结、凝聚更广泛的共识，铸牢文化安全、意识形态安全和国家安全。从国内文化事业弘扬发展的角度看，中华优秀传统文化是我国56个民族共同创

① 内蒙古自治区出版发行"石榴籽"绘本丛书 [EB/OL].（2022-09-21）[2023-01-01]. https://www.neac.gov.cn/seac/xwzx/202209/1158833.shtml.

② 内蒙古在青少年中开展"热爱内蒙古、建设内蒙古：我为北疆添光彩"主题实践活动 [EB/OL].（2022-08-15）[2023-01-01]. https://www.neac.gov.cn/seac/xwzx/202208/1158374.shtml.

③ 自治区团委举办"热爱内蒙古、建设内蒙古：我为北疆添光彩"优秀青年代表记者见面会 [EB/OL].[2023-01-01]. https://www.nmg.gov.cn/zwgk/xwfb/fbh/qtxwfbh/202207/t20220708_2085419.html.

造的，中华优秀传统文化也是我国56个民族经过世世代代的文化沉淀、传承和弘扬发展中形成的博大精深的社会主义先进文化。改革开放40多年以来，我国社会主义现代化建设取得了显著的成绩，中华各民族的生活质量也显著提升。进入新时代，人们不仅对幸福生活的追求强烈，对文化精神生活的追求也变得越来越高，期待更文明的社会文化环境和文明生活。增强文化自信，丰富56个中华民族的精神文化生活需求，有利于实现56个中华民族的文化自强和56个中华民族对美好生活的向往，文化自信不仅是民族大团结的理论指引，也在中华民族大团结的实践路径上发挥着关键作用。56个中华民族的文化自信是56个中华民族实现文化自强的前提，增强文化自信才能实现我们的文化自强，文化自强反过来又能增强文化自信和文化自觉。

（一）促进民族团结的理论基石

从国内推进文化强国建设的重大战略设计和实施的角度看，"中国有坚定的道路自信、理论自信、制度自信，其本质是建立在五千多年文明传承基础上的文化自信"。从四个自信的关系上看，文化自信是道路自信、理论自信、制度自信的基石。习近平总书记指出："坚定中国特色社会主义道路自信、理论自信、制度自信，说到底是要坚定文化自信。"这是文化自信的本质内在特征和独特魅力所在，文化自信是"更基础、更广泛、更深厚"的自信，文化自信亦是"更基本、更深沉、更持久"的软性力量。可以说，文化自信是更基础和更基本的自信，是团结更广泛力量的自信，是各民族像石榴籽一样紧紧抱在一起的生命源泉，是形成更广泛共识的自信，是承载着五千多年文明传承的更深厚的、更深沉的自信，是可以发挥更持久的文化活力的自信。

（二）彰显文化自信和促进民族团结的行动方案

习近平总书记提出"没有文明的继承和发展，没有文化的弘扬和繁荣，就没有中国梦的实现"，"没有中华文化繁荣兴盛，就没有中华民族伟大复兴"。那么如何实现中华文化的继承发展和繁荣兴盛就成为重要的时代课题。就这一问题，我们需要厘清如下关系：中华文化的继承发展和繁荣兴盛的基础是什么？实现方案是什么？中华文化的继承发展和繁荣兴盛在新时代对我国56个中华民族的文化建设产生什么影响？

习近平总书记指出："中国优秀传统文化的丰富哲学思想、人文精神、教化思想、道德理念等，可以为人们认识和改造世界提供有益启迪，可以为治国理政提供有益启示，也可以为道德建设提供有益启发。"习近平总书记强调："中华优秀传统文化是中华文明的智慧结晶和精华所在，是中华民族的根和魂，是我们在世界文化激荡中站稳脚跟的根基。"中华优秀传统文化亦是实现人们认识和改造世界的文化基础和启示性软性力量，是实现国家文化治理体系和治理能力现代化的现实基础，也是道德建设和法治建设的重要启迪，亦是实现创造性转化创新性发展的文化资源基础。可见，中华文化的继承发展和繁荣兴盛的根本基础在于中华优秀传统文化。那么，如何激活中华优秀传统文化的生命活力，实现继承发展和繁荣兴盛，关键在于"要推动中华优秀传统文化创造性转化、创新性发展，以时代精神激活中华优秀传统文化的生命力①"。可以说，中华优秀传统文化创造性转化创新性发展是实现中华文化继承发展和繁荣兴盛的行动方案和根本保障。那么，中华优秀传统文化创造性转化创新性发展会对我国56个中华民族的文化建设产生什么影响？推动中华优秀传统文化创造性转化创新性发展可以彰显和增强我国56个中华民族的文化自信，坚定文化自信，形成我国56个中华民族紧密团结的凝聚力，拓展文化自信的内在张力，增强民族认同感和凝聚力，最终实现我国56个中华民族的文化自强和文化事业的传承发展和繁荣兴盛。

基于上述逻辑论证的基础，我们需要考虑的是，在内蒙古自治区，基于内蒙古的中华优秀传统文化资源，如何才能实现和践行"彰显文化自信，促进民族团结"，而探寻其行动方案有助于增强内蒙古自治区人民的文化自信，促进民族团结，最终实现文化自强和内蒙古文化事业的传承发展和繁荣兴盛。

中华优秀传统文化是最重要的文化建设资源②。本书将其分为七个大类（具体内容参见中华优秀传统文化资源调查部分的内容），分别是文化遗产、中医药、古籍整理与古文字、文化地理IP打造、经典民间故事—民族音乐—戏曲、传统工艺—中华老字号、少数民族传统节日。本书基于上述分类基础，探析内蒙古自治区的七个大类的中华优秀传统文化的创造性转化创新性发展的行动方案，从而彰显和增强内蒙古自治区的文化自信和促进内蒙古各族人民群众的团结。

1.三大遗产贯穿三产助力产业振兴和乡村振兴

三大遗产是指：非物质文化遗产、农业文化遗产和工业文化遗产。内蒙古自治区有着丰富的非物质文化遗产和非物质文化遗产创造性转化创新性发展的实践经

①习近平在福建考察时强调　在服务和融入新发展格局上展现更大作为 奋力谱写全面建设社会主义现代化国家福建篇章[A/OL].习近平系列重要讲话数据库，[2023-03-03].http://jhsjk.people.cn/article/32060807.

②杜芳.中华优秀传统文化与文化自信[J].探索，2017（2）:163-168.

验和总结借鉴。兴安盟、乌兰察布市、赤峰市、通辽市是内蒙古自治区重要的农业文化遗产基地。例如太和小米、五家户小米、兴安盟小米、扎赉特大米、兴安盟大米、巴达仍贵大米、吐列毛杜小麦粉、归流河酒是兴安盟重要的地理标志产品，也是重要的农业产品。乌海市、包头市是内蒙古自治区非常重要的工业文化遗产地，有着丰富的工业文化遗产的硬件设施和历史见证。实现三大遗产的创造性转化创新性发展不仅可以贯穿一产、二产、三产，也是实现内蒙古自治区乡村振兴的关键所在，亦是构建铸牢民族自信和民族团结的行动方案。

以内蒙古自治区的农业文化遗产助力产业振兴和乡村振兴为例，惠隆杂粮种植农民专业合作社是位于敖汉旗扎赛营子村的以"敖汉小米"为共用品牌典型代表的农民专业合作社。惠隆杂粮种植农民专业合作社通过种植敖汉小米，不仅成为保护农业文化遗产的典范，也成为通过农业文化遗产助推乡村振兴的成功实践方案。内蒙古敖汉旗扎赛营子村因其自然条件、地理环境，非常适合种植荞麦、玉米、小米、高粱、谷子等农作物。基于扎赛营子村的地理环境和自然条件，惠隆杂粮种植农民专业合作社采用标准化种植技术，例如，统一种植、统一施肥、统一技术化操作、统一回收加工、统一品牌化建设、统一收购和销售，以"集体"为核心，采用"产—加—销"的产业链一条龙模式，解决了散户在种植、加工和销售过程中遇到的大困境。通过"认定"的统计数据可以看出，有机杂粮基地达1.5万亩、绿色杂粮的种植达3万亩、每年可以产出杂粮达1万多吨、认定的有机产品达10个、绿色产品已有5个。其中"孟克河"商标产品通过线上线下的方式实现向多个城市销售和入驻商场，"孟克河"品牌因此获得了诸多荣誉。惠隆杂粮种植农民专业合作社以弘扬和传承传统农耕文化为根本、培育和选择优质绿色品种资源为实现保障、绿色农业产品的产出和销售为产品落地方案，采用旱作农业种植方式开展农业文化实践，实现人与自然的和谐共生，在农业劳作实践过程中实现保护和传承传统农业文化，通过绿色产品实现兴农兴牧，构建农产品品牌、地标品牌，铸牢三产融合发展实现"生产—加工—销售—服务"一体化发展和"生态—文化—休闲—康养"为主的多元化发展，服务于乡村振兴和共同富裕①。

以内蒙古包头市的工业文化遗产助力地区经济、社会、文化的可持续发展为例，包头市作为内蒙古自治区重要的现代装备制造产业基地、新型材料产业基地、

---

① 梁国强. 积极探索传承保护农业文化遗产新途径助推乡村振兴[EB/OL].（2021-11-11）[2023-01-05]. http://nmt.nmg.gov.cn/xw/msdt/cf/202111/t20211111_1939361.html.

稀土产业基地、现代能源产业基地等，为内蒙古自治区的工业文化遗产提供了丰富的资源支持。包头市有着丰富的工业文化遗产类别，例如钢铁工业遗产、稀土工业遗产、铁路工业遗产以及与军事相关的工业遗产等。通过上述包头市的工业文化遗产，可以重新塑造生态化工业遗产，进行生态修复，展示采矿、选矿、炼铁、炼钢、轧钢，以及耐火材料、机器修理等生产工艺过程，构建"生态＋文化＋体育＋生活"的综合性生态化工业遗址公园，记录"包头钢铁人"的奋斗历史，了解"钢铁是怎样炼成的"，从而潜移默化地传递和领悟钢铁精神，铸牢中华民族共同体意识，弘扬发展和保护传承中华优秀传统文化。

以内蒙古自治区的非物质文化遗产为例，皮雕画，是内蒙古自治区包头市东河区的在皮子上进行绘画雕刻的一种传统艺术表现形式，也是内蒙古自治区的非物质文化遗产。皮雕画最大的特点是通过精湛的雕刻手艺在皮质上呈现凹凸不平的立体视觉感，再通过上色，实现画质的明暗错落。皮雕画已成为助力"非物质文化遗产项目＋文旅融合"的典型案例。在包头市东河区乔家金街主巷中的传统手工艺特色街上，可以看到以皮雕画为主的非物质文化遗产项目。在"老包头非遗民俗展"中游客们可以近距离观赏和欣赏传统民俗文化相关项目，加强了非物质文化遗产的知名度，为非物质文化遗产传承人提供了经济收入，同时也能实现非物质文化遗产发挥的文化价值、社会价值和经济价值。2021年《包头市东河区蒙古皮雕画项目与旅游融合发展案例》作为案例范式被纳入内蒙古自治区非物质文化遗产与旅游融合十大优秀实践案例[①]，该实践案例不仅可以成为知识扩散和版权运用的典型案例，也可以成为实现非物质文化遗产与现代旅游产业融合发展的实践经验[②]。

2.民间作品版权登记及其发挥的社会效益和经济效益

内蒙古自治区有着丰富的民间版权资源，即在内蒙古自治区的民间作品的基础上创造性转化创新性发展的作品类型，是在《著作权法》范畴内的作品类型，包括音乐作品、文字作品、戏曲作品、美术作品、曲艺作品、舞蹈作品、戏剧作品等。实现内蒙古自治区民间作品创造性转化创新性发展作品的版权运营，不仅有助于文化传承保护，也有助于实现文化自信的提升和民族团结的增进。而且在此过程中可以实现残疾人就业保障，让更多人参与其中，构建文化共同发展和发挥团结力量。

---

① 2021年内蒙古自治区非遗与旅游融合十大优秀实践案例:《包头市东河区蒙古皮雕画项目与旅游融合发展案例》[EB/OL].（2021-07-15）[2023-01-05]. http://www.nmgfeiyi.cn/1378.html.

② 皮雕非遗进景区 文旅融合飨游客[EB/OL].（2021-07-06）[2023-01-05]. https://www.nmg.gov.cn/asnmg/yxnmg/tcms/ms/fwzwhyc/202107/t20210706_1763072.html.

民间作品"两创"成果是我国知识产权保护中的重要内容。就目前的保护现状而言，民间作品"两创"成果的权利固定意识不足，版权保护意识不足，侵权之后的权利救济的意识不足。为了在内蒙古自治区营造良好的创造氛围，激发内蒙古自治区的文艺工作者的创作热情，提升文化工作者的固权意识，在侵权救济时提供证据支撑以及相关法律咨询服务，2022年8月，内蒙古文联知识产权服务工作站在版权保护的时代需求下孕育而生。知识产权服务工作站提供版权登记认证、版权作品的权利保护、版权作品在市场上的权利运营、侵权纠纷解决机制等版权相关服务。内蒙古文联知识产权服务工作站的建立为民间文艺的创作和运用发展提供良好的服务保障①。民间文学艺术作品的版权登记，不仅是权利固定的重要手段，而且还是在权利运用中实现经济效益的证据基础。可以说，民间文学艺术作品的版权登记是实现权利运营和发挥其社会效益和经济效益的基础。只有前期做好"权利固定"的证据证明，才能在权利运营中发挥关键性作用，从而发挥其社会效益和经济效益。

3. 传统工艺的创造性转化创新性发展助力乡村振兴

内蒙古自治区有着丰富的传统工艺文化资源，例如清水河瓷艺、包头面塑、土默特皮雕画、金器制作技艺、铜器制作（尤其是以锅、壶等餐具为主）技艺、银器银碗制作和铸造技艺、马鞍制作技艺等，收集、整理和挖掘内蒙古自治区的传统工艺文化资源，有助于生成基于内蒙古自治区的传统工艺资源的文创产品及延伸产品，以产品生成驱动产业振兴，以产业振兴助力区域发展，实现内蒙古自治区的乡村振兴和共同富裕。2017年9月，内蒙古自治区文化和旅游厅发布的《关于振兴传统工艺的实施意见》指出挖掘和运用内蒙古自治区的传统工艺，生成优质传统工艺产品，促使内蒙古自治区的传统工艺在现代社会中得以充分运用，满足人民群众因消费升级产生的需求②。此后，在2021年5月26日颁布了以美术、技艺、医药、民俗四大项为主的"第一批内蒙古自治区传统工艺振兴目录③"。传统工艺振兴目录的颁布不仅是保护中华优秀传统文化的重要形式和重点关注，也是促进内蒙古自治区传统工艺的创造性转化和创新性传播发展的有效途径，更是增强文化自信和实现民族团结的基于内蒙古的文化实践。以下以内蒙古自治区的经典案例说明"传统工艺的

---

① 内蒙古文联知识产权服务工作站正式揭牌，是时候重新认识一下它了 [EB/OL].（2022-04-22）[2023-01-08]. http://www.imflac.org.cn/trend/1705.html.

② 内蒙古自治区人民政府办公厅转发自治区文化厅关于振兴传统工艺实施意见的通知 [A/OL].（2017-09-15）.[2023-01-06]. https://wlt.nmg.gov.cn/zfxxgk/zfxxglzl/fdzdgknr/zcwj/202204/t20220422_2043 490.html.

③ 关于第一批自治区传统工艺振兴目录项目评选结果的公示 [A/OL].（2021-05-27）[2023-01-06]. http://www.nmgfeiyi.cn/1247.html.

创造性转化创新性发展助力乡村振兴"的重要性。

　　巴彦淖尔市乌拉特后旗有一种具有黏性的红土，当地红土最大的特性是：手工揉捏塑形形成生动形象之后，可以充分保留红土色泽，还能通过红土质地呈现出红土特有的光泽。正因当地有红泥资源，当地人充分利用红泥资源，逐渐衍生出红泥泥塑传统工艺，最终形成了巴彦淖尔市乌拉特后旗的民间传统技艺。巴彦淖尔市乌拉特后旗的额尔德尼便是一名充分利用当地红泥资源开发红泥泥塑工艺品的匠人，也是一名非物质文化遗产传承人。由于额尔德尼从小在牧区长大，非常熟悉牧区生活，尤其对巴彦淖尔市乌拉特后旗最著名的红驼极为熟悉。为了能传承好红泥泥塑，实现中华优秀传统文化的弘扬发展和创造性转化，额尔德尼积极投身于红泥泥塑工艺品的创作当中，组建了自家的工作坊，一方面提供创作环境，另一方面培养学生，确保中华优秀传统文化的传承发展。额尔德尼及其学生创作的红驼工艺品得到市场和买家的认可，在市场上获得了良好的声誉[①]。额尔德尼通过新媒体途径让更多的消费者看到、了解到红泥泥塑工艺品及其工艺品中内化的红泥泥塑传统技艺。

　　亚麻籽油有着丰富的营养价值，在降低胆固醇、调整血脂、预防糖尿病、预防梗塞、降低血压等方面有着很好的疗效。位于内蒙古自治区赤峰市克什克腾旗的捶打麻油传统工艺有百余年的历史，赤峰市克什克腾旗的历史可以追溯至清朝。位于克什克腾旗经棚镇常善村的传统老麻油作坊是到目前为止所剩的最后一个仍然采用传统古法榨油的油作坊。克什克腾旗经棚镇之所以只剩下唯——个传统工艺油作坊是因为机械化榨油的普及程度。随着机械化榨油工艺在市场上的普及，严重压缩了传统油作坊的市场份额。可以说，随着机械化的快速发展，到了二十世纪八九十年代，传统捶打麻油的油作坊几乎全部关闭。但我们需要了解的是，传统古法捶打麻油经过20多道制作工序，例如通过粉碎、挤压、加热等工序流程，粉碎亚麻籽后最终获得亚麻籽油，被村民亲切地称为"二香油"。根据张莹等人的研究，通过机械化压榨形成的亚麻籽油由于在压榨过程中充分接触机械表层，破坏了亚麻籽的分子结构，从而压榨后的亚麻籽油中缺少"二香"的油味[②]。正因如此，非物质文化遗产传承人王浩致力于基于传统古法捶打麻油的制作技艺实现创造性生产，在传统古法榨油的基础上，精炼滤油工艺流程，即在保障卫生安全的前提下，最大限度保留好

---

　　① 内蒙古牧民额尔德尼与泥塑骆驼的传习情 [EB/OL].（2017-01-04）[2023-01-07]. https://www.chinanews.com.cn/cul/2017/01-04/8113250.shtml.

　　② 张莹，仪德刚. 克什克腾旗古法榨油制作技艺调查[J]. 云南农业大学学报（社会科学），2018（5）:121-127.

亚麻籽油的营养成分，从而保留"二香油"的醇厚味道，可以说，"二香油"在一定程度上表明保留了亚麻籽油的"原初"营养成分。经王浩的进一步工艺改良，使传统古法制作而成的捶打麻油逐渐被广大市民所认识和接受①。王浩基于传统工艺和改良工艺制成的捶打麻油给当地带来了经济效益，成为热门农业旅游纪念品。此外，王浩加强了对工艺改良技术的专利保护，对捶打麻油的改良工艺进行了专利申请，助力知识产权保护捶打麻油工艺改良技术，实现了创新成果的保护。

4.传统节庆和造节驱动实现节庆经济

内蒙古自治区拥有丰富的大型节庆活动，除了传统的节日，还包括逐渐形成的造节活动。传统节日除了包括春节、端午节、元宵节等耳熟能详的节日外，还包括内蒙古自治区特有的节日，例如畜牧节、燃灯节、敖包祭祀节、马奶节、查干萨日（意思为白月）、祭火节（篝火节）、那达慕节等。造节活动中形成的节日包括那达慕草原旅游文化节、阿拉善奇石文化旅游节、中俄蒙三国交界地区的旅游文化节、红山文化节、阿尔山国际冰雪节、阿尔山圣水节、巴丹吉林沙漠文化旅游节等。通过传统节日和造节驱动产生的节庆可以产生重要的节庆经济，造节驱动的节庆经济不仅是地方资金的来源之一，也是实现乡村振兴的有效途径。共同欢庆节日，增进分享喜悦和文化认同，促进民族团结。

这里通过案例说明上述观点。"乌兰牧骑"的意思是"红色文化工作队"。乌兰牧骑艺术节是深受内蒙古自治区人民喜爱的节日，以服务人民群众为宗旨，长期深入基层"为人民服务""给人民送欢乐"，将音乐作品、舞蹈作品、戏剧作品、曲艺作品等艺术表现形式融为一体。在乌兰牧骑艺术节召开期间，有时也会同时举办那达慕大会、内蒙古自治区草原旅游节，实现"节上加节"的欢庆氛围。届时国内外大量游客会聚集在乌兰牧骑艺术节的现场，感受中华优秀传统文化的独特魅力、欣赏以草原文化为主的视觉盛宴。通过乌兰牧骑艺术节不仅可以弘扬发展中华优秀传统文化，还能通过乌兰牧骑艺术节、那达慕大会、内蒙古自治区草原旅游节实现节庆经济，带动当地经济收入，促进地区经济发展，实现以节庆为驱动的旅游文化的繁荣发展。

巴林石质地细腻、色泽润莹、纹络清晰，其中最著名的便是巴林鸡血石，可以说，巴林石在收藏界、雕刻界具有很高的地位，深受收藏界、雕刻界的喜爱。每年

---

① 克旗捶打麻油技艺被列入旗级非物质文化遗产名录[EB/OL].（2016-06-28）[2023-01-07]. https://www.cftzb.gov.cn/shows/57/8788.html.

8月份，巴林石节会如期在内蒙古自治区赤峰市巴林右旗召开，为收藏、赏石、雕刻、把玩、交易等方面提供以"石"为主的交流平台。届时，还会举办拍卖会、展览会、产业论坛、经贸洽谈会等不同活动事项[1]。在巴林石节举办期间，也会同时举办巴林那达慕大会、巴林庙会等，实现"节上加节"，吸引众多游客前来体验浓厚的地方特色节日。通过节庆活动，构建节庆经济，实现地方经济的发展，造节驱动在弘扬中华优秀传统文化和增强人民文化自信方面也发挥了关键作用。

5.以产业为推力实现蒙医药的创造性转化创新性发展

蒙医学，又被称为蒙古族传统医学，是我国中医传统医学的重要组成部分，是中华优秀传统文化的重要组成部分，是内蒙古自治区重要的产业集群，亦是"一带一路"倡议中的重要推手。蒙医药是蒙古族与自然界打交道的过程中形成的经实践检验的医药，是我国重要的文化遗产。推进蒙医药的创造性转化创新性发展的方案在于：以"健康中国"为行动指引和内驱动力，统筹"活用传统"融入"经济杠杆"[2]，以蒙医药产业为根本导向，以蒙医药产品输出为根本，以产业为推力实现蒙医药产业的健康持续发展，实现蒙医药文化的传承保护和繁荣发展。

医药行业是与人们健康以及生活质量紧密相关的产业赛道。我国政府高度重视医药行业的健康发展，公布了一系列政策。国务院办公厅发布的《深化医药卫生体制改革2022年重点工作任务》（国办发〔2022〕14号）中指出：全面推进"健康中国"建设，推动向"以人民健康为中心"的健康发展理念。国务院相关部门也发布了相应政策，例如《加强医药集中采购领域知识产权保护的意见》（国知发保字〔2022〕45号）、《"十四五"中医药人才发展规划》（国中医药人教发〔2022〕7号）、《"十四五"中医药信息化发展规划》（国中医药规财函〔2022〕238号）、《"十四五"医药工业发展规划》（工信部联规〔2021〕217号）等，明确了我国的医药发展方向和发展目标。

在我国"健康中国行动（2019—2030年）[3]"的政策支持背景下，为了保障人民的身体健康，内蒙古自治区致力于发展传统医药事业。享有"中国蒙医药之都"的内蒙古通辽市致力于发展蒙医药产业。内蒙古蒙药股份有限公司是一家在全国生

①中国巴林石节暨中国名石雕艺展开幕[EB/OL].（2007-08-24）[2023-01-08]. http://www.china.com.cn/photo/txt/2007-08/24/content_8743792.htm.

②吴增礼，马振伟.中华优秀传统文化提升文化自信的理与路[J].马克思主义研究，2018（9）:77-85,164.

③健康中国行动（2019—2030年）[A/OL].（2019-07-15）[2023-01-08]. http://www.gov.cn/xinwen/2019-07/15/content_5409694.htm.

产规模最大和全力打造规模化产业链的蒙药生产企业。通过规模化、全面化产业链的实施方案，助力"健康中国"战略，传承发展中华优秀传统文化，创新蒙医药的发展方式，推动蒙医药的产业化、国际化[①]。内蒙古蒙药股份有限公司通过重组整合与内蒙古天奇蒙药集团实现资源配置与强强联手，致力于蒙医药规模化、产业化发展，提升企业竞争力。在科研上，积极与高校和科研机构合作，研发出多项蒙药和蒙药的二次开发。在生产上，实现制剂生产线的资源共享，同时加强智能化生产线，提高生产效率和生产质量，实现蒙药的创新性生产。在品牌推广上，实现销售网的全国布局，开拓经销商渠道，推动蒙医药的宣传推广，助力和践行"健康内蒙古2030"行动方案[②]。内蒙古科尔沁制药有限公司是一家主要以生产外用软膏为主的，集药材种植、产品研发、加工生产、销售服务于一体的中国最大的生产制药企业，其生产的部分外用药膏，例如麝香壮骨膏等，远销东南亚国家。就蒙药外用药膏的创造性生产上，内蒙古科尔沁制药有限公司的研发团队经过长期研究在外用药膏辅助材料上进行创新，打破了传统橡胶膏过敏的瓶颈[③]。

6.内蒙古文化地理IP打造盟市IP名片

内蒙古自治区是草原文明的发祥地之一，是个历史悠久且有着深厚的文化底蕴的地区。内蒙古的最大特征在于其草原特征，但除了草原，内蒙古还拥有多种文化地理形态，例如沙漠、山地等。内蒙古的每个盟市都拥有自己特有的产业风格和地貌资源特征，例如呼和浩特市是我国的"乳都"；包头市是我国发展装备制造和稀土高新技术的重要城市；阿拉善盟在助力开发沙产业；鄂尔多斯市在城市建设和产业发展中重点打造新能源产业，从而对原来的"靠煤挖煤"的传统产业进行改型和转型升级；巴彦淖尔市已成为重要的骆驼产业基地，构建链条式发展态势；锡林郭勒盟作为农畜产品基地，在草业和农畜产品上发挥着重要的基地优势；乌兰浩特市是内蒙古自治区的首个首府所在地，位于兴安盟的内蒙古自治政府纪念地、内蒙古民族解放纪念馆、乌兰夫同志纪念馆等是内蒙古自治区重要的爱国主义教育示范基地；乌海市拥有丰富的工业文化遗产；乌兰察布市是重要的夏季康养文化地，同时是重要的农业文化遗产地；呼伦贝尔盟是著名的融合不同地理文化的康养之地；赤

---

① 新瞳，徐鹏.内蒙古蒙药股份有限公司：抗"疫"路上的蒙药力量[EB/OL].（2020-05-21）[2023-01-08]. http://grassland.china.com.cn/2020-05/21/content_41159201.html.

② 通辽开发区.蒙药股份：聚势融合 为蒙医药产业发展蓄势而发[EB/OL].（2019-12-23）[2023-01-08]. http://grassland.china.com.cn/2019-12/23/content_41008712.html.

③ 具体内容参见内蒙古科尔沁制药有限公司官网，http://www.nmgkeq.com。

峰市是内蒙古自治区的重要农产品基地等。如何发挥内蒙古自治区的地理文化、产业文化等特色文化，实现内蒙古自治区的文化地理IP打造，实现盟市IP名片，助力内蒙古自治区的文化发展、产业振兴、乡村振兴和共同富裕。

从区域上看，内蒙古自治区可以构建多个文化地理IP，例如内蒙古黄河文化地理IP、草原文化地理IP、沙漠文化地理IP、跨境边疆文化地理IP、"乌阿海满"康养文化地理IP、红山文化地理IP、工业文化地理IP、农业遗产文化地理IP等。从行政划分上看，例如阿拉善盟沙漠文化地理IP、巴彦淖尔市铜银文化和骆驼文化地理IP、乌海市工业文化地理IP、鄂尔多斯市能源转换和非物质文化遗产文化地理IP、包头市装备制造和稀土矿产高新技术文化地理IP、呼和浩特市乳都文化地理IP、乌兰察布市农业文化地理IP、锡林郭勒盟农畜文化地理IP、赤峰市红山文化地理IP、兴安盟爱国主义教育和森农文化地理IP、通辽市民族乐器和农业文化遗产地理IP、呼伦贝尔市草原文化和康养文化地理IP等。

在文化地理IP打造盟市名片中，以挖掘文化资源为资源基础，以换取"大空间"发展为实现基础，依托现有特色优势性资源，推动产业化发展，构建文旅融合、绿色康养、工业遗产、农业基地、沙漠助农、文化产业、高新技术等多维产业，实现以IP名片化为实现途径的创造性转化创新性发展，加强数字化、数智化宣传和传播，构建和转变为区域和跨区域"大空间"发展的整体思维，解决现有瓶颈问题（从内蒙古自治区的现有情况出发，资源普查需要加快推进，即"摸清家底"的项目需要进一步加快实施，此外还应强化数字化、数智化助力大美内蒙古的宣传和弘扬发展，以及加大盟市IP名片打造的力度），实现产业振兴、乡村振兴与共同富裕，从而增强文化自信、促进内蒙古自治区人民的团结向上，最终实现内蒙古自治区的文化自强和文化事业的繁荣昌盛。

以"塞上江南·天赋河套"巴彦淖尔市IP名片为例，位于河套平原的"巴彦淖尔"的蒙古语的含义为"富饶的湖泊"——巴彦淖尔市位于黄河"几"字湾上，黄河流域众多淡水湖泊孕育和滋养了这片富饶的土地，其中"乌梁素海"便是其中最著名的一片水域。通过蒙古语的命名可以得知黄河水系在巴彦淖尔河套区的地理环境产生了重要影响，也正因如此，巴彦淖尔市也被赋予"天下黄河富河套，塞外明珠赛江南"的美名。"天下黄河富河套"不仅在于水土肥沃，也在于巴彦淖尔市关键的地理位置。巴彦淖尔市乌拉特后旗的岩壁上有一幅"群虎图"，这幅画生动形象地刻画出古代人狩猎的情形。这无疑与巴彦淖尔市肥沃的土地紧密关联。正因土地肥沃，巴彦淖尔市自古便是重要边关枢纽地。这一点可以从在巴彦淖尔市境内发现的高阙塞、鸡鹿塞、受降城等重要的塞口遗址得以考证——巴彦淖尔地区是古时与中原地区进行文化、贸易等交流的重要边关枢纽。

巴彦淖尔市不仅享有"天下黄河富河套"的美名，随着时代的发展，巴彦淖尔市充分发挥富饶河套的地理资源和地理位置优势，还逐渐演变成为"八百里河套米粮川、塞外粮仓、天下厨房、草原上的菜篮子、黄河边的农艺园"。巴彦淖尔市的农畜产品已成为当地推动产业发展的重要引擎。巴彦淖尔市是亚洲最大的自流灌溉农业区，加上拥有丰富的太阳能和风能的优势资源，滋养了当地优质的农产品。在内蒙古自治区，一提到巴彦淖尔市，很容易联想到西瓜、甜瓜、向日葵、小麦、番茄等优质农产品。这些优质农产品被源源不断地输送到内蒙古自治区的不同地区以及全国各地。这种天然地理环境，加上当地的自流灌溉农业技术，赋予了巴彦淖尔市区域农牧产品公共品牌——"天赋河套"。"天赋河套"也被注册为集体商标。优质的农产品已经成为助力巴彦淖尔市产业发展的动力引擎，是实现巴彦淖尔市以"绿色发展、优质农产品发展"为产业赛道的乡村振兴和共同富裕的关键保障[1]。除此之外，巴彦淖尔市也是风能和太阳能的能源基地。在当地政府的大力扶持下，巴彦淖尔市全力发展风电和光伏产业，加强了新能源的利用，还给当地农民带来了经济收益[2]。

以"中国马都·草原明珠"锡林郭勒盟IP名片为例，锡林郭勒盟是我国重要的生态屏障，锡林郭勒盟因其独特的自然地理风光享誉区内外。锡林郭勒盟也是我国华北地区的畜产品生产加工基地，向全国输送着优质畜产品，"苏尼特羊""乌珠穆沁羊"等是享誉国内外的区域品牌和地理标志产品。锡林郭勒盟锡林浩特市是我国著名的马都。2014年，习近平总书记来到锡林浩特市，首次明确提出"希望大家要有蒙古马那样吃苦耐劳、勇往直前的精神"。

锡林郭勒盟锡林浩特市被中国马业协会授予"中国马都"的荣誉。2020年，在锡林浩特市成功举办了中国马术大赛。以"马术大赛"为牵引，在比赛沿线连接旅游景点，形成"草原风景大道"的草原生态旅游热线，实现"马术比赛+文旅融合"的产业发展模式。以"马"为文化牵引，融合相关产业，充分借鉴国外"马文化

---

①天下黄河 唯富一套：巴彦淖尔市打造天赋河套农产品区域公用品牌纪实 [EB/OL]．（2019-08-14）[2023-01-08]．http://www.brand.zju.edu.cn/2019/0814/c57338a2294088/page.htm.

②巴彦淖尔：坚持全产业链推进新能源产业高质量发展[A/OL]．（2022-06-27）[2023-01-08]．https://www.bynr.gov.cn/dtxw/zwdt/202206/t20220627_435335.html.

IP"运营的成功经验,为打造"马文化IP"和形成锡林郭勒盟的文化IP名片塑造良好的文化基础。

锡林郭勒盟还有著名的草原旅游资源,被称为"草原明珠"。"草原"是守护我国生态安全的重要资源,也是实现农畜产品加工生产的重要支撑保障,亦是发展旅游文化产业的资源基础,吸引着国内外游客前来欣赏草原、欣赏草原文化。锡林郭勒盟不断发展着草原天然资源优势,打造着以"草原"为核心载体的旅游文化,融合多项旅游特色项目,开展以草原文化为主题的博览会,创建文化旅游产业园区,建设基于当地特色的高档旅游景区和基地,充分促进锡林郭勒盟的"中国马都·草原明珠"品牌推广,提升品牌驱动的市场影响力和品牌认知度,实现锡林郭勒盟旅游文化产业的高质量发展和高水平的文娱综合体。

(三)运用新媒体推广传播中华优秀传统文化产品

在中华优秀传统文化与现代数字化生活的视觉呈现和传播方式上积极探索中华优秀传统文化创造性转化创新性发展是实现文化自信、铸牢民族团结的实践路径。借助移动互联网技术的新媒体,例如微信公众号、微博等社交平台,以及抖音、快手、微信视频号、小红书等"短视听作品"分享平台和西瓜视频、优酷视频、爱奇艺等"长视听作品"分享平台,又如今日头条、"学习强国"等新闻平台,再如喜马拉雅、蜻蜓FM等广播平台,以及知乎等问答平台、快看等漫画平台均是数字化、信息化时代的新媒体和重要的文化传播阵地。因此,在数字化、数智化、流量信息时代,要充分运用新媒体发挥的关键性文化传播和弘扬发展的阵地作用,实现中华优秀传统文化创造性转化创新性发展成果的推广传播,以产品落地为根本目标,以数字传播平台为实现保障,实现文化的繁荣发展,从而提升民族认同感和民族自信,促进民族团结,深深铸牢中华民族共同体意识。

通过梳理关于"运用新媒体推广传播中华优秀传统文化产品"在内蒙古的实践案例,指出内蒙古自治区的行动方案。内蒙古自治区文化和旅游厅、自治区文化局、内蒙古博物院推出"云游博物馆"系列活动,活动最大的亮点在于,只要用户关注内蒙古博物院的微信公众号就能让参与者体验内蒙古博物院的历史文物的全景观看和亲临体验,其最大优点就在于:没有时间和空间的限制和约束,可以跨越时空的界限亲临感受文化和历史[1]。第十九届中国·内蒙古草原文化节于2022年7月

---

[1] 具体内容可以参见内蒙古博物院的官网:www.nmgbwy.cn。

30日在内蒙古体育馆正式举行。在此次活动中，多家媒体和平台参与到网络直播的环节中。运用新媒体实现中华优秀传统文化的传播在此次活动中被发挥得淋漓尽致，腾讯、新浪等多家平台利用新媒体开启现场的网络直播。在第十七届中国·内蒙古草原文化节的现场转播的活动过程中，《大海道——"南海Ⅰ号"沉船与南宋海贸》①这一节目的最大文化传播亮点在于利用"非传统途径"实现实时观看。这一"非传统途径"便是内蒙古博物院"云"看展。众多网友通过"云"看展观看了这一精彩的节目，这也使得该节目被广泛传播。本次活动不仅有内蒙古马头琴、原创舞剧《骑兵》表演，还邀请了来自全国各地的十五位"梅花奖"演员一起展示中华戏曲名段，奉献了一场梨园盛宴。此次活动也表演了舞剧《孔子》，不仅展示了孔子的儒家思想、伟大精神，也传播了中华传统思想文化②。内蒙古自治区不仅有草原文化，也有距今5000年至7000年的仰韶文化和距今5000年至6000年的红山文化，就红山文化而言，最著名的莫过于在内蒙古自治区的赤峰市发现的中华第一龙——红山玉龙。2022年8月27日，为了弘扬中华优秀传统文化，内蒙古自治区联合多家媒体和网络平台直播了大型纪录片《根脉》。新媒体在传播内蒙古自治区的中华优秀传统文化中发挥着关键性作用，例如，优酷、爱奇艺、腾讯等以长视频（在《著作权法》上属于视听作品）为主的媒体平台，微博、抖音、快手等以短视频（在《著作权法》上亦属于视听作品）为主的媒体平台在其中发挥了关键性文化传播作用。《根源》以"水脉""地脉""文脉"为主题贯穿线索，以考古为剧情展现，通过情景再现、诗歌朗诵等方式，再次展现历史故事，立足于"四个共同"探寻中华优秀传统文化的历史脉络和情感纽带③。《根源》自播放以来受到大众的青睐，将内蒙古的中华优秀传统文化传播给大众，让大众"了解内蒙古、热爱内蒙古"，让更多人了解和热爱作为中华文化的重要组成部分的草原文化，可以说，新媒体的文化传播功能在其中发挥了关键作用。《驼道》是一部将汉族、蒙古族以及哈萨克族的中华文化艺术元素相互融合的一部舞剧，该舞蹈表现了草原丝绸之路的不同民族之间的贸易往来和文化交融。为了更好地传播《驼道》，将抖音、快手等短视频平台（视听作品平台）作为宣传平台，通过新媒体的宣传，不仅让该舞蹈实现最大范围

---

① "草原文化节丨这个周末，看展去！" [EB/OL]. （2020-08-08）[2022-12-02]. https://m.thepaper.cn/baijiahao_8638931?sdkver=44e1e982.

② "人民日报、新华社等9家新媒体直播第十九届中国内蒙古草原文化节开幕盛况" [EB/OL]. （2022-07-28）[2022-12-02]. https://m.thepaper.cn/baijiahao_19226684?sdkver=44e1e982.

③ 弘扬中华优秀传统文化融媒体直播《根脉》今日开启 [EB/OL]. （2022-08-27）[2022-12-02]. http://nmg.wenming.cn/2022xbwz/yw_54207/202208/t20220827_6461352.html.

的文化传播，还在文化传播的过程中让观赏者潜移默化地了解到古丝绸之路在经济价值、文化价值、艺术价值等方面发挥的关键作用，让观赏者对该舞蹈产生了浓厚的兴趣①。2017年9月创建的《内蒙古蒙古族非物质文化遗产数据库》是内蒙古自治区非物质文化遗产领域的专项数据库。在此基础上，内蒙古非物质文化遗产保护中心建立的内蒙古非物质文化遗产展示馆和数字展厅是展现内蒙古自治区的非物质文化遗产的重要数字化窗口，创建的数据库中涵盖了非物质文化遗产资料、档案、信息交流平台，方便大众对内蒙古非物质文化遗产的多元了解②。那么，传播内蒙古自治区的非物质文化遗产，新媒体必定在弘扬中华传统文化方面发挥关键性作用，提升文化自信，增强内蒙古自治区百姓的文化认同，最终实现内蒙古自治区百姓的自信自强。

（四）以校园文化建设为依托夯实文化人才培养

校园文化建设是夯实中华优秀传统文化创造性转化创新性发展人才培养的关键手段。通过开设中华优秀传统文化创造性转化创新性发展相关课程以及上手实践可以提升学生的成就感、自豪感以及对文化的认同感和自信感。因此，校园文化建设在提升学生的创新意识、践行创新、提升文化自信、增强文化认同、铸牢民族团结方面具有重要意义③。相关课程的开设不仅可以由人文社会科学类的相关学科开设和建设研究④，还可以由中医药、工业设计、知识产权、人文地理等诸多学科参与其中建设相关课程。因此，课程建设的观点不是单纯指人文社会科学类的相关学科，这种观点产生的根本原因是：对中华优秀传统文化的分类实施没有进行详细的研究工作和调研工作。夯实国民教育素质、铸牢校园文化主流价值，践行中华优秀传统文化创造性转化创新性发展，构建系统性整体认知，提升学生的文化自信和文化认同，保障民族大团结。

内蒙古自治区在文化人才培养中探索出了行动方案，构建出了从小学至大学基于文化资源的实践方案。蒙古族长调民歌是中华优秀传统文化的组成部分，也是人类非物质文化遗产的代表作，为了保护和传承中华优秀传统文化，在内蒙古开展

---

① 张玮．舞剧《驼道》：化身"一带一路"使者 讲述丝路故事[EB/OL].（2021-03-22）[2022-12-02]. https://www.chinanews.com.cn/cul/2021/03-22/9437880.shtml.

② 韩海燕．人工智能在非物质文化遗产保护与创新设计中的应用研究：以内蒙古地区为例[J]. 艺术与设计（理论），2020（8）:73-75.

③ 龚婷．论弘扬中华优秀传统文化之于坚定大学生文化自信的意义[J]. 学校党建与思想教育，2018（17）:95-96.

④ 张岂之．文化自信与我国高等教育：兼论中华优秀传统文化特色[J]. 中国大学教学，2017（8）:17-22.

了"千校万户计划"。这里的"千校万户计划"是指在内蒙古自治区的一千所学校内以及一万个传承户内传承保护蒙古族长调民歌。不仅如此，内蒙古自治区还设立了文化保护区，助力保护蒙古族长调民歌文化①。内蒙古自治区积极组织开展全国中华优秀传统文化传承学校建设工作，教育厅每年向各地各校发放项目经费。教育部办公厅在教育部官网公布的关于"第三批全国中小学中华优秀传统文化传承学校名单"中，内蒙古自治区就有54所被入选名单中②。乌审旗蒙古族实验小学便是在此次名单中的学校。乌审旗蒙古族实验小学从2019年开始，在校园活动中多次举办"非遗进校园"的相关活动，开展了丰富多彩的中华优秀传统手工艺比赛。学校基于当地的文化资源，还开设了传统柳条编织课、熟皮技艺课、传统毛毡制作课，以及传统银制品制作课③。在呼和浩特市团结小区举行的"'传统文化进校园，非遗薪火我传承'——2021年新城区非遗进校园活动"中，邀请了太平鼓舞传承人于慎孝、胡笳技艺传承人徐茂国、八角鼓传承人李欣和面塑、蛋雕、剪纸等技艺传承人共同为学生展示中国优秀的非遗文化，让学生们亲临观看非物质文化遗产，对非物质文化遗产产生记忆，从而感受中华优秀传统文化的独特魅力，并提升了保护非物质文化遗产的文化自觉和保护意识④。位于呼和浩特市赛罕区的新桥小学大力发展武术特色教育，不仅建立了校武术队、武术社团，还在校园里开展了别具特色的校园武术文化活动，向小学生普及了八段锦、太极拳、功夫扇、五禽戏，将武术与课件活动相互融合，一方面让小学生们充分认识、了解、热爱中华传统武术⑤，另一方面还能够强身健体。清水河瓷艺是内蒙古的非物质文化遗产，有着"塞北清水河"的美名，距今已有八百多年的历史。但清水河瓷艺现在面临的最大困境是失传⑥。为了保护传承和弘扬发展清水河瓷艺，近年来清水河县推出"陶瓷技艺进校园"活动，让中小

① 张劲盛. 蒙古族长调民歌保护与传承的内蒙古实践[J]. 内蒙古艺术，2018（2）:66-68.

② 教育部办公厅关于公布第三批全国中小学中华优秀传统文化传承学校名单的通知[A/OL].（2021-11-23）[2022-12-02]. http://www.moe.gov.cn/srcsite/A17/moe_794/moe_628/202112/t20211209_586130.html.

③ 辛曦丽. 弘扬中华优秀文化打造校园传统特色：乌审旗蒙古族实验小学入选教育部第三批优秀传统文化传承学校[EB/OL].（2021-12-28）[2022-12-02]. http://jytyj.ordos.gov.cn/jtdt/qqdt/202306/t20230602_3428179.html.

④ 非遗进校园 让传统文化薪火相传[EB/OL].（2022-06-09）[2020-12-03]. http://www.thepaper.cn/newsDetail_forward_18502679.

⑤ 喜报|赛罕区新桥小学校园武术特色成功入选中华优秀传统文化传承基地（校）[EB/OL].（2022-09-09）[2022-12-03]. https://m.thepaper.cn/newsDetail_forward_19848213.

⑥ 院秀琴. 熊熊窑火八百年 映照中华瓷文化[N/OL]. 2022-08-15 [2022-12-13]. http://szb.northnews.cn/nmgrb/html/2022/08/15/content_38104_188398.htm.

学生学习并了解这项优秀的传统技艺①。内蒙古自治区不仅在小学开展了关于保护传承中华优秀传统文化的校园文化建设活动,在中学也开展了相关活动。呼和浩特市第二十六中学是内蒙古自治区的"中华传统文化教育实践基地"。为此,呼和浩特市第二十六中学开展了丰富的校园文化建设活动。呼和浩特市第二十六中学长期以来将《弟子规》、中华汉字、中华传统文化等相关课程内容纳入教学环节。不仅如此,呼和浩特市第二十六中学还将中华国学经典融入校园文化建设的相关活动之中,让学生们了解、掌握、热爱中华优秀传统文化②。内蒙古的各个大学也结合自身的资源优势,开展了丰富的校园文化活动。少数民族音乐文化是中华传统音乐文化中的重要组成部分,在内蒙古高校德育音乐教育中开展少数民族音乐教育,不仅在大学环境中营造音乐氛围,还能让学生爱上传统音乐③,在此基础上实现传统音乐的创新性发展。"内蒙古自治区潮尔艺术传承人培训班"便是为了保护我国音乐非遗而在内蒙古大学艺术学院建立的培训班,通过培训班的形式助力抢救、发展非物质文化遗产,培养潮尔传承人,传播色拉西艺术④。在和林格尔县,有一项非物质文化遗产非常出名,那就是剪纸艺术。位于和林格尔县的内蒙古师范大学盛乐校区,充分发挥了当地优势非遗资源,将和林格尔剪纸艺术融入大学生课堂,通过选修课的形式向大学生们展现剪纸艺术的独特魅力,从而让大学生了解剪纸艺术、热爱剪纸艺术、逐渐对剪纸艺术产生浓厚的兴趣,通过体验剪纸艺术了解民族文化,进而为培养剪纸艺术的传承人提供了人才基础⑤。上述位于内蒙古自治区的小学、中学、大学开展的校园文化建设活动方案,不仅可以了解到内蒙古自治区各级学校开展的丰富多彩的校园文化建设方案,还能从中总结出夯实文化人才培养的行动方案。

习近平总书记提到"站立在960万平方公里的广袤土地上,吸吮着中华民族漫长奋斗积累的文化养分,拥有13亿中国人民聚合的磅礴之力,我们走自己的路,具有无比广阔的舞台,具有无比深厚的历史底蕴,具有无比强大的前进定力,中国人民应该有这个信心,每一个中国人都应该有这个信心"。文化自信是根本自信,文

①陶瓷技艺进校园[EB/OL].(2019-12-17)[2022-12-03].http://www.moe.gov.cn/jyb_xwfb/s5984/xw_tsxwft/201912/t20191217_412412.html.

②呼市第二十六中被命名为内蒙古"中华传统文化教育实践基地[EB/OL].(2014-12-15)[2022-12-03].http://www.nmgnews.com.cn/yuquanqu/system/2014/12/15/011591936.shtml.

③郭德钢.论少数民族音乐文化传承与内蒙古高校音乐教育[J].中国音乐,2010(1):261-266.

④曹晔.抢救传承蒙古族古老传统艺术的一次成功尝试:记"内蒙古自治区潮尔艺术传承人培训班"[J].内蒙古大学艺术学院学报,2009(2):75-78.

⑤成欣欣.内蒙古自治区非物质文化遗产传承人才培养研究:以和林格尔剪纸为例[J].内蒙古师范大学学报(教育科学版),2020(4):40-44.

化自信是源自人民的文化自信,文化自信的强大底气可以深深促进民族团结和加深加强民族认同感,文化自信的强大生命力最终实现文化自强,实现中华优秀传统文化的弘扬发展和繁荣兴盛。

四、从内蒙古向国外推广应用:弘扬中华文化软实力

2013年,习近平总书记提出了"一带一路"倡议,不仅加深了"一带一路"国家的经济合作,还提供了一条中华文化走出国门和增强我国国家文化软实力的新路径和新方案。增强我国中华文化软实力是一项重大战略和核心任务。党的十八大以来,高度重视中华文化软实力的弘扬发展和提高增强。党的十九大报告中指出"推进国际传播能力建设,讲好中国故事,展现真实、立体、全面的中国"。每一个走出去的国家文化输出企业和国家文化输出项目都是践行"讲好中国故事"和展现"真实、立体、全面的中国"的有力证明。根据商务部办公厅、中央宣传部办公厅、财政部办公厅、文化和旅游部办公厅、广电总局办公厅联合公示的《2021—2022年度国家文化出口重点企业和重点项目名单》可以得知,369家文化出口重点企业和122项文化出口重点项目被列入国家文化出口名单。中华优秀传统文化走向世界,是我国提升中华文化软实力的最好证明,在国家文化出口"排头兵"的示范作用下,以弘扬社会主义核心价值观为价值导向,落实中华优秀传统文化的创新创造,助力创造性转化创新性发展,促进中华优秀传统文化走出国门,实现国家文化出口和增强国家文化软实力是实现文化自强的重要途径。

中华优秀传统文化走出去以及提升中华文化软实力有助于增强中华文化自信,有助于文化认可,也有助于中华文化内在魅力的高度彰显和活力释放。2021年3月习近平总书记前往武夷山市星村镇燕子窠生态茶园,对当地茶产业发展情况进行叮嘱:统筹做好茶文化、茶产业和茶科技。我国传统的茶文化是中华优秀传统文化的组成部分,在向外文化输出中占据着一席之地。例如在俄罗斯,俄罗斯人开始从之前的"喝茶"变为"品茶",仅是"喝"和"品"之间的一字之差,却表明俄罗斯人对中国传统文化的认可。这种文化认可展现了中华文化的独有魅力和活力,是提升文化自信的有力证明。

那么,如何增强中华文化软实力,形成对中华文化的高度认可是一项重要的时代课题。这里,不仅需要明确国家软实力提升的文化力量根基,也需要总结优秀经验从中探寻创造性转化创新性发展的行动方案,亦需要汲取国外优秀文化的滋

养，实现中华优秀传统文化的繁荣昌盛和保护传承，提升文化自信和最终实现文化自强。

（一）国家文化软实力提升的文化力量根基

习近平总书记强调"要更好推动中华文化走出去，以文载道、以文传声、以文化人，向世界阐释推介更多具有中国特色、体现中国精神、蕴藏中国智慧的优秀文化"。在百年未有之大变局的时代背景和复杂的国际大环境下，我国如何在2035年实现文化强国是时代重大课题。增强国家文化软实力，实现文化认同，提升中华文化国际影响力，展现一个"真实、立体、全面的中国"的文化力量根基在于：基于中华优秀传统文化资源进行创造性转化和创新性表达，是以践行社会主义核心价值观为价值引导和思想源泉，提升和强化创新，提升国家文化软实力，实现中华优秀传统文化的创造性转化创新性发展。可以说，这便是国家文化软实力提升的关键所在，亦是文化力量源泉。

（二）国家文化出口重点项目的中国经验

《2021—2022年度国家文化出口重点企业和重点项目名单》的国家文化出口企业和项目是文化出口的"排头兵""先行者"。这有助于内蒙古自治区的文化创新企业和文化项目的"走出去"，从而助力内蒙古自治区的中华优秀传统文化的繁荣发展，实现内蒙古各族人民群众的文化自信和民族团结。因此，梳理和概括分析重点企业和重点项目"走出去"的行动路径和成功经验无疑为内蒙古自治区相关文化创意企业和核心项目的"走出去"提供助力方案。

1.图书出版重点项目的中国经验

内蒙古自治区图书出版在创造性转化（集中于内容）和创新性出版（集中于形式）方面可以借鉴图书出版重点项目的中国经验，其实践路径可以总结为：借助搭建的全球线上线下图书交易平台确保图书交易的实践活动，出版不同维度下的高质量图书，例如"一带一路"沿线国家的中国主题图书出版、面向港澳台的特色图书出版、科技前沿类图书的出版、儿童图书的出版等，满足不同人群的精神需求，内蒙古自治区充分发挥"桥头堡"的地缘优势，以草原文化为特色出版主线，强化横跨新亚欧文化辐射效应，在图书出版的过程中积极打造国际品牌，实现内蒙古自治区的中华优秀传统文化"走出去"的重大工程。

搭建全球线上线下图书交易平台可以借鉴北京国际图书博览会、中国国际云书馆、中国电子书库的成功经验。北京国际图书博览会吸引了众多国际图书出版商，参展了全球精品图书。北京国际图书博览会充分运用5G技术，统计技术实现与读者的深度沟通和互动，跨越超大时空范围实现阅读体验，参展商和读者可以清晰感受到数字化时代背景下的全新阅读体验，即不需要到达现场便可以通过终端设备和网络环境实现对全球精品图书的阅读和欣赏①。中国国际云书馆是充分运用3D视觉技术的虚拟展馆，隶属于中国国际图书贸易集团有限公司。通过3D视觉技术可以在虚拟网络上还原图书馆的真实情景，全方位浏览和了解中国精品图书，其范围从儿童文学作品到青少年图书、从社会科学到自然科学领域精品图书，有着丰富的图书选择。其"云阅读"模式不仅可以实现阅读的无国界，也可以促进和加深国际合作，为各国经典图书出版提供合作机会和平台交流②。中国电子书库将中国优质图书资源进行数字化处理和标准化处理，向全世界的读者介绍和提供中国的高质量图书资源。中国电子书库是以数字化技术为托底实现中国图书国际化的数字资源平台，也是中国图书"走出去"的实践方案③。

出版不同维度下的高质量图书可以满足不同读者的精神需求。图书出版重点工程项目中"一带一路"沿线国家中国主题图书出版是认识中国、了解中国的重要途径。但在"一带一路"沿线国家出版图书并不是一件容易的事情，可以说困难重重，对内而言，国内多语种翻译人才较为稀缺，对外而言，海外读者对中国的社会、文化、民族、经济、政治等缺乏全方位的认识，海外不同国家存在的文化差异，海外图书出版标准等是制约海外图书出版的对内及对外影响因素。因此，打破上述瓶颈，实现中国图书的海外出版和销售是一项重要课题，也是难度很大的课题。为了做好中国图书"走出去"，中国的出版机构努力克服海外图书出版和销售的种种瓶颈，面向"一带一路"国家推进图书出版，实现中华优秀传统文化的"走出去"。中国人民大学出版社推出的31卷的"认识中国·了解中国"的系列图书是积极推进文化对外传播的重要图书出版工程。该系列图书深度讲述了中国特色社会主义、中华优秀传统文化、中国和平发展等诸多内容。该系列图书已被翻译成多国语言，积极推动了中国图书、中国文化的对外传播，推进世界认识中国、让世界了

---

① 第28届北京国际图书博览会开幕 30万种全球精品图书亮相[EB/OL].（2021-09-14）[2023-01-03]. http://www.gov.cn/xinwen/2021-09/14/content_5637183.htm.

② 中国首座"国际云书馆"上线海纳全球各大出版机构 [EB/OL].（2020-07-24）[2023-01-03]. https://tech.gmw.cn/2020-07/24/content_34027675.htm.

③ 中国电子书库（易阅通海外版）[EB/OL].（2019-12-05）[2023-01-03]. https://topics.gmw.cn/2019-12/05/content_33376876.htm.

解中国①。江苏求真译林出版有限公司针对在"一带一路"国家中出版图书遇到的困境，积极响应国家"一带一路"发展战略和政策号召，加大推进外文版图书出版项目力度，采取高效营销推广，在文化海外传播和"走出去"上发挥了重要作用②。北京扎耶德中心文库是中国与阿拉伯国家共同建设的文库。该文库收录了诸多中国和阿拉伯国家的经典著作，这对推进图书翻译工作、丰富中国和阿拉伯国家的文化深度交流、增进两国人民的友好感情发挥着重要作用③。近年来，汉语学习的需求在泰国越发强烈，可以说，这种越发强烈的汉语学习需求已成为很重要的图书出版市场。在中泰两国政府的积极努力下，《体验汉语》项目逐渐进入泰国中小学汉语教学课堂中。《体验汉语》充分考虑到泰国文化，在书中融入了泰国特色的教学内容和教学场景。教材出版之后得到了泰国当地中小学生的认可和喜爱。《体验汉语》实现了汉语的国际化和中国优秀图书的国际化④。中国（福建）图书展销会在新西兰隆重召开。本次展销会出售了关于中华优秀传统文化的书籍、闽南特色书籍等⑤。通过这次海外图书展销会，让外国人进一步了解中华优秀传统文化、闽南文化等，实现了中国文化产品的海外推广和版权运营。为了加深语言文字交流，澳门教育及青年发展局和人民教育出版社合作出版了相关教材。该教材有机融入了国家观、民族观、历史观，培养了学生的爱国主义情怀，弘扬了中华优秀传统文化。该教材在普通话教育普及方面也发挥了重要作用⑥。"接力—东盟少儿图书联盟"是我国和东盟不同国家之间建立的少年儿童图书联盟。该少年儿童图书联盟以图书为牵引，不仅为中国和东盟各国的少年儿童提供了优质少儿图书，还加深了我国和东盟各国之间的合作，促进了文化交流，为未来深度合作描绘了美好蓝图⑦。《欢乐中国年》是安徽少年儿童出版社出版的关于中国春节习俗的立体图书。该图书在内容上的创造性

① 数字解读中国：中国的发展坐标与发展成就（"认识中国·了解中国"书系）[EB/OL]. [2023-01-03]. http://www.crup.com.cn/Book/Detail?doi=fe22bfd9-0365-4bc9-8ca3-866cde1dbdd3&urltype=0.

② "一带一路"主题图书海内外出版现状对比及海外出版启示：基于当当网中国站点与亚马逊美国站点的实证分析[EB/OL].（2020-09-11）[2023-01-03]. http://www.sic.gov.cn/News/614/10590.htm.

③ 李潇."'一带一路'中阿友好文库"打造中阿人文交流桥梁[EB/OL].（2022-09-11）[2023-01-03]. http://world.people.com.cn/n1/2022/0911/c1002-32524115.html.

④ 中教集团打造外向型精品[EB/OL].（2019-08-21）[2023-01-03]. https://www.sinobook.com.cn/press/newsdetail.cfm?iCntno=30063.

⑤ 中国（福建）图书展暨"清新福建"图片展在新西兰隆重举行[EB/OL].（2018-12-19）[2023-01-03]. http://world.people.com.cn/n1/2018/1219/c1002-30477211.html.

⑥ 澳门教材研讨会举行[EB/OL].（2020-10-10）[2023-01-03]. https://edu.gmw.cn/2020-10/10/content_34256438.htm.

⑦ 刘蓓蓓.中国和东盟少儿出版合作模式升级[EB/OL].（2019-11-18）[2023-01-03]. http://www.cnpubg.com/export/2019/1118/50060.shtml.

转化体现在：故事主人公团团和圆圆以要求爷爷讲故事为序幕，将跑出来的"年"兽贯穿故事整个环节，讲授了"年"兽畏惧和喜好的事项。该图书通过"年"兽引出挂红灯笼、贴红对联、放红鞭炮等过年习俗，传播和弘扬了中华优秀传统文化。面向科技前沿类图书的出版，"当代科技前沿专著系列"针对国家重点发展的科学技术领域和与国家经济社会紧密关联的科学技术领域，出版了具有国际性、原创性、特色性的系列学术专著。"Frontiers in China 英文学术期刊"是我国学术期刊"走出去"的践行方案①。

在图书出版的过程中积极打造国际品牌，提升图书出版机构的认知度和认可度是非常重要的。山东友谊出版社打造的国际品牌——"尼山书屋"是打造国际品牌、提升国际知名度和认可度的典型案例。"尼山书屋"在践行文化"走出去"工程中发挥了关键作用。"尼山书屋"以"互联网＋共同建设＋定位民间"为思路在海外出版和销售图书。这不仅实现了中华优秀传统文化的国外传播，还实现了版权在国外的运营，获得了巨大的版权收益，为我国出版机构的"走出去"提供了借鉴经验，打造了文化出海的"榜样"②。

2.视听作品重点项目的中国经验

视听作品是流量时代、数字时代的文化传播的关键虚拟载体。内蒙古自治区可以借鉴视听作品重点项目的中国经验实现内蒙古的中华优秀传统文化的创新性传播。视听作品重点项目的中国经验的实践路径是：搭建视听作品线上线下文化交流和版权运营平台，打造产生优质内容的视听作品，实现中华优秀传统文化的创新性传播，构建跨越时间和空间界限的数字化文化传播，实现内蒙古自治区的中华优秀传统文化的保护传承和弘扬发展。

中华优秀传统文化的向外传播是关乎中华优秀传统文化"走出去"和切实增强中华优秀传统文化向外传播的重要任务和时代课题③。线上线下视听作品文化交流和版权运营平台是以视听作品为文化载体，助力实现文化的国际交流和交易运营的平台系统。可以说，平台是践行文化海外传播的重要数字基地。芒果TV是全球文化出口平台重点项目的落地实践。采用了超前大胆界面设计的芒果TV将目标市场确

---

①传承红色经典推进国际传播：中国教育出版传媒集团成功参加第二十八届北京国际图书博览会[EB/OL].（2021-09-24）[2023-01-03]. http://www.cepmg.com.cn/xwzx/jtdt/202109/t20210924_1970575.html.

②尼山书屋：中华文化、中国出版"走出去"的国际品牌[EB/OL].（2017-04-14）[2023-01-03]. https://www.sdpress.com.cn/News/3/100/NewsDetail_7493_1.html.

③吴王姣.探索中华优秀传统文化国际传播路径[EB/OL].（2022-04-27）[2023-01-04]. http://cssn.cn/ztzl/jzz/rwln/wh/202209/t20220923_5541360.shtml.

定在海外，通过创建全球文化出口平台，开设了一扇国外了解中国的窗口，实现了文化的国际交流和全球对接[①]。"视听上海·北美综合运用平台"是向加拿大、美国等国家进行文化输出的视听作品平台，在北美的用户范围已覆盖到3.3亿人口。"视听上海·北美综合运用平台"通过分享中国优秀视听作品，可以让全球观众通过优秀的视听作品了解中国、认识中国。在春节期间，"视听上海·北美综合运用平台"向全球播放了春节联欢晚会，让全球感受到春节的喜庆气氛[②]。"捷成华视网聚"作为视听作品版权集成服务的提供商，充分利用媒体运营资源，调整不同国家之间文化差异的同时，实现文化的相互交融[③]。由中国驻里约热内卢总领馆和当地政府联合举办的"友来友网"中国—巴西南美洲国际影视展加深了中国和巴西两国的文化交流。在首届线下国际影视展中展出了中国和巴西两国的优秀视听作品，例如，《流浪地球》《白蛇缘起》等优秀视听作品，通过不同视角让巴西观众了解中国、认识中国。这种线下的文化交流和版权运营平台可以推进中国和巴西两国的文化交流，依托于中国和巴西两国的文化市场，实现版权运营交易，促进中国和巴西的优质文化资源的共享和文化产业的发展[④]。

中华优秀传统文化的海外传播和"走出去"的核心是创造出符合时代发展需求的优质版权内容，只有符合时代要求、内容要求和质量要求，才有助于推进以视听作品为依托载体的文化传播和传承发扬的文化动态路径。《抗击新冠肺炎：生死前线》(*Fighting COVID-19: Life and Death on the frontline*)是以优质视听作品为载体的、构建文化发展动态路径的典型案例。《抗击新冠肺炎：生死前线》是由江苏省广播电视总台与英国雄狮电视制作公司联合摄制的、荣获第43届美国泰利奖(The Telly Awards)电视纪录片铜奖的纪录片。该长篇视听作品以中国抗疫故事为选题背景，以主人公的抗疫故事为主线，以观众易于接受的方式呈现，表达了同舟共济、举国同心的情感，展现了疫情的恐怖与人性的关爱[⑤]。中国抗疫题材类视听作品获得国外观众的认可，展现出举国同心、同舟共济的中国美好形象和"生命至上、举国

[①]"走出去"彰显中国文化软实力[N].经济日报，2020-11-19.

[②]喜报！五岸传播蝉联国家文化出口"双重点"[EB/OL].（2021-08-06）[2023-01-03]. https://www.opg.cn/en/newsCenter/newsInfo/1424568939025055744.html.

[③]"捷成华视网聚"的详细内容以及优秀视听作品可以参见：http://www.huashi.tv。

[④]中巴优秀影视作品热映首届中国巴西影视展[EB/OL].（2019-08-15）[2023-01-04]. http://www.gov.cn/xinwen/2019-08/15/content_5421403.htm.

[⑤]《抗击新冠肺炎：生死前线》荣获第四十三届泰利奖纪录片铜奖[EB/OL].（2022-06-24）[2023-01-04]. http://jsgd.jiangsu.gov.cn/art/2022/6/24/art_69984_10515592.html.

同心、舍生忘死、尊重科学、命运与共的伟大抗疫精神"①。《庆余年》是经演绎创作形成的一部网络热剧，讲述的是少年范闲经历多重人生考验最终成长的励志故事。优质电视剧的参考标准可以参照豆瓣评分，在豆瓣评分上《庆余年》获得8.0的高分（8.0在豆瓣评分上属于非常高的分数，具体数据可以参见豆瓣评分网），可以说《庆余年》是一部深受网友喜爱的网络剧。2021年，《庆余年》在海外发行②。该网络热剧的海外发行不仅扩大了网络剧优质IP的品牌效应影响力，还提高了《庆余年》在海外的文化传播和中国网络剧IP品牌的高认知度。

3. 静态画—动画重点项目的中国经验

静态画和动画是结合时代发展和迎合观众的审美需求的艺术作品和视听作品，借鉴静态画和动画重点项目的中国经验有助于内蒙古自治区的静态画和动画的"出海"和"走出去"，其实践路径为：以静态画和动画的制作平台为实现保障，以创作高质量的形象生动的静态画和动画为根本，在作品中深度融入内蒙古自治区的特色场景和中华优秀传统文化符号和相关元素，增强文化自信，铸牢中华民族共同体意识。

就静态画而言，"大吉兔"以中国传统民俗文化"二十四节气"为设计灵感来源，在"二十四节气"中融入并结合了活泼可爱、画风简洁的"大吉兔"，实现动静结合的视觉体验，强化了视觉的关注度和感知度，推动了中华优秀传统文化的国内外传播，实现了中华优秀传统文化的"出海"和"走出去"③。

就动画而言，以动画制作平台为实现保障，制作出内容优质的动画视听作品，实现中华优秀传统文化的弘扬发展和"走出去"。"之江一号"AI表演动画数字平台是实现10人以上动画拍摄的制作平台。该制作平台包括扫描、渲染制作、录音、录像、直播等专业制作棚，能够实现动画等视听作品的数字化制作。AI表演数字平台是实现动画产品产出的数字平台，是实现动画"出海"的实现保障④。《发明家创想乐园奇遇记》是一款中国和外国电视台共同合作制作拍摄的科幻类动画片。该动画

① 辛鸣. 论伟大抗疫精神[EB/OL].（2020-09-14）[2023-01-04]. http://www.dangjian.cn/shouye/sixianglilun/dangjianpinglun/202009/t20200914_5787124.shtml.

② "上海符号"闪耀全球，申城文化贸易首度达到千亿元规模[EB/OL].（2022-07-16）[2023-01-04]. https://chs.meet-in-shanghai.net/travel-class/news-detail.php?id=60976.

③ 唐维红，王京. 人民网研究院院长唐维红等：让中国优秀传统文化走出"国际范儿"——人民网加强国际传播能力建设的探索与实践[EB/OL].（2022-03-01）[2023-01-06]. http://yjy.people.com.cn/n1/2022/0301/c244560-32362722.html.

④ 中南卡通：数"智"赋能，推进动漫产业数字化转型[EB/OL].（2021-09-30）[2023-01-06]. http://www.zj.chinanews.com.cn/jzkzj/2021-09-30/detail-iharpcni8669473.shtml.

片的主人公是一只聪明的狐狸，名叫"埃迪"，它突然闯入高科技新世界，开始了"埃迪"的奇幻探险之旅。通过"埃迪"的奇幻旅行表达了"人与自然是命运共同体""人类命运共同体"的中国思想内涵①。《发明家创想乐园奇遇记》通过与国外电视台的合作，助力国产动画的"出海"，向世界讲好中国故事②，实现中国思想、中国理念的海外传播。《许愿神龙》讲述的是少年"丁思齐"因在无意中得到一个古茶壶之后发现"许愿神龙"，从而开启奇幻惊险的冒险故事。《许愿神龙》中充分融入了中华文化元素和中华文化符号，例如飘着五星红旗的学校、爱吃虾条的神龙、中国特色的居民住宅石库门、早餐店里吃着馄饨的食客、巷子里闲聊的街坊邻居、爱跳广场舞的大爷大妈等，可以说《许愿神龙》中充满了浓浓的烟火气息，"许愿神龙"的生动形象也受到广大群众的喜爱，践行了中华优秀传统文化的海外传播，增强了文化自信③。

4.网络游戏重点项目的中国经验

网络游戏已成为网络时代的关键虚拟载体。截至2022年6月，我国网络游戏用户规模达5.52亿，占网民整体的52.6%④。可以说，网络游戏是流量时代、网络时代的重要文化传播的虚拟形式载体，更是中国文化输出的重要载体。通过网络游戏载体实现中华优秀传统文化的向外传播和"走出去"需要以质量把控和视觉渲染效果的强化以及IP人物的塑造为前提，在场景设计中充分融入中华文化元素，实现中华文化元素的视觉化和标志化，通过视觉文化元素构建文化IP品牌，获得海外游戏市场份额，实现文化传播的影响力，增强文化自信，最终实现文化自强。

作为流量时代的重要文化载体，网络游戏重点项目的中国经验有助于内蒙古自治区充分运用内蒙古自治区的优秀传统文化资源，挖掘文化符号和文化场景，在网络游戏中融入内蒙古自治区的人文自然场景、中华优秀传统文化符号和文化元素，通过视觉渲染技术实现游戏的视觉盛宴，铸牢中华民族共同体意识，增强内蒙古各族人民群众的文化自信，最终实现内蒙古各族人民群众的文化自强。《原神》是深受国外玩家喜爱的米哈游旗下的一款网络游戏，应用下载量占据前三（具体数据可

①河南约克动漫：向世界讲好中华文化[EB/OL].（2021-09-10）[2023-01-06]. http://www.yorkg.com/news-details/433?type=0.

②植根传统 创新性表达：国产动画向世界讲述中国故事[EB/OL].（2019-06-02）[2023-01-06]. http://www.gov.cn/xinwen/2019/06/02/content_5396913.htm.

③《许愿神龙》：满满中国元素绘就上海男孩的奇幻之旅[EB/OL].（2021-01-19）[2023-01-06]. http://news.cnnb.com.cn/system/2021/01/19/030222148.shtml.

④中商产业研究院. 2022年上半年我国网络游戏用户规模达5.52亿占网民整体52.6%（图）[EB/OL].（2022-11-18）[2022-01-04]. https://www.askci.com/news/chanye/20221118/0929472026901.shtml.

以参见苹果App商店下载排行），在国外网络游戏市场份额中占据着绝对优势，同时入选了我国"国家文化出口重点项目"。《原神》游戏中设计了七个具有不同风情和历史文化的国家，其中"璃月国"是以我国作为原型设计的，"璃月国"的每个设计界面中均融入了中华文化符号。从《原神》的布景图形看，"璃月国"地形设计的原型来自张家界，在国外游戏玩家中潜移默化地传播了张家界的IP形象，"璃月国"中种植的树是杏树、竹子，"璃月国"的建筑均是中国古代的榫卯结构房和青瓦房，"璃月国"人穿的服饰多是中国传统马褂服。从《原神》中的音乐作品看，我国著名的音乐制作人、作曲人陈致逸创作了《原神》的背景音乐，当聆听《原神》中的音乐时，可以很容易捕捉到我国的笛子、古筝、琵琶等乐器声音。从《原神》中的艺术作品看，充分运用了中国古代的楚辞体，构建艺术作品。《原神》不仅实现了中华优秀传统文化在内容上的创造性转化和在形式上的创新性表达，还成功实现了中华文化的向外输出，获得了巨大的市场份额和文化传播影响力。《时光游戏》是重庆帕斯亚科技有限公司旗下的一款角色扮演游戏。该游戏构建的文化场景是"部落之间的资源争夺或合作+中国田园式生活情境+农村经济生态情境"。这里的"部落之间的资源争夺或合作"是指游戏玩家在不同游戏场景中，例如农田、工厂、沙漠、小镇等，通过与邻居合作经营、共同作战，与沙匪抗争守护资源，实现虚拟家园的繁荣发展。《时光游戏》以"探险、合作、竞争"为主要游戏体验，在游戏过程中感到中国西部沙漠地理风情等中华文化符号，通过网络游戏实现文化传播和中国优秀作品的"走出去"。《浮生为卿歌》是以汴京为原型、以3D视觉古风世界为游戏背景设计的一款传统古风养成系手游。《浮生为卿歌》中有中国古时特有的琴棋书画、诗词歌赋、文学著作等中国文化元素。在游戏开发过程中，邀请了潍坊风筝传承人郭洪利老师对风筝设计进行了指导，并对其进行了宣传[①]，在游戏中强化了中国非物质文化遗产元素，实现游戏与中国文化元素的深度融合。该游戏还促进了周边文创IP的开发，随着《浮生为卿歌》的火热，受到古风爱好者的喜爱，带动了联名款汉服的热销。《浮生为卿歌》中出现的宠物坐骑也被制作成古风系列盲盒文化产品，实现了游戏的周边产品的发展。《贪吃蛇大作战》是一款以"吃食物逐渐变大的蛇"为游戏主线的国内家喻户晓的休闲网络小游戏。武汉微派网络科技有限公司依托于"贪吃蛇"的公共版权资源，把这款《贪吃蛇大作战》改

---

①王玉龙. 潍有尚品｜风筝"跨界者"郭洪利[EB/OL].（2022-06-11）[2023-01-04]. http://weifang.sdnews.com.cn/wfxw/202206/t20220611_4042403.htm.

造成为一款网络精品游戏，实现游戏"出海"和"走出去"，推动了文化宣传、游戏发展，扩大了游戏市场份额。

5.音乐—舞蹈—杂技艺术—戏剧—曲艺重点项目的中国经验

在"音乐—舞蹈—杂技艺术—戏剧—曲艺"的著作权客体中，被列入文化出口重点项目的主要以"音乐"类、"舞蹈"类、"杂技"类重点项目为主。在这里，本书重点列出音乐、舞蹈、杂技艺术三大类文化出口重点项目的中国经验，助力内蒙古自治区的音乐作品、舞蹈作品、杂技艺术作品、戏剧作品、曲艺作品的"出海"和"走出去"。从实践路径上看，强调内容上的创造性转化和形式上的创新性表达，充分运用数字化视觉技术，呈现了绚烂的视觉盛宴，构建了虚实结合的创新场景。

音乐乐器是实现艺术文化交流的物理载体。江苏奇美乐器有限公司是一家从事音乐乐器国际贸易的国家文化出口重点企业，主要向国外出口竖笛、口风琴、口琴等音乐乐器。向国外出口竖笛，可以让国外人民了解中国乐器，促进中国传统音乐乐器的"出海"和文化交流[①]。之后，江苏奇美乐器有限公司进一步对口琴进行升级改造，实现了设备和模具自动化以及乐器的创造性转化。江苏奇美乐器有限公司的国外乐器出口的经验可以运用到内蒙古自治区的乐器制造的相关企业，实现内蒙古自治区中华民族特色乐器的"走出去"，实现文化交流、助力中华优秀传统文化的"走出去"以及海外传播。

舞蹈作品"出海"的典型案例是上海芭蕾舞团表演的《天鹅湖》。上海芭蕾舞团《天鹅湖》的国外巡演是向国外传播东方美学的成功经验，是中国艺术在国际舞台上展演的中国经验。上海芭蕾舞团在美国林肯表演艺术中心表演的舞蹈作品《天鹅湖》是演绎我国古典芭蕾艺术的经典作品。其优美的艺术表达受到国外观众的喜爱。《天鹅湖》舞蹈作品不仅是基于创新的舞蹈作品，也是东方美学与中国艺术的国际化展现，亦是中国艺术"走出去"和文化传播的经典案例[②]。

"杂技"类重点项目是入选数量最多的文化出口重点项目。海外观众对中国杂技艺术表演作品有着浓厚的热情和喜爱。《寓言》是在美国布兰森白宫剧院多次演出的杂技剧。《寓言》通过童话的方式构建内容场景，注入寓言色彩，通过杂技等多种表现形式将童话的内容淋漓尽致地展现给观众，让观众理解故事中融入的世界

---

①具体内容可以参见江苏奇美乐器有限公司的官网：http://www.china-qimei.com。

②上海芭蕾舞团携海派芭蕾精品赴美巡演[EB/OL].（2020-01-12）[2023-01-05]. https://difang.gmw.cn/sh/2020-01/12/content_33474003.htm.

和平、共同团结、热爱家园等理念，呼吁民族团结、世界和平、保护地球、保护家园，杂技中充分运用了多媒体视觉技术呈现了虚实结合的视觉场景①。中国沈阳杂技演艺集团主要以杂技艺术的表演形式，在表演主题内容中融入了文字作品、艺术作品、舞蹈作品、戏剧作品、曲艺作品等，实现杂技艺术作品的创造性转化，在杂技艺术表演中充分融入中华民族元素和中国美学元素，实现了通过杂技艺术表演形式讲好中国故事、传播中国文化。中国沈阳杂技演艺集团表演的经典杂技艺术作品是《炫彩中国》。该杂记艺术作品以春、夏、秋、冬为主题，演绎出四季中的中国色彩和中国魅力，其唯美浪漫的内容表达和艺术展现赢得了海外观众的喜爱。《炫彩中国》让海外观众感受到中国艺术和中国美学的艺术内涵，向世界传播了中国文化，讲述了中国故事，实现了品牌的国际化发展②。湖南省演艺集团有限责任公司推出的"纯粹中国·锦绣潇湘"全球巡演是拓展海外市场和实现中华优秀传统文化"走出去"的成功实践。"纯粹中国·锦绣潇湘"通过演绎创新，实现中华优秀传统杂技艺术的创造性转化，在杂技艺术表演中融入了中华文化元素和国外先进的艺术表达，其表演遍布欧洲100多个城市，让欧洲居民在剧院观赏到我国湖南省的精品艺术③。河南省杂技集团有限公司收购了美国的布兰森大剧院，并且建立了北美训演基地，构建了国际化的杂技艺术表演的产业园区。这实际上是把中国杂技"搬"到美国，在中国杂技艺术表达的基础上，融入国外杂技艺术的表达方式，无数经典杂技艺术作品被推陈出新，实现了国际文化交流和杂技艺术表演的创造性转化，拓宽了中国杂技艺术表演的创新内容表达，实现了中国杂技艺术表演作品的国际化路径，实现了中国杂技艺术的"走出去"和中国杂技艺术表演的海外传播和文化实践④。

6. 大型综艺类节目重点项目的中国经验

大型综艺类节目是关键的文化动态传播路径，通过大型综艺类节目不仅可以实现中华优秀传统文化的弘扬发展，也可以通过文化动态路径"开启"文化传播的裂变式效应，实现文化的高效、快速传播，助力中华优秀传统文化在形式上的创新性表达，铸牢中华民族共同体意识。这里以大型综艺类节目重点项目《非诚勿扰》为

---

① 杂技剧《寓言》入选国家文化出口重点项目 [EB/OL].（2022-01-04）[2023-01-04]. http://www.rudong. gov.cn/rdxrmzf/rdyw/content/e156f3c0-2ae7-474a-aac1-1ea3aa5846ca.html.

② 中国杂技剧《炫彩中国》惊艳圣保罗 [EB/OL].（2019-01-18）[2023-01-05]. http://www.xinhuanet.com/ world/2019-01/18/c_1124008970.htm.

③ "纯粹中国·锦绣潇湘" 文创衍生产品西班牙受热捧 [EB/OL].（2020-01-10）[2023-01-05]. https:// wh.rednet.cn/content/2020/01/10/6535998.html.

④ 喜讯！河南省杂技集团收购美国布兰森大剧院 [EB/OL].（2016-08-02）[2023-01-05]. https://www.henanda ily.cn/content/fzhan/sxzchuang/2016/0802/12092.html.

例说明。江苏卫视推出的《非诚勿扰》是深受观众喜爱的一档以相亲为主题的大型综艺类节目，可以说《非诚勿扰》在相亲类节目中起到了引领作用，自2010年播出以来无数次刷新了大型综艺类节目的收视率，在观众的心目中留下了深刻的印象。随着在国内收视率的提高和良好的反响，《非诚勿扰》栏目组开始加强与海外媒体的合作，向国外开展文化产品输出，加大播放量和大型综艺类节目在国外的市场份额，随后分别在美国、加拿大、法国、英国、韩国等国家开设了海外专场节目，获得海外观众的一致好评[①]。《非诚勿扰》的海外传播不仅是中国的大型综艺类节目的"出海"实践，更是文化软实力增强的象征，在国外树立了国家形象。

7. 传统文化"走出去"重点项目的中国经验

中国传统文化"走出去"重点项目的中国经验的实践路径是：以国际接轨的中华优秀传统文化活动事项开启践行路线，建立国际交流合作机制和交流机制，加深不同国家之间的活动事项，践行中华优秀传统文化的"走出去"，实现中华优秀传统文化在海外的弘扬发展，助力提升文化自信和实现文化自强。就中华优秀传统文化"走出去"重点项目，这里以"围棋运动"为案例说明。围棋是一项充满人类智慧的棋类运动。中国围棋协会与拉丁美洲围棋联盟签署了战略合作协议，形成战略联盟和线上线下的交流会，加深了中国与不同国家之间的围棋交流。通过围棋交流促进围棋文化的交流、增进不同国家之间的文化交流。目前已在巴西、日本等国家建立了围棋学院，实现围棋文化走出国门和走向世界[②]。

8. 文创产品重点项目的中国经验

我国有着深厚的文化底蕴和文化资源，基于文化资源生产的文创产品有着重要的市场规模，根据2022年文创产品行业发展前景的统计数据，2021年中国文创产品的市场规模已达到872.67亿元[③]。随着市场规模的逐渐扩大，促进了文创产品的海外出口。就现行文创产品的出口而言，在结构上主要集中在庆祝用品、服装等方面。我国丰富的文化产品资源为文创产品产业开发提供了坚实的资源基础和实现保障，在此基础上，践行注重体验感的多元化产品发展，增强文创产品海外IP运营，提升品牌价值，从而实现文创产品的社会价值、文化价值、经济价值和产业价值，提升

① 中国影视作品积极出海向世界展示一个真实、立体、全面的中国 [EB/OL].（2021-06-08）[2023-01-05]. https://www.cnr.cn/shanghai/tt/20210608/t20210608_525507219.shtml.

② 用围棋向世界讲好中国故事 [EB/OL].（2018-10-15）[2023-01-06]. http://m.haiwainet.cn/middle/3543380/2018/1015/content_31415125_1.html.

③ 智研瞻产业研究院. 文创产品行业分析报告 2022年文创产品行业发展前景及规模分析 [EB/OL].（2022-06-24）[2023-01-06]. https://www.zhiyanzhan.cn/analyst/985.html.

我国文创产业的海外市场份额，在文创产业领域的海外市场中提升国际竞争力。

这里以文化出口重点项目"万安罗盘"为例说明上述观点。手工艺制品"万安罗盘"作为中国罗盘的典型代表，"万安罗盘"手工艺制作环节中包含了"七道工序"（罗盘内容的分格、制作罗盘材料的选择、罗盘坯的塑模和制作、罗盘写盘、在罗盘表盘上油货、在罗盘中央处装针以及清盘），该"七道工序"有着近百年的制作技艺历史，内化着中华优秀传统文化的文化精髓[①]。随着时代的发展，"万安罗盘"成功实现"走出去"，将中国的这项中华优秀传统文化带向世界，让世界了解我国历史文化的博大精深，深深感受到我国非物质文化遗产（这里主要是指传统工艺）的文化魅力。

9.文化小镇、文化产业园区重点项目的中国经验

文化小镇、文化产业园区是助力乡村振兴和共同富裕的有力保障，通过文化小镇和文化产业园区的重点项目的中国经验可以助力内蒙古自治区的乡村振兴、文化振兴和共同富裕。内蒙古自治区的中华优秀传统文化还可以通过文化小镇和文化产业园区实现其传承保护和繁荣发展。文化小镇和文化产业园区重点项目的中国经验在内蒙古自治区的实践路径可以总结为：以文化主题为牵引，以"生产+加工+销售+服务"为践行主线，在此过程中充分发挥"主题+体验场景"，深度融合不同产业，践行多维发展路径，通过场馆建立实现文化传播和客流引入，通过博览会等国际平台打造国际品牌和产品IP化，加强认知度和识别度，通过学校建设路径确保人才培养和文化保护传承，最终实现一产、二产、三产的深度融合，助力产业振兴、乡村振兴、共同富裕，实现中华优秀传统文化的传承发展，增强文化自信、实现文化自强。

在全国有不同形式和不同经营模式的艺术小镇，艺术小镇中无处不充斥着艺术元素。通过艺术小镇不仅实现了文化的交流传播，也促进了文化的经济效益。欧拉柳编艺术小镇项目是以柳编为特色的艺术小镇，其运营实践方案是：以柳条、花卉为文化牵引，以柳编工艺的生产加工为关键路径，以"柳编+体验"的方式融合相关产业，例如农业种植体验、农家乐体验、文化旅游体验，以物流配送为实现保障，以场馆为文化输出和客流吸引基地，通过建设国际柳编博览会实现IP化平台经营，依托柳编艺术学院实现人才培养和文化传承，最终实现以生产为主的第一产业、以加工为主的第二产业、以销售和服务为主的第三产业的深度融合，实现乡村

---

① 万安罗盘制作技艺 [EB/OL]. [2023-01-06]. https://www.ihchina.cn/project_details/14356.

振兴和共同富裕，弘扬传播中华优秀传统文化，实现文化的"走出去"和海外的文化传播[①]。

随着人民生活水平的提高，精神文化需求变得越发高涨，香文化也逐渐被消费者熟知，香产品的消费也逐渐被拉高，香产品已经逐渐成为重要文化消费产品，产生了巨大的市场价值，发挥了巨大的市场潜力。在此过程中，逐渐诞生了香产业基地，促进了文化的保护传承和弘扬发展，推动了地方经济的发展。中国香城香文化产业园区项目充分运用产业园区的优质地理资源，遵循绿色环保原则，建设种植香料的种植基地、研发香料的研发中心、以物流配送为保障的香料集散中心，实现"生产+加工+销售"的三产产业链，加强场馆平台建设，助力以"香"为主题的体验馆、文化交流馆、博物馆等实现文化传播和客流引入，同时构建"香+体验场景"的经营路径，例如"香+文化旅游""香+温泉休闲"，加强了产品的口碑和品牌宣传，带动区域就业和经济发展[②]。

10.造节驱动重点项目的中国经验

造节驱动不仅可以实现新型节日的诞生，还能促进和繁荣节日经济。造节驱动实现中华优秀传统文化的繁荣发展在内蒙古的实践路径是以造节主题为牵引，以节庆活动为行动方案，在节庆相关活动中充分融入中华文化符号和中华文化元素，实现文化的辨识度和传播效应，节庆活动实践方案紧密贴合游客衣、食、住、行的日常行为活动，增强社会效益、文化效益和经济效益，实现中华优秀传统文化的弘扬发展，从而增强内蒙古自治区各族人民的文化自信、提升内蒙古自治区各族人民的文化自强。内蒙古自治区的行动方案可以借鉴中华优秀传统文化"走出去"的中国经验，这里以文化出口重点项目"彩灯节"和"冰雪文化节"为例说明。

"感知中国·天下华灯"是中国与智利通过"彩灯+"的合作经营方式实现的彩灯节。彩灯节已成为中国和智利两国建交的重要内容之一。在彩灯节当天，还添加了精美绝伦的四川特色艺术表演，例如吐火、川剧表演等，还增加了吃、喝、玩、乐的文化和饮食体验。这些丰富多彩的艺术表演和饮食文化不仅深受国内人民和世界游客的热爱，还实现了显著的社会效益和经济效益。通过彩灯节的造节驱动路径，实现了中华优秀传统文化的海外传播，促进了南美人民对中华优秀传统文化

---

①欧拉柳编艺术小镇投资项目 打造曹庄镇新农村建设新高地[EB/OL].（2020-01-06）[2023-01-05]. http://linyi.dzwww.com/linshu/news/202001/t20200106_17236848.htm.

②"香"伴美好生活：古城香业集团传承发展传统香文化纪实[EB/OL].（2020-07-16）[2023-01-05]. http://www.bdall.com/content/2022-07/16/content_79143.html.

的深度了解，推动了中华优秀传统文化的"走出去"，增强了中华优秀传统文化的文化自信①。英国国际彩灯节项目（Lightopia Festival）是在英国曼彻斯特希顿公园举行的彩灯节文化交流活动。在彩灯节活动当天，以彩灯为文化主题，融入了中国美食、中国戏剧、中国曲艺等项目，在活动中充分融入了基于中华优秀传统文化的中华文化元素和中华文化符号，将中华优秀传统文化传播到海外，向海外人民讲述了中国故事，从而提升了中华优秀传统文化在世界的传播力和影响力，助推了中华优秀传统文化的繁荣发展②。在法国巴黎举办的"中国花灯展"和在法国布拉涅克的里图雷公园举办的"花灯节"向国外游客展出了中国花灯工匠制作的彩灯。本次彩灯节最大的创新之处在于将法国的葡萄酒与中国的彩灯相互融合，将融入了中华文化元素和中华文化符号的彩灯展现给法国游客，使法国游客甚至世界游客对中国有了新的认识，弘扬发展了中华优秀传统文化，提升了中华优秀传统文化的文化自信，实现了文化自强③。

"哈尔滨冰雪文化节"是通过雪雕竞技平台逐渐形成的国际性节日，是造节驱动的结果。雪雕艺术作为一种造型艺术表达，是具有著作权的艺术作品。雪雕艺术是通过雪雕铲进行形体创造和改造，再通过磨刀进行抛光打磨打滑，最终呈现雪雕艺术作品的一种艺术表达。雪雕艺术作品实际上是将艺术表达与技术表达完美融合的一种艺术表现形式。"哈尔滨雪博会"也被称为哈尔滨国际雪雕艺术博览会，是全国冰雪雕塑艺术的发源地。哈尔滨雪博会上，来自全国各地的雪雕工匠在零下20多摄氏度的环境下，夜以继日地创作完成形态各样的雪雕作品。在2022年的哈尔滨雪博会上，以"冬奥之光"为主题进行了雪雕作品的创作，深受世界各国人民喜爱的"冰墩墩"和"雪融融"也在本次设计方案中④。随着大众对冰雕艺术作品的喜爱，冰雕艺术作品逐渐形成一种主题游乐园，例如雪雕萌宠博物园、雪博大冲关是深受大众喜爱的雪雕主题游乐园⑤。哈尔滨市举办的雪雕大赛吸引了世界各地的雪雕

① "感知中国·天下华灯"智利中国彩灯节亮灯开幕[EB/OL]. (2019-10-31) [2023-01-05]. https://www.chinanews.com.cn/gj/2019/10-31/8994381.shtml.

② 自贡市文旅公司打造欧洲最大彩灯节 [EB/OL]. (2019-11-23) [2023-01-05]. http://www.zg.gov.cn/gyqy/-/articles/11133814.shtml.

③ 法国举办花灯节中国风灯笼亮丽多彩[EB/OL]. (2021-12-01) [2023-01-05]. https://content-static.cctvnews.cctv.com/snow-book/image.html?item_id=2483634600424333183&toc_style_id=feeds_default.

④ 冰雪王国欢乐世界哈尔滨成全国冬季冰雪旅游热点[EB/OL]. (2021-01-05) [2023-01-05]. http://www.hlj.chinanews.com.cn/hljnews/2021/0105/83021.html.

⑤ 第39届中国·哈尔滨国际冰雪节来临，快来"围观"今冬赏冰乐雪新玩法！ [EB/OL].[2023-01-05]. https://tour.dbw.cn/system/2022/12/26/059042742.shtml.

大师齐聚雪雕竞技平台,通过竞技平台实现不同文化之间的交流互动,我国冰雪文化节的创造性转化和雪雕文化的创新发展起到关键的作用。

11.辅助服务性重点文化出口项目的中国经验

信息服务AI平台搭建、语言翻译AI平台搭建、丝路频道的开设等是实现文化"出海"项目的辅助服务事项,是增进中国与外国文化交流的辅助性保障,是助力中国企业"走出去"和进入国际市场的服务支撑。这里以牵星出海·企业出海服务平台、国际影视文化译制服务平台和丝路频道的搭建为例说明辅助服务性重点项目的中国经验。

牵星出海·企业出海服务平台是招标信息平台,牵星出海·企业出海服务平台具备信息搜索、资讯推送、大数据处理、人工智能翻译等服务功能。通过资讯的收集、筛选以及推送功能,可以实现国内用户及时获取国外需求数据。通过信息的及时翻译确保中国企业可以及时看到国外客户的相关需求。牵星出海·企业出海服务平台可以为企业的信息收集和运营交易提供有力保障和服务桥梁[①]。

中华优秀传统文化的"出海"需要语言翻译,视听作品的"出海"需要高质量的语言翻译,确保内容的"原始表达"。国际影视文化译制服务平台在这种需求中顺势诞生。国际影视文化译制服务平台的诞生促进了文化"出海"项目,增进了中外文化交流,助力中国企业"走出去"和进入国际市场[②]。

丝路频道是以"丝路"命名的传播丝绸文化和丝绸精神的多端口频道(多端口是指电视端端口、手机端端口、电脑端端口等)。通过丝路频道可以传播与丝绸之路有关的历史背景、历史人物、历史贡献、文化交流等相关内容。通过构建文化传播平台实现文化"出海"。

(三)汲取国外优秀文化的滋养和融合发展

各国人民在文化创造、传播和实践运用过程中,孕育了自己独特且经过实践检验的优秀文化。我国在实现中华优秀传统文化创造性转化创新性发展过程中需要虚心汲取他国的优秀文化的精华,提升自己。在"一带一路"倡议下,学习国外优秀文化,促进文化融合发展,从每个国家的优秀文化中汲取优秀文化元素和经验总

---

① "牵星出海·企业出海服务平台"上线启动仪式举行[EB/OL].(2021-09-03)[2023-01-06]. http://www.cicg.org.cn/2021-09/03/content_41682188.htm.

② 搭建国际平台、译制影视作品 文化企业加快走出去[EB/OL].(2020-08-07)[2023-01-06]. https://i.ifeng.com/c/7yj9cl2merV.

结，践行转化实践，从而滋养中华优秀传统文化的内涵和表达形式，进而推陈出新中华优秀传统文化精品，进一步丰富和强化中华优秀传统文化，实现中华优秀传统文化的"走出去"，夯实和增强中华文化软实力。

可以说，国外优秀文化亦是经时间检验的文化精品，是不以空间为限制的共鸣和认可，汲取国外优秀文化的滋养无疑有助于中华优秀传统文化的弘扬发展和传承保护。上海张军昆曲艺术中心创作的《我，哈姆雷特》便是汲取国外优秀文化的滋养的典型案例。《我，哈姆雷特》成为典型案例的关键在于不仅吸收了国外文化，而且在其中融入中华文化元素和中华文化符号，实现中华优秀传统文化的创造性转化创新性发展。《我，哈姆雷特》中充分融入中华文化符号，以昆曲的方式演绎出不同的哈姆雷特，实现昆曲的创造性转化，构建《著作权法》上的曲艺作品，享有其独创性；表演者一人转换昆曲中的生、旦、净、丑四种不同角色，并将其融入哈姆雷特之中。昆曲式的哈姆雷特获得了伦敦观众的喜爱以及在他者视角下的中国文化的高度关注。实现昆曲的创造性转化创新性发展，让昆曲走出国门，践行着中华优秀传统文化的向外输出，助力国家文化软实力的增强。

提高中华优秀传统文化的软实力，让中华优秀传统文化走出国门，实际上就是在弘扬和发展中华优秀传统文化。在"一带一路"的时代背景和交流合作的机遇中，让中华优秀传统文化与时代关联，汲取国外优秀文化的养分和融通发展，在践行社会主义核心价值观方面发挥着重要的文化价值。因此，我们需要做到：挖掘中华优秀传统文化的精神内核和时代价值，基于中华优秀传统文化的文化资源，实现创造性转化创新性发展，兼容并蓄、融通发展，促进中华优秀传统文化的多元融合，提升文化自信，最终实现文化自强，再创中华优秀传统文化的新辉煌和繁荣昌盛。

总而言之，中华优秀传统文化的创造性转化创新性发展，需要挖掘中华优秀传统文化资源的内涵和时代价值，着力推进社会主义核心价值观，需要反对民族文化虚无主义①，将中华优秀传统文化与时代背景相互结合，加强中华优秀传统文化人才队伍培育②，以科技为核心支撑，发展数字化文化创意发展产业③，呈现中华优秀传统

---

① 刘莲香，王正军. 弘扬优秀传统文化提升我国文化软实力[J]. 内蒙古社会科学（汉文版），2010（1）：122-126.

② 安娜，林建成. 中国文化软实力的内容架构及提升路径探究[J]. 学术论坛，2015（10）：151-155.

③ 苏勇，文崇坚. 开辟国家文化软实力的渠道之探析[J]. 贵州师范大学学报（社会科学版），2011（4）：25-28.

文化的时代魅力，发挥大众的参与性，将中华优秀传统文化融入日常生活，润物细无声地传播中华优秀传统文化①，增强文化自信和中华民族凝聚力，加强对外文化交流，汲取外国优秀文化的营养，实现中华优秀传统文化的繁荣发展。

---

① 李潇君. 推动中华文化走出去，增强国家文化软实力 [N]. 光明日报，2021-06-16.

第七章

中华优秀传统文化"两创"成果的监测评估

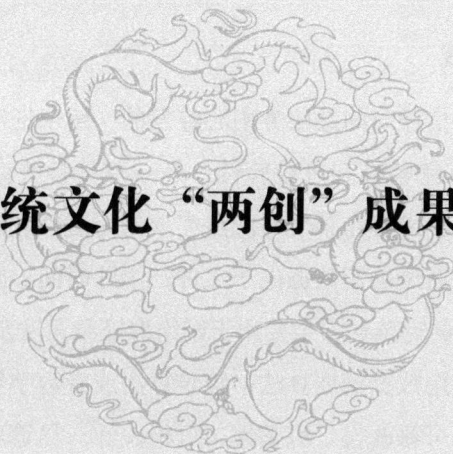

一、通过权利固定形成确权证据

（一）可信时间戳

可信时间戳是联合信任时间戳服务中心签发的，用于证明数据电子文件在某个时间点产生，内容具有完整性和可检验性，是一种具备法律效力的电子凭证。可信时间戳拥有三个属性：内容在某个时间点完成的时戳性、内容的完整性、内容的可检验性。可信时间戳通过确定数据电子文件产生的时间，防止数据电子文件被篡改，保证数据电子文档的完整性，主要用于网络取证和司法实践中的初步证据。

可信时间戳主要运用数据摘要算法，哈希算法或者数字签名的方式，确保数据电子文件的时戳性、不可篡改性、完整性、可检验性。尽管可信时间戳存在技术风险，但依然是很重要的版权初步证据固定、数据电子文档管理、数据电子文档安全性保障的有效方案。

可信时间戳充当一种拥有法律效力的数据电子凭证，被广泛应用于司法实践取证环节，尤其在著作权侵权案件中应用较为突出，可以作为权利固定的初步证据。因此，中华优秀传统文化"两创"成果的权利人首先应考虑的是权利固定，即可以运用可信时间戳对成果进行时间认证、权利固定，形成初步证据。

电子数据虽然具有开发性、便捷性、易复制性，但同时也具有易被篡改性。为了防范电子数据被篡改，可信时间戳孕育而生。采用可信时间戳进行证据固定和证据保全已成为很重要的取证手段。在确保电子数据"来源真实"的前提下，可信时间戳在司法实践中因其成本低、操作简便、效率性、真实性、防篡改等显著优势而被广泛应用。可信时间戳的应用场景非常多元，例如在司法实践、金融、医疗、知识产权、电子政务、电子商务、网络通信中的应用较为普遍。在司法案件中，尤其在金融纠纷、医疗纠纷、知识产权纠纷中，应用可信时间戳的情形较为普遍。以医疗纠纷为例，为解决医疗纠纷而采用可信时间戳的电子病历在医疗实践中得到广泛认同。在医疗纠纷中，患者取得未经修改过的"原"电子病历的证据是医疗纠纷的关键证明内容，可以说，在医疗纠纷中，患者应该有对费用收据、开药处方、检验结果等关键性证明材料的保存和保护意识。但我们必须了解的是，电子化记录已经随着医院的电子信息化发展而全面普及，从而取代传统的纸质版的人工记录。如果对技术不加以监管，电子化记录可以更容易被篡改。而在司法实践当中，解决医疗纠纷就必须通过医院的电子信息化记录系统获取原始的电子记录。解决这一问题，就可以使用可信时间戳和数字签名等相关证据固定和证据保全的技术，以卫星时间或者网络时间（有些机构也会使用第三方组织机构的时间度量标准）为目标国接入点，在时间上对记录进行标记（也被称为时间标度），即"基于源头真实，记录在哪个时间做了什么具体的事情"，从而确保电子记录的不可篡改性、唯一性、真实性和全面性，最终发挥"记录"的法律效力——用可信时间戳和数字签名连接医院的全域系统，实现财务系统、医生记录、监测结果呈现、电子病历等数据的一体化关联，确保证据的法律效力，从而解决医疗纠纷中的证据问题，维护患者的权益。在我国，可信时间戳以及"哈希值校验和区块链存证"等均得到法律确认[①]，被应用在司法实践当中。

1. 确保可信时间戳的来源真实

来源真实（源头真实）是可信时间戳的关键前提。可以说，只有确保可信时间戳的来源真实，运用可信时间戳获取的证据才具有可信力。来源真实（源头真实）包括网络环境的真实性（是直接接入网络，而不是通过代理等方式连接网络）、时间来源的真实性（使用卫星时间或者真实的网络时间等）、定向虚假链接访问等。这一点在"原告某科技公司诉被告侵犯信息网络传播权案[②]"得到论证。本案中的原告是某科技公司，原告经过签订的独占实施许可合同合法取得涉案作品的信息网络传播权。后经原告发现，被告在未取得授权的情形下，擅自使用涉案作品，开展营利性行为。于是原告及时采取有效时间戳进行证据固定，即被告未经过权利人或利害关系人的许可擅自使用涉案作品，原告要求被告停止侵权行为，支付原告合理的经济赔偿。但被告对原告的可信时间戳的来源真实性提出质疑，认为原告提供的可信时间戳并没有依据《可信时间戳互联网电子证据取证及固化保全操作指引》[③]开展严格的核心三要素自检，即原告并没有按照规范性文件的要求对可信时间戳在全过程中的安全性、网络链接性以及清洁性进行严格的自检。因此原告存在违规行为，其可信时间戳不具有信服力，证据不应被采纳，诉讼请求应被驳回。经法院审

---

① 关于可信时间戳以及"哈希值校验和区块链存证"等，可以参见《最高人民法院关于互联网法院审理案件若干问题的规定》。

② 可信时间戳取证是否当然具有证据效力？[EB/OL].（2021-11-18）[2023-01-11]. https://m.thepaper.cn/newsDetail_forward_15440022.

③ 本案涉及的《操作指引》是2017年7月版的《可信时间戳互联网电子证据取证及固化保全操作指引》。

查发现，本案原告经过两次可信时间戳在被告经营的网站上采取证据保全。其获取证据录像的操作过程是：确认 TCP/IP 的位置内容、连接到本案被告运营的网站、清楚了解浏览器内的浏览记录、输入本案被告网址之后确认信息涉案作品。在庭审环节中，北京互联网法院委托技术调查官就涉案的电子数据的来源问题（源头真实性问题）进行了专业答复。基于技术调查官的专业答复和法官对本案事实的了解，法院认为原告缺乏基于严格技术标准要求的"三要素"自检行为，从而导致采用可信时间戳获取的证据存在重大缺陷，无法确定接入被告网站的真实性（可能存在使用代理接入被告网站的行为）。因此，原告提交的可信时间戳未能在本案中予以采信，原告的所有诉讼请求也被依法驳回①。通过本案可以得知，采用可信时间戳获取证据的前提是来源真实。如果"来源真实"缺失，可能导致难以确认接入网络环境的真伪，从而无法获得基于可信时间戳获取的证据的可信力。使用可信时间戳应当基于规范性操作流程文件，严格按照流程进行可信时间戳的操作，获取真实、有效的证据。在"杭州亮眼健康管理有限公司、苏州宣嘉光电科技有限公司与深圳市方显科技有限公司、深圳市恒必达电子科技有限公司侵害实用新型专利权纠纷案（二审案件）②"中，苏州宣嘉光电科技有限公司在二审过程中提交了运用了可信时间戳的新证据。在可信时间戳的认证证书中显示未经许可的许诺销售和销售行为的记录。经法院审查之后发现，可信时间戳中显示的记录信息错误，即不属于许诺销售和销售行为，而是企业宣传和产品推广信息。

2. 可信时间戳在司法实践中发挥的证据固定功能

可信时间戳在证据固定上发挥了重要的作用，在司法实践上被广泛应用。本书通过具体司法案例说明上述观点。"东莞市某捷五金制品有限公司诉施某宁侵害实用新型专利权纠纷案③"为二审案件。在该案中，一审原告施某宁发现一审被告东莞市某捷五金制品有限公司未经过权利人和利害关系人的许可，实施了制造、销售、许诺销售行为，侵害了原告的专利权。随后原告及时运用可信时间戳进行了证据的固定。可信时间戳认证证书上显示的信息包括产品成立时间（2020年3月17日）、产品名称（Z型折叠云台单反相机摄影用滑盖微距框架高速桌面摄影用移动云台）、

---

① 可信时间戳取证是否当然具有证据效力？ [EB/OL].（2021-11-18）[2023-01-11]. https://m.thepaper.cn/newsDetail_forward_15440022.

② 该侵害实用新型专利权纠纷案具体参见：（2021）最高法知民终1950号，该案的一审案号为：（2020）粤03民初3298号。

③（2022）最高法知民终144号，该案的一审案号为：（2020）粤73知民初1994号民事判决。

产品颜色（绿色和黑色）、产品数量（2个）、产品单价（155元）、货物的物流承运号、签收日（2020年3月18日）、签收地（东莞市）、交易平台上显示的商品链接以及卖家信息（一审被告信息）、网店上显示的商家基本信息（成立时间、注册资金、经营范围等）。通过对1688网购平台上显示的涉案产品的图片以及购买链接和可信时间戳认证上的记录信息，东莞市某捷五金制品有限公司构成未经权利人或利害关系人许可的制造、销售和许诺销售行为。具体而言，就"未经许可的制造行为"而言，通过可信时间戳的记录可以得知，1688网络运营平台上记录了东莞市某捷五金制品有限公司的经营范围、生产加工信息。因此，构成"未经许可的制造行为"。就"未经许可的销售和许诺销售行为"而言，可信时间戳证明上写明了通过1688平台上展示的图片和信息购买了涉案产品。因此，构成"未经许可的销售和许诺销售行为"，于法有据。综上所述，东莞市某捷五金制品有限公司构成未经专利权人或利害关系人许可的制造、销售、许诺销售行为，侵犯了专利权人的权利，应当对专利权人进行经济赔偿。在赔偿数额方面，由于施某宁未能提供相应的证据证明其实际损失或被告因侵权获得的利益。法院酌定东莞市某捷五金制品有限公司赔偿施某宁的经济损失，共计100万元。

（二）数字版权唯一标识符

数字版权唯一标识符（以下简称DCI码）是用于匹配和确认网络环境下的数字版权权利人与作品之间相互对应的版权权属关系的标识性公共服务，是互联网版权权属确定和保护的另一重要途径。

DCI码采用的是"触网即确权"和"创作即确权"的双重标准。触网即确权指的是作品权利人向数字版权唯一标识符管理机构——中国版权保护中心递交申请材料，经形式审查合格，向符合版权登记要求的作品分配DCI码，实现作品确权，完成版权登记；创作即确权指的是作品自创作完成之日起享有《著作权法》赋予的权利，激发互联网环境下人们的创作热情，同时确保创作成果的法律保障。在双重标准的叠合作用下，可以更好地保障作品创作者的合法权益。

以"原告郑某诉被告杭州某羽传媒有限公司侵害作品信息网络传播权纠纷案[1]"为例说明，在该案中，原告郑某在国内著名的摄影师交流社区网站——图虫网上传了其创作的名为"Echmiadzin""Yerevan""雪山教堂"等摄影作品。在上传上述作

---

[1]（2020）浙0192民初1641号。

品时，郑某在图虫网连接的数字版权保护平台进行了数字版权登记认证和内容的存证，在版权证书上获得了数字版权唯一标识符，即DCI码。而DCI码在后期的侵权认定上发挥了关键性的证据优势。原告郑某在2020年1月20日发现，被告杭州某羽传媒有限公司运营的"人间旅行指南"微信公众号中的一篇文章未经著作权人郑某的许可擅自使用了其四张摄影作品。原告认为被告杭州某羽传媒有限公司是通过使用该组图片吸引网络人群关注该微信公众号，从而形成"人流效应"实现盈利。因未经原告许可，被告擅自使用原告经DCI码认证过的摄影作品，已经构成著作权侵权，原告随即向杭州互联网法院提起诉讼，要求被告停止侵权，赔偿其经济损失50 000元，承担本案的相关必要费用。就原告是否享有诉讼主体资格，原告郑某提供了四张涉案照片的原图，经对比，涉案四个摄影作品与在图虫网发布的图片基本一致。杭州互联网法院审理认为，涉案作品在人物、构造、光线等维度上具有独创性，符合我国《著作权法》第三条①的规定，属于《著作权法》上的摄影作品。在没有反证的情况下，法院依据原告提供的原图、标注DCI码的认证证据，认定涉案作品的著作权人为郑某。因此，郑某在本案中享有诉讼主体资格。被告杭州某羽传媒有限公司承认使用涉案照片的事实，但否认了商业营销和广告植入的销售和许诺销售行为，因此，认为自身不构成侵权。此外杭州某羽传媒有限公司认为在图虫网上已标注其原价和优惠价格，包括许可使用费用，原告要求赔偿50 000元的诉求缺乏法律依据，索赔不合理。经法院查明，被告杭州某羽传媒有限公司于2015年注册成立，其经营范围涉及：广告宣传、策划文艺活动、信息咨询等。本案中，法院查明四个涉案摄影作品在"人间旅行指南"微信公众号上发布。四个涉案摄影作品与"人间旅行指南"微信公众号上发布的四个作品基本吻合。使用原告创作的摄影作品的文章阅读量达11 356次、分享次数107次、关注公众号1人，网络用户可以通过杭州某羽传媒有限公司的微信公众号对涉案作品进行下载、网络传播的行为。杭州某羽传媒有限公司在没有法定或者约定情形下，未经过著作权人的许可，擅自在微信公众号上使用原告享有著作权的摄影作品，侵犯了原告的信息网络传播权②。杭州某羽传媒有限公司构成对著作权的侵权行为。在本案中，原告就经济赔偿的诉

---

① 根据《中华人民共和国著作权法》第三条规定：本法所称的作品，是指文学、艺术和科学领域内具有独创性并能以一定形式表现的智力成果，包括：（一）文字作品；（二）口述作品；（三）音乐、戏剧、曲艺、舞蹈、杂技艺术作品；（四）美术、建筑作品；（五）摄影作品；（六）视听作品；（七）工程设计图、产品设计图、地图、示意图等图形作品和模型作品；（八）计算机软件；（九）符合作品特征的其他智力成果。

② 根据《中华人民共和国著作权法》第十条第（十二）项规定："信息网络传播权，即以有线或者无线方式向公众提供，使公众可以在其选定的时间和地点获得作品的权利。"

讼请求没有明确的证据，法院综合考虑涉案摄影作品的知名度、独创性、原告取证等要素，根据《著作权法》第五十二条和第五十三条的规定①，杭州互联网法院判决被告杭州某羽传媒有限公司停止侵犯原告著作权的行为并删除案件中涉及的侵权图片，赔偿原告郑某2 200元（包含原告为维权支出的合理费用）。在本案中，原告在图虫网上传涉案四个摄影作品之初，进行了DCI码认证，实现权利固定，实施了基于区块链数字内容的存证，从而在诉讼环节中，可以拿出强有力的证据，确保了证据的合法性、完整性。此外，杭州互联网法院与区块链平台连接，为当事人的证据固定提供了方便。在区块链平台中，原告提供的哈希值经过区块链平台验证之后，可以实现证据核验和确认——确认原告在区块链系统中进行图片验证、取证、标注"司法区块链"标识。从而可以让法院确认证据的合法性和证明力，可以被认为侵权依据②。

DCI码在版权权属证明、版权运营交易、版权侵权取证、司法裁判实践中发挥着重要的作用。通过版权权利固定、确权认定，为司法裁判的侵权认定以及权利保护方面提供重要的证据支撑。因此，中华优秀传统文化"两创"成果的权利人还应主动申请DCI码，对作品实现双重标准的叠加确权保护。

（三）运用数字水印技术确权

数字水印技术确权是运用水印技术和其他相关技术，用于防伪认证、身份鉴别、数据认定、版权保护的一种确权、权属认定、保障版权完整、追踪溯源的混合技术方案。数字水印技术与其他相关技术的混合运用实现安全性、防伪性、鲁棒性、隐蔽性和嵌入性。水印技术应用较广，涉及印刷品防伪、军事身份识别等诸多领域。

数字水印技术发挥的隐蔽性和鲁棒性，使得数字水印技术和其他相关技术混合运用在版权确权中。随着全息随机相位编码技术、扫描技术等与数字水印技术的进

---

① 根据《中华人民共和国著作权法》第五十二条和第五十三条规定：有下列侵权行为的，应当根据情况，承担停止侵害、消除影响、赔礼道歉、赔偿损失等民事责任；同时损害公共利益的，可以由著作权行政管理部门责令停止侵权行为，没收违法所得，没收、销毁侵权复制品，并可处以罚款；情节严重的，著作权行政管理部门还可以没收主要用于制作侵权复制品的材料、工具、设备等；构成犯罪的，依法追究刑事责任：（一）未经著作权人许可，复制、发行、表演、放映、广播、汇编、通过信息网络向公众传播其作品的，本法另有规定的除外。

② 根据《最高人民法院关于互联网法院审理案件若干问题的规定》第十一条规定："当事人提交的电子数据，通过电子签名、可信时间戳、哈希值校验、区块链等证据收集、固定和防篡改的技术手段或者通过电子取证存证平台认证，能够证明其真实性的，互联网法院应当确认。"

一步迭代融合发展，在创作作品的版权确权上会发挥重要的作用，在司法实践环节中会发挥较强的权属证明力和举证效力。

1.数字水印技术的运用应以遵守法律为前提

技术无好坏之分，而在于技术使用主体。就数字水印技术而言，在中华优秀传统文化"两创"成果的保护上，可以充分运用数字水印技术，实现信息固定、权利固定和证据固定。当面临知识产权侵权时，可以提交运用数字水印技术认证的证据。但如果明知是违法行为、侵权行为，被利益蒙蔽双眼，运用数字水印技术试图混淆视听、违法操作，就会触碰法律底线。因此，运用数字水印技术必须以遵守法律为前提。本书以案例支撑，围绕"混淆视听""违法操作"两点展开说明上述观点。

这里的"混淆视听"是指：在他人知识产权成果中，运用数字水印技术在知识产权客体中加入水印标注，从而使他人混淆权利主体。这里可以参见"原告北京全景视觉网络科技股份公司与被告神龙汽车公司侵犯著作权案[①]"。在该案中，被告在微博账号"神龙汽车"上发布了窗花配图。该窗花配图与原告享有权利的摄影作品在诸多方面相同，不同的地方在于被告运用数字水印技术在图片中加入了数字水印。法院判决神龙汽车公司侵犯了北京全景视觉网络科技股份公司享有的著作权，要求赔偿原告的经济损失。

就"违法操作"而言，行为方明知是违法行为，故意为之，以图经济利益，即行为方明知运用数字水印技术是违法行为，故意为之，触犯法律底线。这里以"唐某运用数字水印技术制作假币案[②]"为例说明，2017年9月，被告人唐某从他处购买了大量的假币进行回收利用。9月30日，唐某在家中教亲属处理假币，其中包括注入水印。唐某为造假者提供了工具和原材料，处理加工假币，并向亲属支付了加工费用。唐某使用电子水印技术制作假币，触犯了我国法律，雇用亲属伪造钱币，金额巨大，情节严重，已构成伪造货币罪。江苏省徐州经济技术开发区人民检察院指控被告人犯伪造假币罪、购买假币罪[③]，向江苏省徐州经济技术开发区人民法院提起公诉。经搜查之后发现数字水印机一台，利用数字水印机在假货币上注入水印。以"黄某龙、景某兰伪造货币罪[④]"为例，2018年12月12日，对被告人黄某龙、景某

[①]（2018）鄂01民初3668号。

[②]（2019）湘11刑终236号。

[③]（2018）苏0319刑初98号。

[④]（2018）粤0606刑初4227号。

兰，就伪造货币罪，佛山市顺德区人民检察院对被告人提起公诉。被告人承认运用数字水印技术对假币中进行了水印处理。

2.数字水印技术的运用应确保"全过程"记录，而非"断章取义"

运用数字水印技术的核心目的在于权属证明。在证据固定时需要"全过程"的证据固定，而不是片面摘取部分信息进行证据固定，不然会造成"断章取义"。这里以"斗鱼网络科技有限公司（为二审上诉人）诉麒麟童文化传播有限责任公司（为二审被上诉人）表演权纠纷案"为例说明。上诉人斗鱼网络科技有限公司，就表演权纠纷，将麒麟童文化传播有限责任公司列为被告，提起诉讼[①]。本案中，二审法院就运用数字水印技术进行确权的证据进行了重新审查。在一审中，麒麟童文化传播有限责任公司向法庭提供了运用数字水印技术进行确权的证据：经数字水印技术在房间号、链接地址中载入印有"斗鱼"的数字水印。麒麟童文化传播有限责任公司认为，斗鱼网络科技有限公司在直播过程中，擅自使用、演唱、播放麒麟童文化传播有限责任公司享有著作权的视听作品《小跳蛙》，主观恶意明显，持续时间长、波及范围广，凭借侵权行为获得了巨大的侵权收益，造成了严重的侵权后果。但一审法院经证据审查和事实认定之后认为直播间、链接地址中仅有"斗鱼"水印不足以证明主播在表演过程中使用了《小跳蛙》。一审法院未采纳提交的证据。二审法院也持有相同的观点，并认为在直播房间号和链接地址上注入水印的证据，既不能证明其权属关系，也不能证明其合理性。二审法院也未予采纳。

3.数字水印技术在司法实践中发挥的作用

数字水印技术在信息固定、权利固定、证据固定中发挥着关键性技术支撑作用。这里以多个案例说明上述观点。上诉人广州康朝药业有限公司，就侵犯信息网络传播权，将汉华易美（天津）图像技术有限公司列为被告，提起上诉[②]。本案的焦点之一是涉案图片上的电子水印是否构成《著作权法》上的初步证据，证明其权利归属。被上诉人汉华易美（天津）图像技术有限公司认为涉案图片中有明显的版权水印标识，而且公开在网站上，在上诉人没有反证的情况下，应当认定汉华易美（天津）图像技术有限公司拥有涉案图片作品的著作权。二审法院认为涉案图片中的电子水印可以作为《著作权法》上的初步证明，原告在没有反证的情况下，汉华易美（天津）图像技术有限公司享有涉案作品的著作权。法院作出判决驳回上诉

---

①（2020）京73民终2905号。
②（2018）粤73民终2490号。

人的上诉请求。上诉人周某军、被上诉人国家知识产权局以及第三人中国建设银行股份有限公司的关于实用新型专利权无效纠纷案①中，中国建设银行提供的证据通过运用数字水印技术，在一维条码和二维条码中嵌入数据，生成记录了有关信息的数字签名和密码信息，实现数据防伪功能。陈某忠不服浙江省杭州市中级人民法院〔案号为（2019）浙江省0106人民法院第×号民事判决〕的民事判决提出上诉②。上诉人陈某忠提交的证据运用了数字水印技术，实现水印加密。"上诉人尚某强就委托理财合同与被上诉人广东贵金属交易中心公司纠纷案③"中，尚某强就信托资产管理合同问题，向广东省广州市中级人民法院提起上诉。尚某强向一审法院提交的证据中包括客户报告。在客户报告中显示客户姓名为尚某强，客户报告的每一页都有数字水印。本案最终结果为驳回上诉人上诉，维持一审裁定。但在本案中，值得借鉴的是，上诉人有着很强的信息固定、证据固定意识，运用电子水印技术实现信息固定和证据固定。在中华优秀传统文化"两创"成果保护中，权利人应当有权利固定、证据固定的意识。上诉人佛山市合记饼业公司，就侵害商标权与不正当竞争，将佛山市南海区联合食品公司列为被上诉人，向人民法院提起诉讼④，认为被告标注的"佛山公特产"字样造成消费者对原告产品的混淆。佛山市南海区联合食品公司在图片中标注的"佛山公特产"字样，属于嵌入的数字水印信息，是用来证明其著作权人身份信息，而消费者通过水印信息可以确定网上店铺的经营者身份，不会对产品产生混淆。就该案而言，运用数字水印技术对信息确认、权利固定、证据固定发挥着重要的作用。中国外语教学与研究出版社有限公司，就著作权侵权，将广州市小太阳教育技术有限公司列为被告，向广州知识产权法院提起诉讼⑤。在该案中提到"技术保护措施"。就本案而言，"技术保护措施"是指为了保障著作权人或者邻接权人的权益，为了阻止侵权行为，运用信息保密技术、数字水印技术等技术手段实现技术保护、信息保护、权利固定、证据固定。而这些技术保护措施在保障权利人的合法权益时会发挥技术支撑的关键作用。原告付某飞，就侵犯信息网络传播权，将苏州博宇鑫交通科技有限公司列为被告，向法院提起诉讼⑥。北京互联网法院于2021年6月23日公开开庭进行了审理。在本案中，原告上传的摄影作品通过数字

---

① （2019）最高法知行终103号。
② （2019）浙01民终5189号。
③ （2018）粤01民终23745号。
④ （2015）佛中法知民终字第157号。
⑤ （2015）粤知法著民终字第16号。
⑥ （2021）京0491民初20307号。

水印技术进行了信息固定、权利固定和证据固定。这种知识产权成果保护意识对原告的胜诉起到了关键作用。

（四）运用区块链技术实现版权登记认证

运用区块链技术实现版权登记认证是近几年出现的具有独特优势的新型版权登记认证方式，该认证方式充分利用区块链技术的去中心化、可溯源、防篡改的独特特性，对作品进行权利固定，对版权进行登记认证。

区块链技术以分布式存储、共识机制、智能合约三个核心技术为基础，在很大程度上克服了传统版权认证中的开放获取、可逆、可修改、非全过程记录的缺点，在版权保护中发挥着独特优势，最大限度保障了作品权利人的合法利益。

运用区块链技术实现证据确权的技术运作机理是：将电子数据上传至区块链存证平台之后会生成一串哈希值，哈希值是通过计算机复杂性运算实现的具有稀缺性的数字指纹密码，该密码具有唯一性、不可破解性等。而这些特征在法官审查证据时会发挥关键性作用。法官经哈希值进行核验，如果结果一致，则在证据审查环节，可以被采纳。运用区块链技术获取的证据实际上与区块链自身的特点紧密关联，区块链技术具有不可删除性、不可篡改性等特征，从而克服了电子证据的脆弱性、易篡改性、存储易破坏性等特征。

运用区块链技术在实现权利固定和版权登记认证上的应用越来越多，其中很重要的一个方面是被司法确权程序所接纳，在很大程度上保障了权利人的合法权利和利益。同时，运用区块链技术还可以对版权登记认证的延伸性发展起到关键性作用，在司法实践、版权交易、版权管理上区块链技术会发挥关键性优势。但现存的问题是：一方面权利固定和登记认证的确权意识严重薄弱，另一方面版权登记主要依靠传统版权登记认证，对新型认证业务的认识严重薄弱，因此，对中华优秀传统文化"两创"成果的权利固定意识不仅需要被加强，还需要宣传新开展的权利固定和登记认证业务。

用区块链实现信息固定和证据固定已成为关键的取证、存证手段。区块链取证、存证在电子证据的效力认定上也发挥着关键作用。可以说，在证据审查环节，用强有力的技术手段可以实现证据审查的便捷性。随着区块链技术在司法实践环节中的相互融合和深度应用，区块链技术在电子证据认定上会发挥越来越重要的作用。我国首个在司法实践环节中运用区块链技术的典型案例是"杭州华泰一媒文化传媒有限公司（本案原告），就著作权纠纷将深圳市道同科技有限公司（本案被告）列为被告，向杭州互联网法院提起上诉①。在该案中，被告未经过原告许可，将原告享有著作权的作品，刊登到"第一女性时尚网"。因此，原告认为被告侵犯了其著作权。就针对侵权事实，原告从"第一女性时尚网"获取证据之后，将证据上传到区块链平台，换算成哈希值，从而形成不可篡改、只增不减的区块链证据，并将证据提交给法院，要求被告承担赔偿责任。法院审理之后认为，从"独立主体"和"存证平台的合法合规性"上认定原告提供的证据具有可信力。具体来说，原告与运用区块链技术实现证据保全的保全网之间具有"独立性"，不存在关联关系，确保了"独立主体"。上述保全网通过区块链进行证据保全的"全过程"合法合规，符合"存证平台的合法合规性"。这里的"全过程"是指，通过开源程序实现在网页抓取、源代码生成、调用日志、截屏存证、固定信息、存证固证等全程序上实现传递路径连贯性、数据相互印证性、数据来源真实性、数据不易篡改和删除性。正是由于区块链技术具有"数据只增不可减、数据不可篡改和修改"的特性，法院依法采纳了该证据，认定了被告的侵权事实，最后判决被告向原告赔偿经济损失。原告成都灵动音符文化传播有限公司，就涉案音乐作品《过客》的信息网络传播权，将广州酷狗计算机科技有限公司列为被告，向人民法院提起诉讼②。该案的典型意义在于法院认定并采纳运用区块链技术存证的证据，通过该证据确定音乐作品《过客》的权利归属，并推进了区块链技术与司法实践的深度融合。成都灵动音符文化传播有限公司在2020年通过转让合同的方式获得了音乐作品《过客》的著作财产权。获得《过客》的著作财产权之后，成都灵动音符文化传播有限公司及时通过音乐蜜蜂平台获得区块链存证证书。在区块链存证证书上明确了音乐作品《过客》的权利人。2021年成都灵动音符文化传播有限公司发现本案被告未经许可在音乐网站上向社会公众传播音乐作品《过客》，并提供播放服务和下载服务。本案原告随即在legalXchain区块链系统（司法联盟链）上进行存证，获得证据保全证书，证明本案被告未经原告许可向公众公开传播涉案作品，并提供相关营利性服务。法院判决被告侵权行为属实，赔偿原告经济损失。就本案而言，原告充分运用区块链技术，在证据存证和保全"全过程"上确保了信息的相互关联性、可追溯性、不可篡改和删除性，并且在被告无法提供反证的情形下，法院采纳了运用区块链技术进行存证

---

① （2018）浙0192民初81号。
② （2022）川0192民初4545号。

并获取的证据。可以说，运用区块链技术实现证据存证和证据保全充分体现了区块链技术在司法实践中的重要性，同时也避免了证据被篡改、被删除的技术性问题，确保了在证据审查环节的合法合规性。在"中国建设银行股份有限公司深圳市分行（为本案原告）与何某民（为本案被告）金融借贷纠纷案[①]"中，原告在其"快e贷"业务系统中，使用了"至信链"区块链存证服务。通过"至信链"原告进行了关键电子数据的哈希值计算，包括《"快e贷"借款合同》、被告在申请"快e贷"时的人脸识别图像等，并将上述关键证据在"至信链"上进行存证，还向原告提供了《区块链存证证书》。在证据审查过程中，法院经过哈希值核验，核验通过了上述证据。原告采用的存证方法和存证平台均满足《人民法院在线诉讼规则》的条件，因此，法院采纳了原告的区块链证据。原告王某，就侵犯计算机软件著作权，将陈某锋和百度网讯公司列为被告，向人民法院提起诉讼[②]。该案件的主要事实如下：原告王某就曾向百度网讯公司撰写电子邮件指出百度网讯公司明知其员工陈某锋侵害软件著作权行为的情形下，未能及时采取删除、断开链接的必要处理措施，构成帮助侵权。百度网讯公司向王某发送电子邮件告知已经删除相关链接。在庭审中，百度网讯公司提交了经区块链技术确权的证据，证明百度网讯公司及时采取了处理措施。法院认为王某关于百度网讯公司构成帮助侵权的主张并不成立，法院未予以支持。该案亦是积极采用区块链技术进行确权的典型案例。北京微播世界科技有限公司，就著作权侵权，将百度在线网络技术有限公司列为被告，提起诉讼[③]。本案原告自营的视听作品平台为"抖音短视频"。经原告发现，被告未经原告许可，擅自将"抖音短视频"平台的视听作品投放到其自营的视听作品平台"伙拍小视频"上，向社会大众提供观看和下载相关服务。原告随即利用区块链技术在被告自营平台中抓取了相关存证信息，并确保了证据的信息可回溯性、真实性、合法合理性。正因区块链技术具有只增不减性、可回溯性、信息关联性、不对称加密性、时戳记录性等特征，在证据审查环节可以被人民法院采纳，从而避免了电子证据的脆弱性、易篡改性、易删除性等问题。原告腾讯企鹅号平台自媒体"蜀山笔侠"，就权属确定和侵权认定，将深圳市捷声文化传播有限公司列为被告，向广州互联网法院提起诉讼[④]。

---

① （2022）粤0304民初13145号。
② （2019）京73民初1261号。
③ （2018）京0491民初1号。
④ 腾讯云技术助力，著作权诉讼案审判首次全流程采用区块链固证[EB/OL].（2020-07-01）[2023-01-13].
https://tech.huanqiu.com/article/3ysOQiCGOgt.

该案是我国首个全流程采用区块链技术实现证据固定（链上固证）的数字自媒体平台著作权诉讼案。在作品权属上原告充分运用区块链技术实现存证取证。原告通过腾讯云区块链技术搭建了信链平台，通过信链平台实现信息固定、证据固定、证据备案。原告认为，被告未经过原告的许可，擅自使用原告享有著作权的作品，并在网络上进行传播，侵犯了原告的信息网络传播权。在庭审环节中，原告提供了在信链平台上进行证据存储的两个关键证据：一个是关于涉案作品的认证信息，包括作品的完成时间、发表时间、权利归属等关键性信息；另一个是被告未经许可擅自使用原告作品并在网络上传播的行为记录。通过区块链技术获取的存证证明，因其真实性、关联性、可回溯性、只增不减性的特征，可以被法院认可，应用在司法实践的证据审查环节中。此外，信链平台在平台监测上发挥了关键作用。腾讯区块链平台可以在全网进行扫描监测，一旦发现与存证信息相匹配且被认定为侵权行为的证据时，可以第一时间在区块链平台上进行证据固定（链上固证），法院在审核上述证据时，通过链上提供的哈希值进行证据校验工作，确认权利归属和侵权行为，方便法院对证据的准确、快速判断[①]。

（五）运用人工智能进行版权确权

区块链技术与人工智能技术之间存在着一定的关联。区块链技术亦被应用在人工智能中。从两者的关系看，区块链主要被应用于信息存储，即存证取证，而人工智能对应的是数据生成和场景应用。随着算法技术的快速发展，人工智能技术可以提升区块链技术的数据存储、数据传输、数据提取的效率。

在产业应用场景中，早已将人工智能技术运用到具体实践场景。以在汽车中配置人工智能系统为例，从2022年开始，在欧洲，需要在汽车中强制性配置睡意监测系统和分心警告系统。在驾车途中，驾驶人员如遇分心驾驶、疲惫驾驶、睡意驾驶等情形时，睡意监测系统和分心警告系统会自动抓取驾驶人员的脸部特征信息，生成大数据并将其存储到系统内部，方便司法审判和证据审查。运用人工智能进行版权确权是一种全新的版权登记业务模式。现阶段运用人工智能固权登记、信息存证、证据保全等方面的争议较多，主要问题在于人工智能一方面行使版权确权的指令和工作，另一方面自行创作作品。现行法律文本中就人工智能创作作品的权利主体、作品类型、权利归属、邻接权构成、侵权归责等问题没有明文规定，难以得到

---

① 腾讯云技术助力，著作权诉讼案审判首次全流程采用区块链固证[EB/OL].（2020-07-01）[2023-01-13]. https://tech.huanqiu.com/article/3ysOQiCGOgt.

解决方案。但运用人工智能进行确权已成为从业者、权利人、投资者关注的新热点和版权登记认证未来发展的新方向。

随着技术的快速发展，人工智能在证据审查环节会发挥重要的作用①。就案件审查和研判而言，人工智能具有快速数据搜索性、多交互性、可回溯性、提供指向性等特征。人工智能的上述特征，在案件的审查研判中会发挥重要作用。根据杨熹的研究，通过人工智能大数据分析，可以提升审查研判案件的效率。人工智能的核心引擎是大数据和云计算。智能司法案件系统中不仅导入了法律文书、法律条文、典型案例，也嵌入了证据归责、证据标准等内容，通过证据检索和大数据推送可以精准获取关键数据和解决方案。以卷宗数据标引和抽取为例，将新卷宗导入人工智能系统之后，依据参数新卷宗数据中会生成标引、形成标引数据，从而生成信息关联和易抽取的大数据，方便生成审查报告。人工智能系统中存储了大量数据信息，例如文字作品、图片作品、视听作品以及声音信息，通过大数据和智能算法，实现信息之间的关联性，从而形成推导性结论。这里所指的"关联性"包括内容的关联、历史记录的关联。就内容的关联而言，人工智能系统将内容上相同或者近似的不同形式的作品（图片作品、文字作品、视听作品等）通过参数设定、数据抓取和人工标引等方式实现高度关联。就历史记录的关联而言，在人工智能系统中录入的所有数据信息，会依据其录入时间、标引时间、截取信息时间、提取数据时间等形成历史记录关联，确保证据的真实性和交叉验证性。人工智能系统具有很强的回溯性，这一点在前文的区块链部分也有涉及，通过证据存证，形成全过程信息的关联和回溯，生成智能化路径痕迹，确保信息在时戳上的逻辑连贯性。人工智能的辅助功能可以为办案人员提供司法实践辅助功能，方便办案人员的独立判断②。

人工智能生成的证据是由技术生成，但这些证据可能是为了满足一定的商业目的，而不是单纯为了有形证据的生成，尤其是人工智能生成的数据在"可靠性"和"可信性"上还有待进一步评估。而且现阶段也没有办法从人工智能配置系统中获取各类全域新型证据信息。因此，现阶段在司法实践中，还需要将审查证据制度、审问程序、庭外陈述等相互结合，确保技术生成的证据测试③。

———————————

① 杨熹. 人工智能办案系统助力证据审查[EB/OL].（2018-06-22）[2023-01-14]. https://www.spp.gov.cn/spp/llyj/201806/t20180622_382407.shtml.

② 同①。

③ 萨比娜·格雷斯，樊文译. 法庭上的人工智能：刑事审判中机器证据的比较分析[EB/OL]. [2023-01-14]. http://iolaw.cssn.cn/zxzp/202205/t20220523_5409295.shtml.

二、动态全链条监测

（一）舆情常态监测

互联网时代，运用舆情监测技术可以有效收集网络环境内的主题信息，经处理分析之后形成舆情情报的报告和结论。舆情监测被广泛应用于互联网应用场景，知识产权侵权的舆情常态化监测对精准把握侵权信息和分析侵权背后的舆论成因，有着重要的侵权监测作用。

舆情常态监测最显著的三个特点是：快速性、专业性、指引性。从快速性角度看，舆情监测技术的侵权监测速度要远快于传统的市场调研问卷，舆情监测技术一旦发现网络环境中某主题的侵权信息，可以快速定位侵权发生地、侵权主体，并且及时采取证据保存，为权利人维权提供了便捷和及时保障。从专业性角度看，舆情监测技术可以充分运用互联网数字资源，通过监测网络某主题的权利侵犯信息，可以快速定位侵权行为发生地、发生源等关键证据性信息，对其分析整理后生成系统性侵权情报。从指引性角度看，相比传统的版权交易、版权管理、运营服务，运用舆情监测技术可以快速向版权权利交易需求方和供给方提供信息指引，定位目标人群更加精准。除此之外，运用舆情监测技术可以为创作者提供较精准的创作方向和市场导向。

在知识产权案件中，一些案件通过网络产生很强的传播影响力，运用网络舆情监测可以让相关主体及时关注到知识产权假冒和侵权案件。之所以加强网络舆情的监测，是因为有些知识产权案件因网络舆情会让群众产生极大的恐惧感。例如，"冒牌奶粉"。"冒牌奶粉"是指将国内外价格低廉的奶粉"以次充好"，将包装替换成知名品牌奶粉，在市场上进行二次销售，牟取暴利的一种犯罪行为。"冒牌奶粉"由于涉及"更换商标投放市场"，属于知识产权案件。但这类案件与人民的健康、食品安全紧密相关。充分运用网络舆情监测，有助于及时开展案件查处工作。因此，构建网络舆情监测机制已成为重要的课题。针对这一内容，本书从四个方面展开论述构建网络舆情监测系统的路径方案。

1.知识产权侵权舆情监测机制的建立

知识产权侵权舆情监测机制的建立需要结合互联网监测和专员监测。就互联网监测而言，互联网监测主要针对网络数据量庞大、业务延长线较长的企业信息，通过主题的参数筛选重点抓取侵权数据，实现全网舆论的"不过夜"监测机制，精准实现侵权行为的网络舆论定位。就专员监测而言，主要收集国内外相关网站的知识产权侵权信息，及时抓取知识产权侵权网络舆论，录入系统中，实现数据与信息的匹配关系。

2.知识产权侵权网络处理流程的合规化

在网络舆情的处理流程上实现标准化工作机制，梳理知识产权侵权历史脉络，对知识产权侵权行为依据"案由"进行分类实施，对重点舆情开展跟踪记录，在知识产权侵权的网络舆情预测上做到提前预判。

3.制定知识产权侵权舆情等级制度

将知识产权侵权的网络舆情依据侵权程度、涉及范围、社会影响力等进行维度划分，依次是：一般知识产权假冒侵权网络舆情、较大知识产权假冒侵权网络舆情、重大知识产权假冒侵权网络舆情，及时将具体行为记录在系统中，建立知识产权侵权预警报告，方便提交知识产权相关部门。

4.建立知识产权侵权舆情的分类实施处理措施

知识产权假冒侵权的事实"属实"时，做到积极回应、对接联络、及时答复。知识产权假冒侵权的事实"失实"时，做到积极回应、及时纠错、对接联络、辟谣公布。在"对接联络"环节，就重大、较大知识产权假冒侵权事实，充分运用数字媒体的独特优势，及时召开相关会议，予以确认"属实"或"失实"，向社会及时发布会议详情和结论。

舆情监测技术可以实现常态化侵权监测，随着在司法实践中的运用不断增加，为中华优秀传统文化"两创"成果在互联网环境中的权利保护提供正向反馈，为创新成果在互联网环境中的安全发展、长远发展起到保驾护航的关键性作用。

（二）行政执法监管

行政执法作为一种具有震慑力的公权力量，是行使知识产权保护职能的有效方式，对打击违法犯罪行为、保障权利人权利、规范经营行为、维护市场秩序，有着重要的监管作用。

运用行政执法开展知识产权保护和打击知识产权侵权假冒时，可以充分发挥"行政执法+检察监督+刑事司法"长效结合的作用，在"四合一"专门办理知识产权案件的背景下，探索和建立"行政法与刑法""行政法与检察监督规则"的衔接机制，全面发挥检察职能，实现行政执法机关和刑事司法机关的职能效力的高效发挥。在办理知识产权侵权假冒案件时，通过专门的"四合一"审查或办案机构和部门，在适用范围和协同程序的配套机制及规则标准下，全面掌握侵权要件，准确判断和确定以经营为目的的并排除豁免情形的侵权行为以及对权利人造成的损失，确保行政机关在行政执法与查办案件过程中收集的证据材料的证据转换和监督办案，严厉打击知识产权违法侵权假冒行为，落实"严格执法、公正司法"的法治建设方针。

在知识产权侵权假冒行政执法过程中，行政执法相关部门充分发挥"高效"的执法优势，规范经营行为和市场交易、维护市场正常秩序。这对知识产权权利人的创作热情和积极性的发挥起到以"公权"为背书的保障和激发作用。

在抢注"火神山""雷神山"等与疫情防控紧密相关的名称作为商标的事件中，为防止产生不良社会影响，禁止私权过度将权利边界延伸至公权领域（公共领域），行政机关在此事件中发挥了关键作用。北京亿捷顺达国际知识产权代理有限公司（以下简称为当事人）在2017年3月开展了商标代理服务，向客户提供注册申请以及许可转让等商标相关服务。2020年2月2日，当事人与劳恩斯建材实业湖北公司（以下简称为客户1）签订商标注册服务合同①。合同中载明当事人需要为客户1分别在第1类和第2类产品上申请注册"火神山"商标。此后当事人又与广州市懿姿美容美发器材公司（以下简称为客户2）签订商标代理服务合同，合同载明当事人需要为客户2在第3类产品上申请注册"雷神山"商标和第5类产品上申请注册"火神山"商标。待提交申请之后，国家知识产权局驳回了"雷神山""火神山"商标申请。对"雷神山""火神山"商标申请的驳回理由为：早在2020年1月23日和25日，正式建立了武汉火神山医院和武汉雷神山医院。武汉火神山医院在疫情防控时期已成为社会大众的关注重点，是战胜疫情的一种象征，也代表着全民齐心协力的凝聚力。任何申请"火神山"商标进行企业商标注册的行为都会造成严重的社会恶劣影响。因此，不宜被当作企业商标申请。此后向双方发送了行政处罚告知书②，明确指出做出行政处罚决定的主要缘由、具体内容、依据等相关内容。客户1和客户2在明知"火神山""雷神山"是武汉火神山医院和武汉雷神山医院的在先权利，除武汉火神山医院和武汉雷神山医院外，在其他产品类型上使用"火神山""雷神山"均会产生严重的社会不良影响，造成恶劣后果，依然申请上述商标，违反我国

---

① 京朝市监工罚（2020）166号。
② 京朝市监稽查工工罚听〔2020〕18号。

《商标法》第三十二条的法律规定。尤其在疫情防控期间，提供代理申请的服务主体在知道或者应当知道上述情形的情况下，仍然代理申请"火神山""雷神山"，触犯我国《商标法》第十九条的规定。对此，北京市朝阳区市场监督管理局依据《商标法》第六十八条第（三）项的要求，责令停止违法行为，并做出行政处罚：予以严重警告和双方处10万元罚金。"火神山""雷神山"不仅存在直接的对应指称关系，还指向了公权领域（公共领域）。武汉火神山医院和武汉雷神山医院对"火神山""雷神山"享有在先使用权，"火神山"和"雷神山"具有极高的辨识性，如果私权领域过度延伸到公权领域，不仅会侵犯社会公众利益，还会产生极大的社会不良影响。

（三）专利动态监测

以非遗十大门类为例，非遗十大门类中，民间文学、传统美术、传统音乐、传统舞蹈、传统戏剧、曲艺、传统体育、游艺与杂技的创造性转化创新性发展成果的知识产权保护主要是著作权保护，专利保护主要围绕传统技艺和传统医药的创造性转化创新性发展。传统技艺"两创"成果的专利布局需要结合标准制定，可以充分围绕发明、实用新型、外观设计开展专利全方位布局。传统医药的专利布局需要围绕"医"和"药"两个维度展开。从"医"的角度看，专利布局主要涉及传统医疗的医疗器械、围绕"大健康"概念的保健品、化妆品、调料、饲料以及化学领域的应用方法等。从"药"的角度大体划分为三个领域：药材、成药、活性提取物。药材可以围绕种植改良、驯化的专利方法展开专利布局；成药可以围绕新药组方、验方、古方新用途展开专利布局；活性提取物具有专利授权的绝对优势。

基于上述中华优秀传统文化"两创"成果的专利布局，实施专利动态防侵权监测的两个主要手段包括：专利侵权网络监测和争夺市场份额的竞争对手的产品和技术方法监测。专利侵权网络监测作为网络监测的重要手段，在网络环境下对专利侵权实时监测发挥着重要作用。争夺市场份额的竞争对手的产品和技术方法监测通过人工监测手段，及时有效地对侵权行为予以证据确定或者及时采取证据保全手段，配合行政执法、刑事司法、检察监督、公益诉讼，加强严厉打击专利侵权。

中华优秀传统文化"两创"成果的专利制度保护以及通过线上线下专利动态监测，及时有效对侵权行为予以证据固定，充分运用专利"四合一"专门办理专利侵权案件，严厉打击专利侵权行为，为中华优秀传统文化"两创"成果的专利保护提供多链条保护方案。

就专利动态监测而言，这里以"日本CASIO诉朗时钟表有限公司等侵害外观设计专利权案①"为例说明。本案的原告为日本CASIO（以下简称为CASIO），本案的被告分别是：朗时公司、标航公司、三达钟表、壹览公司、彭耿彬、彭耿文（以下统称为被告）。原告CASIO非常重视专利侵权的监测行为，在网络销售产品上开展动态智能监测，同时在市场销售实体产品上进行市场监测，从源头打击假冒、侵权行为。原告经监测发现，被告未经许可，擅自制造、销售、许诺销售原告享有外观设计专利权的产品，要求停止侵害、赔偿损失。CASIO在2015年5月27日获得外观设计专利权（需要注意的是《商标法》修订之后，外观设计专利权的保护期限从原来的10年延长至15年）。原告的外观设计专利权依然处于保护期限内，不存在无效、未缴纳年费、撤回等情形。本案的争议焦点主要集中在四个方面：是否构成制造、是否属于违规制造和销售侵权产品，侵权产品名称、图案是否落入专利权客体范畴、赔偿数额和责任承担。由于本部分内容重点强调的是"动态监测"，就认定侵权的依据方面不占用过多篇幅予以解释。就"是否构成制造"而言，认定制造的前提是具备一定的制造能力和体量，而被告中的主要侵权主体具备上述条件。就"是否属于违规制造和销售侵权产品"而言，被告之间存在环环相扣的相互合作关系，包括直接货源提供、接洽联络、生产制造等，因此，被告之间形成共同销售行为。就"侵权产品名称、图案是否落入专利权客体范畴"而言，可以围绕产品的品类（均为手表）、功能用途、图片对比等方面进行综合判定。经图片对比可以得知，CASIO享有外观设计专利权的产品外观与被告的产品外观之间没有实质性差别，被告仅在CASIO手表的外观基础上增加了一些图案，用于简单装饰，从视觉对比上看，容易让消费者产生混淆（就外观设计而言，消费者的认知极为重要）。可以说，被告的产品外观已经落入原告CASIO的外观设计专利权保护范围。就"赔偿数额和承担责任"而言，由于在本案中被告朗时公司是主要侵权人，因此承担全部侵权责任，而其他被告承担部分连带责任。就侵权数额而言，本案依据"权利人因侵权行为遭受的实际损失或者侵权人因侵权行为所获的利益，或专利实施许可费"确认了赔偿金额。就本案而言，CASIO手表的外观深受年轻人喜爱，而且CASIO商标在国内外均有较高的品牌影响力。CASIO生产的手表在外观上具有极高的辨识度，在手表领域具有极高的市场份额，在流行引领上也发挥着重要作用。因此，这导致不

---

① （2017）粤73民初3853号。

少经营者试图在外观上混淆视听，以此非法牟利。就本案而言，涉及的被告人数较多，其实这也在一定程度上反映了市场经营者对占据市场份额较高的、具有一定影响力的、在潮流引导上较强的产品的"高度关注"。因此，当企业的市场规模和市场份额不断加大时"动态监测"就变得越发重要。这里需要注意的是：并不是规模大的企业才关注"动态监测"，小企业也应结合自身发展阶段以及战略目标确定市场动向和动态监测。中华优秀传统文化"两创"成果中涉及三种专利类型，例如传统医药（"医"与"药"分离实施）与发明专利、实用新型专利紧密关联。仅在传统医药试剂上就可以申请诸多结构类的实用新型专利。传统工艺类"两创"成果可以依据专利权客体要求（发明专利的客体要求是"产品"或"方法"；实用新型的客体要求是"形状""结构""形状+结构"；新法修订之后外观设计专利不仅可以整体外观保护，也可以在相对完整和独立条件下的局部外观保护）申请发明专利、实用新型专利和外观设计专利。而专利授权和专利产品在市场上进行运营之后，面临的重要议题便是动态监测。正如上文所述，"动态监测"的核心目的便是"市场份额"——中华优秀传统文化"两创"成果的权利主体应围绕自身发展阶段、战略目标，以"动态监测+运营方案+应对策略"为实践路径和策略，最终实现市场份额的扩大，从而加大营收、促进当地就业、驱动产业振兴、实现共同富裕。

（四）品牌商标监测

品牌商标监测是在商标公告信息中监测与商标权利人的核准注册的商标相同或近似，或者恶意抢注的商标申请，通过实时的商标监测，了解市场上的核定使用的商品信息，可以有效防止商标抢注行为，促进品牌的健康发展，维护品牌市场影响力。

随着我国商标申请数量的逐渐增加，开展商标监测变得越发重要。通过商标实时监测，可以及时发现相同或近似商标申请和恶意商标抢注行为，及时获取法律证据。商标监测手段可以围绕"固定检索式""重点监测主体"和"专门监测员"三个手段有效实现商标的实时监测。"固定检索式"是指运用商标监测工具中的检索查询功能，实时监测相同、近似商标或者恶意抢注信息；"重点监测主体"是指重点关注和设置竞争对手以及恶意抢注主体的商标申请信息；"专门监测员"是指定期通过人工复检，锁定"固定检索式"和"重点监测主体"的监测结果的精确性。在海外市场的商标监控方面，可以充分发挥代理机构的海外业务优势。

　　这里通过具体案例论证上述观点。不同于版权监测和专利监测需要结合线上线下监测，商标动态监测一般采用平台监测实现相同近似商标申请的监测目的。就商标动态监测而言，本研究以"王新征（一审被告）诉国家知识产权局以及浙江好太太（以下简称为好太太）电器有限公司（一审原告）再审案①"为例说明。回顾本案历史，在本案中王新征因不服二审法院判决提出再审申请。好太太通过商标动态监测系统发现了与好太太商标近似的已授权的商标"好太太爱家"，其权属归王新征，并因此提起诉讼（一审）。在再审案件中，王新征认为："好太太"与"好太太爱家"在视觉效果上有明确的差异，构成要素亦不同，不能构成近似商标；"好太太爱家"已建立起长期稳定的与商品的对应关系，因此可以将"好太太爱家"与"好太太"进行区别；"好太太"囤积了大量商标用于商标抢注，因此恶意明显。经最高人民法院对案件事实的认定，裁定驳回原告再审申请②。由于本研究的重点在于"商标的动态监测"——强化动态监测商标，从而确保商标在市场上的健康运营，具体驳回依据不在此展开论述。但需要注意的是，《商标法》新修订的条款中明确提出禁止不以使用为目的的商标抢注行为。这与中华优秀传统文化"两创"成果的品牌提升紧密关联。品牌是助力市场关注度和认可度的一种重要手段，"两创"成果的品牌提升有助于被消费者关注和认可。但品牌提升的前提是确保商标在市场上的健康发展和运营，但以抢注为主的投机取巧行为不仅降低商品的市场价值，还会带来不必要的诉讼纠纷。因为，随着大数据和算法技术的不断提升，商标动态监测系统变得越发精确和高效。可以说，合法合规的商标申请已成为重要前提。以"青花瓷酒业集团股份有限公司（以下简称为原告）诉呼和浩特市玉泉区来宽副食品经销部（以下简称为来宽副食）侵害商标权纠纷案③"为例，本案被告来宽副食在原告商标注册有效期限内，在其商品上使用了与原告注册的商标"青花瓷"在排列方式和文字上有区别的"青花瓷"标识。虽然两者在文字排列和文字样式选取上有区别，但商标的辨识度和认知度是以"消费者的认知"为主（这一点与外观设计专利相同），从消费者的认知角度考虑，被告的标识会导致消费者的混淆以及误认，从而影响原告的

---

　　① （2018）最高法行申10665号。该案二审案号为：（2018）京行终1598号行政判决。

　　② 依据的法律是：《中华人民共和国行政诉讼法》第九十一条的规定以及《最高人民法院关于适用〈中华人民共和国行政诉讼法〉的解释》第一百一十六条的规定。

　　③ 具体参见：（2019）内01民初210号。

合法利益。法院认定之后的判决如下①：被告从判决生效之日起停止对原告商标专用权的侵害、立即停止销售相关侵权商品、赔偿经济损失7 000元。

运用商标动态监测系统是发现商标侵权的重要手段。通过设置常态化商标监测机制，实时掌握侵权违法信息，实现证据固定，可以及时预防和控制侵权行为，为司法实践提供侵权违法或者犯罪依据，严厉打击侵权和假冒商标行为，从而最大限度保障商标注册权利人的合法权益。

（五）版权动态技术监测

版权动态技术监测可以通过数字指纹技术、数字水印技术实现侵权监测，运用数字版权管理技术限定流转、使用和监测。数字水印技术、数字指纹技术、数字版权管理技术等常规上用于权利固定、证据固定、证据保全，但在侵权动态监测方面，数字水印技术、数字指纹技术、数字版权管理技术等也发挥着侵权监测的关键作用。

数字指纹技术是通过数字水印技术将指纹录入数据库中，并将录制的指纹信息分发给用户，形成一种专属性质的身份认证，通过这种独一性的认证方式将身份与版权权益相互捆绑。随着产权保护意识的不断提高、数字指纹技术的不断发展、数字指纹数据库的建立，权利唯一性身份识别与匹配认证会变得越发重要，实现对盗版侵权的监测追踪，实现中华优秀传统文化"两创"成果在网络环境下的安全发展。数字版权管理技术是对数字产品未经授权对外使用或者销售的一种侵权防范措施，对版权权利人的权益保护发挥着限定流转和保护的关键作用。但数字版权管理技术在监测观察、限定功能、自助功能上仍需要进一步技术完善。

从版权动态技术监测的实践路径上看，运用版权动态技术监测的前提是"版权证明＋对应产品"。"版权证明＋对应产品"是指：运用数字水印技术、数字指纹技术等技术手段对作品进行权利固定，生成"版权证明"，以"版权证明"为权利证明基础，经版权确权之后拓展形成二维和三维的成果产出，发挥版权证明的拓展性效应，构建二维作品与二次延伸作品、三维产品的连接。在产品中充分融入数字水印技术等数字关键技术，结合二维码扫描技术，形成信息匹配机制，发挥版权动态监测功能的最大化效应。

---

① 法院作出的判决依据的是：《中华人民共和国商标法》第五十七条第（三）项、第六十三条第三款，《最高人民法院关于审理商标民事纠纷案件适用法律若干问题的解释》第九条、第十条以及《中华人民共和国民事诉讼法》第六十四条的规定。

1.版权动态监测的前提应是"版权证明"

通过"版权证明+对应产品"的践行方案发挥版权动态监测，必须先行保障版权的权利归属证明，即"版权证明"。运用数字指纹技术、数字水印技术等数字技术方案进行权利固定的目的在于：确定其权利归属，防范权属风险。重要性体现在其拓展性效应。在《著作权法》上的作品类型强调的是"作品"，而非"产品"。但在实务实践中，"作品"与"二次创作作品""产品"之间紧密相连。作品的版权证明实际上可以延伸到"二次创作作品"和"产品"。换句话说，版权的权利认证并不是二维维度、平面维度的权利认证，而是以平面维度为基础，向立体维度进行延伸拓展的权利证明——适用于拓展性权利保护范围的权利凭证。正因如此，"版权证明+对应产品"中首先强调的是"版权证明"，之后才是"二次创作作品"和"对应产品"。

2. 在"版权证明"的基础上，实现"对应产品"的生成。将"对应产品"与动态监测践行方案——"数字加密+二维码匹配+网络监测"紧密相连，实现数字信息匹配、版权动态监测、监测异常记录和信息输送反馈

版权动态监测，除了需要权属证明，还需要实现版权作品的产品化，即版权作品需要生成具体的产品。如果仅仅是版权证明其实很难做到动态监测，因为版权证明的核心作用是确认权属和信息固定。将权利固定的证明与对应产品形成紧密关联，以版权为基础确定产品的权利归属和风险防范。之后还需要在产品中融入数字水印技术等监测手段，以二维码的形式确认数字水印技术生成的数据加密包的信息匹配关系，从而实现数据的版权动态监测和异常数据记录。可以概括为：运用数字水印技术等数字技术监测手段，构建侵权监测的实践路径——"数字加密+二维码匹配+网络监测"——通过数字水印技术生成加密数据包（加密信息）和数字水印防伪码，将防伪码与二维码技术相互配合使用，形成信息对应的严格匹配关系。当数字信息无法形成匹配关系时，在网络状态下实现监测功能，形成侵权数据记录。现代产品研发中在大量采用这类"结合性"技术方案。以"周建军诉国家知识产权局二审案[①]"为例说明。在本案中，上诉人为周建军，被上诉人为国家知识产权局、原审第三人中国建设银行，涉案专利名称为"一种自助式单据打印设备"。在一审行政判决中，周建军不服北京知识产权法院作出的一审行政判决，上诉至最高人民法院。该案虽然是关于"数字水印技术是否具有新颖性"的判决案例，但数字水印

———
① 案号（2019）最高法知行终103号。

技术监测功能的运作机理对本研究具有重要的启示意义——构建版权动态监测的实施路径。数字水印技术是涉案专利的核心技术，一般用于金融系统，用途主要在于监测。其运作机理是：通过数据生成加密信息和数字水印防伪码，通过二维码的方式进行数据输出和信息匹配。如果数据匹配，设备会正常运转，如果数据匹配失败，设备停止运转，还会产生数据监测，产生数据异常监测提示和数据传输。通过这种监测体系实现侵权监测和数据的及时反馈。

随着数字技术的快速发展，数字版权动态监测与异常数据记录与反馈的重要性也会被不断强化。中华优秀传统文化"两创"成果也需要随着数字时代的快速发展，强化"产品化生成"的重要思路。在此过程中，将产品生成与异常数据监测紧密关联，以数字监测技术为实现保障，从源头打击假冒、打击侵权，助力优化营商环境，以产品生成促进产业振兴，以产业振兴助力乡村振兴，振兴方案兼顾监测数据和信息反馈，最终实现区域发展和共同富裕。

（六）合法网页爬虫技术监测

网络爬虫是指按照一定的程序规则，自动抓取互联网中的某主题信息的程序或者脚本。网络爬虫依据搜索主题的集中情况可以分为：一般爬虫和聚焦爬虫。无论哪种爬虫，在用户权限管理、系统日志管理、统计数据管理等方面均提供着重要的技术支撑。技术无好坏的价值判断，但使用技术涉及"善意"和"恶意"，确定网络爬虫的合理使用的法律界限，即在立法上明确网页爬虫技术的侵权边界是非常有必要的。就现阶段的研究综述而言，学者集中探讨网页爬虫技术的侵权行为，例如，杨璐嘉等学者列出了五个网页爬虫的非法行为[1]，却未能深入探讨网页爬虫技术的侵权边界。因此，就网页爬虫技术的侵权边界的立法研究是一项重要的时代课题，在侵权与技术创新之间需要进行平衡调整。

在"立法上确定网络爬虫技术的法律边界"的前提下，针对中华优秀传统文化"两创"成果在互联网平台上的侵权取证，可以充分运用在合理使用范围内的网页爬虫技术，爬取侵权信息、系统日志以及统计数据等侵犯知识产权的相关信息，方便收集全网信息形成知识产权保护现状报告和侵权证据固定，为网络环境下知识产权保护提供重要的技术支撑。由于该领域在立法层面依然需要深入研究，因此，本书在此仅以"设想"的方式提出运用网络爬虫技术监测的可能性，尝试平衡侵权边

---

[1] 杨璐嘉，等. 网络爬虫无处不在，侵权边界在哪[EB/OL].（2021-11-01）[2023-01-17]. https://www.spp.gov.cn/zdgz/202111/t20211101_534081.shtml.

界与技术创新，方便为后续研究提供研究思路。

三、有效评估

（一）民事赔偿责任机制的法律经济学逻辑

依据法律经济学逻辑确定民事赔偿责任机制的三个主要原因是司法成本、惩罚成本、重罚成本。

从司法成本的角度看，当事人承担的司法成本之所以大的根本原因在于：当事人需要在审判过程中自行承担高昂的诉讼费用以及需要漫长的诉讼等待。面对费用高昂、时间漫长的诉讼成本，当事人会选择对成本的隐忍，甚至是自行放弃。这实际上严重违背公平正义，因此，需要降低司法成本。这里以"深圳市某禾技术有限公司诉深圳市某素科技有限公司专利合同纠纷案[①]"为例说明法院遵循"两便原则"（既要便于群众诉讼，又要便于人民法院依法独立、公正和高效行使审判权）降低诉讼成本。在本案中，被告提出的管辖异议实际上是变相延长诉讼时间，从而给原告在时间成本上产生诉累。某禾公司（为本案的原告）认为某素公司（为本案的被告）销售的无叶挂脖风扇侵犯了其专利权。2021年5月7日某禾公司在天猫公司的知识产权保护平台发起侵权投诉，该知识产权保护平台于2021年5月13日反馈某素公司申诉审核不成立，并将被投诉侵权产品作了下架处理；5月14日，某素公司提出再申诉，天猫公司在冻结了某素公司保证金的前提下，又恢复了被投诉侵权产品的销售链接；目前"某素旗舰店"仍在持续销售被投诉侵权产品。某禾公司（本案的原告）认为被告侵犯专利权的行为类型属于"侵犯知识产权的故意的认定[②]"。某禾公司在发现被告某素公司销售侵权产品后，第一时间在天猫公司的知识产权平台发起侵权诉讼，但是某素公司无视其维权行为，申诉再上架，属于故意且恶意侵权行为，遂请求法院判决被告某素公司停止其侵害行为，消除影响，赔偿损失。法

---

①（2021）最高法知民辖终340号。

②《最高人民法院关于审理侵害知识产权民事案件适用惩罚性赔偿的解释》第三条的规定为："对于侵害知识产权的故意的认定，人民法院应当综合考虑被侵害知识产权客体类型、权利状态和相关产品知名度、被告与原告或者利害关系人之间的关系等因素。对于下列情形，人民法院可以初步认定被告具有侵害知识产权的故意：（一）被告经原告或者利害关系人通知、警告后，仍继续实施侵权行为的；（二）被告或其法定代表人、管理人是原告或者利害关系人的法定代表人、管理人、实际控制人的；（三）被告与原告或者利害关系人之间存在劳动、劳务、合作、许可、经销、代理、代表等关系，且接触过被侵害的知识产权的；（四）被告与原告或者利害关系人之间有业务往来或者为达成合同等进行过磋商，且接触过被侵害的知识产权的；（五）被告实施盗版、假冒注册商标行为的；（六）其他可以认定为故意的情形。"在本案中属于第一项的情形。

院在查清事实后，支持原告的诉求。但是被告某素科技有限公司不服原审法院的判决，向最高人民法院提起上诉。上诉请求却与一审答辩大相径庭：请求撤销原审判决，将本案移交浙江省杭州市中级人民法院审理，认为证据形成地均在浙江省杭州市。原审法院认为：本案系侵害实用新型专利权纠纷，某素公司提出的管辖权异议属于地域管辖范畴。侵权行为引起的诉讼，由侵权行为地或者被告住所地人民法院管辖。本案被告某素公司住所地位于广东省深圳市，故原审法院依法可以对本案进行管辖①。最高人民法院经过合议庭合议，根据《民事诉讼法》第二十一条第三款和第三十五条规定②以及相关规定③，本案的诉讼管辖不存在异议，原审法院对本案具有管辖权。进一步说，某素公司提出的管辖权异议（住所地为广东省深圳市），位于原审法院辖区内。因此，法院驳回了管辖权异议的请求，裁定管辖权无异议，应予维持。可以看出，在本案中，某素公司有着明显的侵权故意，且行为恶劣，上诉提出管辖权异议，主要有两大目的，其一，将审判变更到自己熟悉的环境中；其二，最核心的目的在于拖延时间，形成诉累，拖延诉讼时间。提出管辖权异议会导致诉讼成本加大，原告的等待时间延长，相应会使审判费用、当事人费用、其他的间接费用都会显著提高。最高人民法院在维持尊重法律事实的情况下，遵循"两便原则"，判决原审法院对本案享有管辖权，维持原审法院判决，此举节约了司法成本，提高了审判效率，保障了原告的诉讼权利。

从惩罚成本的角度看，核心变量是惩罚的可能有多大和惩罚的力度有多强。从法律经济学的逻辑出发，当行为人实施知识产权假冒侵权行为时，一经确认，将承担严厉的赔偿责任时，行为人会计算可得利益损失和权衡利弊，从而遏制侵权假冒行为的发生。以"陈某芳等销售假冒注册商标的商品一审刑事判决书④"为例，在基本案情中涉及两点：一、2020年1月21日至1月24日，被告人曾某榜以单价1.2元、2元的价格，从尤某海（另案处理）处花费共计16万余元购买了"3M"商标的

---

① 在本案中就法院管辖问题还依据了《最高人民法院关于同意广东省深圳市两级法院继续管辖专利等知识产权案件的批复》以及"广州知识产权法院成立之后就原审法院依职权案件审理的相关规定，即原审法院有权继续审理广东省深圳市管辖区范围内第一审专利纠纷案件"。也就是说，原审法院对广东省深圳市辖区内的专利纠纷第一审民事案件具有管辖权，而被告之所以提出管辖异议的根本动机是为了延长诉讼时间，在诉讼时间成本上形成诉累。

② 具体规定内容如下："同一诉讼的几个被告住所地、经常居住地在两个以上人民法院辖区的，各该人民法院都有管辖权；两个以上人民法院都有管辖权的诉讼，原告可以向其中一个人民法院起诉。"

③ 本案所指的相关规定如下：《最高人民法院关于北京、上海、广州知识产权法院案件管辖的规定》第一条第一项、第二条的规定，以及《最高人民法院关于同意广东省深圳市两级法院继续管辖专利等知识产权案件的批复》。

④（2020）京0112刑初367号。

9001V和9001型号口罩。后由被告人曾某榜之妻陈某芳（本案另一被告）在其租住地，通过微信以单价4元、5元的价格销售并收款；二、被告人陈某芳通过顺丰发货点将口罩快递给需要口罩的买家，于2020年1月26日将由被告曾某榜购进的口罩全部销售，销售金额共计30余万元。口罩售出之后，因有购买人怀疑陈某芳售出的口罩为假货，被告人陈某芳对部分购买人予以退款。经鉴定，上述由陈某芳销售的口罩均为假冒"3M"注册商标的商品，而且过滤效率严重不符合口罩质量标准。法院认为：一、被告人曾某榜、陈某芳法律观念淡薄，明知是假冒注册商标的商品，进行销售行为，而且从中获取了巨大的经济利益；二、被告行为已构成"销售假冒注册商标的商品罪"。公诉机关指控的罪名成立。被告人曾某榜、陈某芳到案之后如实供述了主要犯罪事实，二人当庭自愿认罪认罚，依法可以从轻处罚。被告人曾某榜、陈某芳为牟取利益，尤其是在新冠疫情防控期间，明知是假冒他人注册商标的口罩还通过网络予以销售，依法应予从严惩处。但由于被告人曾某榜、陈某芳无犯罪记录、有一定悔罪表现等情节，法院在量刑时予以考虑，最终作出了如下判决：被告人曾某榜犯销售假冒注册商标的商品罪，判处有期徒刑三年，并处罚金十五万元。被告人陈某芳犯销售假冒注册商标的商品罪，判处有期徒刑三年，并处罚金十五万元。在本案中，被告人的行为已构成"销售假冒注册商标的商品罪"，侵犯了他人的知识产权，在疫情这个特殊时期，但由于被告人曾某榜、陈某芳为牟取利益，假冒防疫物资，通过网络予以销售，应当依法从严惩处。法院综合审查被告多项犯罪证据，如网络销售电子数据、银行账户交易记录、送货单、证人证言等证据记录，依法追回被告违法所获财产，加大了罚款执行力度，从严惩处，通过使行为人承担更加严厉的赔偿责任，起到了震慑作用。

从重罚成本的角度看，通过惩罚性赔偿达到严惩的目的，即通过倍数式惩罚达到严厉的警示作用。之所以强调惩罚性赔偿的原因在于，司法实践中，侵权主体往往是强势主体，强势主体的"强"主要体现在：有丰富的资金供给、有专业的法律人才储备、有很强的侵权结果承受能力。基于上述强势的有利条件，强势侵权主体占据绝对的主导优势，致使受害人最终选择放弃。因此，从重罚成本角度考虑，充分运用惩罚性赔偿，加大侵权人承担的法律后果，充分发挥惩罚性赔偿发挥的警示和遏制作用，让侵权人充分意识到侵权导致的严重后果。以"原告小米科技有限责任公司、小米通讯技术有限公司与被告中山奔腾电器有限公司等侵害商标权及不正当竞争纠纷一案①"为例，本案的原告为：小米科技有限责任公司（以下简称小米科技公司）、小米通讯技术有限公司（以下简称小米通讯公司）；本案的被告是：中山奔腾电器有限公司（以下简称中山奔腾公司）、中山独领风骚生活电器有限公司（以下简称独领风骚公司）。被告中山奔腾公司旗下制造、销售的产品包含电磁炉、电饭煲等，其与原告案涉商标的核定使用商品属不同类别；被告中山奔腾公司把"小米生活电器"标牌安装在了其经营场所楼顶，"小米生活"文字展示在经营场所内的展板上，其制造和销售的被控侵权产品及其产品包装箱上还标注了"小米生活"标识，网站上的产品展示板块区域显示的依然是"小米生活电器"标题，所使用的"小米生活电器""小米生活"等文字标识，与原告的"小米"商标构成近似。被告中山奔腾公司模仿的是已经得到注册，且有一定影响力，一定知名度的驰名商标，对公众产生了一定的误导性，侵犯了原告案涉"小米"注册商标的专用权，使得原告的利益受到巨大损害。被告独领风骚公司在网站上注册了一家店铺，其名称为"小米生活电器旗舰店"，并且在微信公众号也有注册平台，即"小米生活之家"也系宣传、介绍、销售其制造的电磁炉、电饭煲等电器产品的平台，同样侵犯了原告"小米"注册商标的专用权。"xiaomi68.com"被用于被告独领风骚公司电子商务网站运营，经法院调查，它是由中山奔腾公司登记注册的，独领风骚公司一直在使用该网络域名。法院认为，被告独领风骚公司使用的"xiaomi68.com"域名中"xiaomi"是原告驰名商标"小米"的拼音，这种汉语拼音式的模仿形式，是对原告案涉商标专用权的损害，构成了商标侵权。法院根据《最高人民法院关于审理侵害知识产权民事案件适用惩罚性赔偿的解释》第一条规定②，被告中山奔腾公司、独领风骚公司因故意侵犯本案中原告涉及的注册商标专用权，构成了反不正当竞争，应当承担停止继续侵权、消除其影响、赔偿损失的民事责任。对被告中山奔腾公司、独领风骚公司、麦大亮的商标恶意侵权行为提起的惩罚性赔偿数额，应考虑保护我国驰名商标，在保护驰名商标时，还考量其商标显著性和社会知名度（这些亦是确认是否可以成为驰名商标的标准），关于赔偿原告的损失部分及需合理赔偿开支的

---

①（2018）苏01民初3207号。

②《最高人民法院关于审理侵害知识产权民事案件适用惩罚性赔偿的解释》第一条规定："原告主张被告故意侵害其依法享有的知识产权且情节严重，请求判令被告承担惩罚性赔偿责任的，人民法院应当依法审查处理。"第五条规定："人民法院确定惩罚性赔偿数额时，应当分别依照相关法律，以原告实际损失数额、被告违法所得数额或者因侵权所获得的利益作为计算基数。该基数不包括原告为制止侵权所支付的合理开支；法律另有规定的，依照其规定。前款所称实际损失数额、违法所得数额、因侵权所获得的利益均难以计算的，人民法院依法参照该权利许可使用费的倍数合理确定，并以此作为惩罚性赔偿数额的计算基数。"

金额，原告要求应当按照两被告因恶意侵权所实际获得损失的全部利益金额计算，参考侵权时间及范围。最终法院判决被告应承担惩罚性赔偿5 000万元，及各类合理补偿开支414 198元。被告中山奔腾公司、独领风骚公司在本审判决公告生效之日起十日内应向原告小米科技公司、小米通讯公司赔付经济损失。该案件的典型意义在于：该案是《商标法》修订后第一例明确适用的惩罚赔偿的案件，具有很深的影响力。通过案情可以了解到被告在多个方面（例如装饰、包装、产品、广告宣传等）模仿了小米商标，侵权行为非常明显，侵权之后获得的经济效益是巨大的，产生了非常严重的侵权结果。法院经分析之后，对被告处以三倍惩罚。结合本书中论述的"重罚警示"的角度，该案件充分运用了惩罚性赔偿制度，通过加大惩罚性赔偿的数额，加大侵权成本，进一步提升侵权人因侵权行为所承担的严重法律后果，充分发挥了惩罚性赔偿制度发挥的警示和遏制作用，达到了严惩的效果，让侵权人充分意识到侵权导致的严重后果，保护了利益相关人的合法权益，对营造良好市场氛围具有积极作用。

（二）知识产权侵权行为认定

知识产权侵权行为是指行为人的行为客观上侵害他人知识产权的人身权或财产权，应承担民事责任的行为。本书针对中华优秀传统文化"两创"成果的侵权行为的认定主要围绕知识产权三部法《著作权法》《商标法》《专利法》，分别指出构成要件和具体判断内容。具体内容参见表7-1、表7-2、表7-3。

表7-1　著作权侵权的构成要件和具体判断

	构成要件	具体判断
著作权侵权	作品属于《著作权法》规定的保护客体	《著作权法》保护的作品范围、具有独创性、有形复制品
	侵权人对原作品有直接接触的机会	侵权人可以直接接触原作品
	被控侵权作品与原作品"实质相似"	原作品中受保护的部分与被告作品中相应部分进行比较，存在实质性相似的内容

著作权侵权的构成要件以及具体判断的案例可以参见"龚某华诉钟某海著作权权属侵权纠纷案①"。在本案中，龚某华创作完成"北京""沈阳""香港"等系列中国地名艺术美术作品，随后进行合集创作完成"中国艺术地名"美术作品，并在微

---

① （2022）闽04民初174号。

博平台首次公开发表了该作品。而被告钟某海未经龚某华的授权许可，在自己经营的网购店铺售卖的服装上私自使用该作品图。

首先，原作品是我国《著作权法》规定保护的对象。根据我国《著作权法》第三条的规定，《著作权法》中所指的"作品"是指在艺术、文学以及科学领域内，具有独创性的"作品"（在司法实践中，由作品衍生的产品亦可在《著作权法》中受到保护），并且可以通过某种形式表现出来（可简称为有形复制品）的智力成果。其中就包括美术作品。在该案中，龚某华所公布的涉及本案的美术作品的图案元素包含文字排列、书写方式、图像搭配、造型等，充分反映了作家个人的创作，并在创作上表现出了自己的独创性，属于《著作权法》保护的作品范围。因此，涉案的美术作品具有原创性，可以用有形的方式进行复制，具有合法的著作权，满足著作权侵权行为判断的构成要件。

其次，侵权人对原作品有接触机会。龚某华的作品"中国艺术地名"在美术行业具有一定的知名度和影响力，并于合集创作完成的当日在微博等相关网络平台公开发表了该作品，从公众参与的广泛性以及产生的极大影响力和知名度上看，被告完全有机会接触到被侵权的作品，满足构成要件。

最后，侵权作品实质上类似于著作权人的受著作权保护的创意部分内容。《著作权法》第五十三条规定，未经著作权人许可，复制其著作的行为构成对著作权人享有的著作权的侵犯。在本案中，钟某海售卖的商品上印制的设计图案与龚某华作品进行比对后，判定实质相似，符合著作权侵权行为判决的构成要件。综上，被告利用原告原创的美术作品作为自己销售商品的设计图是侵犯著作权的行为。

表 7-2　商标权侵权的构成要件和具体判断

	构成要件	具体判断
商标权侵权	行为人所实施的行为违反了《商标法》及相关法律规定	未经商标注册人许可，擅自在相同或者类似商品上使用了商标注册人注册的相同或者近似商标，或者妨害商标注册人行使商标专用权的行为
	行为人行为导致损害事实的发生	商标注册人的经济利益受损或者商品信誉、企业形象被贬低
	行为人行为与损害事实之间有因果关系	行为与损害事实之间形成因果关系
	行为人有主观过错	承担无过错责任

商标权侵权的构成要件以及具体判断的案例可以参见"徐州言正餐饮企业管理

有限公司诉北京利其器技术有限公司的商标权纠纷案①"。在本案中，原告为"莱真牛"商标的独占实施所有权人，被告是北京利其器技术有限公司。案外人张言注册申请了"莱真牛"的图案及文字商标。"莱真牛"商标在长期的市场经营活动中，在行业内享有很大的影响力和知名度。随后，原告与商标权人在中华人民共和国范围内签订了商标权独占实施许可合同。而被告北京利其器技术有限公司长时间不经商标专有权人的许可使用原告的"莱真牛"商标，开展盈利业务且进行了商业业务推广。

首先，行为人所实施的行为违反了《商标法》等相关法规。我国《商标法》第五十七条规定，未经过商标注册人的许可，在类似商品上使用与其注册商标相同的商标，容易产生混淆的，视为侵犯商标权的行为。在该案中，被告方在没有获得原告商标注册人同意的情况下，将"莱真牛"作为宣传的关键字在商业活动中使用，同时在包装以及相关宣传说明中添加了"莱真牛"三个大字，还将该网站链接到北京利其器技术有限公司的涉案网站上，妨碍了商标权利人的权利行使，违反了有关条款，符合判定侵犯商标权的构成要件。

其次，行为人的行为致使商标所有权人受到物质损坏（或非物质损坏）。被告长期未经许可恶意使用原告的"莱真牛"商标作为付费的商业推广，意在将原告精准、潜在的客户导流至被告处，为此被告攫取了巨大的商业利益，与此同时导致原告的客户大量流失，造成了经济利益受损，其行为构成对商标所有权人的物质损害，符合商标权侵权行为判断的构成要件。

最后，行为人实施该行为有主观上的过错，其行为与发生的实际损害，有直接联系。由以上案情总结可知，是由于被告方的主观故意，即为了获取商业利益，未经商标所有权人的许可开展付费商业推广的行为，造成了原告方利益严重受损的结果，主观上构成故意，违反《商标法》上认定的侵权行为与损害事实形成因果关系，符合商标权侵权行为判断的构成要件。据此判断，北京利其器技术有限公司的行为构成商标权侵权行为。

---

① （2022）京 0106 民初 9461 号。

表7-3　专利权侵权的构成要件和具体判断

	构成要件	具体判断
专利权侵权	以生产经营为目的	制造、使用、销售、许诺销售、进口专利产品
	未经专利权人许可	使用专利方法以及使用、销售、许诺销售、进口依据该专利方法直接获得的产品

专利权侵权的构成要件以及具体判断的案例可以参见"九牧厨卫诉陈某龙侵犯实用新型专利权案①"。在本案中，原告九牧厨卫经过福建西河卫浴科技有限公司的授权获得专利实施许可权，对被告的侵犯专利权的行为采取侵权救济行为。原告经调查后发现，被告商铺出售的淋浴器商品的技术特征与自己的专利技术特征完全一样，而淋浴器所使用的技术与他的专利技术也完全相同。

首先，行为人行为需以生产经营为主要目的。在本案中，陈某龙出售用原告的实用新型专利方法制造的商品以牟利，满足对专利的直接利用。符合专利权侵权行为判断的构成要件。

其次，行为人未经专利权人的授权许可。在该案中，福建西河卫浴科技有限公司在国家知识产权局获得授权，享有涉案实用新型专利权。原告通过福建西河卫浴科技有限公司授权获得案涉实用新型专利的排他许可，排除第三方使用。这时，被告不可能有授权许可，也可以视为未经专利权人授权，符合专利侵权判断的构成要件。

综上可以判断，陈某龙为了盈利，未经许可使用原告获排他许可的实用新型专利的行为构成专利侵权行为。

（三）侵权证据保全

侵权证据的保全措施一直是知识产权侵权诉讼环节中的重要环节。侵权证据保全之所以重要是因为知识产权诉讼中的电子证据，不同于传统证据，通常更容易被篡改或者删除信息。因此，当事人向法院申请证据保全以及裁定采取何种保全措施，这对知识产权诉讼起到关键作用。

从公正的操作层面看，既要考虑技术，又要注重公证程序。版权动态监测相关技术中可以充分运用"版权确权"部分的技术操作，这部分不再论述。从程序上看，公证文书是证据保全中的关键内容，公证词的撰写、实物的公证封存、发票开

---

① （2018）渝0112民初26987号。

具都需要符合规范，从而使公证文书成为真实、合法、交叉关联的具有较强证明力的证据。需要特别注意的是公证事项与待证事实之间的关联性以及公证保全程序的完整性。

知识产权诉讼中的证据很容易被损坏和丢失，如计算机网络传播的信息、计算机软件、数据库等，很容易被更改、删除或隐藏，因此当事人在起诉时经常申请证据保全。在知识产权侵权诉讼中，如果我们想更好地了解侵权证据的保全，我们可以从专利权、商标权和著作权三个方面入手，并通过列出案例进行进一步研究。以下本书对专利权、著作权、商标权侵权案件，通过"证据保全公证在侵权诉讼中发挥了关键作用"的案例，说明证据保全的重要性。

在专利权侵权案件中，证据获取困难直接阻碍了权利人的权利保护。这既不利于保护创新成果，也不利于鼓励创新主体继续创新，证据保全可以在一定程度上解决专利侵权案件证据获取困难的问题。国家知识产权局授予原告名为自动伞巢结构的发明专利①，原告后在福满堂雨具有限公司购买了一个带有弹簧的伞架，并保存了与侵权人的聊天记录。原告认为，未经许可，被告富满堂雨具有限公司生产销售的带有弹簧的小型伞架，在原告所有的自动伞巢结构发明专利的权利要求保护范围之内，原告要求被告停止侵权，并对其侵权行为承担赔偿原告合理损失的责任。经原告与被告的产品相互对比发现，被告的伞架的巢体结构中含有与原告的发明专利权的权利要求书中相同的技术特征，并落入所涉专利的授权保护范围。对侵权行为进行认定，可以认定被告福满堂雨具有限公司存在销售行为，基于本案侵权产品经公证购买。双方争议的焦点是被告富满堂雨具有限公司是否有生产行为。被告富满堂雨具有限公司辩称，涉案侵权产品单独购买，但未提供证据证明。根据微信聊天信息证据保全公证截图，南安富满堂雨具有限公司展示的产品样品均为伞架，拍摄了伞架产品巢体的部分结构，聊天内容涉及相关伞架产品的订单和订购，以及公司的地址和工厂。结合案件证据和被告福满堂雨具有限公司的经营范围，可以确定被告福满堂雨具有限公司生产涉案侵权伞架。法院判决，被告南安富满堂雨具有限公司未经许可生产、销售落入专利保护范围的产品，构成侵权，应停止侵权、赔偿经济损失和权利保护费用3万元。

在专利权侵权案件中，专利权的权利人会对购买的侵权产品进行公证，获得公证文书，以证明侵权人销售的产品侵犯专利权的客观事实。然而，很难证明侵权人

①（2019）最高法知民终822号。

的生产行为，特别是对于本案中的零部件产品，很难直接在产品中看到制造商。在这种情况下，权利人向法院申请证据保全就显得尤为重要。

在商标权侵权案件中，商标侵权案件是市场竞争中的一种典型的侵权行为。当下直接冒用他人商标已经具有一定的风险，但一些侵权人仍存侥幸心理，寄希望于权利人不会发现侵权行为，并因维权成本高等原因而放弃保护权利。

国家商标局批准兰州火吧餐饮文化有限公司注册了"火吧"的商标①。兰州火吧餐饮文化有限公司法定代表人是火吧商标和名称的唯一所有者。广大客户消费群体被"火吧"独特的商业模式所吸引，它也逐渐变成了兰州著名的休闲餐饮品牌之一。多家餐厅未经过注册商标持有人的许可，擅自使用注册商标"火吧"，侵犯了商标权利人的合法权益。商标权利人前往公证处采取证据保全措施②。随后该公证处派遣相关工作人员前往天水、定西、平凉等市县进行证据保全。该公证处的相关工作人员记录了具体信息，并及时出具了公证结果。随后，当事人分别在兰州和天水两地提起诉讼。两地法院经事实认定和证据审查之后，作出判决结果：责令被告停止侵权，赔偿原告的经济损失。可以说证据保全措施在司法实践中起到关键作用。证据通过公证保存后便有了相对客观的特点，在采用时也会被优先考虑，而其作为证据的效力也会得到较大提高。在证据的证明力方面，公证书发挥显著的优点，尤其在发现知识产权侵权并需要及时采取证据固定以及知识产权的权利人在举证时遇到困难的时候，会发挥良好的效果。在权利人维护自身的合法权益时也发挥了保障性作用。因此，提高证据固定、证据保全的意识是非常关键的，在这方面需要加大普法宣传力度。在内蒙古，中小文化创意企业的从业人员应增强证据固定意识，维护自身的合法权益。

为了制止侵权，在侵犯著作权人的著作权或者与著作权有关的权利的相关案件中，著作权人或者与著作权有关的权利人可以在"诉前"向人民法院申请证据保全。"深圳快播科技有限公司（以下简称快播）与深圳市市场监督管理局、深圳腾讯计算机系统有限公司（以下简称腾讯）的行政处罚纠纷案件"也反映了证据保全在侵犯知识产权案件中的作用③。腾讯从权利人处获得24部作品的信息网络传播权的独家许可后，非独家许可的方式允许第三方使用13部作品的信息网络传播权。经发

①（2017）甘08民初15号。

② 该公证机关采取证据保全时，使用了照相机。使用照相机时必须注意的是：确保数据载体的运行稳定性和空间清洁性。

③ 广东省高级人民法院（2016）粤行终492号行政判决书。

现快播侵犯了上述作品的信息网络传播权，腾讯随即采取行政执法投诉。深圳市市场监督管理局接到投诉之后，在深圳盐田公证处申请了证据保全公证。根据公证书中记载的相关内容：在手机上登录快播客户端，对涉案24部作品进行搜索时可以发现该24部作品的首选网络链接均与"腾讯视频"产生对应连接关系。深圳市市场监督管理局随后对快播的侵权行为作出行政处罚决定（处罚经营额的3倍罚款），并责令其立即停止侵权行为。在需要确认法律事实时，证据保全公证已成为诉讼证据的重要组成部分。证据保全公证在诉讼证据中发挥着关键作用，是一种保护权利人合法权益有效的法律手段。因此，需要对证据保全产生认识、提高认识。

（四）侵权赔偿数额的评估

排除豁免情形以及合法来源抗辩的情形，知识产权侵权损害赔偿标准主要围绕两个方面展开：第一个方面，侵权人给权利人造成的实际经济损失；第二个方面，侵权人因侵权行为获得的全部利润。从实务角度看，两者重叠时，法院多采取侵权人因侵权行为所获得的全部利润这一标准。根据本书对侵权行为的认定，该部分围绕著作权侵权、商标权侵权、专利权侵权三个大类展开侵权赔偿的判断评估（见表7-4、表7-5、表7-6）。

表7-4　著作权侵权的赔偿标准

	侵权赔偿标准	参考案例
著作权侵权	按照权利人实际损失给予赔偿	腾讯诉英雄互娱等公司著作权侵权及不正当竞争案
	按照侵权人违法所得给予赔偿	环球影画商贸有限公司诉沧州千尺雪食品有限公司等著作权侵权纠纷案
	以上难以确定，按照权利使用费给予赔偿	某公司诉刘某抄袭该公司风筝样式造成著作权侵权纠纷案
	依据上述三项，按照惩罚性赔偿数额一倍以上五倍以下给予赔偿	中国音像著作权集体管理协会、大理市铭亮娱乐城侵害作品放映权纠纷案
	法定赔偿500元以上500万元以下赔偿	起点中文网诉纵横中文网侵犯著作权纠纷案
	赔偿数额包括权利人为制止侵权行为所支付的合理开支	

就表7-4中涉及的关于《著作权法》的五种赔偿标准，这里一一给出对应的案例，以便详细说明赔偿标准以及其他事项。在"腾讯诉英雄互娱等公司著作权侵权

及不正当竞争案①"中，依据的赔偿标准是按照权利人的实际损失来计算赔偿数额。《穿越火线》是著作权人Smile Gate开发的一款以第一人称实现包含43个地图模块的射击的网络游戏。该网络游戏是由深圳市腾讯计算机系统有限公司开展代理运营事项。两家企业签署的代理权运营合同（主要以独占实施许可合同为主）中，在地域限制的范围上，深圳市腾讯计算机系统有限公司根据合同在中国大陆的地域范围内拥有《穿越火线》的代理运营权以及遇到侵犯著作权时的维权权利。此后深圳市腾讯计算机系统有限公司发现畅游云端公司、英雄互娱公司等多个公司在线上运营的名为《全民枪战》的地图模块式射击网络游戏中有多块游戏地图以及射击所用的道具图片，例如枪械道具，均抄袭了Smile Gate开发的《穿越火线》中的图形作品。此外，《全民枪战》游戏在广告宣传时还混淆相关公众的认知，使公众误认为《全民枪战》是《穿越火线》的手游版地图模式网络游戏，由此深圳市腾讯计算机系统有限公司的合法权益受到严重损害。深圳市腾讯计算机系统有限公司于2017年向法院提起诉讼。法院认为被告公司的侵权行为主要是：被告对深圳市腾讯计算机系统有限公司的游戏地图和道具图片作品构成抄袭。根据《著作权法》上认定作品的概念，只要符合独创性以及有形复制品的要求，则构成《著作权法》上的作品，受法律保护。《全民枪战》抄袭了享受《著作权法》保护的作品类型——图形作品。因此，被告的行为构成著作权侵权。最终法院根据权利人的实际损失判决被告赔偿2 500余万元②。

在"环球影画商贸有限公司（以下简称为环球影画公司）诉沧州千尺雪食品有限公司（以下简称为千尺雪公司）等著作权侵权纠纷案③"中，所适用的侵权赔偿标准依据的是：按照侵权人的违法所得给予赔偿。"小黄人"卡通形象是非常著名的IP形象，随着"小黄人"的视听作品的大红，使得"小黄人"具有极高的知名度。景某江作为千尺雪公司法定代表人，还是该企业的股东，其版权登记的图片作品"益小瓶"与"小黄人"十分近似，并将"益小瓶"在乳酸菌类产品上使用，用于生产和销售。该公司生产和销售的乳酸菌类产品规模庞大，在市场上销售乳酸菌类产品获得巨大的经济效益，仅三个月销售额已达到1 500万元。"小黄人"卡通形象的权利人环球影画公司认为千尺雪公司等6个公司（本案的共同被告）侵犯了环球

---

① （2017）粤03民初559号。

② 依据的是《中华人民共和国著作权法》《最高人民法院关于审理不正当竞争民事案件应用法律若干问题的解释》以及《最高人民法院关于审理著作权民事纠纷案件适用法律若干问题的解释》。

③ （2019）苏05知初351号。

影画公司（本案的原告）的"小黄人"卡通形象的著作权，要求共同赔偿环球影画公司510万元的侵权赔偿，并要求消除影响和停止使用。环球影画公司（本案的原告）在立案时已采取了保全措施。原告公司创作的"小黄人"图形作品之所以享有著作权是因为"小黄人"卡通形象具有独创性，而且是有形复制品，符合《著作权法》对作品的判断标准。因此"小黄人"美术作品属于我国《著作权法》中的受保护的客体类型。本案的6个被告明知"小黄人"是环球影画公司的图形作品，享有著作权，还未经过原告环球影画公司的许可，擅自在产品上使用"小黄人"图形作品，并将其流向市场获得巨大的经济利益，其行为侵害了原告环球影画公司对"小黄人"所拥有的财产权——复制权、发行权。最终法院判决千尺雪公司等6个公司赔偿原告环球影画公司510万元。

在"某公司诉刘某抄袭该公司风筝样式造成著作权侵权纠纷案[1]"中，法院的判决赔偿的依据是著作权人的实际损失或者侵权人的违法所得不能确定的，按照权利使用费给予赔偿。某公司发现"某某百货优品店"（刘某为法定代表人）中在售卖一款销量较好的风筝，该风筝款式与自己公司享有著作权的风筝款式十分类似。出于证据考量，该公司于2021年5月21日在该百货商店中购买了一只17.90元的小风筝。2021年5月27日，对上述商品进行了公证和封存。最后，由公证处判断并确定该涉案商品上印制的图案与原告公司享有著作权的美术作品完全一致。某公司随即向人民法院提起诉讼。经查询知道，刘某未能经过原告的许可，擅自在商品上使用原告享有著作权的风筝图形，将其投入市场销售，并获得经济利润。根据《著作权法》第九条中关于"发行权"的相关规定，以及第五十一条至第五十三条有关侵权行为的规定，可以判断得出：刘某的行为属于侵犯著作权财产权——复制权的行为，刘某的行为已经侵害了原告享有的著作权的财产权——复制权、发行权。在本案中，著作权人的实际损失或者侵权人的违法所得无法确定，法院最终依据涉案作品风筝（美术作品）的知名度、刘某的主观过错程度、侵权方式、涉案侵权商品价格等综合考量因素，判定被告刘某赔偿原告某公司1 500元。

在"中国音像著作权集体管理协会、大理市铭亮娱乐城侵害作品放映权纠纷案[2]"中，法院依据的赔偿标准是：按照惩罚性赔偿数额一倍以上五倍以下给予赔

---

[1]（2021）黑09民初48号。
[2]（2021）云29民初826号。

偿。中国音像著作权集体管理协会①自创立之后就与许多音像创作者签订了协议。由于市场盗版乱象的频发，中国音像著作权集体管理协会开始四处走访深度调查，致力于严厉打击侵害著作权的不法乱象。中国音像著作权集体管理协会在普查过程中发现许多地方的KTV在营业过程中擅自使用未经中国音像著作权集体管理协会许可的音像作品（已和中国音像著作权集体管理协会签约的音像作品）并以此为谋利手段。同时中国音像著作权集体管理协会的调查人员也了解到这些KTV的负责人大部分都清楚知道自己并未与中国音像著作权集体管理协会签署授权协议，擅自销售享有他人著作权的音像作品，侵犯他人知识产权，甚者，选择继续其侵权行为。中国音像著作权集体管理协会的调查人员于2017年曾到云南省进行实地调查。中国音像著作权集体管理协会发现云南省大理市2/3的KTV使用的音像作品均属于侵犯著作权的音像作品。而本案的被告铭亮娱乐城其侵权作品高达267首，随后立刻向大理市人民法院提起了诉讼。2018年人民法院就该著作权侵权案件做出宣判，要求被告立刻停止侵犯原告著作权的行为，并予以赔偿损失。判决结果生效后，被告拒不赔偿损失，之后进入强制执行程序。2021年中国音像著作权集体管理协会又到云南省探访案件判决后的落实情况，发现被告在法院的判决结果生效后依旧使用着涉案作品，并未停止其违法行为，因此中国音像著作权集体管理协会再次将大理市铭亮娱乐城告上法庭。经过法院的调查审理后明确被告的侵权事实及其恶劣态度。因此本次案件的赔偿损失在决定时不仅考虑到了被告依据侵权产品实际违法所得，更重要的是考虑到被告的行为符合《著作权法》及相关规定②，最终法院判决被告赔偿原告著作权经济损失27 900元、惩罚性赔偿金27 900元，加上其他合理费用，合计为56 300元。

在"起点中文网诉纵横中文网侵犯著作权纠纷案③"中，法院依据法定赔偿额判决起点中文网获赔300万元。起点中文网早在2002年由玄幻文学协会创建，2007

①　为了推动原创作者的创作意志，构建创作的良好氛围和和谐的市场秩序，助力中国音像行业的良性发展，实现音像著作权人的合法权益的保护目的，最终维护良好和谐的市场秩序，国家版权局批准成立了以音像集体管理组织为性质的"中国音像著作权集体管理协会"。

②　本案中的相关规定是指《最高人民法院关于审理侵害知识产权民事案件适用惩罚性赔偿的解释》第四条的规定："对于侵害知识产权情节严重的认定，人民法院应当综合考虑侵权手段、次数、侵权行为的持续时间、地域范围、规模、后果，侵权人在诉讼中的行为等因素。被告有下列情形的，人民法院可以认定为情节严重：（一）因侵权被行政处罚或者法院裁判承担责任后，再次实施相同或者类似侵权行为；（二）以侵害知识产权为业；（三）伪造、毁坏或者隐匿侵权证据；（四）拒不履行保全裁定；（五）侵权获利或者权利人受损巨大；（六）侵权行为可能危害国家安全、公共利益或者人身健康；（七）其他可以认定为情节严重的情形。"

③　（2013）沪二中民五（知）初字第191号。

年经历盛大网络的收购，最终由玄霆娱乐公司全权负责起点中文网。笔名"梦入神机"的作者创作的小说《永生》一经发布便吸引了众多的书迷。起点中文网在看到该小说的发展潜力后便于2010年将《永生》小说的作者王钟（笔名："梦入神机"）签入自己旗下，将该作者纳入起点中文网成为一名专栏作者。在签订作者作品协议等系列条款时明确规定了从2010年到2014年王钟将该期间创作的所有作品的全部著作权都转让给起点中文网，起点中文网永久买断。在签订协议后不久，作者王钟将涉案小说发布到纵横中文网上。被告在明知侵权的情况下仍不停止侵权行为（由于签署了著作权转让协议，在合同履行期间内，著作权的财产权归玄霆娱乐公司，因此横纵中文网未经许可的信息传播行为构成对著作权人的权利侵害），依旧选择继续侵权，玄霆娱乐公司遂向法院提起诉讼。经过法院调查审理做出判决，且判决生效后横纵中文网仍不下架该侵权作品。之后在中国移动浙江分公司和畅声网络公司表达出想购买该涉案作品的著作权的意向时，被告又将其授权给二者。根据上述案情，被告在了解到自己网站所发布的涉案产品《永生》涉及侵犯著作权问题时，拒不改过，且明知自己不享有该作品的著作权，仍将涉案作品进行二次授权，以此达到自己营利的目的。被告的行为侵犯到原告玄霆娱乐对《永生》的复制权、发行权以及出租权，并在判决结果决定实施后仍不悔改，拒不接受裁判决定，对原告的合法利益又进行二次侵害，主观意图恶劣，涉案金额较大。按照《著作权法》条款，若当事人不能举证证明自己的损失或者侵权人的获利，人民法院会适用法定赔偿条款。就本案而言，最终判处被告300万元的赔偿金额。

表7-5　商标权侵权的赔偿标准

	侵权赔偿标准	参考案例
商标权侵权	按照权利人实际损失给予赔偿	某公司诉肖某侵犯该公司"星星"商标侵权案件
	实际损失难以确定，按照侵权人违法所得给予赔偿	清华大学诉清华脂蛋白保健品商标权纠纷案
	以上难以确定，按照商标许可使用费的倍数确定	安徽省芜湖市"红旗大个子麻辣烫"商标维权案
	依据上述三项，按照惩罚性赔偿数额一倍以上五倍以下给予赔偿	"小米"告"小米生活"商标侵权案
	法定赔偿500万元以下赔偿	阿迪达斯公司与阮国强等侵害商标权纠纷案
	赔偿数额包括权利人为制止侵权行为所支付的合理开支	

就表7-5中涉及的关于《商标法》的五种赔偿标准，这里一一给出对应的案例，

以便详细说明赔偿标准以及其他事项。在"某公司诉肖某侵犯该公司'星星'商标侵权案件①"中，涉及的赔偿标准依据的是按照商标权人的实际损失给予赔偿。作为一名个体工商户的肖某，经营着自家名为"幸福商店"的商店。某天，某货车司机随机前往肖某处推销自称为自家"星星"品牌的手帕纸。在肖某把控其质量时，深觉质量不错，就决定购买一箱"星星"品牌手帕纸准备预售。但几个月后，潍坊市中级人民法院的一张传票被发送到传票处，传票上说明了肖某销售"星星"手帕纸的行为已构成了侵犯某公司（原告）商标权的行为，而且，该公司在第一时间就从肖某的商店购买了该手帕纸，还在公证机关进行公证事项。之后某公司便以商标侵权的名义起诉了肖某。本案件中肖某在未对产品进行详细调查了解的情况下，就决定购买并售卖产品的行为属于侵犯商标专用权的行为，其依据是我国《商标法》第五十七条②第（三）项的规定，肖某销售了假冒的"星星"手帕纸，对拥有"星星"商标的所有者的权益造成了实际损害。但是，《商标法》第六十条③也规定了"合法来源抗辩"的情形，即肖某的侵权为属实，构成商标专用权的侵权行为，但是肖某此时如果能够证明"不知道"且"能够提供合法来源"的证据时，可以免除承担赔偿的责任。但是，正如上文所述的实际情况，肖某是从路过的厢式货车上购买的产品，无法提供其合法来源的证据，而且肖某也没办法说明提供者是谁。因此，肖某需要因侵犯商标专用权而承担赔偿责任，赔偿的数额依据的是《商标法》第六十三

---

① 该案例借鉴于华律网中的"商标侵权纠纷案例"部分的网络案例（未列出对应的案例名称）。某公司诉肖某侵犯该公司"星星"商标侵权案件[Z/OL]. 华律网，[2023-02-15]. https://www.66law.cn/laws/295956.aspx.

② 根据《商标法》第五十七条的规定："有下列行为之一的，均属侵犯注册商标专用权：（一）未经商标注册人的许可，在同一种商品上使用与其注册商标相同的商标的；（二）未经商标注册人的许可，在同一种商品上使用与其注册商标近似的商标，或者在类似商品上使用与其注册商标相同或者近似的商标，容易导致混淆的；（三）销售侵犯注册商标专用权的商品的；（四）伪造、擅自制造他人注册商标标识或者销售伪造、擅自制造的注册商标标识的；（五）未经商标注册人同意，更换其注册商标并将该更换商标的商品又投入市场的；（六）故意为侵犯他人商标专用权行为提供便利条件，帮助他人实施侵犯商标专用权行为的；（七）给他人的注册商标专用权造成其他损害的。"

③ 根据《商标法》第六十条的规定："销售不知道是侵犯注册商标专用权的商品，能证明该商品是自己合法取得并说明提供者的，由工商行政管理部门责令停止销售。对侵犯商标专用权的赔偿数额的争议，当事人可以请求进行处理的工商行政管理部门调解，也可以依照《中华人民共和国民事诉讼法》向人民法院起诉。经工商行政管理部门调解，当事人未达成协议或者调解书生效后不履行的，当事人可以依照《中华人民共和国民事诉讼法》向人民法院起诉。"

条①的内容，此外还包括其诉讼过程中的合理开支（合理开支可以包括调查取证等环节中需要花费的合理费用）。在本案中法院也将合理费用计算在其中，即因侵犯权利而承担的侵权赔偿费用和合理费用均由肖某承担并支付。某公司若有证据证明自己在侵权时期所遭受的损失，那么该损失由肖某承担。若该公司无证据证明，则法院会根据侵权行为和具体情形酌情判处。

在"清华大学诉清华脂蛋白保健品商标权纠纷案"②中，赔偿标准依据的是：基于侵权人违法所得的综合考量赔偿标准。北京水木博众科技发展中心以及洛阳清华博众生物技术有限公司（以下简称两公司）是本案的涉案被告，上述两公司生产的保健品"清华脂蛋白"在市场销售后被清华大学发现使用了"清华"二字，清华大学认为这种以"清华"为噱头的行为会容易让公众产生误认，已经构成不正当竞争。清华大学还发现上述两公司被多地市场监管部门处罚，这种处罚行为会给清华大学带来不良的声誉和影响。随即，清华大学要求其停止侵权，并予以赔偿。而上述两公司（被告）却声称，核准注册的"清华"商标的核定使用的服务类别是教育服务，而不是保健品，而两公司的产品"清华脂蛋白"是保健产品，两者在服务类别上完全不同，因此，根本不存在让消费者产生误认的情形。两公司继续声称，"清华"根本不能构成驰名商标，跨越核定使用的范围的保护行为是私权过度延伸至公权。原告被告的关注焦点集中在"是否构成驰名商标以及民事法律主体，从而让核准注册的商标可以跨越核定使用的产品或服务范围"。从是否构成驰名商标看，法院认为清华大学在中国赫赫有名，"清华"二字可以说早已是一个家喻户晓的商标，构成驰名商标。所以法院认为对"清华"二字驰名的否定完全不切合实际。而且两公司特意在核定使用的药品上突出"清华"二字实际上具有故意让消费者产生

---

① 根据《商标法》第六十三条的规定："侵犯商标专用权的赔偿数额，按照权利人因被侵权所受到的实际损失确定；实际损失难以确定的，可以按照侵权人因侵权所获得的利益确定；权利人的损失或者侵权人获得的利益难以确定的，参照该商标许可使用费的倍数合理确定。对恶意侵犯商标专用权，情节严重的，可以在按照上述方法确定数额的一倍以上五倍以下确定赔偿数额。赔偿数额应当包括权利人为制止侵权行为所支付的合理开支。人民法院为确定赔偿数额，在权利人已经尽力举证，而与侵权行为相关的账簿、资料主要由侵权人掌握的情况下，可以责令侵权人提供与侵权行为相关的账簿、资料；侵权人不提供或者提供虚假的账簿、资料的，人民法院可以参考权利人的主张和提供的证据判定赔偿数额。权利人因被侵权所受到的实际损失、侵权人因侵权所获得的利益、注册商标许可使用费难以确定的，由人民法院根据侵权行为的情节判决给予五百万元以下的赔偿。"

② 该案例借鉴于华邦网中的"商标案例"部分名为"清华大学诉清华脂蛋白保健品，驰名商标如何保护？"的网络案例。清华大学诉清华脂蛋白保健品，驰名商标如何保护？[EB/OL]. [2023-02-15]. https://www.fabao365.com/shangbiao/15132/.

误认的嫌疑。根据《商标法》第十四条的规定①"清华"构成驰名商标。从民事法律关系中的主体看，《驰名商标认定和保护规定》②已对驰名商标的主体限定范围做出了明确的规定，驰名商标的相关主体包括消费者、经营者、销售者以及其他相关人员。最后，法院根据上述法条以及上述两公司（被告）的侵权行为存续期间对于清华大学造成的损失，判处上述两公司（被告）需要赔偿清华大学21万余元。

在"安徽省芜湖市'红旗大个子麻辣烫'商标维权案③"中，赔偿标准依据的是：按照商标许可使用费的倍数予以商标权侵权赔偿。陈某（本案的原告）是"红旗大个子麻辣烫"图文商标核准注册商标的专用权人，2009年至2016年，"红旗大个子麻辣烫"商标多次被授予芜湖市的"特色小吃"的称号，属于芜湖市范围内的知名商标。而2013年登记注册的某麻辣烫店（本案的被告），在2014年11月与原告陈某签署了加盟协议，本案被告一次性支付了加盟费用。此外，原告陈某许可被告使用"红旗大个子麻辣烫"商标，其许可合同期限截至2017年10月。但是期限届满之后，被告将"红旗大个子麻辣烫"招牌中的"红旗"两个字删掉换名为"大个子麻辣烫"，除了在原有范围内使用新更名的招牌外，被告还在电商平台中使用"大个子麻辣烫"。但在许可合同履行完毕，已经构成合同终止的情况下，被告使用与原告商标几乎相同的商标，给消费者造成了混淆误认，并且在线下和线上平台上获取利益。随即，原告向人民法院提起诉讼。根据《商标法》第四十八条的具体规定④：被告引起消费混淆，构成实际意义上的使用行为，侵犯了陈某的商标专用权。法院在无法确定实际损失和侵权损失的情况之下，按照商标许可使用费的倍数确定了赔偿数额，判被告赔偿原告经济损失24 000元。

---

① 根据《商标法》第十四条的规定："驰名商标应当根据当事人的请求，作为处理涉及商标案件需要认定的事实进行认定。认定驰名商标应当考虑下列因素：（一）相关公众对该商标的知晓程度；（二）该商标使用的持续时间；（三）该商标的任何宣传工作的持续时间、程度和地理范围；（四）该商标作为驰名商标受保护的记录；（五）该商标驰名的其他因素。在商标注册审查、工商行政管理部门查处商标违法案件过程中，当事人依照本法第十三条规定主张权利的，商标局根据审查、处理案件的需要，可以对商标驰名情况作出认定。在商标争议处理过程中，当事人依照本法第十三条规定主张权利的，商标评审委员会根据处理案件的需要，可以对商标驰名情况作出认定。在商标民事、行政案件审理过程中，当事人依照本法第十三条规定主张权利的，最高人民法院指定的人民法院根据审理案件的需要，可以对商标驰名情况作出认定。生产、经营者不得将'驰名商标'字样用于商品、商品包装或者容器上，或者用于广告宣传、展览以及其他商业活动中。"

② 根据《驰名商标认定和保护规定》第二条的规定："驰名商标是在中国为相关公众所熟知的商标。相关公众包括与使用商标所标示的某类商品或者服务有关的消费者，生产前述商品或者提供服务的其他经营者以及经销渠道中所涉及的销售者和相关人员等。"

③（2018）皖0291民初379号

④ 根据《商标法》第四十八条规定："本法所称商标的使用，是指将商标用于商品、商品包装或者容器以及商品交易文书上，或者将商标用于广告宣传、展览以及其他商业活动中，用于识别商品来源的行为。"

在"'小米'告'小米生活'商标侵权案①"中，赔偿标准依据的是：在无法确定原告的实际损失、被告的侵权所得以及许可费的倍数的情况下，按照惩罚性赔偿数额的一倍以上五倍以下的赔偿标准予以侵权赔偿。中山奔腾电器有限公司、中山米家生活电器有限公司两家公司在经营过程中不仅模仿了小米公司商标（包括配色），还模仿了小米公司的字号、域名，以及宣传语等，而且还抢注了"小米生活""智米生活"等诸多关联商品，在诸多智能小家电中使用上述抢注的商标，销售总额达8 000多万元。这样的产品一旦进入市场，完全可以造成消费者的混淆误认，消费者以及相关群体会认为"小米生活""智米生活"的产品属于小米公司，而这一混淆行为给小米公司带来巨大的经济损失。根据《商标法》第四十八条的规定，中山奔腾电器有限公司、中山米家生活电器有限公司两家公司的行为已经构成侵犯商标专用权的行为。法院在确定赔偿额时依据的是惩罚性赔偿。最终判决中山奔腾电器有限公司、中山米家生活电器有限公司两家公司赔偿5 000万元，同时需要支付合理开支414 198元。

在"阿迪达斯公司与阮国强等侵害商标权纠纷案②"中，赔偿标准依据的是法定赔偿，法院最终判决被告人赔偿阿迪达斯公司107万余元。阿迪达斯公司作为享誉世界的运动品牌，在全世界范围内拥有极强的品牌识别度。"adidas"系列商标权均属于阿迪达斯公司。由于其极强的商标价值，侵权数额也相当惊人。2015年至2017年，被告公司侵犯阿迪达斯公司的商标专用权，而且还被当地行政部门处罚过数次，但仍然屡教不改。2019年，阿迪达斯公司向浙江省瑞安市人民法院提起诉讼。2019年一审判决出来结果：阿迪达斯公司胜诉。一审胜诉后原被告均提起上诉。浙江省温州市中级人民法院负责的二审判决，二审法院也认为被告公司长期侵犯阿迪达斯的商标专用权，时间长、后果严重、主观恶意明显，属于十分严重的侵权行为。该法院根据商品单价进行计算后判决被告赔偿原告1 037 337.84元。

表7-6 专利权侵权的赔偿标准

	侵权赔偿标准	参考案例
专利权侵权	按照权利人实际损失给予赔偿	深圳敦骏科技有限公司诉深圳维盟科技股份有限公司侵害发明专利权纠纷案
	按照侵权人违法所得给予赔偿	正泰集团股份有限公司诉施耐德电气低压（天津）有限公司等侵犯实用新型专利权纠纷案

①（2018）苏01民初3207号。
②（2020）浙03民终161号。

续　表

	侵权赔偿标准	参考案例
专利权侵权	以上难以确定，按照专利权许可使用费的倍数确定	西电捷通诉索尼专利侵权案
	依据上述三项，按照惩罚性赔偿数额一倍以上五倍以下给予赔偿	BASF公司诉南通施壮化工等公司侵犯发明专利权纠纷案
	法定赔偿3万元以上500万元以下	苏州宜嘉光电科技公司与杭州亮眼健康等公司侵害实用新型专利权纠纷案
	赔偿数额包括权利人为制止侵权行为所支付的合理开支	

　　就表7-6中涉及的关于《专利法》的五种赔偿标准，这里一一给出对应的案例，以便详细说明赔偿标准以及其他事项。在"深圳敦骏科技有限公司（以下简称为敦骏公司）诉深圳维盟科技股份有限公司（以下简称深圳维盟公司）侵害发明专利权纠纷案①"中，法院判决赔偿依据的是：按照权利人因被侵权所受到的实际损失或者侵权人因侵权所获得的利益确定。"一种简易访问网络运营商门户网站的方法"是华为技术有限公司在国家知识产权局申请，并获得发明专利权的方法专利。2002年6月28日，华为技术有限公司向国家知识产权局专利局提出涉案专利申请，并于2008年8月20日获得授权，该技术方案的专利权最终由华为技术有限公司所享有。2015年7月2日，华为技术有限公司与敦骏公司（为本案的原告）签订了《专利权转让协议书》，华为技术有限公司的专利权被转让给敦骏公司。在此之后，某路由器设备在网页访问运行过程中使用的"访问网络运营商门户网站"的方法与敦骏公司（经转让后成为新的权利人）的方法专利中的技术方案相同。经过调查询问之后才发现，原来该批路由器是深圳维盟公司所生产销售的。敦骏公司随后就上述情况向福建省泉州市中级人民法院提起侵害发明专利权纠纷诉讼。从敦骏公司主张的权利要求1②和权力要求2③的内容来看，通过权利要求1和权利要求2的技术方案的对

---

　　① （2019）最高法知民终725号。

　　② 该授权专利的权利要求1的技术方案为："1.一种简易访问网络运营商门户网站的方法，其特征包括以下处理步骤：A.接入服务器底层硬件对门户业务用户设备未通过认证前的第一个上行HTTP报文，直接提交给'虚拟Web服务器'，该'虚拟Web服务器'功能由接入服务器高层软件的'虚拟Web服务器'模块实现；B.由该'虚拟Web服务器'虚拟成用户要访问的网站与门户业务用户设备建立TCP连接，'虚拟Web服务器'向接入服务器底层硬件返回含有重定向信息的报文，再由接入服务器底层硬件按正常的转发流程向门户业务用户设备发一个重定向到真正门户网站Portal_Server的报文；C.收到重定向报文后的门户业务用户设备的浏览器自动发起对真正门户网站Portal_Server的访问。"

　　③ 该授权专利的权利要求2的技术方案为："2.根据权利要求1所述的一种简易访问网络运营商门户网站的方法，其特征包括：所述的步骤A，由门户业务用户在浏览器上输入任何正确的域名、IP地址或任何的数字，形成上行IP报文；所述的步骤B，由'虚拟Web服务器'虚拟成该IP报文的IP地址的网站。"

比发现，深圳维盟公司（被告，被告与原告之间是竞争关系）所销售的"Tenda 路由器 W15E"与"Tenda 路由器 W20E 增强型"使用的技术与敦骏公司（原告）所拥有的专利的权利要求1与权利要求2中的技术方案步骤相同。还发现，深圳维盟公司的产品中使用的技术全部落入敦骏公司专利中的权利要求1和权利要求2的技术方案中，构成侵犯专利权的行为。法院最终根据《专利法》第六十四条、第六十五条的规定，判处维盟公司（本案被告）赔偿敦骏公司（本案原告）经济损失1 000万元（1 000万元中包含维权合理开支）。

在"正泰集团股份有限公司诉施耐德电气低压（天津）有限公司等侵犯实用新型专利权纠纷案[①]"中，赔偿的依据是按照侵权人违法所得给予赔偿。正泰集团组织专家团队攻克的技术申请了名为"一种高分断小型断路器"的专利并获得实用新型专利权。根据技术方案可以得知该专利旨在保护限流型小型断路器，其专利功效是延长机器的使用寿命。正泰集团不久之后在市场上发现了一款名为 C65N 的小型断路器。经本案原告正泰集团拆解机器后发现该产品的核心运行技术与自己的高分断小型断路器的运行机理相同。调查后发现该产品的生产商是施耐德电气低压公司。正泰集团向人民法院提起专利权侵权诉讼。通过对涉案的侵权产品与正泰集团的产品进行对比后发现二者使用的核心技术确实一样，即构成实用新型专利权的侵权。法院最终根据《专利法》以及相关法律规定判决被告施耐德公司抵偿经济损失 3.348亿元。

在"西电捷通诉索尼专利侵权案[②]"中，法院判决的赔偿数额的依据是：权利人的损失或者侵权人获得的利益难以确定的，参照该专利许可使用费的倍数合理确定。西电捷通公司是一家投身于网络基础安全技术开发的创新型企业。涉案发明专利"一种无线局域网移动设备安全接入及数据保密通信的方法"是由本案的原告西电捷通公司研发并申请专利获得授权的（2005年原告的申请专利获得授权，其授权专利号为 ZL02139508X）。专利授权之后，西电捷通公司发现索尼公司生产并出售的电子产品上运用了本案的涉案方法专利（发明专利），后本案原告西电捷通公司发现索尼公司在生产的35款电子产品上均使用了西电捷通公司的授权专利。根据《专利法》的规定，索尼公司在未得到专利权人西电捷通公司的授权许可的情况之下，就擅自使用该方法专利，生产并投放市场售卖上述35款电子产品，由于索尼公

---

① （2006）温民三初字第135号。
② （2015）京商知民初字第1194号。

司的知名度，其销售的产品给专利权人西电捷通公司造成了巨大的经济损失。后经发现，索尼中国公司还为他人提供技术方案（该技术方案中直接涉及西电捷通公司的发明专利），构成共同侵权行为。索尼公司的行为侵犯了原告西电捷通公司的合法权益。在2015年8月，西电捷通公司向人民法院提起诉讼。根据《专利法》第六十四条、第六十五条、第七十一条规定，法院最终认定：索尼公司构成专利侵权，被告（索尼公司）应停止侵权行为，并按照专利许可使用费的三倍标准赔偿原告（西电捷通公司）的经济损失，金额共计900余万元。

在"BASF公司诉南通施壮化工等公司侵犯发明专利权纠纷案①"中，法院依据的赔偿标准是：侵犯专利权情节严重的，按照惩罚性赔偿数额的一倍以上五倍以下的赔偿标准予以赔偿。BASF公司作为一家化工企业，一直致力于自主研发。他们发明了一种绿色高效的农药工艺，该工艺中的核心技术方案是"基本无粉尘四氢-3，5-二甲基-1，3，5-噻二嗪-2硫酮颗粒的制备"。BASF公司上报给国家知识产权局的专利申请，经行政审核，同意授予专利权，享有《专利法》的保护。BASF公司自进入中国市场后就将该专利运用于产品中（即形成专利产品）并投入市场。此后不久BASF公司就发现市面上出现了一款与自己产品十分类似的产品，且该产品的核心技术同自己的专利技术有90%以上的相似。后经摸底调查后最终找到该产品的生产商——南通施壮化工公司。BASF公司声称从未将自己的专利授权许可给南通施壮公司。而该款产品同时也被阳光克劳沃公司购入并出售。最终法院认为被告的产品使用的技术确实与原告BASF公司的专利技术相同，被告侵权行为事实明确。根据《专利法》对发明专利的保护规定判处被告赔偿经济损失219 000元。

在"苏州宣嘉光电科技公司与杭州亮眼健康等公司侵害实用新型专利权纠纷案②"中，法院判决赔偿的标准是：权利人的损失、侵权人获得的利益和专利许可使用费均难以确定的，人民法院可以根据专利权的类型（例如发明、实用新型、外观设计）、侵权行为的性质（例如是否在不知情的情况下产生交易，但可以提供合法来源的相关证据）和情节（例如情节是否严重等）等因素，确定给予3万元以上500万元（法定最高赔偿额）以下的赔偿。苏州宣嘉光电科技公司向国家知识产权局提出的名为"用于眼科医疗设备的瞳距调节机构以及眼科医疗设备"的实用新型专利申请，通过专利行政审查，获得了实用新型专利权。在专利授权之后，苏州

---

① （2007）二中民初字第12860号。
② （2020）粤03民初3297号。

宣嘉光电科技公司发现杭州亮眼健康公司、深圳方显公司、深圳恒必达公司三家公司生产的涉案产品中均使用了苏州宣嘉光电科技公司的实用新型专利。杭州亮眼健康公司、深圳方显公司及深圳恒必达公司生产涉案产品之后，在售卖过程中，专利说明书部分的相关数据未经许可使用，而且谎称是自己经过多年科学研究和测试数据获得的具有专利权的产品，并进行了虚假宣传，欺诈消费者。后经过对涉案产品的拆卸发现涉案产品中的多处零件与苏州宣嘉光电科技公司的实用新型专利技术方案高度相似，形成重合。故杭州亮眼健康公司、深圳方显公司、深圳恒必达公司三家公司侵犯苏州宣嘉光电科技公司的专利权。法院最终依据《专利法》第十一条第一款、第五十九条第一款、第六十五条判处被告杭州亮眼健康管理有限公司、深圳市恒必达电子科技有限公司赔偿原告苏州宣嘉光电科技有限公司经济损失合计963 405元。

本书主要列出知识产权三部法对应的相关案例，但除了专利权、商标权、著作权，知识产权保护的内容中还会涉及其他的客体类型，其中商业秘密亦是重要的客体类型。中华优秀传统文化创造性转化创新性发展成果中如果涉及商业秘密时，还需要了解《反不正当竞争法》以及相关典型案例。这里列出"广州天赐公司诉华某、刘某以及安徽纽曼公司等被告侵犯商业秘密纠纷案①"指出商业秘密保护以及承担商业秘密保护义务的重要性。在该案中，指出华某、刘某等人（本案为一审案件，华某、刘某等人为本案的被告）构成侵犯商业秘密罪。广州天赐公司是一家从事精细化工新材料研发的公司，该公司最出名的就是其研制的卡波技术。经案情梳理得知，2007年12月30日，通过招聘入职的华某成功成为广州天赐公司的工作人员，并与该公司（本案的原告）签订了劳动合同。同时由于华某所在的岗位与公司的核心技术有关，因此在签署协议时还签了一份《商业保密协议》。而且在新员工入职前，公司为新入职员工开展了关于商业秘密的教育。广州天赐公司与华某签订了为期七年的劳务合同，2013年11月8日是合同的终止日期。在华某离职后不久，广州天赐公司就发现自己公司的核心技术遭人剽窃，被生产并投入市场。后经调查发现华某在离职的前一年曾成功获取卡波生产工艺的设备图纸和反应釜。华某未遵守公司的员工守则与保密协议，将有关卡波技术的相关资料复制存储到U盘中，还通过网络将技术传递并售卖给被告刘某等人。在交易成功后，华某又利用自己的人脉将需要卡波技术生产产品的朱某、胡某等人介绍给被告刘某与安徽纽曼公司。至

---

① （2017）赣0429刑初49号刑事判决。

此，卡波技术从生产到售卖的所有过程涉及的商业秘密均被披露给竞争对手。同时，华某在抄袭卡波技术时还让刘某与安徽纽曼公司对技术进行更改，以防广州天赐公司发现真相并提起诉讼。被告公司生产出侵权产品后将其销往国外，并以此获得巨额回报。广州天赐公司在发现其抄袭行为后迅速到法院起诉了本案的被告人。案件中的被告华某作为广州天赐公司的前员工，在与广州天赐公司签订劳务合同时就已知晓自己作为卡波技术的产品研发负责人的身份以及承担的保守商业秘密的义务（可以说，华某的日常工作就是涉及技术秘密的工作）。因此华某非常清楚地知道自己需要保守商业秘密。但华某在职期间，仍然将公司的商业秘密售卖给被告安徽纽曼公司。安徽纽曼公司在得到广州天赐公司的卡波技术后迅速将其运用到产品上，并将产品投入市场，获得巨大利润。安徽纽曼公司向华某购买的涉案技术秘密是生产卡波技术的一系列流程，这些技术秘密在整个产品的制造过程中起到了决定性作用。因此华某与安徽纽曼公司的行为被认为侵犯了广州天赐公司所拥有的卡波技术这一商业秘密所有权。随着调查审理的明晰，安徽纽曼公司不仅在诉讼期间拒绝停止其侵权行为，同时还拒不提供该公司账册，其主观恶意非常明显。法院最终按照定格赔偿（惩罚性赔偿中的五倍赔偿），判被告人赔偿原告3 000万元损害赔偿金额。

附　录

一、155个民族自治地方大类文化资源调研详细信息

（一）155个民族自治地方非遗—农遗—工遗调研详细数据

由于非物质文化遗产"数据量"巨大，可以从专门网站查看具体信息，这里不再重复列出。

附表1　155个民族自治地方农业文化遗产调研详细数据

行政区划	数量	详细内容
辽宁省	4	辽宁宽甸柱参传统栽培体系、本溪桓仁京租稻生产系统、桓仁满族自治县的"京租稻"栽培系统、化石戈谷子旱作栽培系统
吉林省	2	吉林和龙林下参—芝抚育系统、吉林延边苹果梨栽培系统
湖南省	2	新晃侗藏红米种植系统、湖南永顺油茶林农复合系统
广西壮族自治区	4	广西桂西北山地稻鱼复合系统、广西龙胜龙脊梯田系统、广西恭城月柿栽培系统、广西隆安壮族"那文化"稻作文化系统
海南省	2	海南琼中山兰稻作文化系统、海南陵水疍家渔文化系统
重庆市	1	石柱黄连生产系统
四川省	2	四川美姑苦荞栽培系统、四川北川苔子茶传统生产系统
云南省	8	传统核桃与农作物套作农耕模式、云南漾濞核桃作物复合系统、云南剑川稻麦复种系统、云南红河哈尼稻作梯田系统、云南普洱古茶园与茶文化系统、哈尼稻作梯田系统、普洱古茶园与茶文化系统、云南双江勐库古茶园与茶文化系统
新疆维吾尔自治区	1	新疆伊犁察布查尔哈农业系统
内蒙古自治区（典型）	6	内蒙古敖汉旱作农业系统、内蒙古阿鲁科尔沁草原游牧系统、内蒙古伊金霍洛农牧生产系统、内蒙古乌拉特后旗戈壁红驼牧养系统、内蒙古武川燕麦传统旱作系统、内蒙古东乌珠穆沁旗游牧生产系统
广西壮族自治区（典型）	5	广西龙胜龙脊梯田系统、广西隆安壮族"那文化"稻作文化系统、广西恭城月柿栽培系统（恭城瑶族自治县）、广西横县茉莉花复合栽培系统、广西桂西北山地稻鱼复合系统
西藏自治区（典型）	2	西藏当雄高寒游牧系统、西藏乃东青稞种植系统
宁夏回族自治区（典型）	1	宁夏灵武长枣种植系统
新疆维吾尔自治区（典型）	4	新疆吐鲁番坎儿井农业系统、新疆哈密市哈密瓜栽培与贡瓜文化系统、新疆奇台旱作农业系统、新疆伊犁察布查尔布哈农业系统
总数	44	

附表2　155个民族自治地方工业文化遗产调研详细数据

行政区划	数量	详细内容
湖南省	1	新晃汞矿
四川省	2	四川阿坝工业园区、会理镍矿
云南省	1	中央（杭州）飞机制造厂
内蒙古自治区（典型）	3	包头钢铁公司、酒泉卫星发射中心、中东铁路
广西壮族自治区（典型）	2	柳州空气压缩机厂、合山煤矿
西藏自治区（典型）	3	夺底电站、纳金电站、羊八井地热发电试验设施
新疆维吾尔自治区（典型）	3	可可托海矿务局、独山子炼油厂、克拉玛依油田
总数	15	

（二）155个民族自治地方中医药调研详细数据

附表3　155个民族自治地方中医药调研详细数据

行政区划	数量	详细内容
河北省	3	潘氏针灸术、于氏正骨术、孙氏正骨术
内蒙古自治区	1	敖鲁古雅鄂温克族传统医药
湖南省	6	黄精保源基地为特色的中医药特色产业、"火龙罐"、"巫医并用"、"神药两解"、"侗不离酸"、"四八虎口"
广东省	2	岭南陈氏针法、山苍子药枕
广西壮族自治区	17	融水传统针法、灯火祛风疗法、龙胜瑶族药浴疗法、壮族的推拿、骨伤疗法、苗族药浴和风湿疗法、瑶族药浴和风湿疗法、侗族灸法、富川瑶族银磁蛋推疗法、仫佬族医药、瑶族蚂蟥疗法、瑶族药浴浴坐疗法、瑶族——红脚艾灸疗法、瑶族经筋疗法、瑶族拉珈通灸疗法、金秀瑶族灯草灸疗法、瑶族医药（药浴疗法）
海南省	2	黎族医药（骨伤疗法）、黎族传统医药
四川省	5	藏医药（甘孜州南派藏医药）、《月王药诊》、《四部医典》、《晶珠本草》《正确认药图鉴》
贵州省	21	瑶族药浴、侗族接骨术、苗族医药（骨髓骨伤药膏）、仫佬族治疗风湿骨痛中药酒剂制作技艺、侗族医药、苗族医药、半枫荷浴熏剂制作技艺（苗珍堂）、瑶族医药、苗族医药（骨蛇伤疗法）、胡三帖、苗药（妇科）、叶咔香秘方、苗族中草医、杨氏化石散、苗医药·火功疗法、毛南香囊、禅渗骨药酒、苗医药（刮痧）、安龙民间医药、罗氏瘰疱疗法、苗医药（挑痧疗法）
云南省	11	傣医药（睡药疗法）、刘氏苗族医药、旧象形医学、哈尼族"草医术"、傣族医药、怒族医药、藏族医药、白族医药、彝医药、中医传统制剂方法、彝族医药
青海省	2	中医诊疗法（海西民间青盐药用技艺）、藏医药（尤阙疗法）

续　表

行政区划	数量	详细内容
新疆维吾尔自治区	2	阜康哈萨克族正骨术、锡伯族拔火罐传统疗法
内蒙古自治区（典型）	2	蒙医药（蒙医传统正骨术）、蒙医药（赞巴拉道尔吉温针、火针疗法）
广西壮族自治区（典型）	7	壮医药线点灸疗法、武宣刁氏姜疗法、金秀瑶族拉珈通灸疗法、富川瑶族银磁蛋推疗法、冯氏扶生堂排毒膏药、玉林陈善文驳骨水制剂方法、黄氏草药疗骨法
西藏自治区（典型）	14	藏医扦棍疗法、直贡藏医、昌都般龙特色藏医药、丁青笨教藏医诊疗、拉萨北派藏医水银洗炼法和藏药仁青常觉配伍技艺、藏医药（拉萨北派藏医水银洗炼法和藏药仁青常觉配伍技艺）、藏医药（藏医外治法）、藏医药（藏医尿诊法）、藏医药（藏药炮制技艺）、藏医药（藏药七十味珍珠丸配伍技艺）、藏医药（藏药珊瑚七十味丸配伍技艺）、藏医药（山南藏医药浴法）、藏医药（索瓦日巴——藏医有关生命、健康及疾病的认知与实践）、藏医药（藏医脉泻杂炯疗法）
宁夏回族自治区（典型）	4	回族医药（张氏回医正骨疗法）、中医传统制剂方法（马氏济慈堂生育药剂制作技艺）、回族医药（回族汤瓶八诊疗法）、回族医药（陈氏回族医技十法）
新疆维吾尔自治区（典型）	7	维吾尔医药（维药传统炮制技艺）、维吾尔医药（木尼孜其·木斯力汤药制作技艺）、维吾尔医药（食物疗法）、维吾尔医药（库西台法）、维吾尔医药（沙疗）、维吾尔医药（和田药茶制作技艺）、哈萨克族医药（布拉吾药浴熏蒸疗法、卧塔什正骨术、冻伤疗法）
总数	106	

（三）155个民族自治地方古籍整理与古文字调研详细数据

在5个自治区层面的数据收集上，存在如下问题：首先，统计单位不同，例如内蒙古自治区和广西壮族自治区的数据以珍贵古籍的"册"和"部"为单位，未能形成统一的单位数据；其次，未能找到最新的统计数据，例如新疆维吾尔自治区的统计数据为较早的统计数据。最后，数据统计以"种"为单位的数据量庞大，篇幅数量足以覆盖研究项目的页数本身。因此，5个自治区层面的数据未能列在下表中。

附表4　155个民族自治地方古籍整理调研详细数据

行政区划	数量	详细内容
湖南省	4	《民用秘方集》《救世医方集》《民药传书》《麻阳文史》
广东省	1	《乳源瑶族自治县志》
广西壮族自治区	4	《隆林少数民族古籍》《富川县志》《罗城县志》《仫佬族地区文书古籍影印校注》
四川省	1	《德格土司族谱（清）》
云南省	2	《夷僰祈福经》《南涧彝族毕摩经》

行政区划	数量	详细内容
青海省	4	《民和回族土族自治县年鉴》《互助土族自治县年鉴》《化隆回族自治县年鉴》《循化撒拉族自治县年鉴》
总数	16	

附表5　155个民族自治地方古文字调研详细数据

行政区划	数量	详细内容
湖南省	1	安江高庙遗址文字
广西壮族自治区	1	瑶族古文字
云南省	8	德宏傣文、傈僳文、藏文、白文、老白文、彝文、古彝文、爨体字
甘肃省	1	小儿锦
新疆维吾尔自治区	2	叶尼塞文、回鹘文
内蒙古自治区（典型）	1	回鹘式蒙古文（经多次变化之后形成的文字）
广西壮族自治区	1	古壮文（唐代初在墓碑上发现的古壮字）
西藏自治区	1	藏文
宁夏回族自治区（典型）	1	大麦地岩画（最古老的画图文字）
新疆维吾尔自治区（典型）	1	佉卢文（使用最早的古文字）
总数	18	

（四）155个民族自治地方文化地理IP打造调研详细数据

附表6　155个民族自治地方农耕文化调研详细数据

行政区划	数量	详细内容
浙江省	2	中国香菇文化、中华茶文化
湖南省	1	土家族打溜子
广西壮族自治区	2	稻鸭共育、河池农耕文化
海南省	2	桑蚕农耕、山兰旱稻农耕文化
重庆市	2	红梅生态文化、山银花种植文化
四川省	1	木里藏族自治县东郎农耕文化
云南省	6	紫胶文化、竹文化、普洱茶文化、墨江咖啡文化、墨江紫米封缸酒文化、墨江紫米文化
甘肃省	1	中华民族早期农耕文明
新疆维吾尔自治区	1	新疆绿洲农耕文化
总数	18	

附表7 155个民族自治地方城市文化生态调研详细数据

行政区划	数量	详细内容
湖南省	1	湖南省森林城市
宁夏回族自治区	1	宁夏回族文化生态大观园
总数	2	

表2-11中包含两个广西壮族自治区的数据，分别是：包含广西壮族自治区的分数据的汇总数据"137"和广西壮族自治区全域内的总数据"198"。其中"198"是原有数据"137"中增加了新补充的61。由于"137"对应的文字数据量篇幅较大，在广西壮族自治区的总数据中未列出"137"对应的重复性数据。因此，在广西壮族自治区的总数据上，对应的表2-11和附表8存在137的数据差，即表2-11中的总数"698"与附表8中的"561"之间存在137的数据差。

附表8 155个民族自治地方少数民族特色村寨调研详细数据

行政区划	数量	详细内容
辽宁省	6	桓仁满族自治县老黑山村、桓仁满族自治县南芬区甫子峪村、王府镇烟台营子村、白塔子镇三道营子村、官大海管理区东官村、东哨镇十家子村
吉林省	8	果园村、十六道沟村、望天鹅新村、安乐村、河源镇榆树村、靠山镇姜家村、伊丹镇火红村、伊通镇
黑龙江省	1	寿山休闲度假村
浙江省	1	安亭村
湖北省	2	麻池古寨、白溢古寨
湖南省	15	城步苗族自治县长安营镇上排村、井头湾、湘江乡庙子源村、新晃侗族自治县贡溪乡天井寨、新晃侗族自治县凉伞镇冲首村、新晃侗族自治县扶罗镇皂溪村、芷江侗族自治县三道坑镇牛皮寨村、芷江侗族自治县碧涌镇碧河村、通道侗族自治县播阳镇上湘村、麻阳苗族自治县谭家寨乡楠木桥村、靖州苗族侗族自治县寨牙乡岩脚村、通道侗族自治县坪坦乡横岭村、靖州苗族侗族自治县三锹乡地笋村、通道侗族自治县坪坦乡坪坦村、麻阳苗族自治县石羊哨乡石羊哨村
广东省	14	关市乳源瑶族自治县必背镇必背村委会必背口村、韶关市乳源瑶族自治县游溪镇大寮坑村委会八一瑶族新村、韶关市乳源瑶族自治县东坪镇新村村委会东下山瑶族村、清远市连山壮族瑶族自治县吉田镇古县坪民族新村、清远市连山壮族瑶族自治县小三江镇三联村委会东西江村、清远市连山壮族瑶族自治县永和镇永梅村委会蒙洞村、清远市连山壮族瑶族自治县禾洞镇禾联村委会政岐村、清远市连南瑶族自治县三排镇南岗千年瑶寨、清远市连南瑶族自治县三排镇连水村委会墩龙瑶寨、清远市连南瑶族自治县三排镇油岭村委会油岭古寨、清远市连南瑶族自治县三江镇金坑村委会红星移民新村、清远市连南瑶族自治县涡水镇大竹湾村委会小横龙村、清远市连南瑶族自治县三排镇三排村委会福彩新村、清远市连南瑶族自治县三江镇金坑村委会金坑自然村

行政区划	数量	详细内容
广西壮族自治区	137	南宁市兴宁区三塘镇路东村留肖坡、桂林市全州县东山瑶族乡清水村委清水村、桂林市兴安县华江瑶族乡千祥村军田头屯、瓦窑面屯桂林市灌阳县洞井瑶族乡洞井村洞井自然村、桂林市资源县两水苗族乡社水村、桂林市荔浦县蒲芦瑶族乡福文村纳兑屯、桂林市龙胜各族自治县乐江乡宝赠侗寨、桂林市龙胜各族自治县泗水乡周家村白面瑶寨、桂林市龙胜各族自治县和平乡龙脊古壮寨、桂林市龙胜各族自治县和平乡金竹壮寨、桂林市龙胜各族自治县和平乡平安壮寨、桂林市龙胜各族自治县和平乡黄洛瑶寨、桂林市龙胜各族自治县乐江乡地灵侗寨、桂林市龙胜各族自治县平等乡广南侗寨、桂林市龙胜各族自治县平等乡平等侗寨、桂林市龙胜各族自治县三门镇同烈瑶寨、桂林市龙胜各族自治县伟江乡布弄苗寨、桂林市恭城瑶族自治县莲花镇红岩村、柳州市柳城县古砦仫佬族乡滩头屯、柳州市融安县雅瑶乡章口村、柳州市三江侗族自治县林溪乡高秀村、柳州市三江侗族自治县林溪乡高友村、柳州市三江侗族自治县林溪乡冠洞村冠小屯、柳州市三江侗族自治县林溪乡马鞍屯、柳州市三江侗族自治县独峒乡高定村、柳州市三江侗族自治县独峒乡岜团村、柳州市三江侗族自治县独峒乡林略村、柳州市三江侗族自治县独峒乡唐朝村、柳州市三江侗族自治县独峒乡八协村座龙屯、柳州市三江侗族自治县八江乡布央村、柳州市三江侗族自治县丹洲镇丹洲村、柳州市三江侗族自治县良口乡和里村欧阳屯、柳州市融水苗族自治县安陲乡吉曼村吉曼屯、柳州市融水苗族自治县杆洞乡杆洞村杆洞屯、柳州市融水苗族自治县四荣乡东田村小东江屯、柳州市融水苗族自治县四荣乡荣地村、柳州市融水苗族自治县香粉乡雨卜村卜令屯、柳州市融水苗族自治县香粉乡中坪村雨梅屯、柳州市融水苗族自治县安太乡林洞村、柳州市融水苗族自治县大浪乡大新村红邓屯、柳州市融水苗族自治县大浪乡高培村上寨屯、柳州市融水苗族自治县拱洞乡龙培村、梧州市蒙山县长坪瑶族乡平垌瑶寨、防城港市防城区那良镇高林村、崇左市凭祥市夏石镇新鸣村板小屯、崇左市大新县堪圩乡明仕村弄朋屯、崇左市宁明县城中镇珠连村攀龙屯、百色市右江区平圩民族新村、百色市德保县城关镇西读村大朔屯、百色市靖西县新靖镇旧州街、百色市西林县马蚌乡浪吉村那岩古木寨、河池市南丹县里湖瑶族乡怀里屯、河池市南丹县里湖瑶族乡王尚屯、河池市南丹县里湖瑶族乡八雅村巴哈屯、河池市罗城仫佬族自治县东门镇中石村石围屯、河池市环江毛南族自治县下南乡中南村南昌屯、来宾市金秀瑶族自治县金秀镇金田村美村屯、贺州市昭平县黄姚镇黄姚街黄姚屯、贺州市富川瑶族自治县城北镇凤溪村、南宁市马山县古零镇乔老村小都百屯、南宁市上林县大丰镇云里村内里庄、南宁市上林县乔贤镇恭睦村内黄旦庄、南宁市上林县巷贤镇古民庄、南宁市上林县镇圩瑶族乡排红村排邑庄、柳州市融安县长安镇安宁村大袍屯、柳州市融水苗族自治县融水镇长赖屯、柳州市融水苗族自治县四荣乡荣塘村、柳州市三江县林溪镇冠洞村冠大屯、柳州市三江县林溪镇平岩村平寨屯、桂林市雁山区潜经村、桂林市灵川县九屋镇东源村委老寨村、桂林市永福县罗锦镇崇山村、桂林市恭城瑶族自治县西岭镇杨溪村、梧州市蒙山县夏宜瑶族乡夏宜村、防城港市东兴市江平镇巫头村、钦州市钦北区大寺镇那桑村委那桑村、贵港市覃塘区蒙公乡新岭村新归屯、贵港市覃塘区覃塘镇姚山村群山屯、百色市靖西市安德镇安德街、百色市田阳县那满镇露美村、百色市德保县足荣镇那亮村那雷屯、百色市凌云县伶站乡浩坤屯、百色市凌云县下甲镇彩架村弄福屯、贺州市富川瑶族自治县朝东镇福溪村、贺州市富川瑶族自治县葛坡镇深坡村、贺州市富川瑶族自治县新华乡虎马岭

行政区划	数量	详细内容
广西壮族自治区	137	村、河池市南丹县罗富镇塘丁村塘香屯、河池市天峨县三堡乡三堡村、河池市东兰县三弄瑶族乡弄宁原生态瑶族铜鼓民俗村、河池市罗城仫佬族自治县小长安镇龙腾村大勒洞屯、河池市环江毛南族自治县思恩镇陈双村、来宾市金秀瑶族自治县金秀镇六段村、来宾市金秀瑶族自治县六巷乡古陈村、来宾市金秀瑶族自治县六巷乡门头村、来宾市金秀瑶族自治县桐木镇龙腾村、崇左市江州区驮卢镇莲塘村花梨屯、崇左市大新县恩城乡维新村新胜屯、南宁市秀区南阳镇施厚村古岳坡、南宁市邕宁区新江镇新江社区那蒙坡、南宁市武鸣区双桥镇八桥村大伍屯、南宁市隆安县那桐镇定江村定典屯、南宁市马山县古零镇羊山村三甲屯、南宁市马山县古寨瑶族乡本立村古朗屯、南宁市马山县古寨瑶族乡本立村古奔屯、南宁市上林县巷贤镇高贤社区高磨庄、南宁市横县校椅镇青桐村委督僧村、柳州市柳江区三都镇三都村边山屯、柳州市鹿寨县拉沟乡大坪村古报屯、柳州市鹿寨县拉沟乡木龙村五家屯、柳州市鹿寨县平山镇青山村堡底屯、柳州市融水苗族自治县安陲乡乌吉村乌吉屯、柳州市融水苗族自治县安太乡小桑村、柳州市融水苗族自治县安太乡培秀村、柳州市融水苗族自治县红水乡良双村、柳州市融水苗族自治县杆洞乡高培村、柳州市融水苗族自治县良寨乡大里村、桂林市资源县两水苗族乡塘洞村李洞寨、桂林市龙胜各族自治县平等镇昌背侗寨、桂林市龙胜各族自治县平等镇蒙洞村、桂林市龙胜各族自治县乐江乡西腰村、桂林市龙胜各族自治县马堤乡芙蓉村、桂林市龙胜各族自治县伟江乡洋湾村、桂林市恭城瑶族自治县观音乡狮塘村委蕉山村、贵港市港北区港城街道龙井村、贵港市覃塘区覃塘街道龙凤村平田屯、百色市德保县城关镇那温村那温屯、百色市凌云县泗城镇金保村、百色市田林县定安镇定安村、河池市南丹县里湖瑶族乡千户瑶寨、来宾市象州县罗秀镇礼教村委纳禄屯、来宾市象州县妙皇乡盘古村委古朴屯、来宾市金秀瑶族自治县六巷乡六巷屯、崇左市扶绥县岜盆乡弄洞村姑辽屯、崇左市宁明县城中镇耀达村濑江屯、崇左市龙州县上金乡卷逢村白雪屯、崇左市龙州县上金乡中山村旧街屯、崇左市大新县桃城镇万礼村侬沙屯
海南省	10	元门乡罗帅村、邦溪镇芭蕉村、琼中黎族苗族自治县什运乡便文村、琼中黎族苗族自治县什运乡番道村、琼中黎族苗族自治县红毛镇什寒村、琼中黎族苗族自治县什运乡光一二村、陵水黎族自治县文罗镇坡村、陵水黎族自治县隆广镇常皮村、保亭黎族苗族自治县三道镇什进村、保亭黎族苗族自治县响水镇番道村
重庆市	21	石柱土家族自治县冷水镇八龙山寨、石柱土家族自治县金玲乡银杏村、石柱土家族自治县西沱镇云梯街、秀山土家族苗族自治县海洋乡岩院古寨、秀山土家族苗族自治县里仁镇南庄村、秀山土家族苗族自治县梅江镇民族村、秀山土家族苗族自治县清溪场镇大寨村、秀山土家族苗族自治县溪口镇中和村、秀山土家族苗族自治县雅江镇雅江居委会、秀山土家族苗族自治县钟灵镇凯堡村、秀山土家族苗族自治县中平乡地岑村、秀山土家族苗族自治县孝溪乡中心村、龙潭古镇、龚滩古镇、石泉古苗寨、河湾村、后溪村、南界村、七分村、何家岩村、彭水苗族土家族自治县鞍子镇罗家坨苗寨
四川省	7	马边彝族自治县烟峰镇烟峰社区、马边彝族自治县烟峰镇辖区村落、马边彝族自治县民主乡玛瑙村、峨边彝族自治县黑竹沟镇底底古村、峨边彝族自治县新林镇黄泥村、峨边彝族自治县沙坪镇峨星村

行政区划	数量	详细内容
贵州省	18	遵义市龙潭民族文化村、安顺市关岭布依族苗族自治县关索街道办事处月亮湾村、安顺市关岭布依族苗族自治县断桥镇木城村、铜仁市玉屏侗族自治县皂角坪街道野鸡坪村、铜仁市玉屏侗族自治县新店镇老寨村、铜仁市玉屏侗族自治县朱家场镇谢桥村、铜仁市松桃苗族自治县正大乡莓菜村、铜仁市松桃苗族自治县盘信镇大湾村、铜仁市松桃苗族自治县盘石镇响水洞村、铜仁市松桃苗族自治县牛郎镇矮红村、铜仁市松桃苗族自治县牛郎镇岑朵村、铜仁市印江土家族苗族自治县永义乡团龙村、铜仁市印江土家族苗族自治县木黄镇芙蓉村、铜仁市印江土家族苗族自治县木黄镇燕子岩村、铜仁市印江土家族苗族自治县朗溪镇河西村甘川组、铜仁市印江土家族苗族自治县缠溪镇方家岭村、铜仁市沿河土家族自治县沙子镇南庄村、铜仁市沿河土家族自治县后坪乡下坝村葫芦湾
云南省	116	德宏傣族景颇族自治州芒市三台山允欠村委会允欠三组，德宏傣族景颇族自治州瑞丽市勐卯镇姐东村委会喊沙村，德宏傣族景颇族自治州陇川县章凤镇芒弄村委会广山村，德宏傣族景颇族自治州陇川县户撒乡芒炳村委会芒旦村，德宏州芒市三台山德昂族乡允欠村委会帮弄村，德宏州芒市遮放镇弄坎村委会贺焕村，德宏州芒市芒市镇芒核村委会广母村，德宏州瑞丽市畹町镇芒棒村委会回环村，德宏州瑞丽市弄岛镇等嘎村委会等噶二组，德宏州盈江县苏典乡下勐撒村，德宏州盈江县铜壁关乡三合村松克村民小组，德宏州陇川县户撒乡户早村委会芒海自然村，德宏傣族景颇族自治州芒市三台山德昂族乡出东瓜村委会出东瓜一组，德宏傣族景颇族自治州芒市风平镇遮晏村委会上井坎村，德宏傣族景颇族自治州芒市五岔路乡弯丹村委会弯丹村，德宏傣族景颇族自治州芒市芒海镇吕尹村委会户那村，德宏傣族景颇族自治州盈江县勐弄乡勐弄村委会龙门寨，怒江傈僳族自治州泸水县上江镇新建村委会大南茂村，怒江傈僳族自治州福贡县匹河乡老姆登村委会红卫村，怒江傈僳族自治州贡山独龙族怒族自治县丙中洛镇秋那桶村委会秋那桶村，怒江傈僳族自治州贡山独龙族怒族自治县独龙江乡孔当村委会腊配村，怒江傈僳族自治州兰坪白族普米族自治县通甸镇德胜村委会罗古箐村，怒江州泸水县鲁掌镇三河村委会滴水河自然村，怒江州泸水县洛本卓乡托拖村委会新村自然村，怒江州福贡县鹿马登乡赤恒底村委会娃底自然村，怒江州贡山县丙中洛镇甲生村委会甲生自然村，怒江州贡山县丙中洛镇甲生村委会重丁自然村，怒江州贡山县独龙江乡马库村委会钦兰当自然村，怒江州贡山县独龙江乡巴坡村委会巴坡自然村，怒江州兰坪县通甸镇八十一村委会八十一自然村，怒江州兰坪县兔峨乡果力村委会果力自然村，怒江傈僳族自治州贡山独龙族怒族自治县丙中洛镇秋那桶村委会雾里村，怒江傈僳族自治州贡山独龙族怒族自治县丙中洛镇双拉村委会双拉一二组，怒江傈僳族自治州兰坪白族普米族自治县河西乡大羊村委会大古梅村，迪庆藏族自治州香格里拉县建塘镇红坡村次尺迪村，迪庆州德钦县云岭乡斯农村明永一、二社，迪庆州维西傈僳族自治县叶枝镇同乐村同乐大村，庆藏族自治州香格里拉市尼西乡幸福村委会上桥头村，迪庆藏族自治州香格里拉市洛吉乡尼汝村委会尼中村，迪庆藏族自治州维西傈僳族自治县攀天阁乡皆菊村委会迪妈村，大理白族自治州祥云县禾甸镇大营社区村委会七宣村，大理白族自治州宾川县鸡足山镇沙址村委会寺前村，大理白族自治州云龙县诺邓镇诺邓村委会诺邓古村，大理白族自治州剑川县沙溪镇寺登村，大理白族自治州鹤庆县金墩乡银河村委会金翅鹤村，大理白族自治州鹤庆县草海镇新华村委会北邑村，大理白族自治州巍山彝族回族自治县永建镇永和村委会东莲花村，大理州大理市龙下登白族特色村寨，大理州大理市双廊白族特色村寨，大理州大理市下阳波白族特色

续 表

行政区划	数量	详细内容
云南省	116	村寨，大理州祥云县波罗彝族特色村寨，大理州宾川县荒村白族特色村寨，大理州弥渡县朵祜彝族特色村寨，大理州永平县曲硐回族特色村寨，大理州永平县龙街彝族特色村寨，大理州洱源县西湖南登白族特色村寨，大理州洱源县梨园白族特色村寨，大理州洱源县郑家庄多民族特色村寨，大理州剑川县弥井白族特色村寨，大理州剑川县大佛殿彝族特色村寨，大理州鹤庆县五星彝族特色村寨，大理州漾濞县白塔箐白族特色村寨，大理州南涧县盖瓦洒彝族特色村寨，大理州巍山县下西莲花回族特色村寨，大理州巍山县打竹彝族特色村寨，大理州巍山县琢木郎彝族特色村寨，大理白族自治州大理市湾桥镇古生村，大理白族自治州宾川县金牛镇彩凤村委会尼萨村，大理白族自治州弥渡县牛街彝族乡荣华村委会大核桃箐村，大理白族自治州弥渡县寅街镇瓦哲村委会瓦哲村，大理白族自治州云龙县宝丰乡宝丰村，大理白族自治州云龙县漕涧镇仁山村委会丹梯村，大理白族自治州洱源县茈碧湖镇碧云村，大理白族自治州鹤庆县西邑镇奇峰村委会奇峰村，大理白族自治州鹤庆县西邑镇响水河村委会响水村，大理白族自治州鹤庆县草海镇新华村委会南邑村，大理白族自治州漾濞彝族自治县苍山西镇光明村委会鸡茨坪村，大理白族自治州南涧彝族自治县乐秋乡乐秋村委会下大湾村，楚雄彝族自治州南华县龙川镇岔河村委会小岔河村，楚雄彝族自治州永仁县永定镇太平地村委会方山诸葛营村，楚雄州楚雄市紫溪镇紫溪彝村，楚雄州楚雄市苴乡马家村，楚雄州双柏县法脿乡李方村，楚雄州南华县雨露白族乡袁家丫口村，楚雄州姚安县光禄镇朝阳村，楚雄州永仁县宜就镇火把新村，彝人新村，楚雄彝族自治州楚雄市东瓜镇桃园社区白花山村，楚雄彝族自治州双柏县大麦地镇普龙社区进巴珠村，楚雄彝族自治州双柏县大麦地镇普龙社区埂井村，楚雄彝族自治州双柏县大麦地镇峨足村委会各莫村，楚雄彝族自治州牟定县凤屯镇河节村委会大平地村，楚雄彝族自治州南华县五顶山乡牛丛村委会渔坝塘村，楚雄彝族自治州南华县兔街镇兔街村委会兔街老村，楚雄彝族自治州大姚县赵家店镇赵家店社区紫丘村，楚雄彝族自治州大姚县桂花镇马茨村委会马茨村，楚雄彝族自治州永仁县永兴傣族乡拉姑村委会下拉姑村，楚雄彝族自治州元谋县元马镇星火社区环州驿村，楚雄彝族自治州武定县狮山镇旧城社区马豆沟村，楚雄彝族自治州武定县发窝乡发窝村委会左中梁子村，云南省昆明市禄劝县中屏镇中屏村委会火本村小组，云南省昆明市石林县圭山镇和合村委会矣美堵村，云南省昆明市石林县石林街道五棵树村，西盟县勐梭镇秧落村博航十组西盟县勐卡镇大马散村委会用俄寨，墨江哈尼族自治县联珠镇者铁村委会勐簸村，澜沧县糯福乡阿里村委会老迈村，澜沧县惠民镇景迈村委会笼蚌村，澜沧县竹塘乡东主村委会老缅村，普洱市澜沧拉祜族自治县酒井乡老达保村，普洱市澜沧拉祜族自治县惠民乡芒景村翁基寨，怒江州兰坪县通甸镇八十一村委会八十一自然村，怒江州兰坪县兔峨乡果力村委会果力自然村，怒江州贡山县独龙江乡马库村委会钦兰当自然村，怒江州贡山县独龙江乡巴坡委会巴坡自然村，迪庆州维西傈僳族自治县叶枝镇同乐村同乐大村
甘肃省	9	临夏回族自治州临夏市枹罕镇拜家村、临夏回族自治州东乡族自治县坪庄乡韩则岭村、临夏回族自治州临夏县榆林乡窑湾村、临夏回族自治州积石山保安族东乡族撒拉族自治县大河家镇大墩村、临夏回族自治州积石山保安族东乡族撒拉族自治县大河家镇甘河滩村、张掖市肃南裕固族自治县大河乡松木滩村、酒泉市阿克塞哈萨克族自治县红柳湾镇红柳湾村、酒泉市肃北蒙古族自治县党城湾镇马场村、酒泉市肃北蒙古族自治县石包城乡石板墩村

行政区划	数量	详细内容
青海省	4	西宁市大通回族土族自治县塔尔乡塔尔湾村、海东地区互助土族自治县五十镇北庄村、海东地区循化撒拉族自治县街子镇马家村、海东地区循化撒拉族自治县查汉都斯乡赞上村
新疆维吾尔自治区	10	克孜勒苏柯尔克孜自治州阿合奇县阿合奇镇科克乔库尔民俗文化村、伊犁州伊宁市达达木图乡布拉克村、伊犁州尼勒克县种蜂场艾米尔布拉克队、伊犁州尼勒克县克令乡克孜勒土木斯克村、伊犁州霍城县惠远镇央布拉克村、伊犁州昭苏县萨尔阔布乡萨尔阔布村、伊犁州特克斯县特克斯镇博斯坦村、伊犁州特克斯县喀拉达拉乡琼库什台村、伊犁州特克斯县特克斯镇霍斯库勒村、伊犁州特克斯县乔拉克铁热克镇克孜阔拉村
内蒙古自治区	88	呼伦贝尔市根河市敖鲁古雅鄂温克民族乡敖鲁古雅村、呼伦贝尔市阿荣旗新发朝鲜族乡东光村、锡林郭勒盟太仆寺旗贡宝力格苏木后瓦窑嘎查、呼和浩特市回民区攸攸板镇西乌素图村、呼和浩特市玉泉区小黑河镇西地村、包头市昆都仑区卜尔汉图镇卜尔汉图嘎查、包头市九原区阿嘎如泰苏木阿嘎如泰嘎查、包头市九原区阿嘎如泰苏木梅力更嘎查、包头市达茂旗巴音敖包苏木巴音花嘎查、包头市达茂旗希拉穆仁镇哈拉乌素嘎查、包头市达茂旗明安镇莎如塔拉嘎查、包头市达茂旗百灵庙镇黄花滩村、通辽市科左中旗花吐古拉镇浩日彦艾勒嘎查、鄂尔多斯市鄂托克前旗昂素镇阿日赖嘎查、鄂尔多斯市鄂托克旗苏米图苏木苏里格嘎查、鄂尔多斯市乌审旗苏力德苏木陶尔庙嘎查、鄂尔多斯市伊金霍洛旗伊金霍洛镇布拉格嘎查达尔扈特新村、呼伦贝尔市额尔古纳市恩和俄罗斯民族乡恩和村、呼伦贝尔市额尔古纳市三河回族乡上护林村、呼伦贝尔市鄂伦春自治旗大杨树镇多布库尔猎民村、呼伦贝尔市莫力达瓦达斡尔族自治旗腾克镇腾克村、巴彦淖尔市临河区双河镇马场地村、巴彦淖尔市五原县天吉泰镇天吉泰村、巴彦淖尔市磴口县沙金苏木巴音宝力格嘎查、巴彦淖尔市乌拉特前旗白彦花镇乌日图高勒嘎查、巴彦淖尔市乌拉特中旗海流图镇巴仁宝勒格村、巴彦淖尔市乌拉特后旗呼和温都尔镇那仁乌布尔嘎查、巴彦淖尔市杭锦后旗团结镇联合蒙汉新村、乌兰察布市察右后旗乌兰哈达苏木阿里乌素嘎查、兴安盟乌兰浩特市乌兰达镇三合村、兴安盟科右前旗乌兰毛都苏木勿布林嘎查、兴安盟科右前旗满族屯满族乡满族屯嘎查、兴安盟扎赉特旗巴拉达尔吐苏木沙日格台嘎查、兴安盟突泉县永安镇哈拉沁村、锡林郭勒盟锡林浩特市白音锡勒牧场黄花树特分场、锡林郭勒盟阿巴嘎旗洪格尔高勒镇萨如拉图雅嘎查、锡林郭勒盟西乌珠穆沁旗脑干宝力格嘎查、阿拉善盟阿拉善左旗巴彦浩特镇通古淖尔地区五嘎查、阿拉善盟阿拉善右旗巴丹吉林镇阿日毛道嘎查、阿拉善盟阿拉善右旗雅布赖镇新呼都格嘎查、阿拉善盟阿拉善右旗阿拉腾敖包镇查干努如嘎查、阿拉善盟阿拉善右旗塔木素布拉格苏木胡树其嘎查、阿拉善盟额济纳旗达来呼布镇纳林高勒社区、包头市东河区沙尔沁镇阿都赖村、包头市石拐区吉忽伦图苏木爬榆树嘎查、包头市九原区阿嘎如泰苏木阿贵沟嘎查、赤峰市巴林右旗索博日嘎镇索博日嘎嘎查、赤峰市巴林右旗幸福之路苏木关乃英格嘎查、赤峰市巴林右旗幸福之路苏木床金嘎查、赤峰市巴林右旗查干沐沦苏木沙巴尔台嘎查、赤峰市翁牛特旗紫城街道德日苏嘎查、赤峰市喀喇沁旗十家满族乡十家村、通辽市奈曼旗白音他拉苏木伊和乌苏嘎查庙屯小组、鄂尔多斯市东胜区罕台镇九成宫村、鄂尔多斯市鄂托克前旗昂素镇巴彦乌素嘎查、鄂尔多斯市鄂托克旗阿尔巴斯苏木呼和陶勒盖嘎查、鄂尔多斯市鄂托克旗苏米图苏木马什亥嘎查、鄂尔多斯市鄂托克旗棋盘井镇乌仁都西嘎查、鄂尔多斯市杭锦旗塔然高勒巴音巴拉格嘎查、鄂尔多斯市杭锦旗

续　表

行政区划	数量	详细内容
内蒙古自治区	88	独贵塔拉镇道图嘎查、鄂尔多斯市乌审旗乌兰陶勒盖镇巴音希利嘎查、呼伦贝尔市满洲里市敖尔金街道办事处敖尔金新村、呼伦贝尔市新巴尔虎左旗甘珠尔苏木甘珠尔嘎查、呼伦贝尔市鄂伦春自治旗古里乡猎民村、呼伦贝尔市鄂伦春自治旗托扎敏乡希特奇猎民村、呼伦贝尔市鄂温克族自治旗辉苏木辉道嘎查、呼伦贝尔市鄂温克族自治旗锡尼河西苏木巴彦胡硕嘎查、乌兰察布市商都县十八顷镇小庙子嘎查、乌兰察布市察哈尔右翼后旗白音察干镇那仁格干嘎查、兴安盟乌兰浩特市义勒力特镇义勒力特嘎查、兴安盟乌兰浩特市葛根庙镇哈达那拉嘎查、兴安盟科尔沁右翼前旗桃合木苏木乌申一合嘎查、兴安盟科尔沁右翼前旗阿力得尔苏木海力森嘎查、兴安盟科尔沁右翼中旗杜尔基镇鲜光嘎查、兴安盟科尔沁右翼中旗额木庭高勒苏木巴彦敖包嘎查、兴安盟扎赉特旗巴彦乌兰苏木巴彦塔拉嘎查、兴安盟扎赉特旗音德尔镇阿拉坦花嘎查、兴安盟扎赉特旗好力保镇五道河子村、锡林郭勒盟阿巴嘎旗吉尔郎图苏木海尔罕嘎查、锡林郭勒盟阿巴嘎旗巴彦图嘎苏木脑木罕嘎查、锡林郭勒盟苏尼特左旗洪格尔苏木新阿米都日勒嘎查、锡林郭勒盟苏尼特右旗脑干塔拉嘎查、锡林郭勒盟正镶白旗宝力根陶海苏木陶林宝拉格嘎查、锡林郭勒盟正镶白旗伊和淖日苏木阿日善嘎查、锡林郭勒盟正镶白旗伊和淖日苏木察罕乌拉嘎查、阿拉善盟阿拉善右旗阿拉腾朝格苏木那仁布拉格嘎查、阿拉善盟阿拉善右旗雅布赖镇努日盖嘎查、阿拉善盟额济纳旗巴彦陶来苏木吉日嘎郎图嘎查
广西壮族自治区	61	柳州市融水苗族自治县安陲乡吉曼村吉曼屯、柳州市融水苗族自治县杆洞乡杆洞村杆洞屯、柳州市融水苗族自治县四荣乡东田村小东江屯、柳州市融水苗族自治县四荣乡荣地村、柳州市融水苗族自治县香粉乡雨卜村卜令屯、柳州市融水苗族自治县香粉乡中坪村雨梅屯、柳州市融水苗族自治县安太乡林洞村、柳州市融水苗族自治县大浪乡大新村红邓屯、柳州市融水苗族自治县大浪乡高培村上寨屯、柳州市融水苗族自治县拱洞乡龙培村、融水苗族自治县融水镇长赖屯、融水苗族自治县四荣乡荣塘村、柳州市融水苗族自治县安陲乡乌吉村乌吉屯、柳州市融水苗族自治县安太乡小桑村、柳州市融水苗族自治县安太乡培秀村、柳州市融水苗族自治县红水乡良双村、柳州市融水苗族自治县杆洞乡高培村、柳州市融水苗族自治县良寨乡大里村、柳州市三江侗族自治县林溪乡高秀村、柳州市三江侗族自治县林溪乡高友村、柳州市三江侗族自治县林溪乡冠洞村冠小屯、柳州市三江侗族自治县林溪乡马鞍屯、柳州市三江侗族自治县独峒乡高定村、柳州市三江侗族自治县独峒乡岜团屯、柳州市三江侗族自治县独峒乡林略村、柳州市三江侗族自治县独峒乡唐朝村、柳州市三江侗族自治县独峒乡八协村座龙屯、柳州市三江侗族自治县八江乡布央村、柳州市三江侗族自治县丹洲镇丹洲村、柳州市三江侗族自治县良口乡和里村欧阳屯、桂林市龙胜各族自治县乐江乡宝赠侗寨、桂林市龙胜各族自治县泗水乡周家村白面瑶寨、桂林市龙胜各族自治县和平乡龙脊古壮寨、桂林市龙胜各族自治县和平乡金竹壮寨、桂林市龙胜各族自治县和平乡平安壮寨、桂林市龙胜各族自治县和平乡黄洛瑶寨、桂林市龙胜各族自治县乐江乡地灵侗寨、桂林市龙胜各族自治县平等乡广南侗寨、桂林市龙胜各族自治县平等乡平等侗寨、桂林市龙胜各族自治县三门镇同烈瑶寨、桂林市龙胜各族自治县伟江乡布弄苗寨、桂林市龙胜各族自治县平等镇昌背侗寨、桂林市龙胜各族自治县平等镇蒙洞村、桂林市龙胜各族自治县乐江乡西腰村、桂林市龙胜各族自治县马堤乡芙蓉村、桂林市龙胜各族自治县伟江乡洋湾村、桂林市恭城瑶族自治县莲花镇红岩村、恭城瑶族自治县西岭镇横溪村、桂林市恭城瑶族自治县观音乡狮塘村委蕉山村、龙洞大寨、张家寨、大树脚寨、洞沟村、贺州

行政区划	数量	详细内容
广西壮族自治区	61	市富川瑶族自治县朝东镇福溪村、贺州市富川瑶族自治县葛坡镇深坡村、贺州市富川瑶族自治县新华乡虎马岭村、金秀镇金田村美村屯、金秀镇六段村、六巷乡古陈村、六巷乡门头村、桐木镇龙腾村
西藏自治区	9	银川市兴庆区大新镇塔桥村、银川市永宁县闽宁镇原隆村、银川市永宁县杨河乡纳家户村、石嘴山市平罗县灵沙乡东润村、吴忠市利通区金积乡秦坝关村、吴忠市利通区古城镇党家河湾村、吴忠市利通区东塔寺乡穆民新村、吴忠市青铜峡市青铜峡镇余桥村、吴忠市盐池县冯记沟乡强记滩村
宁夏回族自治区	10	固原市原州区三营镇三营村、固原市泾源县泾河源镇冶家村、中卫市沙坡头区迎水桥镇鸣沙村、银川市贺兰县南梁台子铁东村中心区、石嘴山市平罗县红崖子乡红瑞村、吴忠市利通区郭家桥乡刘家湾村、吴忠市青铜峡市青铜峡镇同兴村吴忠市同心县丁塘镇团结村、吴忠市盐池县冯记沟乡老庄子村、固原市西吉县硝河乡硝河村、中卫市沙坡头区永康镇永新村
新疆维吾尔自治区	14	阿克苏地区新和县依其艾日克乡加依村、喀什地区泽普县布依鲁克塔吉克民族乡布依鲁克村、巴州和静县巴音布鲁克镇巴西力克村、克孜勒苏柯尔克孜自治州阿合奇县阿合奇镇科克乔库尔民俗文化村、伊犁州伊宁市达达木图乡布拉克村、伊犁州尼勒克县种蜂场艾米尔布拉克队、伊犁州尼勒克县克令乡克孜勒土木斯克村、伊犁州霍城县惠远镇央布拉克村、伊犁州昭苏县萨尔阔布乡萨尔阔布村、伊犁州特克斯县特克斯镇博斯坦村、伊犁州特克斯县喀拉达拉乡琼库什台村、伊犁州特克斯县特克斯镇霍斯库勒村、伊犁州特克斯县乔拉克铁热克镇克孜阔拉村、阿勒泰地区布尔津县冲乎尔镇布拉乃村
总数	561	

附表 9　155 个民族自治地方历史文化名城名镇名村街区调研详细数据

行政区划	数量	详细内容
内蒙古自治区	7	内蒙古自治区多伦县多伦淖尔镇、内蒙古自治区丰镇市隆盛庄镇、内蒙古自治区喀喇沁旗王爷府镇、内蒙古自治区库伦旗库伦镇、内蒙古自治区牙克石市博克图镇、内蒙古自治区包头市石拐区五当召镇五当召村、内蒙古土默特右旗美岱召镇美岱召村
湖南省	7	城步寨、怀化市新晃侗族自治县姚家巷子历史文化街区、怀化市新晃侗族自治县万寿街历史文化街区、芷江侗族自治县伞巷历史文化街区、芷江侗族自治县黄甲街历史文化街区、通道侗族自治县芋头村、通道侗族自治县坪坦村
广东省	1	连南瑶族自治县三排镇南岗古排村
广西壮族自治区	2	恭城瑶族自治县恭城镇、贺州市富川瑶族自治县朝东镇秀水村
海南省	1	保亭县三道镇
重庆市	14	西沱镇、石柱县金铃乡银杏村、石家乡黄龙村、洪安镇、石堤镇、海洋乡岩院村、梅江镇民族村、清溪场镇大寨村、清溪场镇司城村、宋农镇凤凰寨村、酉阳县南腰界镇、龙潭镇丹泉村沉木溪、郁山镇、摩围山
贵州省	3	关岭老县委、松桃县寨英镇、印江县木黄镇

行政区划	数量	详细内容
云南省	11	剑川县沙溪镇、洱源县凤羽镇、宾川县州城镇、巍山县永建镇东莲花村、祥云县云南驿镇云南驿村、弥渡县密祉乡文盛街村、永平县博南镇曲硐村、姚安县光禄镇、文龙邦崴名村、巍山古城也称为南诏古城、东莲花村
青海省	1	辛店文化古村落
新疆维吾尔自治区	20	尉犁县墩阔坦乡霍尔加村、若羌县铁干里克镇果勒吾斯塘村、若羌县铁干里克镇托格拉克勒克村、和静县巴伦台镇巴伦台村、和静县克尔古提乡浩尔哈特村、和静县巴音布鲁克镇巴西里格村、且末县琼库勒乡欧吐拉艾日克村、且末县托格拉克勒克乡托格拉克勒克村、且末县库拉木勒克乡库拉木勒克村、且末县库拉木勒克乡阿克亚村、且末县库拉木勒克乡江尕勒萨依村、博乐市小营盘镇明格陶勒哈村、博乐市乌图布拉格镇介格得布拉格村、博乐市青得里镇阿里翁白新村、精河县大河沿子镇呼和哈夏北村、温泉县哈日布呼镇阿日夏特村、阿图什市松他克镇阿孜汗村、木垒哈萨克自治县西吉尔镇果树园子村、木垒哈萨克自治县英格堡乡庙尔沟村、霍尔果斯市伊车嘎善锡伯族乡伊车嘎善村
内蒙古自治区	7	内蒙古自治区多伦县多伦淖尔镇、内蒙古自治区丰镇市隆盛庄镇、内蒙古自治区喀喇沁旗王爷府镇、内蒙古自治区库伦旗库伦镇、内蒙古自治区牙克石市博克图镇、内蒙古自治区包头市石拐区五当召镇五当召村、内蒙古土默特右旗美岱召镇美岱召村
广西壮族自治区	43	桂林、柳州、北海、阳朔县兴坪镇、灵川县大圩镇、恭城瑶族自治县恭城镇、鹿寨县中渡镇、阳朔县福利镇、昭平县黄姚镇、防城港市防城区那良镇、贺州市八步区贺街镇、兴安县界首镇、阳朔兴坪镇、灵山县佛子镇大芦村、宾阳县古辣镇蔡村、富川瑶族自治县朝东镇福溪村、富川瑶族自治县古城镇秀山村、贺州市平桂区沙田镇龙井村、玉林市玉州区城北街道办事处高山村、岑溪市筋竹镇云龙村、富川瑶族自治县朝东镇秀水村、灌阳县文市镇月岭村、灵山县佛子镇大芦村、灵山县新圩镇萍塘村、南宁市江南区江西镇同江村三江坡、天峨县三堡乡三堡村、兴业县葵阳镇榜山村、兴业县石南镇庞村、兴业县石南镇谭良村、陆川县平乐镇长旺村、南宁市江南区江西镇扬美村、兴安县漠川乡榜上村、兴业县龙安镇龙安村、灵川县青狮潭镇江头村、阳朔县白沙镇旧县村、玉林市福绵区新桥镇大楼村、钟山县公安镇大田村、钟山县回龙镇龙道村、钟山县燕塘镇玉坡村、阳朔县高田镇朗梓村、玉林市玉州区南江街道岭塘村、钟山县公安镇荷塘村、钟山县清塘镇英家村
西藏自治区	19	拉萨市、日喀则市日喀则地区行政公署驻地、江孜县日喀则地区辖县、西藏自治区历史文化名镇、日喀则市定结县陈塘镇、山南市贡嘎县杰德秀镇、昌都市芒康县纳西民族乡、昌都市洛隆县硕督镇、那曲地区那曲县达前乡、阿里地区札达县托林镇、西藏自治区历史文化名村、拉萨市柳梧新区达东村、拉萨市曲水县才纳乡才纳村、林芝市工布江达县江达乡太昭村、昌都市卡若区嘎玛乡里土村、昌都市江达县岗托镇岗托村、昌都市左贡县东坝乡军拥村、那曲地区尼玛县文部乡南社区居民委员会、阿里地区普兰县普兰镇科迦村
宁夏回族自治区	11	南长滩、西安州古城、朝那古城、固原古城、红崖镇、镇北堡镇、青铜古镇、北长滩村、梁堡村、纳家户村、岩画古村
新疆维吾尔自治区	7	新疆鄯善县鲁克沁镇、新疆鄯善县吐峪沟乡麻扎村、新疆维吾尔自治区霍城县惠远镇、新疆维吾尔自治区哈密市回城乡阿勒屯村、新疆维吾尔自治区特克斯县喀拉达拉乡琼库什台村、新疆维吾尔自治区哈密市五堡乡博斯坦村、新疆维吾尔自治区富蕴县可可托海镇
总数	154	

附表10 155个民族自治地方中国传统村落调研详细数据

行政区划	数量	详细内容
内蒙古自治区	1	腾克镇腾克村
辽宁省	4	抚顺市新宾满族自治县永陵镇赫图阿拉村、抚顺市新宾满族自治县上夹河镇腰站村、佛寺镇查干哈达村、白音爱里村
浙江省	1	安亭村
湖北省	6	恩施州恩施市红土乡天落水村、恩施州恩施市盛家坝乡大集场村、恩施州利川市毛坝镇人头山村、恩施州宣恩县长潭河乡白果村黄家寨、恩施州宣恩县高罗镇大茅坡营村、恩施州来凤县旧司镇板沙界村
湖南省	53	湘西土家族苗族自治州吉首市矮寨镇坪年村、湘西土家族苗族自治州吉首市寨阳乡坪朗村、湘西土家族苗族自治州吉首市寨阳乡补点村、湘西土家族苗族自治州泸溪县梁家潭乡芭蕉坪村、湘西土家族苗族自治州泸溪县梁家潭乡椤木溪村、湘西土家族苗族自治州泸溪县八什坪乡欧溪村、湘西土家族苗族自治州凤凰县茶田镇塘坳村、湘西土家族苗族自治州凤凰县吉信镇大塘村、湘西土家族苗族自治州凤凰县吉信镇火炉坪村、湘西土家族苗族自治州凤凰县山江镇东就村、湘西土家族苗族自治州凤凰县都里乡塘头村、湘西土家族苗族自治州凤凰县三拱桥乡泡水村、湘西土家族苗族自治州凤凰县麻冲乡扭光村、湘西土家族苗族自治州凤凰县千工坪乡香炉山村、湘西土家族苗族自治州凤凰县木里乡关田山村、湘西土家族苗族自治州凤凰县木里乡黄沙坪村、湘西土家族苗族自治州凤凰县米良乡米良村、湘西土家族苗族自治州花垣县雅酉镇高务村、湘西土家族苗族自治州花垣县雅酉镇五斗村、湘西土家族苗族自治州花垣县排碧乡十八洞村、湘西土家族苗族自治州花垣县排碧乡张刀村、湘西土家族苗族自治州花垣县排料乡芒耳村、湘西土家族苗族自治州花垣县排料乡金龙村、湘西土家族苗族自治州花垣县雅桥乡油麻村、湘西土家族苗族自治州保靖县水田河镇金落河村、湘西土家族苗族自治州保靖县葫芦镇新民村、湘西土家族苗族自治州保靖县葫芦镇木芽村、湘西土家族苗族自治州保靖县葫芦镇傍海村、湘西土家族苗族自治州保靖县葫芦镇黄金村、湘西土家族苗族自治州保靖县清水坪镇魏家寨村、湘西土家族苗族自治州保靖县夯沙乡吕洞村、湘西土家族苗族自治州保靖县夯沙乡夯吉村、湘西土家族苗族自治州保靖县夯沙乡梯子村、湘西土家族苗族自治州古丈县默戎镇李家村、湘西土家族苗族自治州古丈县默戎镇中寨村、湘西土家族苗族自治州古丈县默戎镇九龙村、湘西土家族苗族自治州古丈县默戎镇毛坪村、湘西土家族苗族自治州古丈县默戎镇翁草村、湘西土家族苗族自治州古丈县红石林镇列溪村、湘西土家族苗族自治州古丈县岩头寨镇洞溪村、湘西土家族苗族自治州古丈县双溪乡宋家村、湘西土家族苗族自治州永顺县灵溪镇爬出科村、湘西土家族苗族自治州永顺县灵溪镇博射坪村、湘西土家族苗族自治州永顺县泽家镇砂土村、湘西土家族苗族自治州永顺县大坝乡大井村、湘西土家族苗族自治州永顺县列夕乡芷州、湘西土家族苗族自治州永顺县列夕乡列夕村、湘西土家族苗族自治州永顺县万民乡伍伦村、湘西土家族苗族自治州永顺县泽家镇西那村、湘西土家族苗族自治州龙山县洗车镇老洞村、湘西土家族苗族自治州龙山县苗儿滩镇树比村、湘西土家族苗族自治州龙山县贾市乡街上村、湘西土家族苗族自治州龙山县贾市乡巴沙村

行政区划	数量	详细内容
广西壮族自治区	64	柳州市融水苗族自治县拱洞乡平卯村、柳州市融水苗族自治县四荣乡东田村、柳州市融水苗族自治县四荣乡荣地村、柳州市三江侗族自治县独峒镇林略村、柳州市三江侗族自治县独峒镇岜团村、柳州市三江侗族自治县独峒镇座龙村、柳州市三江侗族自治县林溪镇高秀村、柳州市三江侗族自治县梅林乡车寨村、柳州市三江侗族自治县丹洲镇丹洲村、柳州市三江侗族自治县独峒乡高定村、柳州市三江侗族自治县林溪乡高友村、柳州市融水苗族自治县安太乡寨怀村新寨屯、柳州市融水苗族自治县良寨乡大里村国里屯、柳州市融水苗族自治县杆洞乡党鸠村乌英屯、桂林市龙胜各族自治县乐江乡宝赠侗寨、桂林市龙胜各族自治县泗水乡周家村白面瑶寨、桂林市龙胜各族自治县和平乡龙脊古壮寨、桂林市龙胜各族自治县和平乡金竹壮寨、桂林市龙胜各族自治县和平乡平安壮寨、桂林市龙胜各族自治县和平乡黄洛瑶寨、桂林市龙胜各族自治县乐江乡地灵侗寨、桂林市龙胜各族自治县平等乡广南侗寨、桂林市龙胜各族自治县平等乡平等侗寨、桂林市龙胜各族自治县三门镇同烈瑶寨、桂林市龙胜各族自治县伟江乡布弄苗寨、桂林市龙胜各族自治县平等镇昌背侗寨、桂林市龙胜各族自治县平等镇蒙洞村、桂林市龙胜各族自治县乐江乡西腰村、桂林市龙胜各族自治县马堤乡芙蓉村、桂林市龙胜各族自治县伟江乡洋湾村、桂林市恭城瑶族自治县栗木镇常家村常家屯、桂林市恭城瑶族自治县栗木镇石头村石头屯、桂林市恭城瑶族自治县莲花镇朗山村朗山屯、桂林市恭城瑶族自治县恭城镇乐湾村乐湾屯、桂林市恭城瑶族自治县栗木镇大合村大合屯、桂林市恭城瑶族自治县莲花镇凤岩村凤岩屯、桂林市恭城瑶族自治县莲花镇门等村高桂屯、桂林市恭城瑶族自治县西岭乡费村费村屯、桂林市恭城瑶族自治县西岭乡杨溪村杨溪屯、桂林市恭城瑶族自治县观音乡狮塘村焦山屯、桂林市恭城瑶族自治县观音乡水滨村、桂林市恭城瑶族自治县龙虎乡龙岭村实乐屯、桂林市恭城瑶族自治县莲花镇门等村委矮寨屯、桂林市恭城瑶族自治县莲花镇竹山村委红岩老村屯、桂林市恭城瑶族自治县平安乡巨塘村委巨塘屯、桂林市恭城瑶族自治县西岭乡西岭村委西岭屯、金钟山乡平流屯、贺州市富川瑶族自治县富阳镇茶家村、贺州市富川瑶族自治县古城镇丁山村、贺州市富川瑶族自治县古城镇秀山村、贺州市富川瑶族自治县朝东镇东水村、贺州市富川瑶族自治县朝东镇油沐大村、贺州市富川瑶族自治县朝东镇岔山村、都安隆福乡葛家村、澄江镇甘湾村、石围古村、板升乡弄立村二队、六巷乡下古陈村、桐木镇那安村龙腾屯、忠良乡三合村岭祖屯、罗香乡平竹村平林屯、六巷乡六巷村六巷屯、朗冲屯、上古陈屯
海南省	8	琼中县湾岭镇金妙朗村、王下乡洪水村金秀镇共和村古卜屯、佛罗镇老丹村、九所镇镜湖村镜湖老村、佛罗镇佛罗老村、陵水县新村镇疍家渔村海鹰村、海燕村、海鸥村
重庆市	11	沉木溪古寨、木叶乡大板营村大咸井、龚滩镇罾潭村纸家、可大乡客寨村下寨、龙潭镇丹泉村沉木溪、兴隆镇积谷坝村小溪寨、宜居乡楼房村水车田、腴地乡高庄村陈家沟、彭水鞍子镇干田村、万足镇廖家村、楱棠乡黄泥村

行政区划	数量	详细内容
四川省	92	阿坝藏族羌族自治州汶川县水磨镇老人村、阿坝藏族羌族自治州汶川县龙溪乡阿尔村、阿坝藏族羌族自治州汶川县龙溪乡联合村、阿坝藏族羌族自治州理县薛城镇较场村、阿坝藏族羌族自治州理县甘堡乡甘堡村、阿坝藏族羌族自治州理县蒲溪乡休溪村、阿坝藏族羌族自治州理县下孟乡沙吉村、阿坝藏族羌族自治州理县桃坪乡增头村、阿坝藏族羌族自治州茂县太平乡牛尾村、阿坝藏族羌族自治州松潘县十里回族乡大屯村、阿坝藏族羌族自治州九寨沟县漳扎镇中查村、阿坝藏族羌族自治州九寨沟县永和乡大城村、阿坝藏族羌族自治州九寨沟县罗依乡大寨村、阿坝藏族羌族自治州九寨沟县马家乡苗州村、阿坝藏族羌族自治州九寨沟县草地乡下草地村、阿坝藏族羌族自治州九寨沟县大录乡大录村、阿坝藏族羌族自治州九寨沟县大录乡东北村、阿坝藏族羌族自治州黑水县知木林乡知木林村、阿坝藏族羌族自治州马尔康县松岗镇直波村、阿坝藏族羌族自治州马尔康县梭磨乡色尔米村、阿坝藏族羌族自治州马尔康县党坝乡尕兰村、阿坝藏族羌族自治州马尔康县大藏乡春口村、阿坝藏族羌族自治州马尔康县草登乡代基村、阿坝藏族羌族自治州壤塘县宗科乡加斯满村、阿坝藏族羌族自治州壤塘县吾依乡修卡村、阿坝藏族羌族自治州壤塘县茸木达乡茸木达村、阿坝藏族羌族自治州壤塘县中壤塘乡壤塘村、凉山彝族自治州木里藏族自治县俄亚纳西族乡大村、凉山彝族自治州木里藏族自治县东朗乡亚英村、凉山彝族自治州木里藏族自治县唐央乡里多村、凉山彝族自治州木里藏族自治县瓦厂镇桃巴村、凉山彝族自治州盐源县泸沽湖镇母支村、凉山彝族自治州盐源县泸沽湖镇舍垮村、甘孜藏族自治州丹巴县巴底乡齐鲁村、甘孜藏族自治州丹巴县聂呷乡妖枯村、甘孜藏族自治州丹巴县梭坡乡宋达村、甘孜藏族自治州丹巴县中路乡克格依村、甘孜藏族自治州丹巴县中路乡波色龙村、甘孜藏族自治州白玉县章都乡边坝村、甘孜藏族自治州白玉县热加乡麻通村、甘孜藏族自治州白玉县灯龙乡帮帮村、甘孜藏族自治州白玉县灯龙乡龚巴村、甘孜藏族自治州白玉县赠科乡下比沙村、甘孜藏族自治州理塘县高城镇车马村、甘孜藏族自治州理塘县高城镇德西二村、甘孜藏族自治州理塘县高城镇德西三村、甘孜藏族自治州理塘县高城镇德西一村、甘孜藏族自治州理塘县格木乡查卡村、夹江县马村乡石堰村、马边彝族自治县劳动乡福来村、马边彝族自治县莜坝乡会步村、马边彝族自治县莜坝乡龙桥村、马边彝族自治县莜坝乡茶叶村、马边彝族自治县下溪镇珍珠桥村、沐川县富和乡蓝林村、五通桥区金粟镇双漩村、乐山市峨边黑竹沟镇底底古村、峨眉山罗目镇青龙社区、峨眉山市罗目镇青龙社区、峨眉山市普兴乡福利村、陈川三属村、责江、石地村岷边直底村、金口阿顾河村、休月顺河古街、井研民建村、李子坪乡、克尔乡、博科乡、西秋乡、水洛乡、宁朗乡、依吉乡、俄垭乡、屋脚乡、东朗乡、麦日乡、唐阳乡、沙湾乡、固增乡、牦牛坪乡、后所乡、下麦地乡、列瓦乡、芽祖乡、白碉乡、三桷桠乡、麦地龙乡、博窝乡、卡拉乡、项脚乡、保波乡
贵州省	25	铜仁市松桃县蓼皋镇文山村、铜仁市松桃县盘信镇大湾村、铜仁市松桃县普觉镇干背河村罗溪屯、铜仁市松桃县普觉镇高坎村、铜仁市松桃县普觉镇真武堡村、铜仁市松桃县寨英镇蕉溪村、铜仁市松桃县寨英镇凯牌村、铜仁市松桃县世昌乡世昌村底哨、铜仁市松桃县长坪乡地甲司村、铜仁市松桃县长坪乡干沙坪村、铜仁市松桃县沙坝河乡界牌村、铜仁市印江县永义乡团龙村、铜仁市印江土家族苗族自治县板溪镇渠沟村、铜仁市印江土家族苗族自治县天堂镇中尧村、铜仁市印江土家族苗族自治县合水镇兴旺村、铜仁市印江土家族苗族自治县缠溪镇方家岭

行政区划	数量	详细内容
贵州省	25	村、铜仁市印江土家族苗族自治县新寨乡黔溪村、铜仁市印江土家族苗族自治县中坝乡虹穴村、铜仁市印江土家族苗族自治县新业乡芙蓉村、铜仁市印江土家族苗族自治县新业乡坪所村、铜仁市印江自治县新寨乡乐洋村、铜仁市印江自治县木黄镇木良村、铜仁市印江自治县紫薇镇大园址村、铜仁市沿河县夹石镇山羊村、铜仁市沿河县泉坝镇三坝村
云南省	216	德宏傣族景颇族自治州陇川县户撒乡曼东村、德宏傣族景颇族自治州梁河县九保乡九保村、德宏傣族景颇族自治州梁河县河西乡邦读村、德宏傣族景颇族自治州盈江县旧城镇旧城村委会大寨村、德宏傣族景颇族自治州盈江县太平镇芒允村、德宏傣族景颇族自治州盈江县新城乡繁勐村委会芒别村、德宏州瑞丽市勐卯镇姐东村委会喊沙村、德宏州芒市勐戛镇勐戛村委会勐戛村、德宏州芒市风平镇风平村委会弄么村、德宏州盈江县支那乡支那村委会硝塘村、德宏州芒市遮放镇芒丙村、德宏州芒市遮放镇遮冒村、德宏州芒市三台山乡出冬瓜村、德宏州芒市轩岗乡芒项村、德宏州盈江县铜壁关乡松克村、德宏州盈江县盏西镇扒欠村、德宏州盈江县支那乡芒嘎村、德宏州盈江县支那乡东村达海村、德宏州陇川县清平乡清平村中么村、怒江傈僳族自治州泸水县鲁掌镇鲁祖村、怒江州兰坪县通甸镇黄松村委会、怒江州贡山县丙中洛镇甲生村、怒江州贡山县丙中洛镇秋那桶村、怒江州泸水市老窝镇中元村、怒江州兰坪县营盘镇新华村、怒江州兰坪县河西乡共兴村高轩井村、怒江州兰坪县河西乡箐花村玉狮场村、迪庆藏族自治州香格里拉县洛吉乡尼汝村、迪庆藏族自治州香格里拉县建塘镇小街子村、迪庆藏族自治州德钦县燕门乡茨中村、迪庆藏族自治州维西县叶枝镇叶枝村、迪庆藏族自治州维西县塔城镇朵那阁村、迪庆藏族自治州香格里拉县三坝乡白地村、迪庆藏族自治州德钦县云岭乡雨崩村、迪庆藏族自治州维西县叶枝镇同乐村、迪庆藏族自治州维西县塔城镇塔城村塔城一二组、迪庆藏族自治州维西县保和镇腊八底村、迪庆藏族自治州维西县巴迪乡结义村、迪庆州香格里拉县建塘镇红坡村委会霞给村、迪庆州香格里拉县格咱乡木鲁村委会、迪庆州德钦县拖顶乡大村村委会、迪庆州维西县塔城镇塔城村委会托洛顶村、迪庆藏族自治州维西县保和镇永春村白帕塘、迪庆藏族自治州维西县维登乡富川村、迪庆州香格里拉县尼西乡汤满村委会汤堆村、迪庆州德钦县佛山乡江坡村委会江坡村、迪庆州德钦县霞若乡霞若村委会、大理白族自治州大理市太邑乡者么村委大村、大理白族自治州大理市喜洲镇周城村、大理白族自治州剑川县沙溪镇寺登村、大理白族自治州祥云县禾甸镇旧邑村、大理白族自治州永平县博南镇曲硐村、迪庆州香格里拉市虎跳峡镇海典村、大理白族自治州大理市喜洲镇喜州村、大理白族自治州剑川县金华镇剑川古城、大理白族自治州祥云县禾甸镇大营庄村、大理白族自治州祥云县云南驿镇云南驿村、大理白族自治州永平县杉阳镇杉阳村、大理白族自治州云龙县检槽乡师井村大村、大理白族自治州巍山县永建镇东莲花村、大理白族自治州大理市大理镇龙龛村委会龙下登村、大理白族自治州大理市喜洲镇沙村村委会城北村、大理白族自治州永平县博南镇花桥村、大理白族自治州云龙县宝丰乡宝丰村、大理白族自治州云龙县诺邓镇诺邓古村、大理白族自治州大理市下关镇刘官厂村委会凤阳邑村、大理白族自治州大理市风仪镇丰乐村北汤天村、大理白族自治州大理市挖色镇大城村、大理白族自治州大理市双廊镇长育村、大理白族自治州祥云县刘厂镇大波那村委会大波那村、大理白族自治州宾川县大营镇萂村、大理白族自治州南涧县公郎镇罗佰克茶园村、大理白族自治州大理市喜洲镇庆洞村、大理白族自治州大

行政区划	数量	详细内容
云南省	216	理市双廊镇双廊村、大理白族自治州大理市太邑彝族乡桃树村委会坦底么、大理白族自治州宾川县金牛镇柳家湾华侨社区、大理白族自治州弥渡县密祉乡文盛街村、大理白族自治州巍山县庙街镇阿朵村、大理白族自治州巍山县庙街镇盟石村委会陈德厂村、大理白族自治州巍山县永建镇马米厂村委会米姓村、大理白族自治州云龙县关坪乡字衙村、大理白族自治州云龙县长新乡包罗村大达社、大理白族自治州巍山县南诏镇新村村委会新村、大理白族自治州巍山县庙街镇利克村、大理白族自治州巍山县大仓镇新胜村委会啄木郎村、大理白族自治州巍山县马鞍山乡青云村、大理白族自治州云龙县长新乡长春村、大理白族自治州云龙县苗尾傈僳族乡表村村委会表村、大理白族自治州剑川县金华镇三河村、大理白族自治州剑川县沙溪镇甸头村、大理白族自治州剑川县沙溪镇石龙村、大理白族自治州剑川县甸南镇龙门村、大理白族自治州云龙县检槽乡检槽村委会大村、大理白族自治州云龙县苗尾傈僳族乡松坪村、大理白族自治州剑川县金华镇向湖村、大理白族自治州剑川县沙溪镇四联村委会段家登村、大理白族自治州剑川县甸南镇天马村、大理白族自治州剑川县弥沙乡弥新村弥井村、大理白族自治州鹤庆县松桂镇龙珠村委会军营村、大理白族自治州鹤庆县金墩乡和邑村、大理白族自治州鹤庆县六合乡灵地村灵地大村、理市湾桥镇中庄村委会古生村、大理白族自治州剑川县弥沙乡文新村岩洞村、大理白族自治州鹤庆县松桂镇长头村、大理白族自治州鹤庆县松桂镇松桂村委会街南村、大理白族自治州鹤庆县六合乡五星村五星大村、大理州大理市上关镇青索村委会、大理州宾川县宾居镇宾居村委会、大理州宾川县州城镇州城村委会、大理州宾川县鸡足山镇沙址村委会寺前村、大理州弥渡县牛街乡牛街村委会大理州南涧县南涧镇南涧街居委会向阳村、大理州大理市银桥镇五里桥村委会沙栗木村、大理州漾濞县苍山西镇上街村委会、大理州宾川县州城镇老赵村委会、大理州宾川县鸡足山镇上沧村委会、大理州宾川县平川镇朱苦拉村委会、大理州南涧县宝华镇虎街村委会虎街村、大理州巍山县庙街镇盟石村委会山塔村、大理州永平县水泄乡阿波村委会阿波寨村、大理州云龙县诺邓镇和平村委会天井村、大理州云龙县功果桥镇下坞村委会、大理州南涧县公郎镇沙乐村委会旧村、大理州南涧县无量山镇红星村委会黑么苴村、大理州巍山县永建镇永胜村委会回辉登村、大理州云龙县漕涧镇漕涧村委会、大理州云龙县诺邓镇象麓村委会大井村、大理州洱源县茈碧湖镇海口村委会梨园村、大理州洱源县凤羽镇凤翔村委会、大理州剑川县金华镇桑岭村委会、大理州剑川县马登镇西宅村委会、大理州剑川县沙溪镇鳌凤村委会、大理州洱源县茈碧湖镇碧云村委会碧云村、大理州洱源县邓川镇旧州村委会旧州村、大理州剑川县金华镇庆华村委会、大理州剑川县马登镇东华村委会、大理州剑川县马登镇新华村委会、大理州剑川县沙溪镇长乐村委会、大理州鹤庆县草海镇新华村委会、大理州大理市喜洲镇上关村、大理州剑川县沙溪镇华龙村委会、大理州剑川县弥沙乡文新村委会横场村、大理州鹤庆县金墩乡银河村委会金翅禾村、大理州祥云县下庄镇大仓村、大理州宾川县力角镇中营村大理州宾川县平川镇盘古村、大理州弥渡县寅街镇朵祜村、大理州弥渡县寅街镇大庄村、大理州弥渡县苴力镇大寺村大理州巍山县庙街镇顾旗厂村、大理州巍山县大仓镇回营村、大理州巍山县巍宝山乡玉碗水村、大理州巍山县五印乡鼠街村、大理州云龙县白石镇顺荡村、大理州洱源县茈碧湖镇松鹤村、大理州洱源县乔后镇老街村、大理州洱源县牛街乡牛街村、大理州鹤庆县辛屯镇逢密村、大理州鹤庆县金墩乡金登村、大理州祥云县下庄镇金旦村金旦大村、大理州祥云县刘厂镇王家庄村、大理州弥渡县红岩镇大营村古城

行政区划	数量	详细内容
云南省	216	村、大理州弥渡县密祉镇兴隆村、大理州巍山县永建镇永乐村大五茂林村、大理州巍山县永建镇永胜村箐门口村、大理州永平县杉阳镇杉阳村街头村、大理州永平县杉阳镇岩洞村湾子村、大理州永平县龙街镇龙街村老街子村、大理州剑川县金华镇永丰村、大理州剑川县金华镇金和村、大理州剑川县老君山镇新生村、大理州剑川县羊岑乡兴文村、大理州剑川县象图乡象图村、大理州鹤庆县辛屯镇士庄村、大理州鹤庆县草海镇新峰村东登村、大理州鹤庆县草海镇彭屯村、大理州鹤庆县西邑镇奇峰村下营村、大理州鹤庆县金墩乡化龙村、楚雄彝族自治州姚安县光禄镇西关村、楚雄彝族自治州双柏县法脿镇雨龙村委会李方村、楚雄州永仁县宜就镇外普拉村委会大村、楚雄彝族自治州牟定县蟠猫乡蟠猫村委会母鲁打村、楚雄彝族自治州禄丰县妥安乡琅井村、楚雄州楚雄市吕合镇中屯村委会马家庄村、楚雄彝族自治州楚雄市子午镇以口夸村、楚雄彝族自治州牟定县安乐乡小屯村委会小屯村、楚雄彝族自治州禄丰县金山镇炼象关村、楚雄州楚雄市吕合镇吕合村委会吕合村、楚雄州牟定县江坡镇江坡村委会江坡大村、楚雄州武定县猫街镇猫街村委会咪三咱村、楚雄州武定县发窝乡大西邑村委会大西邑村、楚雄州武定县万德乡万德村委会万德村、楚雄州禄丰县黑井镇黑井村委会板桥村、楚雄州武定县高桥镇老滔村、楚雄州永仁县中和镇中和村委会中和村、楚雄州武定县插甸乡水城村委会水城村、楚雄州武定县白路乡平地村委会木高古村、楚雄州武定县己衣乡己衣村委会己衣大村、楚雄州禄丰县黑井镇黑井村委会黑井村、楚雄州大姚县桂花镇大村村塔苴谷么村、勐大镇文仆村委会平掌上村、振太镇太和村委会紫马街村、景谷乡纪家村、那哈乡勐嘎自然村、楚雄州禄丰县勤丰镇马街村委会旧县村、昆明市安宁市禄脿街道办事处禄脿村委会禄脿村、勐大镇英德村委会英德村、振太镇文索村杨家组、联珠镇碧溪古镇村、联珠镇奎能村、上允镇上允村老街组、惠民民族乡芒景村、南岭乡勐炳村龙塘老寨村、那哈乡牛红村、酒井哈尼族乡勐根村、惠民民族乡景迈村糯干组、惠民民族乡翁基糯福乡阿里村、岳宋乡岳宋村永老寨
甘肃省	2	临夏州东乡族自治县达板镇舀水村、临夏回族自治州临夏市城郊镇木场村
青海省	49	西宁市大通回族土族自治县景阳镇寺沟村、海东市互助土族自治县东沟乡洛少村、海东地区互助土族自治县五十镇五十村、海东市互助土族自治县东山乡白牙合村、海东市化隆回族自治县扎巴镇南滩村、西宁市大通回族土族自治县东峡镇衙门庄村、西宁市大通回族土族自治县景阳镇土关村、海东市互助土族自治县东沟乡年先村、海东地区互助土族自治县红崖子沟乡张家村、海东市化隆回族自治县扎巴镇黄麻村、海东市化隆回族自治县塔加藏族乡塔加一村、海东市化隆回族自治县塔加藏族乡牙什扎村、海东市化隆回族自治县金源藏族乡恰加村、海东市化隆回族自治县塔加藏族乡塔加二村、海东市化隆回族自治县塔加藏族乡尕洞村、海东市化隆回族自治县昂思多镇尕ята塘村、海东市循化撒拉族自治县街子镇三兰巴海村、海东市循化撒拉族自治县街子镇团结村、海东市循化撒拉族自治县积石镇西沟村、海东市循化撒拉族自治县积石镇瓦匠庄村、海东市循化撒拉族自治县白庄镇上科哇村、海东市循化撒拉族自治县白庄镇下张尕村、海东市循化撒拉族自治县道帏藏族乡比隆村、海东市循化撒拉族自治县道帏藏族乡张沙村、海东市循化撒拉族自治县查汗都斯乡苏志村、海东市循化撒拉族自治县文都藏族乡牙行村、海东市循化撒拉族自治县文都藏族乡毛玉村、海东市循化撒拉族自治县尕楞藏族乡合然村、海东市循化撒拉族自治县白庄镇朱格村、海东市循化撒拉族自治县白

行政区划	数量	详细内容
青海省	49	庄镇立庄村、海东市循化撒拉族自治县街子镇波立吉村、海东市循化撒拉族县街子镇古吉来村、海东市循化撒拉族自治县街子镇塘坊村、海东市循化撒拉族自治县街子镇洋苦浪村、海东市循化撒拉族自治县街子镇马家村、海东市循化撒拉族自治县道帏藏族乡旦麻村、海东市循化撒拉族自治县道帏藏族乡古雷村、海东市循化撒拉族自治县道帏藏族乡贺庄村、海东市循化撒拉族自治县道帏藏族乡牙木村、海东市循化撒拉族自治县道帏藏族乡宁巴村、海东市循化撒拉族自治县道帏藏族乡起台堡村、海东市循化撒拉族自治县清水乡阿什江村、海东市循化撒拉族自治县清水乡乙亥麻村、海东市循化撒拉族自治县清水乡专堂村、海东市循化撒拉族自治县清水乡下庄村、海东市循化撒拉族自治县清水乡塔沙坡村、海东市循化撒拉族自治县查汗都斯乡大庄村、海东市循化撒拉族自治县文都藏族乡拉代村、海东市循化撒拉族自治县尕楞藏族乡比塘村、海东市循化撒拉族自治县尕楞藏族乡秀日村
新疆维吾尔自治区	18	鄯善县吐峪沟乡麻扎村、哈密市回城乡阿勒屯村、哈密市五堡镇博斯坦村、特克斯县喀拉达拉镇琼库什台村、阿克陶县克孜勒陶乡艾杰克村、布尔津县禾木哈纳斯蒙古民族乡禾木村、喀纳斯景区铁热克提乡白哈巴村、木垒县照壁山乡河坝沿村、木垒县西吉尔镇水磨沟村、木垒县西吉尔镇屯庄子村、木垒县英格堡乡菜街子村、木垒县英格堡乡马场窝子村、木垒县英格堡乡英格堡村、木垒县英格堡乡月亮地村、民丰县萨勒吾则克乡喀帕克阿斯干村、吐鲁番市高昌区葡萄沟街道办事处西买里村、鄯善县鲁克沁镇赛尔克甫村、奇台县大泉塔塔尔族乡大泉湖村
内蒙古自治区	26	包头市土默特右旗美岱召镇美岱召村、包头市石拐区五当召镇五当召村、乌兰察布市丰镇市隆盛庄镇隆盛庄村、呼和浩特市土默特左旗塔布赛镇塔布赛村、呼和浩特市土默特左旗毕克齐镇腊铺村、呼伦贝尔市额尔古纳市蒙兀室韦苏木室韦村、呼伦贝尔市额尔古纳市奇乾乡奇乾村、呼伦贝尔市额尔古纳市恩和俄罗斯民族乡恩和村、呼和浩特市清水河县北堡乡口子上村、呼和浩特市清水河县单台子乡老牛湾村、包头市昆都仑区卜尔汉图镇卜尔汉图嘎查、包头市九原区阿嘎如泰苏木梅力更嘎查、包头市土默特右旗将军尧镇小召子村、包头市土默特右旗苏波盖乡美岱桥村、赤峰市松山区老府镇东杖房村、通辽市科左后旗阿古拉镇阿古拉嘎查、鄂尔多斯市准格尔旗龙口镇杜家峁村、鄂尔多斯市鄂托克前旗城川镇大沟湾村、呼伦贝尔市额尔古纳市蒙兀室韦苏木临江村、巴彦淖尔市五原县隆兴昌镇新兴村一社、巴彦淖尔市五原县银定图镇胜利村一社、乌兰察布市四子王旗查干补力格苏木王府村、乌兰察布市四子王旗红格尔苏木大庙村、阿拉善盟阿右旗雅布赖镇巴丹吉林嘎查、包头市固阳县下湿壕镇电报局村大英图村、赤峰市阿鲁科尔沁旗巴拉奇如德苏木达兰花嘎查
广西壮族自治区	283	南宁市江南区江西镇扬美村、柳州市融水苗族自治县拱洞乡平卯村、柳州市融水苗族自治县四荣乡东田村、柳州市融水苗族自治县四荣乡荣地村、柳州市三江侗族自治县丹洲镇丹洲村、柳州市三江侗族自治县独峒乡高定村、柳州市三江侗族自治县林溪乡高友村、桂林市龙胜各族自治县和平乡龙脊村、桂林市灌阳县洞井瑶族乡洞井村、桂林市灌阳县水车乡官庄村、桂林市灌阳县新街乡江口村、桂林市荔浦县马岭镇永明村小青山屯、桂林市临桂县四塘乡横山村、桂林市灵川县潮田乡太平村、桂林市灵川县大圩镇熊村、桂林市灵川县定江镇路西村、桂林市灵川县灵田乡长岗岭村、桂林市灵川县灵田乡迪塘村、桂林市灵川县青狮潭镇老寨村、桂林市灵川县青狮潭镇江头村、桂林市灵川县三街镇溶流上村、桂林市平乐

行政区划	数量	详细内容
广西壮族自治区	283	县沙子镇沙子村、桂林市兴安县白石乡水源头村、桂林市兴安县漠川乡榜上村、桂林市阳朔县白沙镇旧县村、桂林市阳朔县兴坪镇渔村、钦州市灵山县佛子镇大芦村、玉林市北流市民乐镇萝村、玉林市玉州区城北街道高山村、百色市隆林各族自治县金钟山乡平流屯、百色市那坡县城厢镇达腊屯、百色市西林县马蚌乡浪吉村那岩屯、贺州市钟山县燕塘镇玉坡村、贺州市富川瑶族自治县朝东镇秀水村、贺州市富川瑶族自治县朝东镇福溪村、贺州市富川瑶族自治县新华乡虎马岭村、贺州市平桂管理区鹅塘镇芦岗村、贺州市钟山县回龙镇龙道村、来宾市象州县罗秀镇纳禄村、南宁市江南区江西镇同新村木村坡、南宁市江南区江西镇同江村三江坡、南宁市横县平朗乡笔山村、柳州市三江侗族自治县林溪乡平岩村、桂林市阳朔县高田镇龙潭村、桂林市阳朔县高田镇朗梓村、桂林市阳朔县普益乡留公村、桂林市临桂县会仙镇旧村、桂林市灵川县大圩镇上桥村委上桥、桂林市灵川县大圩镇廖家村委毛村、桂林市灵川县青狮潭镇东源村委新寨村、桂林市灵川县海洋乡大庙塘村委大桐湾、桂林市永福县罗锦镇崇山古居民、桂林市灌阳县文市镇月岭村、桂林市灌阳县水车乡伍家湾村、桂林市平乐县张家镇榕津村、防城港市防城区大菉镇那厚村、钦州市灵山县丰塘镇萍塘村、钦州市灵山县佛子镇苏村、钦州市浦北县小江镇平马村、玉林市北流市新圩镇新圩村第五组、贺州市八步区莲塘镇仁化村、贺州市八步区开山镇开山村上莫寨村、贺州市八步区信都镇祉洞古寨、贺州市钟山县凤翔镇松桂村、贺州市钟山县燕塘镇英家街、贺州市富川瑶族自治县莲山镇大莲塘、贺州市富川瑶族自治县葛坡镇深坡村、河池市大化瑶族自治县板升乡弄立村二队、来宾市金秀瑶族自治县六巷乡下古陈村、桂林市灌阳县灌阳镇孔家村、桂林市灌阳县灌阳镇仁义村唐家屯、桂林市灌阳县文市镇达溪村、桂林市灌阳县文市镇岩口村、桂林市灌阳县新街镇青箱村、桂林市灌阳县水车乡夏云村、桂林市恭城瑶族自治县恭城镇乐湾村乐湾屯、桂林市恭城瑶族自治县栗木镇常家村常家屯、桂林市恭城瑶族自治县栗木镇大合村大合屯、桂林市恭城瑶族自治县栗木镇石头村石头屯、桂林市恭城瑶族自治县莲花镇凤岩村凤岩屯、桂林市恭城瑶族自治县莲花镇朗山村朗山屯、桂林市恭城瑶族自治县莲花镇门等村高桂屯、桂林市恭城瑶族自治县西岭乡费村费村屯、桂林市恭城瑶族自治县西岭乡杨溪村杨溪屯、桂林市恭城瑶族自治县观音乡狮塘村焦山屯、桂林市恭城瑶族自治县观音乡水滨村、桂林市恭城瑶族自治县龙虎乡龙岭村实乐屯、玉林市博白县松旺镇松茂村、贺州市昭平县樟木林乡新华村、柳州市融水苗族自治县安太乡寨怀村新寨屯、柳州市融水苗族自治县良寨乡大里村国里屯、柳州市融水苗族自治县杆洞乡党鸠村乌英屯、柳州市三江侗族自治县独峒镇林略村、柳州市三江侗族自治县独峒镇岜团村、柳州市三江侗族自治县独峒镇座龙村、柳州市三江侗族自治县林溪镇高秀村、柳州市三江侗族自治县梅林乡车寨村、桂林市雁山区大埠乡埠头村委大岗埠村、桂林市雁山区柘木镇禄坊村委禄坊村、桂林市临桂县两江镇信果村委（木田木）头村、桂林市临桂区宛田乡宛田村委东宅江村、桂林市灵川县灵田镇正义村委宅庆村、桂林市兴安县高尚镇东河村委山湾村、桂林市兴安县溶江镇佑安村委青山湾村、桂林市龙胜各族自治县龙脊镇金江村委金竹壮寨、桂林市龙胜各族自治县龙脊镇小寨村委小寨屯、桂林市阳朔县白沙镇遇龙村委遇龙堡村、桂林市兴安县高尚镇东河村委菜子岩村、桂林市兴安县高尚镇金山村委待漏村、桂林市灌阳县文市镇桂岩村委白竹坪屯、桂林市龙胜各族自治县龙脊镇马海村委田寨组、桂林市龙胜各族自治县平等镇平等村委平等村、桂林市龙胜各族自治县平等镇龙坪村委龙坪村、桂林市龙胜各族自治县乐江乡宝赠村委宝赠村、桂

行政区划	数量	详细内容
广西壮族自治区	283	林市龙胜各族自治县江底乡城岭村委江口屯、桂林市龙胜各族自治县江底乡建新村委江门口屯、桂林市龙胜各族自治县马堤乡芙蓉村委芙蓉村、桂林市龙胜各族自治县马堤乡民合村委民合屯、桂林市龙胜各族自治县平等镇小江村委田段组、桂林市龙胜各族自治县瓢里镇平岭村委上下甘塘屯、桂林市龙胜各族自治县江底乡建新村委矮岭红瑶组、桂林市龙胜各族自治县江底乡李江村委金竹组、桂林市龙胜各族自治县马堤乡龙家村委龙家村、桂林市龙胜各族自治县伟江乡新寨村委老寨屯、桂林市龙胜各族自治县乐江乡地灵村委地灵村、桂林市龙胜各族自治县乐江乡石甲村委泥寨组岩寨组桂林市龙胜各族自治县乐江乡西腰村委西腰大屯、桂林市恭城瑶族自治县莲花镇门等村委矮寨屯、桂林市恭城瑶族自治县莲花镇竹山村委红岩老村屯、桂林市恭城瑶族自治县平安乡巨塘村委巨塘屯、桂林市恭城瑶族自治县西岭乡西岭村委西岭屯、桂林市平乐县同安镇屯塘村委屯塘村、桂林市平乐县张家镇钓鱼村委和村、梧州市蒙山县长坪瑶族乡六坪村、北海市铁山港区营盘镇白龙社区白龙村、北海市合浦县曲樟乡璋嘉村委老屋村、玉林市兴业县葵阳镇葵联村榜山村、玉林市兴业县城隍镇大西村、贺州市平桂管理区羊头镇柿木园村、贺州市昭平县走马镇黄胆村罗旭屯、贺州市钟山县石龙镇源头村、贺州市钟山县珊瑚镇同乐村、贺州市钟山县公安镇荷塘村、贺州市钟山县清塘镇白竹新寨、贺州市钟山县两安乡星寨村、贺州市富川瑶族自治县福利镇毛家村、贺州市富川瑶族自治县福利镇留家湾村、贺州市富川瑶族自治县福利镇红岩村、贺州市富川瑶族自治县麦岭镇村头岗村、贺州市富川瑶族自治县葛坡镇义竹村、贺州市富川瑶族自治县葛坡镇谷母井村、贺州市富川瑶族自治县城北镇凤溪村、贺州市富川瑶族自治县石家乡龙湾村、贺州市富川瑶族自治县石家乡城上村、贺州市富川瑶族自治县石家乡石枧村、贺州市富川瑶族自治县柳家乡茅樟村、河池市南丹县里湖瑶族乡怀里村蛮降屯、河池市南丹县里湖瑶族乡八雅村巴哈屯、河池市天峨县三堡乡三堡村堡上屯、崇左市龙州县上金乡卷逢村白雪屯、崇左市龙州县上金乡中山村、南宁市江南区江西镇安平村那马坡、南宁市西乡塘区石埠街道老口村那告坡、南宁市邕宁区那楼镇那良村那蒙坡、南宁市上林县巷贤镇长联村古民庄、南宁市宾阳县中华镇上施村下施村、南宁市宾阳县古辣镇古辣社区蔡村、柳州市融安县大将镇龙妙村龙妙屯、柳州市融水苗族自治县杆洞乡杆洞村松美屯、柳州市融水苗族自治县红水乡良双村、柳州市三江侗族自治县八江镇八斗屯、柳州市三江侗族自治县八江镇归大屯、柳州市三江侗族自治县八江镇马胖村磨寨屯、柳州市三江侗族自治县八江镇中朝屯、柳州市三江侗族自治县林溪镇冠洞村、柳州市三江侗族自治县独峒镇玉马村、柳州市三江侗族自治县独峒镇唐朝村、柳州市三江侗族自治县洋溪乡高露村、柳州市三江侗族自治县老堡乡老巴村、柳州市三江侗族自治县和平乡和平村、桂林市临桂区茶洞镇茶洞村垠头屯、桂林市临桂区茶洞镇富合村、桂林市灵川县大圩镇秦岸村大埠村、桂林市灵川县灵田镇正义村金盆村、桂林市灵川县海洋乡黄土塘村、桂林市灵川县海洋乡大塘边村大塘边村、桂林市灵川县海洋乡小平乐村画眉弄村、桂林市灵川县兰田瑶族乡兰田村西洲壮寨村、桂林市全州县全州镇邓家埠村大庾岭村、桂林市全州县大西江镇满稼村鹿鸣村、桂林市全州县龙水镇桥渡村石脚村、桂林市全州县绍水镇三友村梅塘村、桂林市全州县绍水镇洛口村张家村、桂林市全州县石塘镇沛田村沛田村、桂林市全州县两河镇大田村大田村、桂林市全州县两河镇鲁水村鲁水村、桂林市全州县永岁镇湘山村井头村、桂林市全州县永岁镇幕霞村幕道村、桂林市全州县东山瑶族乡上塘村上塘村、桂林市全州县东山瑶族乡清水村清水村、桂林市兴安县

行政区划	数量	详细内容
广西壮族自治区	283	兴安镇三桂村东村、桂林市兴安县漠川乡钟山坪村、桂林市永福县罗锦镇下村樟树头村、桂林市永福县罗锦镇尚水村尚水老村、桂林市灌阳县灌阳镇徐源村、桂林市灌阳县黄关镇兴秀村桐子山屯、桂林市灌阳县文市镇王道村、桂林市灌阳县文市镇会湘村、桂林市灌阳县文市镇勒塘村、桂林市灌阳县新街镇飞熊村杉木屯、桂林市灌阳县新街镇葛洞村大路坡屯、桂林市灌阳县新街镇龙云村猛山屯、桂林市灌阳县新街镇石丰村杨家湾屯、桂林市灌阳县新街镇龙中村富水坪屯、桂林市灌阳县洞井瑶族乡太和村田心屯、桂林市灌阳县洞井瑶族乡桂平岩村、桂林市灌阳县观音阁乡大井塘村、桂林市灌阳县水车镇德里村、桂林市龙胜各族自治县三门镇大罗村滩底屯、桂林市龙胜各族自治县三门镇同列村、桂林市龙胜各族自治县龙脊镇江柳村旧屋屯、桂林市龙胜各族自治县龙脊镇中六村中六屯、桂林市龙胜各族自治县平等镇广南村、桂林市龙胜各族自治县平等镇庖田村甲业屯、桂林市龙胜各族自治县泗水乡潘内村杨梅屯、浪头屯、桂林市龙胜各族自治县泗水乡周家村白面组、桂林市龙胜各族自治县江底乡泥塘村半界组、桂林市龙胜各族自治县伟江乡洋湾村、桂林市资源县两水苗族乡社水村、桂林市资源县河口瑶族乡葱坪村坪水村、桂林市平乐县二塘镇大水村八仙村、桂林市恭城瑶族自治县莲花镇门等村东寨屯、桂林市恭城瑶族自治县嘉会镇太平村太平屯、梧州市岑溪市筋竹镇云龙村、北海市海城区涠洲镇盛塘村、钦州市灵山县新圩镇漂塘村、钦州市灵山县佛子镇佛子村马肚塘村、钦州市灵山县太平镇那马村华屏岭村、贵港市港南区木格镇云垌村、贵港市平南县镇隆镇富藏村中团屯、贵港市平南县思旺镇双上村上宋屯、贵港市平南县大鹏镇大鹏村石门屯、贵港市桂平市中沙镇南乡村、玉林市玉州区南江街道岭塘村碌砂垌村、玉林市玉州区仁东镇鹏垌村、玉林市玉州区仁厚镇茂岑村、玉林市福绵区福绵镇福西村、玉林市福绵区新桥镇大楼村、玉林市容县杨村镇东华村、玉林市容县罗江镇顶良村、玉林市陆川县平乐镇长旺村、玉林市博白县新田镇亭子村老屋屯、玉林市兴业县石南镇东山村、玉林市兴业县石南镇谭良村、玉林市兴业县石南镇庞村、玉林市兴业县蒲塘镇石山村石山坡、玉林市兴业县龙安镇龙安村、玉林市北流市新圩镇白鸠江村河城组、玉林市北流市塘岸镇塘肚村十一组、贺州市八步区贺街镇河西村、贺州市八步区桂岭镇善华村田尾寨、贺州市平桂区沙田镇龙井村、贺州市平桂区羊头镇大井村大岩寨、贺州市钟山县公安镇大田村、贺州市富川瑶族自治县富阳镇茶家村、贺州市富川瑶族自治县古城镇丁山村、贺州市富川瑶族自治县古城镇秀山村、贺州市富川瑶族自治县朝东镇东水村、贺州市富川瑶族自治县朝东镇油沐大村、贺州市富川瑶族自治县朝东镇岔山村、来宾市象州县运江镇新运村新运街、来宾市象州县运江镇运江社区红星街、红光街、来宾市象州县罗秀镇军田村、来宾市武宣县东乡镇金岗村永安村、来宾市金秀瑶族自治县金秀镇共和村古卜屯、来宾市金秀瑶族自治县桐木镇那安村龙腾屯、来宾市金秀瑶族自治县忠良乡三合村岭祖屯、来宾市金秀瑶族自治县罗香乡平竹村平林屯、来宾市金秀瑶族自治县六巷乡六巷村六巷屯、朗冲屯、上古陈屯、崇左市江州区驮卢镇连塘村花梨屯
西藏自治区	80	拉萨市曲水县曲水镇察巴朗村、山南市洛扎县扎日乡曲措村、那曲市比如县香曲乡亚东村、日喀则市康马县南尼乡南尼村、昌都市洛隆县康沙镇康沙村、山南市措美县措美镇波嘎村、昌都市左贡县旺达镇列达村、山南市加查县安绕镇嘎麦村、山南市错那县吉巴门巴民族乡吉巴村、那曲市比如县羊秀乡羊秀村、日喀则市康马县涅如堆乡达日村、山南市加查县崔久乡普麦囊村、阿里地区札达县底雅乡底

行政区划	数量	详细内容
西藏自治区	80	雅村、日喀则市康马县康马镇朗达村、山南市琼结县加麻乡加麻村、昌都市左贡县碧土乡甲郎村、那曲市尼玛县达果乡多玛村、阿里地区札达县楚鲁松杰乡楚松村、昌都市左贡县东坝乡普卡村、阿里地区札达县托林镇东嘎村、山南市乃东区结巴乡格桑村、南市乃东区结巴乡滴新村、山南市错那县贡日门巴民族乡斯木村、林芝市波密县玉许乡帮肯村、山南市加查县冷达乡巴达村、山南市浪卡子县多却乡绒布村、山南市浪卡子县卡龙乡贡米村、林芝市波密县易贡乡通加村、昌都市类乌齐县类乌齐镇达郭村、山南市贡嘎县东拉乡东拉村、山南市曲松县曲松镇东嘎村、山南市贡嘎县朗杰学乡岗则村、那曲市比如县比如镇珠德村、山南市乃东区结巴乡门中村、那曲市比如县香曲乡色雄村、山南市浪卡子县卡热乡江热村、昌都市八宿县邦达镇同尼村、山南市措美县古堆乡扎西松多村、山南市曲松县曲松镇贡麦村、山南市浪卡子县白地乡白地村、山南市乃东区结巴乡桑嘎村、昌都市类乌齐县加桑卡乡瓦日村、昌都市左贡县东坝乡格瓦村、山南市乃东区结巴乡结巴村、山南市乃东区结巴乡多若村、日喀则市南木林县土布加乡岗嘎村、日喀则市定日县岗嘎镇岗嘎村、日喀则市谢通门县通门乡坚白村、日喀则市亚东县帕里镇居委会、林芝市巴宜区鲁朗镇扎西岗村、林芝市波密县八盖乡日卡村、山南市乃东区扎西曲登村、山南市琼结县下水乡唐布齐行政村、拉萨市林周县江热夏乡连巴村、拉萨市尼木县吞巴乡吞达村、昌都地区洛隆县硕督镇硕督村、那曲地区尼玛县文部乡南村、林芝地区波密县玉普乡米堆村、拉萨市墨竹工卡县甲玛乡赤康村、拉萨市堆龙德庆县柳梧乡达东村、日喀则市定日县协格尔镇曲下村、日喀则市仁布县切洼乡嘎布久嘎村、日喀则市康马县少岗乡朗巴村、昌都市左贡县旺达镇木龙村、林芝市墨脱县背崩乡巴登村、山南市贡嘎县岗堆镇桑布日村、山南市桑日县桑日镇雪巴村、山南市琼结县拉玉乡强吉村、山南市措美县乃西乡鲁麦村、山南市洛扎县边巴乡美秀村、山南市洛扎县扎日乡拉隆村、山南市错那县勒门巴民族乡贤村、山南市错那县库局乡桑玉村、山南市错那县库局乡库局村、阿里地区普兰县普兰镇科迦村、昌都地区芒康县纳西民族乡上盐井村、昌都地区左贡县东坝乡军拥村、日喀则地区吉隆县贡当乡汝村、日喀则地区吉隆县吉隆镇帮兴村、林芝地区工布江达县错高乡错高村
宁夏回族自治区	4	固原市隆德县城关镇红崖村一组、固原市隆德县奠安乡梁堡村一组、中卫市沙坡头区迎水桥镇北长滩村、中卫市沙坡头区香山乡南长滩村
新疆维吾尔自治区	18	鄯善县吐峪沟乡麻扎村、哈密市回城乡阿勒屯村、哈密市五堡镇博斯坦村、特克斯县喀拉达拉镇琼库什台村、阿克陶县克孜勒陶乡艾杰克村、布尔津县禾木哈纳斯蒙古民族乡禾木村、喀纳斯景区铁热克提乡白哈巴村、木垒县照壁山乡河坝沿村、木垒县西吉尔镇水磨沟村、木垒县西吉尔镇屯庄子村、木垒县英格堡乡街街子村、木垒县英格堡乡马场窝子村、木垒县英格堡乡英格堡村、木垒县英格堡乡月亮地村、民丰县萨勒吾则克乡喀帕克阿斯干村、吐鲁番市高昌区葡萄沟街道办事处拜西买里村、鄯善县鲁克沁镇赛尔克甫村、奇台县大泉塔塔尔族乡大泉湖村
总数	961	

附表 11　155 个民族自治地方历史建筑调研详细数据

行政区划	数量	详细内容
河北省	9	县祖山镇花厂峪红色教育基地、凤山关帝庙、郭小川故居、凤山戏楼、万塔黄崖寺、黄崖寺塔群、明代永乐年间的本斋村清真寺、孟村回族自治县明代嘉靖年间的新县村清真寺（渤海回民支队建队旧址）、清代顺治年间的西赵河村清真寺
内蒙古自治区	1	金界壕遗址
辽宁省	16	普觉寺、抗美援朝下河口公路断桥遗址、赵家大院旧址、原鹤大线公路东老台石拱桥、东老台桥墩遗址、桓仁水电站坝体、公营子镇五家子村乐寿苏万坡民居、公营子镇五家子村乐寿李玉端民居、公营子镇五家子村乐寿牟远深民居、公营子镇五家子村乐寿李学国民居、公营子镇五家子村乐寿李祥民居、公营子镇五家子村乐寿池海超、公营子镇五家子村乐寿池连潮、白塔子镇杨树沟村方志斌民居、卧虎沟乡榜石沟村李柏辉民居、卧虎沟乡榜石沟村李相芝民居
吉林省	2	马鹿沟镇十九道沟河口放排遗址、伊通满族自治县伊通大桥
浙江省	2	惠明寺、云中大漈
湖北省	1	香炉石遗址
湖南省	73	宝庆二府长安营遗址、南门城楼、孔圣庙、新石器时代遗址、燕来寺、龙溪口古商号建筑群、便水战役暮山坪前线指挥部旧址群地址、新晃汞矿工业遗产旧址群、红二和红六军团长征龙溪口会议旧址、龙津风雨桥、天后宫、明山观和景星寺、侗乡吊脚楼、万和鼓楼、受降纪念坊、芷江机场、中美空军指挥塔、中美空军俱乐部、飞虎队纪念馆、受降纪念堂、受降纪念馆、芷江保卫战遗迹、马田鼓楼、坪坦河风雨桥群、芋头古侗寨群、坪坦回龙桥、横岭古楼群、阳烂寨门、播阳白衣观、锅冲兵书阁、县溪恭城书院、新石器时代大荒遗址、红军小水战斗纪念碑、黎子界红军墓、文峰塔、乳源瑶族自治县民族博物馆、必背瑶寨、云门寺、凤翮扶摇祠堂、新阳村祠堂、新屋街祠堂、邓氏宗祠、梅村门楼、后塘街祠堂、桂三分房祖屋祠堂、桂花三村祖屋、桂二祖屋、桂三邓德炬祖屋、桂二分房祠堂清屋、大夫第门楼、莫氏祠堂、香花洞遗址、陈容易宅（祠堂）、刘文赟宅、禤振文、禤健超宅、禤志安宅、甘记床宅、中和里门楼、马罗昂吾潭、连停桥、油岭村渡槽、吾太松吾潭、梁氏大宗祠、曾氏祖屋（桥头村）、曾氏祖屋（四角楼村）、曾氏祖屋（新塘村）、罗氏民居、关帝庙、游击队根据地旧址、石拱桥、必俊罗公祠、开连曾公祠
广东省	39	太保镇旧城明代西门楼、吉田镇石溪清代佛子庙、福堂镇新溪清代杨愈将墓、福堂镇班瓦明朝莫朝玉将军墓、吉田镇沙坪新石器时代龟背山遗址、小三江镇马头山明代寨堡遗址、上帅镇金鸡山明代兵营遗址、永和镇鹰扬关红七军战斗遗址、永和镇原县人民政府办公楼旧址、永和镇梓木坪围楼、福堂镇新溪清代杨氏宗祠、福堂镇新溪清代杨愈将故居、上帅镇陈屋清代安仁里、太保镇旺洞明代黄国宰墓、禾洞镇铺庄的广东省国营禾洞连山农林场旧址、永和镇黄背岭的五七干校旧址、小三江镇清代壮族旧墟、吉田镇清代甲科古村落、上帅镇陈屋清代陈贤才故居、联红村香花自然村城上村门楼、联红村寨脚自然村桂林坊门楼、联红村香花自然村中和里门楼、石泉山遗址、连南烈士纪念碑、龙腹陂水利工程遗址、侯安都墓、刘天锡墓、上街刘氏祠堂、肖村村肖氏祠堂、莫家村莫氏宗祠、牛婆洞村文风楼、乐富村农民协会旧址、黄沙岭村安庆楼、凰村忠烈祠、月街走马祠、大群官亨桥、蓝屋村福龙桥、泉水村永兴桥、西京古道

行政区划	数量	详细内容
广西壮族自治区	13	吊脚楼、芦笙坪、芦笙柱、晒楼、瑞光塔、慈云寺、马殷庙、石围古村门楼、班表古建筑、巴根铜鼓楼、武圣宫、盘中滩渡槽、金秀瑶族古民居
海南省	16	兵工厂、大风糖厂厂房、昌江矿业股份有限公司内厂房、昌江矿业股份有限公司内水塔、海钢电影院、吉大文故居、黄流日军机场指挥塔（楼）、陈氏大宗文博馆、孟氏宗祠、乐东县腰果综合加工厂、乐东县莺歌海盐场盐库库房群、乐东县莺歌海盐场发电厂、乐东县大安公社综合服务部、水口侯王庙、响水镇铁砧岭坑道、金江农场办公楼
重庆市	19	王氏大院、陈氏民居、茶元沟某民居、池谷冲碉楼、罗田院子石碉楼、原悦来镇政府办公楼、王家大院、江家祠堂院子、大风堡村石房子、原莲花公社、杨家四合院、姚氏民居、赵世炎故居、红三军大坝场战斗遗址、南腰界红三军旧址、大车湾墓碑石刻、红三军司令部旧址、太原镇冉氏祖宅、龚水李氏房屋
四川省	5	靖氛碉、马边明王寺、毛坪周氏宅、滨河路"记忆峨边"文化长廊、乐西抗战公路纪念馆
贵州省	53	龙潭古建筑群、瓮溪桥、务川池水申氏民宅、罗峰书院、申祐祠、九龙箐红军战斗遗址、阳山坝花院子、竹园双桥、毛田天主堂、沈家坝古建筑群、高洞学校教学楼黄都镇、田坝场惜字塔、后坪县政府旧址、陈家湾陈氏宗祠、东升塔、喻家桥、婺星亭遗址、桃符石牌坊、官学邹家祠堂、务川县干休所旧址、福泉井、节用爱人碑、三龟、民国丝绵乡中心学校旧址、丝绵渡、槽祠、湾里凉桥、马家巴村清代古建筑群、蕉坝惜字塔、丰乐中学老教学楼、庙坝剿匪战斗旧址、六栋古办公楼、侗家瓦屋、玉屏风雨桥、北侗庄园、寨英古镇、贵州松桃苗族自治县苗王城、大湾苗寨、界牌苗寨、响水洞村、梨花村的建筑、界牌苗寨建筑、松桃长坪乡、盘石镇、风雨桥、吊脚楼、封火桶子、护国禅寺、木黄会师纪念馆、敕赐碑、梵净山龙泉禅寺、严氏宗祠、铜仁文昌阁
云南省	75	南甸宣抚司署、皇阁寺、皇阁报恩寺、风平佛塔、树包塔景区、允燕佛塔、马嘉里事件和纪念碑、刀安仁故居、芒约雷奘相奘寺、邦角山官衙署、李根源故居、喊沙奘寺、姐勒大金塔、芒市塔包树树包塔、勐垅沙（五云寺）、兰坪新石器文化遗址、轩辕祠、金鸡寺、通甸武装暴动胜利纪念遗址、兔峨司衙门遗址、兔峨土司衙署、白汉洛教堂、怒江普化寺、老姆登基督教堂、杨玉科故居、玉水坪遗址、杨品相宅、严家大院、侯家大院、董家大院、喜洲白族民居建筑、姚安龙华寺、姚安德丰寺、姚安观音阁、星宿桥和丰裕桥、诸葛武侯祠、广通文庙、光禄文昌宫、彝文碑刻摩崖、楚雄文庙、元谋古猿化石地点、元谋大墩子遗址、新石器文化遗址、地索吊桥、静德寺、元谋猿人遗址、凤家古镇、中山楼、六孔桥、板桥大砂石桥、小乐台旧村义学、小乐台旧村时氏民居、石林摩崖石刻群（含岩画）、路南州文庙、石林县革命烈士纪念塔、毕恒光烈士活动旧址、天生关阻击战纪念碑、贪官许良安遗臭碑、难搭桥、文笔塔、花山营、墨江勐嘎土掌房、碧溪古镇、过夺岩洞穴田政起义军营盘遗址、墨江文庙、菜花铜香炉、傣族土官酒壶、火葬罐、永乐元江军民府印、墨江农会镰刀、涟漪桥、昆洛公路忠爱桥毛泽东、朱德题词碑题词碑、澜沧糯福教堂、西盟革命烈士陵园
甘肃省	20	炳灵寺、齐家坪遗址、王尚书墓园、西蜂窝寺、亥姆寺、林家遗址、张家坪遗址、地巴坪遗址、罗家洞寺（云光寺）、临夏东公园与蝴蝶楼、杏树台遗址、陇上奇观红塔寺、边家林遗址、三坪遗址、半山遗址、罗家尕塬遗址、临夏万寿观、夏河拉卜楞寺、卓尼禅定寺、碌曲郎木寺等121座藏传佛教寺院

行政区划	数量	详细内容
青海省	69	西汉西海郡治龙夷城、门源县北山乡唐代金巴台古城、浩门镇东南宋代门源古城、克图乡巴哈村唐代岗龙沟石窟寺、克图乡克图村宋代克图古城、祁连县峨堡乡宋代古三角城、扎麻什乡约文化夏塘台遗址、隆务寺、和日寺石经墙及和日寺、阿琼南宗寺、鲍下藏村遗址、保安古屯田寨堡群、德千寺、勒加遗址、新尼遗址、囊拉千户院、洛多杰智寺伏俟城遗址、石藏寺、塞力亥寺、鲁仓寺、贵德文庙及玉皇阁河西文昌庙、塔秀寺、甲乙寺、赛宗寺、珍珠寺、群科加拉遗址、西家嘴遗址、朱乃亥遗址、龙哇切吉滩遗址、唐乙亥古城遗址、穆格滩遗址、南海殿、斗后索古城遗址、羊峡古碑、宗日遗址、龙恩寺、东吉多卡寺、智格尔寺、多利多卡寺、哇英寺、哈果寺、恰曲纳寺、恰义寺、扎西曲龙寺、隆什加寺、夏日乎寺、文成公主庙、新寨加那嘛呢石堆、宗喀巴座佛铜像、却藏寺、白马寺、五峰山景区、佑宁寺、钟鼓楼、马步芳公馆、化隆县支扎寺院、堪达寺、阿河滩清真寺、旦斗寺、夏琼寺、喜饶嘉措大师纪念馆、红光清真寺、庵古鹿拱北、街子清真大寺、文都大寺、古兰经珍藏馆、曲格寺、拉卡寺、香扎寺、达参寺
新疆维吾尔自治区	6	石头城、公主堡、香宝宝古墓群、海努克古城、纳达齐牛录关帝庙、靖远寺
内蒙古自治区（典型）	8	大召寺、乌兰夫故居、河套人遗址、成吉思汗陵、喀喇沁亲王府、孝庄园、元上都、大秦直道
广西壮族自治区（典型）	32	和里三王庙、马殷庙、梧州龙母庙、恭城文庙、伏波庙、西林岑氏家族建筑群、恭城古建筑群、大芦村古建筑群、乐湾村古建筑群、阳朔西街建筑群、黄姚古镇建筑群、扬美古镇建筑群、江头村和长岗岭村古建筑群、湘山寺塔、左江归龙斜塔、来宾文辉塔、瑶族风雨桥、邑团桥、程阳风雨桥、程阳永济桥、惠爱桥、经略台真武阁、真武阁、大士阁、临贺故城、梧州骑楼城、永宁州城、燕窝楼、马胖鼓楼、靖江王府、莫土司衙署、贺州江氏客家围屋
西藏自治区（典型）	28	布达拉宫、大昭寺、扎什伦布寺、罗布林卡、桑耶寺、雍布拉康、古格王朝遗址、帕拉庄园、尼洋阁、桑珠孜宗堡、山南市昌珠寺、西藏博物馆、拉萨站、西藏宗政府、古格王朝遗址、江孜宗、青瓦达孜宫、子母宫、萨伽法王宫殿、班禅宫殿、达赖宫殿、赤松德赞建桑耶寺、撒加寺、楚布寺、甘丹寺、哲蚌寺、色拉寺、山南拉加里王府的夏宫
宁夏回族自治区（典型）	26	中山街红柱子、南门汽车站候车大厅、区建行办公楼、宁夏展览馆、宁园及周边建筑、绿洲饭店、宁夏天主教堂、民族团结碑、银新铁路专用线、长城机床厂厂房、银川涤纶厂、银川第二毛纺厂厂房、宁夏大学"拐角楼"、石嘴山市大武口造纸厂老厂房片区、石嘴山市老市委院落及建筑、石嘴山市大武口洗煤厂职工单身楼、石嘴山市惠农区北农场食堂及知青纪念馆、石嘴山市石炭井矿务局中学旧址、石嘴山市石炭井矿务局职工医院旧址、石嘴山市石炭井矿务局职工俱乐部、石嘴山市二矿宿舍楼建、石嘴山市大武口火车站候车室、固原市无量殿、固原剧场、固原市玉皇阁、固原市西湖公园八角塔

行政区划	数量	详细内容
新疆维吾尔自治区（典型）	15	哈密回王陵、和静县满汗王府、霍城惠远钟鼓楼、伊犁将军府、昭苏闰定准噶尔铭格格登山之碑、吐鲁番苏公塔、塔城哈纳喀及赛提喀玛勒清真寺宣礼塔、和静巴仑台黄庙古建筑群、伊宁市拜吐拉清真寺宣礼塔、库车大寺、察布查尔县纳达齐牛录关帝庙、莎车加满清真寺、伊宁陕西大寺、乌鲁木齐陕西大寺大殿、奴拉赛铜矿遗址
总数	528	

（五）155个民族自治地方经典民间故事—民族音乐—戏曲详细数据

经典民间故事的5个自治区层面的数据由于其信息量巨大，未在下表中全部列出。因此，附表12中的总数与下表的总数之间存在差异。

附表12　155个民族自治地方经典民间故事调研详细数据

行政区划	数量	详细内容
辽宁省	1	满文老档
吉林省	9	灵光塔不发光的故事、青龙捉蛇妖的故事、王子巡边的故事、金秀江山的故事、高僧诵经安身的故事、建塔镇妖的故事、建塔镇山的故事、建塔守边的故事、长白山萨满女神传说
黑龙江省	3	罕代、萨日朗花为啥是红色的、布拉合的传说
湖北省	1	都镇湾故事
湖南省	8	风雨桥、老师坡与老师洞、凉伞公母岩的传说、接骨茶、打桶锄奸、湖广兔秋粮、巧述家事、罗城故事
海南省	3	黎母神话、棋子湾传说、皇帝洞传说
四川省	2	禹的传说、羌戈大战
贵州省	21	珠郎娘美、金汉列美、贾、仰阿莎、吉金列美、珠郎娘美（苗族）、珠郎娘美（侗族）、阿蓉、丁朗龙女、榕江苗族贾理、苗族创世神话、布依族甲金的故事、亚鲁王、布依故事、布依摩经故事、亚鲁王、三国遗迹传说、布依族"六月六"传说、仙女山的传说、门上插水竹、狗姑娘与昆仑
云南省	28	召树屯与喃木诺娜、阿细先基、哈尼哈吧、绿翠塘的传说、芦笙起源的传说、虎剁生的传说、双龙桥、文笔塔、爬花杆传说、洪水滔天、普舌信、四季生产调、都玛简收、铭都姆本布传说、茂罗的故事、玛樱花的传说、普丕的故事、射太阳的故事、他郎茶、葫芦的故事、拉祜族失印的故事、孤儿和妻子、贪心的龙王、偷钱的土司、老猫与麻雀、豹子和人比本事、司岗里、南涧彝族毕摩经文故事
青海省	3	拉仁布与吉门索、祁家延西、骆驼泉传说
新疆维吾尔自治区	3	白马捞缰筑蛇墙、补天补地、巴里坤故事
总数	82	

附表 13　155 个民族自治地方经典民间故事调研详细数据

行政区划	数量	详细内容
内蒙古自治区	44	巴拉根仓的故事、格萨（斯）尔、宝袋、放牛娃的故事、人不是为自己而生存、黑心弟媳、阿彦岱和巴彦岱、善有善报、好汉库库勒代和他的朋友、北斗七星的由来、恶有恶报、莽三拜佛记、癞蛤蟆吃到了天鹅肉、穷小子实现美梦、换取梦的青年、霍托智斗阎王、斗败阎王的小伙、新可汗继位、智斗蟒古斯、智叟、妖怪和苏毕台、国王扮盗破疑案、挡羊娃当可汗、机智的小伙子、聪明小伙娶公主、国王选儿媳、吉仁策岑可汗选儿媳、智汗的儿媳、肖日古勒津可汗的儿媳、聪明媳妇巧斗恶霸太子、愚蠢的图图太、饱吃羔肉硬，饿嚼牛角软、弟兄仨、智谋老人、选媳择婿、吝啬的女人、檀香木盆、阿尔嘎其的故事、当上大王的狐狸、贪大反而小也失、两个偏老汉、种下苍耳收羊毛、猎人和狼
广西壮族自治区	10	合浦还珠民间传说、冯敏昌传说、荔浦风物传说、红军长征过桂北革命歌谣与故事、灵竹一枝花、绿珠传说、刘三姐、布洛陀、文龙与肖妮、百衣鸟
西藏自治区	22	纳木措湖传说、什布齐三姐妹传说、达江山传说、米拉日巴传说、杂玛童话故事、奇那阔松地方文成公主的传说、藏北嘉黎民间故事、珞巴族始祖传说、格萨（斯）尔、三不会的雇工、巧抗酥油差、斑竹姑娘、竹取物语、唐东杰布的故事、文成公主与五种颜色的羊、金城公主进藏、青稞种子的来历、茶和盐的故事、铁匠和小姐、桔子姑娘、青蛙骑手、鹧鸪鸟的故事
宁夏回族自治区	49	毛野人母亲的故事、蜘蛛鸽子、伊布雷斯的故事、巧货、曼苏尔、弯弯棍、孛里哈的故事、金雀、阿卜杜的故事、尔萨的传说、杜文秀的传说、马化龙的传说、白彦虎的传说、宛尕斯的故事、石羊子的传说、凤凰城、毛主席在单家集、马本斋的故事、海瑞的故事、常遇春的故事、宛尕斯巴巴的传说、康熙结拜马进良、阿米吉日山与黄南山、苍蝇的传说、禾克与主麻、牡丹图、五只小花鹿、问麦瑟列、发妹和阿哥、猫精、狼精、法土麦斗昏君、宛尕斯斗坏财主、金钱与学问、放牛娃的故事、玉雕茶碗、"神医"尔沙、知县断案、患难结深情、贪财又贪色的财主、财主和他的三个女婿、木沙和狗、考徒弟、禾尔克巧计得驴、秀才写休书、阿斯玛巧治恶老太婆、鞋匠驸马、伊斯哈的故事、伊斯麻智斗刘财主
新疆维吾尔自治区	262	固执者的结局、寒冷老人、农夫和国王、审判、聪明的农夫、老爷"孵马"记、爱争吵的妻子、农夫和熊、狐狸和虾、狐狸和罐子、不满足的人死后才能满足、两只黑公狗、麦曾与懒汉、巴依哥哥和乞丐弟弟、月亮和星星、孤女和继母、三个孤儿、秃儿子的命运、流浪老人、勇敢的王子和他的朋友们、白脸小伙子、找梦的小伙子、古丽汗的花儿、梦与三句话、遇见狂怒的人神仙都害怕、贾克斯和贾曼迪克、孤儿和狐狸、摸一摸，她有没有下巴、汗王和他的女婿、神仙汗王、汗王与"最无用的人、给国王放羊的秃孩子、牧羊孤儿斗汗王、愚蠢的汗王、聪明的王后、汗王心变黑了、三个土它木、神判官比卡达尔、聪明的阿吾肯、巴合提尔比官、玛尔格瓦的故事、聪明的公主、格甫莎、聪明媳妇、牧羊人的姑娘、公公聪明还是儿媳聪明、聪明的女人、大臣女儿智寻宝石、神秘的皮口袋、靠劳动养活自己、懒汉与老人、贵人寻找智慧、技艺使你向上、功夫是苦练的结果、机灵的巴尔马克西、湿牛粪里藏珠宝、机智的孜亚坦、找到办法的孩子、神奇的花园、好与不好一样对待、说真话的秃孩子、相马师、霍加·纳斯尔的故事、阿勒达尔·阔赛的故事、吉林谢的故事、赛尔克巴依的故事、老鼠、猫和公鸡、刺猬和老鼠、装死的狐狸、四个朋友、老虎与松鼠、金角、国王和鸥鸟、两位匠人、宝石、谋害别人倒霉的是自己、金头银臀的孩子、四十种手艺、伊萨克拜、好汉贺希奥依、骑神驹的坎德拜勇士、蒙拜和居孜拜的孩子们、秃头小伙、三兄弟的旅行、友谊胜过生命、善与恶、莫同走出正道的人交朋友、田干阿塔尔智胜妖

行政区划	数量	详细内容
新疆维吾尔自治区	262	魔的故事、寻找人间没有的汗王、永不停息的旅行者、国王和傻子、幸运儿、谋害汗王的女儿、聪慧的女子、有计谋的女子、扁头阿塔、第一面镜子的故事、继母、挖金子、巴亚特画师、辩才杰仁切、两位挚友、奇帕拉克、农夫与蛇的较量、玛纳坎的故事、霍加纳斯尔的故事、幸运之光、狐狸与扁虱、负心的戴胜鸟、蚊子教训狗熊、四个伙伴、失去亲妈的姑娘、机灵的小伙子、毛拉与农夫、机智的姑娘、聪明的儿媳、三次射击、老翁与狐狸、骄傲的公鸡、诬告者的下场、木马、库提录克和燕子、大方人和小气鬼、两兄弟、金鞋、姑尔娜和迪尔达、秦铁木尔勇士、熟皮匠的妙计、计谋、拜瑟尔与拜和提扎特、聪明的乞丐与公正的国王、国王和诙谐者、聪明的孩子当国王、国王和卖冰糖的穷人、国王吃石榴、国王与瓜农、国王和蜘蛛、聪明的农夫、一只大铜锅、卖树荫、正确的判决、一只母鸡、儿童国王断疑案、聪明的姑娘、鲁克玛巧织地毯、神奇的苹果、巧女琪蔓罕、机智的姑娘和残暴的汗、机智的少妇、成全丈夫的妻子、称心的儿媳、机智的新媳妇、机智的宫女、机智少女、努尔加玛丽公主、聪明的母亲、西提莱和皮提莱、两只箱子、不孝之子、孩子做贼、懒惰的孩子、贤士的三个儿子、园丁老爷爷、骄傲的徒弟、十七匹马、公羊下羔、木尼巴瓦伊、自作自受、为猫报仇、丁零零，丁零零谁醒着、三个和一个、木匠和画匠、两个懒汉、空想、巴克、沙克和合谋瓦克、阿凡提的故事、毛拉再丁的故事、赛来恰坎的故事、艾沙木·库尔班的故事、邪恶者的锅底儿总会破漏、福祸争胜、幻想的破灭、犟女人之死、莱丽与麦吉侬、青蛙和狸猫赛跑、麻雀猎绵羊、狮子和老鼠、兔子和鸭子、鹿角、杜鹃与青蛙、离群的羊被狼吃、够不着的葡萄是酸的、鹦鹉与百灵鸟、斧柄、两只山羊过桥、狐狸和仙鹤、狮子和仙鹤、骆驼报复驴子、自大的青蛙、兔子送瓜、蒿草、泡沫和皮窝子、好自夸的青蛙、绵羊羔和山羊羔、骆驼和山羊、花猫和灰猫、鸽子和蚂蚁、懒惰的牛犊、猫和朱雀、玫瑰花与蝴蝶、只顾逞能的金鱼、兔子的死、不知足的狗、国王和蚂蚁、蜻蜓和蚂蚁、狼和葫芦、蝙蝠和牛、蛇和蚂蚁、懒驴、耕牛与驴子、农夫、蛇和狐狸、盛不满的小金杯、父亲的遗嘱、闪光的大理石、神羊的儿子、孤独的三姊妹、艾西热甫阿曼、一条缰绳的故事、巴胡都尔和孜力娜、瓦依迪热赫、国王和大臣的儿子、勇敢的小王子、海依达尔和他的动物伙伴、梧桐树、牧民的女儿、四十个魔鬼和宰相的女儿、纺织匠成了英雄、大力士、艾力姆提克、斯坎德尔国王和他的继承人、艾斯热丁国王和他的女婿、聪明勇敢的老三、热娜古丽、开不败的玫瑰花、会屙金子的驴、能媳妇和她的丈夫、猎手和他的朋友们、那甫宝德城、两个宝箱、会说话的钱币、征服世界的毛驴、喀孜与蛇、巴依和狼、鹰与孔雀、鸡和雪鸡、狐狸和狮子、别与狐狸交友、红花与紫花、黑熊和狐狸
总数	387	

附表14 155个民族自治地方民族音乐调研详细数据

行政区划	数量	详细内容
河北省	2	青龙喇叭、奚琴表演
内蒙古自治区	8	达斡尔扎恩达勒、鄂温克叙事民歌、达斡尔萨满伊若、呼伦贝尔厄鲁特蒙古族民歌、敖包相会、布里亚特民歌、布里亚特蒙古族民歌、鄂伦春族赞达仁
吉林省	4	蒙古族四胡音乐、蒙古族马头琴音乐、蒙古族民歌、乌力格尔
湖北省	2	长阳山歌、五峰竹枝词

行政区划	数量	详细内容
湖南省	17	苗家美、多情苗家妹、恋苗乡、苗寨鼓舞、奏锦"闹年锣"山歌表演、侗族"垒词"、新晃县嫁歌、时政歌、情歌、山歌、酒歌、嫁歌、侗族大歌、苗族歌鼟、琵琶歌、苗族歌鼟
广东省	1	连山过山瑶民歌
广西壮族自治区	46	瑶族盘王长歌、三防壮族山歌、侗族大歌、六甲歌、北路壮族唢呐套曲、恭城瑶族山歌、恭城瑶族八音、瑶族山歌、瑶族蝴蝶歌、都安山歌、仫佬族古歌、山歌好唱难起头、大山砍柴不用刀、情姐下河洗衣裳、昨夜一梦、妹家有钱哥家穷、扯谎歌、薅草锣鼓·上工号、薅草锣鼓·催工歌、呗兰咯、巴马瑶族铜鼓、创世歌、天地歌、打猎歌、牧羊歌、婚礼歌、祝寿歌、最美不过花竹帽、敬酒歌、布努瑶敬酒歌、布努瑶迎客歌、布努瑶笑酒歌、宫奕瑶喊歌、瑶族过山音、金秀瑶族婚礼歌、贵金钟、门中调、坳瑶大小声音、刮架、吉冬诺、边洪钟、瑶族离贯歌、金秀瑶族深牌歌、山子瑶民歌"门中"、盘瑶唢呐曲、金秀瑶族香哩歌
海南省	16	黎族哭丧歌、苗族民歌、黎族琼中黎族民歌、白沙黎族民歌、军话民歌、黎族民间歌谣、军话秋千民歌、昌城民歌、村话民歌、黎族传统音乐、崖州民歌、黎族赛方言长调、短调、疍家调、黎族民歌、黎族竹木器乐
重庆市	20	土家斗锣、石柱土家啰儿调、秀山民歌、薅草锣鼓、不要愁来不要焦、太阳去了坡背凉、木叶情歌、这边岭来那边梁、歌宴四方、巴渝唱响、山河嘹亮、天地回荡、欢乐侗家人、苗族娇阿依、金鸟银鸟飞起来、川江号子、土家族民歌、羌族山歌、客家山歌、藏族歌舞
四川省	27	彝风习习·小凉山马边歌谣、故乡河、摔跤手、几里、马边之约、孟获拉达、马边市井、阿芝、大风顶之恋、燃烧的火把、边河之声、美神·甘嫫阿妞、玛牧特依、尔比克哲、向往佳支依达、峨边风、花儿喜欢到我家、幸福木里·踏歌行、青稞熟了、阿竹喂、爸爸妈妈、走·去木里、木里姑娘、下雪了、吉祥凉山、口弦音乐
贵州省	83	侗族芦笙曲、六洞琵琶歌、苗笛、苗族芦笙词、革家芦笙曲、苗族情歌、革东苗族飞歌、锦屏启蒙侗歌、平略"三锹"民歌、凯里苗族芦笙舞、洪州琵琶歌、侗族河边腔、嘎耶（踩堂歌）、天府洞侗族哭歌、黎平山歌、十八寨花腔歌、黎平苗寨苗族情歌、侗族琵琶歌、侗族芦笙谱、三穗苗族情歌、三穗唢呐调、苗族游方歌、天柱注溪山歌、镇远孝歌、土家族唢呐调、镇远龙灯锣鼓、侗族大歌、侗族牛腿琴歌、侗族琵琶歌、苗笛、苗族芒筒芦笙祭祀乐、哥蒙芦笙乐、苗族多声部情歌、苗族多声部情歌、苗族民歌（苗族飞歌）、侗族歌簦、河边腔苗歌、十二诗腔苗歌、苗族飞歌、苗族酒礼歌、侗族大歌、侗族琵琶歌（洪州琵琶歌）、侗族哆耶（踩歌堂）、侗族笛子歌、侗族牛腿琴歌、侗族琵琶歌、侗族大歌、苗族游方歌、苗族多声部情歌、苗族民歌（苗族飞歌）、注溪山歌、水族"夺咚"麻尾布依山歌、布依族莫歌、布依族笔管歌、芦笙乐（苗族芦笙曲）、布依族古歌、布依族里勒、布依土歌、布依八音坐唱、斗弹达吟（布依族小打音乐）、苗族十二路古歌、布依族"谷温"、布依族音琴、布依族"勒浪"、布依族婚嫁歌、布依族山歌、布依族儿歌、布依族古歌、布依族勒尤、布依族婚俗音乐、傩戏（仫佬族傩戏）、铜鼓十二调、布依族勒尤、布依族《长号》、苗族《捂笙》、布依族《铜鼓乐》、布依族《吹打乐》、布依族《姊妹萧》、布依族《盘江小调》、土家族民歌、土家族打镏子、土家族高腔山歌

行政区划	数量	详细内容
云南省	47	布朗族弹唱、基诺族摇篮曲、基诺族奇科·布姑、四季生产调、哈尼族多声部民歌、哈尼族情歌、哈尼族酒歌、彝族阿吉说、彝族阿娥柯、彝族打场歌、放牧歌、彝族阿细儿歌约小伴、大月亮、小鸡歌、情歌、苗族喜事歌、丧葬歌、三步弦、傈僳族民歌、独龙族民歌、弥渡民歌、剑川白曲、姚安坝子腔、彝族酒歌、哈尼族多声部民歌、彝族海菜腔、小街棚租山歌调子、山歌《青菜不如小哥亲》、峨山彝剧音乐彝族酒歌、民歌《海中青松难得会》、彝族唱腔、彝族山歌调子、镇沅苦聪民歌、婚庆笙歌、祝酒歌、哈巴卡、啊哧、嘎嘶阔、法哒阔、尼底阔、波阔噶阔、哈枯、南涧彝族山歌、南涧洞经乐、民歌开益、普米族四弦舞乐、独龙族民歌
甘肃省	8	花儿（松鸣岩花儿会）、花儿（莲花山花儿会）、甘南藏族民歌、花儿（张家川花儿）、裕固族民歌、肃北蒙古族祝赞词、甘南藏族民歌、华锐藏族民歌
青海省	11	回族宴席曲、阿柔逗曲、藏族拉伊、藏族酒曲、藏族扎木聂弹唱、玉树民歌、蒙古族民歌、花儿（老爷山花儿会）、花儿（七里寺花儿会）、花儿（丹麻土族花儿会）、撒拉族民歌
新疆维吾尔自治区	19	哈萨克斯布孜合、昌吉花儿、吉木萨尔蒙古族长调、奇台维吾尔木卡姆、吉木萨尔蒙古族传统、哈萨克族器乐斯布孜额、蒙古族长调民歌、花儿（新疆花儿）、新疆温泉县蒙古族短调民歌、蒙古族托布秀尔音乐、哈萨克族民歌、哈萨克族冬布拉艺术、哈萨克六十二阔恩尔、乌孜别克族埃希来、叶来、新疆曲子、锡伯族萨满舞蹈音乐、锡伯族名歌、锡伯族民歌
内蒙古自治区	19	蒙古族长调名歌、蒙古族呼麦、科尔沁叙事民歌、漫瀚调、爬山调、蒙古族四胡音乐、蒙古族马头琴音乐、潮尔道—阿巴嘎潮尔、恒山道乐、楞严寺寺庙音乐、蒙古族绰尔、罕伯岱达斡尔族民歌、达斡尔扎恩达勒、鄂伦春族赞达仁、鄂温克叙事民歌、鄂尔多斯古如歌、乌拉特民歌、鄂尔多斯短调民歌、额日格吉德玛
广西壮族自治区（典型）	24	侗族大歌、那坡壮族民歌、壮族天琴艺术、壮族七十二巫调音乐、京族独弦琴艺术、广西八音、壮族三声部民歌、瑶族蝴蝶歌、高沙锣鼓、广西闹八音、明壮族天琴艺术、金秀瑶族离贯歌、武宣山歌、兴宾壮欢、壮族山歌"武篆山歌"、融水六甲山歌、宾阳八音、瑶族剪刀歌、壮族筒嘟艺术、都安壮族陶鼓艺术、凌云壮族欢隆、八步瑶族过山音、长洲八音、武宣蜂鼓艺术
西藏自治区	25	拉萨扎念弹唱、林芝工布民歌、门巴族萨玛酒歌、藏族鹰笛艺术、直孔噶举派音乐、安多采盐歌佛教音乐（雄色寺绝鲁）、佛教音乐（直孔噶举派音乐）、工布扎念博咚、藏族民歌（班戈昌鲁）、藏族拉伊（那曲拉伊）、那曲山歌、拉萨喇嘛玛尼说唱、边坝格萨尔说唱、仁布县托布喇嘛嘛呢说唱、曲松县喇嘛玛尼说唱、米拉热巴古尔鲁（道歌）、县加玉古尔鲁（道歌）、波密"白"、藏族儿歌、那曲格萨尔音乐、波密波央、昌鲁、安多县剪羊毛歌、革吉民歌、普兰"雅尔松吧"歌
宁夏回族自治区	4	北武当庙寺庙音乐、回族民间器乐、花儿（宁夏回族山花儿）、宁夏小曲
新疆维吾尔自治区	32	蒙古族长调民歌、蒙古族呼麦、新疆花儿、十二木卡姆、吐鲁番木卡姆、哈密木卡姆、刀郎木卡姆、新疆温泉县蒙古族短调民歌、罗布淖尔维吾尔族民歌、维吾尔族民歌、乌孜别克族埃希来、叶来、哈萨克六十二阔恩尔、维吾尔族鼓吹乐、哈萨克族冬布拉艺术、柯尔克孜族库姆孜艺术、蒙古族绰尔、哈萨克族民歌、塔吉克族民歌、哈萨克族库布孜、锡伯族民歌、蒙古族托布秀尔音乐、俄罗斯族巴扬艺术、喀什维吾尔民歌、伊犁维吾尔民歌、和田维吾尔民歌、库车维吾尔民歌、阿图什维吾尔民歌、哈密维吾尔民歌、吐鲁番维吾尔民歌、罗布泊维吾尔民歌、且末维吾尔民歌
总数	415	

附表15 155个民族自治地方戏曲调研详细数据

行政区划	数量	详细内容
河北省	1	评剧
辽宁省	2	岫岩皮影戏、蒙古勒津皮影戏
吉林省	1	盘索里
黑龙江省	3	咒骂那公老、劳工叹、嘎达梅林
浙江省	4	菇民戏、花灯、木偶戏、花鼓戏
湖北省	4	南曲、南曲、吹锣鼓、满堂音
湖南省	3	傩戏、侗戏、麻阳花灯戏
广东省	1	上草采茶戏
广西壮族自治区	8	侗戏、壮剧、话说盘龙山、关于盘王的传说、三截棺、花灯调、金钱杆、毛南戏
重庆市	2	阳戏、余家傩戏
四川省	1	许家湾十二花灯
贵州省	8	旭早、凡化黎族地戏、傩戏、看花灯、茶灯、花灯戏、彝族撮泰吉、傣族章哈、
甘肃省	1	南木特藏戏
青海省	18	灯影戏、郿户戏、秦剧、黄南藏戏、青海马背藏戏、平弦戏、小点儿、青海贤孝、青海道情、广南白苗丧葬祭祀芦笙曲、壮剧、傣剧、白族、大本曲、彝剧、滇剧、荞花又开、峨山小彝剧
新疆维吾尔自治区	2	新疆皮影戏、新疆曲子剧
内蒙古自治区	5	巴林左旗皮影戏、东路二人台、二人台、蔚县秧歌、晋剧
广西壮族自治区	23	粤剧、侗戏、邕剧、壮剧、彩调、采茶戏、桂剧、宁明寨安彩调、象州彩调、钟山桂剧、长洲采茶剧、柳州粤剧、东兰乌洋神戏、德保壮族提线木偶戏、上林傩戏、宜州彩调、八步采茶戏、那坡壮剧、田东邕剧、田东粤剧、田东彩调、北流杖头木偶戏、钦北采茶戏
西藏自治区	13	霞尔巴贡、山南门巴戏、尼木塔荣藏戏、山南琼结卡卓扎西宾顿、山南雅隆扎西雪巴、日喀则仁布江嘎尔、日喀则南木林湘巴、日喀则迥巴、拉萨觉木隆、察雅香堆藏戏、鲁尼木塔荣藏戏、古拉姆、曲括子巴藏戏
宁夏回族自治区	1	秦腔
新疆维吾尔自治区（典型）	1	新疆曲子戏
总数	102	

（六）155个民族自治地方传统工艺—中华老字号调研详细数据

一级分类数据中的二级数据通过"组"的方式列出。例如，一级分类"吉林省"的二级数据包括前郭尔罗斯蒙古族自治县（松原市）、长白朝鲜族自治县（白山市）、伊通满族自治县（四平市）和延边朝鲜族自治州（延吉市）组成。四个二级数据以第一组、第二组、第三组、第四组的方式列出，以此类推。

中华老字号的详细数据均摘自中华老字号信息管理网（https://zhlzh.mofcom.gov.cn/）。详细信息可参见该网收录的信息（在中华老字号名录中可查询详细信息）。本部分不再重复列出具体信息。

附表16　155个民族自治地方传统工艺调研详细数据

行政区划	总数	详细内容
吉林省	29	第一组：马头琴、四胡、蒙古象棋棋盘、乌力吉将嘎、前郭尔罗斯酿酒技艺、刺绣蒙古族枕头、鹿棋、剪纸、潮尔（乐器） 第二组：打糕、尤茨、跳板、朝鲜族长鼓、朝鲜族碓、草龙、马尾帽 第三组：粘饽饽、腊八饭 第四组：延边拌饭、延边冷面、泡菜、打糕、米肠、米饺、洞箫、象帽、四物乐（乐器）、米酒、狗肉汤
湖北省	48	第一组：版画、三弦琴、西兰卡普织锦、茶艺、草鞋、皮制鼓、皮影、石刻、吊脚楼制作、刺绣、清江号子、薅草锣鼓、咚咚喹、抵杠、旱船、高脚马、陀螺 第二组：宜红茶制作、五峰精细竹编采花、毛尖茶传统制作技艺、五峰薅草锣鼓、民间彩扎、民间刺绣、民间雕塑、民间碑刻、民间剪纸土家吊脚楼建造工艺、土家族布鞋、草鞋制作、土家麻糖制作工艺、民间髹漆工艺、桃花酱、过桥腊肉制作技艺、木质撞榨炼油技艺、湾潭粑粑、傅家堰扯面制、土家豆豉、土家柿饼、荞麦粑粑、清水湾制陶技艺 第三组：鹤峰围鼓花鼓灯、狮子灯、三棒鼓、土琵琶、竹琴、建始丝弦锣鼓、火龙、坝漆、油茶汤、斯兰卡普织艺
湖南省	78	第一组：乌饭、苗乡油茶、苗族项圈、苗族手镯、苗族指环、苗族耳环、苗族银钮、苗族围裙链子、苗族牙托、苗族后尾、银花银蝶、银牌、银帽、披肩、首帕、苗绣、油煎糍粑、蕨粑、八宝饭、苗家甜酒、腊肉、猪血丸子、炭雕 第二组：糯米粿子、江华斗龙制作、瑶家伞、瑶族长鼓、瑶族钩编、江华十八酿 第三组：板凳龙、油茶、牛角号 第四组：芷江鸭、明山笋干、黑檀钰雕 第五组：侗锦织造技艺、高山油茶、牛腿琴 第六组：花帕、项圈、项链、手镯、戒子、耳环、银花、银冠、银扣、芦笙、八珍糕、花苗刺绣、百褶裙、花带、钩鞋 第七组：社饭、蒸粑、蒿菜粑、花灯、酢肉、酢鱼、野藠腌菜、擂钵菜、十八怪腊肉、芙奶果酒、甜酒 第八组：颤子饭、社饭、米豆腐、篙菜粑、铁骨猪肉小炒、血粑鸭、黄焖土鸡、麦酱煮团鱼、桃花虫、红椒炒酸肉、包谷酸辣鱼、极菌炒肉、挑花、打花铺盖、蜡染扎染和印染

行政区划	总数	详细内容
四川省	91	第一组：凉山彝族毛纺织及擀制技艺、凉山彝族漆器制作工艺、凉山彝族银饰手工技艺、瓦拉手工技艺、佳史手工技艺、冕宁民间挑花手工技艺、冕宁烙铁画、烙铁书法传统手工技艺、毕摩绘画、彝族竖笛、彝族马布、彝族长号 第二组：扎木念、藏族口弦琴、藏香制作技艺、藏医药、藏药膳、藏药浴、羌医药让炯根石艺术、唐卡、藏文书法、壁画 第三组：德格雕版印刷、甘孜州南派藏医药、藏族格萨尔彩绘石刻、德格藏文书法、阿西土陶、藏族牛羊毛绒编织、藏族建筑石砌技艺、白玉河坡藏族金属手工技艺、酥油花、藏族民间车模、藏酒、康巴藏族服饰配饰、藏族药泥面具、牧区皮革加工技艺、德沙旋木技艺、麦宿塑像、伸臂桥建造技艺、新龙民居建造技艺、拉日马玛尼雕刻技艺、郎卡杰唐卡绘画、麦宿土陶、木雅石砌、骨笛、德格木雕 第四组：铁器锻造、彝族依尺、彝族八角月琴、彝族口弦制作、虎日制作、马布制作、酒曲制作、"马裹节细"编织、传统金银饰品锻造、藤编、棕衣与蓑衣编织、苦荞制品、千层饼、泡水酒 第五组：配制酒传统酿造、小凉山彝族刺绣诺 第六组：次仁夏木、甲哈狐窝、狐皮藏帽、嘎宝、支康宝、甲秧、巴珠、轿巴嘎、纳采、盖礼、糌粑、酥油条塔撒、卡烙、窝窝头、习洛、吓达、青稞酒、热堤、糟粑、哈达、仙米糕、酥油、卡赛 第七组：麻龙马灯、茶艺、豆腐干、口弦、饮咂酒、羌笛
贵州省	92	第一组：蜡染技艺、多贵州施秉 第二组：惠水枫叶染、长衫龙、三都马尾绣、草塘火龙 第三组：蓝靛制作、靛染、土布制作、刺绣、织锦、蜡染、扎染、缝染、吊脚楼营造技艺、粮仓建造技艺、糯食制作、八音乐器制作技艺、皮质制作 第四组：灰豆腐果、三幺台、黄金豆腐、洛党鸡 第五组：高台舞狮、仡佬大贰、仡佬水龙、三幺台食俗、仡佬推屎粑、打篾鸡蛋 第六组：传统音乐技艺、舞蹈、传统民间文学、传统工艺美术 第七组：蜡染、苗族刺绣、蓝靛制作工艺 第八组：织锦、达尔粑、土布制作工艺、蜡染、布依族米酒、布依族木器工艺品、银饰、刺绣、故央 第九组：箫笛制作技艺、织染、侗家四合院建筑工艺、风雨桥建筑工艺、竹雕、钟鼓楼建筑工艺、吊脚楼建筑工艺、腊肉、罐罐油茶、刺绣 第十组：松桃苗绣、竹编、寨英滚龙、苗族纺织、苗族绘画、苗族雕刻 第十一组：古法造纸术、印染工艺、书法、刺绣、雕刻、吹银焊、土家罐罐茶、绘画、剪纸、蜡染 第十二组：藤编、打镏子、傩堂戏面具制作工艺、土家织锦、唢呐长号制作技艺、雕刻、绘画、剪纸、蜡染 第十三组：回族刺绣、四桐鼓舞、米乐砂陶、擀毡 第十四组：水族牛角雕制作技艺、水族马尾绣、水族土布、牙舟陶器烧制技艺、枫香染制作技艺、都匀毛尖茶制作技艺、水族剪纸、三都九阡酒
云南省	149	第一组：傣族慢轮制陶技艺、傣族织锦技艺、贝叶经制作技艺、普洱茶制作技艺、傣族医药工艺、傣族壁画、傣族高升制作技艺、普洱茶传统制作技艺、哈尼族服饰制作技艺、傣族传统手工造纸技艺、傣族大鼓制作技艺、傣族象脚鼓制作技艺、普洱茶传统制作技艺

行政区划	总数	详细内容
云南省	149	第二组：蜡染刺绣、鸡场糕、油糖糕、糯米粑、芦笙制作
		第三组：民族刺绣、哈尼竹编、民族银饰、小黄牛干巴
		第四组：盈江竹筒饭、傣族葫芦丝、户撒刀
		第五组：藏香猪
		第六组：诺邓火腿、鹤庆甸南白族刺绣、白族霸王鞭、土陶、剑川楹联、洱海鱼鹰、白族木船、剑川木雕、传统手工造纸、凤羽白族传统民居、鹤庆银器、下关沱茶、弥渡花灯、白族扎染
		第七组：万家坝铜鼓
		第八组：银器制作、傈僳族口弦、羊毛花毡印染技艺
		第九组：麻布纺织、火草布纺织、擀毡、彝族刺绣、草编、竹编、制棉絮、生铁浇铸工艺、彩扎、火草布纺织技艺、狮虎面具制作技艺、十里香茶制作技艺、石林火把节
		第十组：苗族服饰制作、泥塑、柳树河农民画、纸扎、海嘎小锅酒、汉族礼仪乐、河口莲花落金钱棍、芦笙、清真牛干巴
		第十一组：棕扇舞元江因远白族根雕、元江县彝族土陶、元江县哈尼族服饰制作、彝族刺绣、白族石雕、木偶戏、傣族竹编腰箩、傣锦工艺、傣族各支系服饰工艺
		第十二组：土陶制作、花腰傣刺绣、磨皮花鼓、竹编
		第十三组：女子刺绣、杂耍道具制作
		第十四组：普洱茶制作、哈尼族传统染织绣技艺、傣族传统制陶、傣族手工造纸、葫芦笙、黑陶、拉祜族竹编、傣族织锦技艺、团茶、佤族织锦、传统手工造纸技艺、哈尼族紫米封缸酒
		第十五组：手工刺绣平针绣、傈僳四弦琴
		第十六组：瓢鸡宴全席、羊皮衣、彝族咪哩手工麻纺服装工艺
		第十七组：陀螺、芦笙
		第十八组：墨江紫米封缸酒
		第十九组：苦竹
		第二十组：糯米粑粑
		第二十一组：传统木雕、通关黄焖鸡、稻秆笛、普洱茶醇藏、无量山火腿制作技艺
		第二十二组：传统手工红糖
		第二十三组：傣族手工制陶、布朗族蜂桶鼓舞、拉祜族、路打歌、佤族鸡棕陀螺、布朗"牛肚被"
		第二十四组：耿马佤族织锦、傣族竹编、孟定芒团傣族手工造纸技艺
		第二十五组：佤族木雕技艺、佤族医药
		第二十六组：纳西古乐、白沙细乐、纳西族民歌谷气调、傈僳族葫芦笙
		第二十七组：手工编织、皮革制作、苏里玛酒制作、民间绘画、木雕制作
		第二十八组：纺织技艺、竹篾编织、葫芦叮制作、哈尼族民居营造技艺、瑶族银饰、瑶族药浴、哈尼族传统饮食制作
		第二十九组：瑶族服饰、苗绣技艺
		第三十组：苗族手工织布
		第三十一组：彝族打歌、大刀舞
		第三十二组：油炸花、洞经古乐
		第三十三组：南涧彝族跳菜
		第三十四组：普米族搓蹉、白族拉玛人民间歌舞"开益"、普米族"四弦乐"
		第三十五组：独龙毯
		第三十六组：傈僳族阿尺木刮、大词戏、傈僳族音节文字、纳西古歌"阿勒"

续　表

行政区划	总数	详细内容
甘肃省	27	第一组：临夏砖雕、河州木雕、临夏刻葫芦 第二组：洮砚、卓尼刺绣、唐卡 第三组：竹编 第四组：擀制毛毡、裁缝技艺、刺绣 第五组：哈萨克毡绣、哈萨克布绣、擀毡 第六组：毛类制品手工艺、马上用品、手工密缝毡毯、刺绣 第七组：华锐唐卡、华锐堆绣、天祝刺绣、土族盘绣、华锐泥塑 第八组：织褐子、擀毡、钉匠、毛毛匠 第九组：保安族腰刀锻制技艺
青海省	98	第一组：青稞面烙干粮、锅盔、用整烧制的炉馍馍、油炸的张嘴、油锞儿、翻跟头、荨麻拌汤、羊羔盖被儿、青稞麦粒制麦素、红身转、奶豆腐、奶皮饼、夏穆尔、油面团、酩酼酒、青稞面"搓鱼"、曲拉、盖碗茶、四耳藏帽、狐皮帽、锦边毡帽、辫套、糌粑、杜麻、水油饼、血肠、手抓 第二组：热贡靛蓝纸、石刻技艺、唐卡、青绣、昂拉果馍切、安多则柔 第三组：藏雪茶、中藏药材、班玛黑陶、班玛马尾钉线绣唐卡、毛纺制品制作工艺、银器、藏毯、藏香、石刻、拉加寺彩沙坛城制作技艺、格萨尔酥油花 第四组：格尔木蒙古族服饰、青海藏族黑牛毛帐篷制作技艺 第五组：余酿皮、奶皮、撒子、酥和丸、筏子肉团、剪纸、刺绣、农民画、青稞酒 第六组：高跷制作、河湟刺绣、凉粉、酿皮、龙灯、旱船、竹马、青绣、腰鼓 第七组：擀毡、服饰刺绣工艺、观经面具制作、哈达、馍馍茶、手抓肉、希弥尔、达博腰带、"斯古尔玛"腰鞋、"登洛尔达乎"服饰制作、"纽达尔"头饰制作、卤肉、制香、狗浇尿油饼 第八组：拉面 第九组：拉面 第十组：青稞酒、八鲁、搅团、鱼娃、长面、搓鱼、扫鸡毛、油香、蜜徽、糌粑、酥油、曲拉、旋旋、锅盔、锟锅、砖包城 第十一组：苏呼欧拉羊、河曲马
新疆维吾尔自治区	34	第一组：石刻、哈萨克族骨雕、葫芦烙画 第二组：蒙古族刺绣、玉雕、花毡、印花布织染、奶酒酿造 第三组：柯尔克孜族服饰、柯尔克孜族刺绣 第四组：蒙古族马奶酒制作工艺、新疆蒙文书法、面塑 第五组：哈萨克族服饰制作技艺、传统制皂、巴扬艺术、葫芦雕刻、哈萨克族服饰、锡伯族刺绣、木刻版画、馕 第六组：木雕、狐狸皮帽子、毡房制作 第七组：塔吉克族服饰制作技艺、艾德利丝绸、英吉沙小刀 第八组：针绣、葫芦画 第九组：艾德莱斯绸织、哈萨克族刺绣 第十组：锡伯族刺绣、斐特克呐制作 第十一组：软皮靴制作技艺

行政区划	总数	详细内容
河北省	39	第一组：栲胶、粘豆包 第二组：布糊画、满族剪纸、九龙醉牌九龙波酒、琦宝木制品、玉米秸秆画 第三组：围场满族刺绣、珍珠球、酿酒技艺、大口落子、大清烈酒、皇家鹿苑酿酒、王氏古艺木雕、砚石雕刻、莜面传统工艺流程、北方大鼓、满族传统饽饽、尹氏皮影雕刻、张记粉条、手工陶罐、热砖疗法、甘沟门豆包、杨大姐花饽饽、蒙古肉饼 第四组：大口落子、宽城背杆、关外满族剪纸、民欢皮影、宽城广盛居酿酒技艺 第五组：林派落子、张官店大鼓、孟村"全羊李"清真酱牛羊肉制作技艺、李辉刻瓷 第六组：福华肥牛、景泰蓝、一品斋黏食、金漆镶嵌、大厂花丝镶嵌
辽宁省	30	第一组：岫岩玉雕、满族刺绣、岫岩东北大鼓、岫岩皮影、萨满单鼓、索伦杆 第二组：抚顺煤精雕刻 第三组：新宾满族剪纸、满绣技艺 第四组：文氏满族陶艺、象牙玉雕刻、宽甸小烧、毽球游艺、宽甸砂石画、宽甸玉树石 第五组：辽砚、满族剪纸、本溪绘画 第六组：桓仁传统木版画、伽倻琴、桓仁传统盘炕技艺 第七组：阜新玛瑙雕、马尾毡制作 第八组：喀左陈醋、喀左紫砂、喀左烤全羊、喀左碗砣、天女花、手工羊毛地毯、辽青瓷
黑龙江省	4	哈日特热格、哈达、奶酒、婚庆荷包、荞麦面制作
浙江省	2	畲族泥塑、景宁九龙鱼灯
广东省	7	第一组：瑶族刺绣、乳源瑶族服饰制作、瑶族传统医药研制、苦爽酒 第二组：五色糯米饭、彩门灯、糯米糍 第三组：客家大笼糍、瑶胞米酒、瑶家全猪荟、客家白切鸡、瑶家秘制牛蹄、瑶山柴火烧鹅、蹴球、陀螺、瑶族扎染、瑶族银饰制作技艺、瑶族长鼓制作技艺、瑶族牛皮酥制作技艺
广西壮族自治区	104	第一组：芦笙、果哈、果铃、黑苗服饰、四角粽子、踩堂舞、黑糯饭、重阳酒、酸汤、烤香猪、百草汤、苗族银饰、锦织、蜡染、亮布、刺绣、百鸟衣 第二组：侗族大歌、笛子歌、团圆多耶舞、芦笙踩堂、侗族刺绣、侗锦、木构建筑、程阳永济桥、邑团桥、南瓜花、油茶、侗族琵琶、侗笛、嘎笛、糍粑、花炮、纺纱 第三组：龙脊茶、龙脊竹筒饭、鱼生、龙脊水酒、纺纱织布、红瑶服饰制作、侗锦工艺、捶布、糍粑、舂牛制作、草鞋编织 第四组：马屎粑、恭城油茶、河灯、羊角舞、跑梅山、长鼓舞、花炮、瑶族服饰 第五组：铜鼓、铜鼓桥、辣椒骨、米花、耳块粑 第六组：炒螺、富川油茶、三角饺、制作大耕牛、炸龙、花灯、瑶族蝴蝶歌、织土布、瑶族服饰 第七组：密洛陀、马尾绣、打鲁列、壮族服饰、瑶族服饰、铜鼓、皮鼓、五色糯米饭、谷朗、师公技艺 第八组：土布染制技艺、沙罐、煤砂罐、仫佬族服饰、仫佬剧、仫佬族医药、粽粑、草龙 第九组：染瑶布、迎客土酒、糍粑、八角绣包 第十组：五色糯米饭、粉蒸肉、毛南族服饰、绣花鞋、顶卡花、石刻木雕、木面舞、传统棋艺 第十一组：铜鼓舞、密洛陀颂歌 第十二组：好金、唢呐、黄泥鼓、瑶浴、舞香龙

续　表

行政区划	总数	详细内容
海南省	46	第一组：琼中椰子鸡蛇煲、三色饭、黎家糯米酒、鱼茶、竹筒饭、黎锦 第二组：茶叶加工、孝黎服饰、黎族双面绣、白沙黎族骨器制作技艺、白沙黎族传统纺染织绣技艺、黎族泥片制陶技艺 第三组：南杀制作、黎家酒、黎锦染色、黎家船形屋、黎家服饰制作 第四组：黄流酷粉、黄流猪脚饭、黑豆饭、水糕、凉粉、蚂蚁鸡、蛇瓜、鱼茶、椰子八宝饭、三味灯笼虾、椰丝包、椰糯糕、黄流老鸭 第五组：煎堆、陵水酸粉、八宝饭、东坡绵蹄、全家福、白板酸、炸酥角粑、疍家鱼粥、米纸 第六组：黎染、黎织、黎绣、苗族蜡染、黎纺、树皮布制作、黎锦、香兰豆腐
重庆市	23	第一组：传统雕刻技艺、土家竹铃球、土家族吊脚楼营造技艺、马氏根艺、马武白酒酿造、石柱金音石砚、石柱咂酒、谭氏竹筒酒、都巴粉 第二组：龙凤花烛、金珠苗绣、秀山竹编、秀山书法 第三组：苗绣、酉阳花灯、刨锅汤、西兰卡普、薅草锣鼓 第四组：彭水苗绣、编织、擀酥饼、晶丝苕粉、苗族银饰锻制技艺
内蒙古自治区	33	第一组：曲棍球技艺、剪纸、达斡尔族刺绣、鹿棋、猎刀 第二组：鄂温克民族服饰制作、马头琴、奶粥、荞麦（哈乌勒）干饭、炒面、肉粥、奶疙瘩饭、曲棍球技艺 第三组：狍皮帽、狍皮被、皮裤、夏季皮袍、狍皮手套、桦皮工艺制品、口弦琴、木雕、骨器、狗皮袜子、猞猁皮帽子、狗皮靴、编织工艺、镶嵌工艺、染制工艺依欣、摇车、树类草药工艺、鲁糊贴、西漏哈其苏木混、图糊列
内蒙古自治区	78	蒙镶传统手工制作技艺、和林格尔剪纸、制瓷、蒙古族皮画、乌拉特铜银器制作技艺、托克托面塑、荞面饸饹、察哈尔毛绣、图什业图刺绣、巴林石雕、擀毡、狍头帽、皮雕、蒙古寝具制作技艺、驼球、蒙古族毡绣、科尔沁版画、篆刻、织物褡裢、炒米、鹿哨、烙画、科尔沁绳结技艺、布贴画、红山剪纸、蒙古鹿棋、绣花鞋、红山发绣、活字根书、糖塑、蒙古族镶嵌工艺、核雕、景泰蓝掐丝工艺、葫芦步阳草编、蒙古包营造技艺、科尔沁天然五谷画、芦苇画、达斡尔族刺绣、蒙古族勒勒车制作技艺、蒙古族拉弦乐器制作工艺、莜面饮食制作技艺、蒙古族马具制作技艺、鄂伦春兽皮制作技艺、桦树皮制作技艺、达斡尔车制作技艺、达斡尔民居制造技艺、蒙古族驼具制作工艺、阿拉善地毯制作技艺、马海制作技艺、地毯织造技艺、鄂伦春族狍皮制作技艺、牛羊肉烹制技艺、鄂伦春斜仁柱制作技艺、达斡尔猎刀制作技艺、敖鲁古雅鄂温克族搓罗子、通古斯鄂温克木制四轮车制作技艺、巴尔虎索海固途勒制作技艺、民间木嵌技艺、蒙古族香牛皮靴制作技艺、鸿茅药酒酿造工艺、隆盛庄月饼制作技艺、察干伊德、察哈尔服饰制作技艺、蒙古族柳条编制技艺、准格尔地毯植物染色技艺、乌珠穆沁马鞍具制作技艺、多伦马鞍具制作技艺、乌兰伊德、木克楞制作技艺、蒙古族摔跤服制作技艺、多伦清真八大碗、骆驼奶食品制作工艺、蒙古族传统牛角弓制作技艺、乌珠穆沁服饰传统手工技艺、蒙古象棋木雕技艺、库伦荞麦制作技艺、克什腾蒙古族马鞍具制作技艺、榆骨制作工艺、麦香村烧麦制作技艺
宁夏回族自治区	27	墙体彩绘、回族刺绣、杨氏家庭塑、二毛皮制作技艺、麻编手工艺品、制作民间乐器、固原砖雕、贺兰砚制作技艺、剪纸、自然门徐氏武术、铁柱泉张家武术、民间烙刻画、贺兰山根雕技艺、西夏陶瓷烧制技艺、铁器锻制技艺、传统酿酒技艺、皮影制作技艺、羊杂碎制作技艺、传统酿醋技艺、扎花疙瘩布鞋制作技艺、枸杞膏制作技艺、器烧制技艺、泾源素陶烧制技艺、宁夏毯制作技艺、手工酿皮制作技艺、阙药管灸、固原针灸

行政区划	总数	详细内容
新疆维吾尔自治区（典型）	23	柳编、维吾尔族模制法土陶烧制技艺、维吾尔族花毡、印花布织染技艺、维吾尔族桑皮纸制作技艺、维吾尔族刺绣、柯尔克孜族刺绣、哈萨克毡绣和布绣、传统棉纺织技艺、新疆维吾尔族艾德莱斯绸织染技艺、地毯织造技艺、维吾尔族卡拉库尔胎羔皮帽制作技艺、维吾尔族传统小刀制作技艺、民族乐器制作技艺、土碱烧制技艺、哈萨克族毡房营造技艺、俄罗斯族民居营造技艺、花毡、印花布织染技艺、弓箭制作技艺、锡伯族刺绣、维吾尔族民居建筑技艺、哈萨克族芨芨草编织技艺
西藏自治区	27	藏族邦典、卡垫织造技艺、珞巴族服饰制作技艺、藏族服饰制作技艺、拉萨风筝制作技艺、藏族锻铜技艺、扎西吉彩金银锻铜技艺、藏族唐卡绘制技艺、藏族造纸技艺、扎念琴制作技艺、藏香制作技艺、藏族矿植物颜料制作技艺、西藏陶器制作技艺、藏刀技艺、嘎乌、石刻技艺、酥油桶、酥油花、藏红花制作技艺、虫草、藏帽、玉石碗、风马旗、卜旦、藏纸、藏靴、藏族编织
广西壮族自治区（典型）	6	壮族织棉技艺、侗族木构建筑营造技艺、陶器烧制技艺、黑茶制作技艺、米粉制作技艺、龟苓膏配制技艺
总数	1 095	

（七）155个民族自治地方传统节日调研详细数据

附表17　155个民族自治地方少数民族传统节日调研详细数据

行政区划	总数	详细内容
河北省	11	颁金节、上元节、走百病、二月二节、添仓节、冲王节、大厂开斋节、拜拉特夜、圣纪节、盖德尔夜、拷鼓会
内蒙古自治区	5	鄂温克族瑟宾节、冬季那达慕、敖包会、丰收会、篝火节
辽宁省	1	会音巴雅尔（睦邻节）
吉林省	4	查干萨日、郭尔罗斯祈月节、颁金节、虫王节
黑龙江省	1	那达慕
浙江省	5	畲族农历三月三、四月分龙节、农历二月十五祭祖日、七月十五祭祖日、八月十五祭祖日
湖南省	53	放炮节、芦笙节、祭牛神节、林王节、尝新节、活路节、祭先祖、杀年猪、打糍粑、合拢宴、播种节、尝新节、斗牛节、侗年、花炮节、赶社、赶歌会、姑娘节、过冬节、娶亲节、采桑节、种棉节、三月三讨葱蒜节、二十坪歌节、高坝歌会、"圣德山"歌会、林王节、为顶、为嘿、为也、过冬节、赶歌会、八月十五、侗族斗牛节、赶社、花炮节、大雾梁歌节、侗年、春节、四八姑娘节、过社、三月三、四月八、五月半、盘瓠龙舟节、六月六、呷新节、鬼年、过新年、九月半、保冬节、忙年、过小年
广东省	3	十月朝、双朝节、"消怨火"糍粑节
广西壮族自治区	21	侗族"堂措"芦笙节、和平草龙节、赶贼节、红衣节、瑶族盘王节、石口花炮节、瑶族婆王节、火把节、尝新节、拜树节、跳坡节、盘王节、祝著节、依饭节、瑶族祝著节、分龙节、南瓜节、祝著节、盘王节、迓圣节、功德节
海南省	4	黎母节、三月三节、军坡节、牛节

续　表

行政区划	总数	详细内容
重庆市	9	秀山苗族羊马节、过赶年、社日、花朝节、牛王节、向王节、女儿会、踩花山节、水上大赛
四川省	20	羌族瓦尔俄足节、彝族火把节、彝族年、火把节、补年节、庆年节、花脸节、草马节、密士节、沙户比节、土皇节、峨边甘嫫阿妞节、林卡节、俄喜节、雪顿节、上九节、望果节、转山会、羌年、羌族催芽节
贵州省	47	苗族鼓藏节、侗族萨玛节、苗族姊妹节、苗族独木龙舟节、四十八寨歌节、从江侗族老人节、苗族芦笙节、苗族翻鼓节、苗族祭尤节、苗族祭桥节、稿午苗族水鼓舞节、小广侗族婆亲节、甘囊香苗族芦笙节、苗族翻鼓节、苗族牯藏节、苗族吃新节、社节、侗族萨玛节、苗族茅人节、圣德山歌节、苗族独木龙舟节、土家族"八月八"唢呐节、苗族爬坡节、苗族吃新节、苗族招龙节、侗族摔跤节、千山祭祖节、泥人节、清水江苗族划龙节、端阳龙舟节、苗族"二月二"、布依族"三月三"鲁布革彝族风情节、八月节、三月三、六合宴、抢春水、祭山节、敬雀节、吃新节、吃虫节、亿佬节、布依族"六月六"、侗族侗年、苗族"四月八"、土家族"挑金银"节、土家族祭灶神节、土家族过赶年节
云南省	111	特懋克节、傣族泼水节、苗族花山节、草马节、屏边苗族花山节、布依族牛王节、瑶族盘王节、目瑙节、撒种节、尝新节、采花节、能仙节、粽包节、杆节、仙女节、阔时节、二月会、藏历新年、传诏大法会、赛马节、望果节、格冬节、大理三月节、绕三灵、花朝节、石宝山对歌会、耍海会、朝山会、葛根会、哑巴会、沐浴节、春王正月、青姑娘节、白族本主节、花灯会、接金姑、二月八、牟定三月会、虎节、赛装节、火把节、插花节、苗族花山节、砍扎扎节、彝族火把节、彝族花街节、彝族咪嘎哈节、火把节、彝族年、密枝节、跳歌节、十月年、埃玛突、惹矻扎、扩塔节、新米节、祭祖节、卡腊节、搭桥节、葫芦节、畲葩节、二月八民族节、双胞胎节、三多节、过年节、二月八节、三月三节、初十五节、摩梭春节、端午节、转山节、祭祖节、祭牧神节、普米族吾昔节、大十五节、七月半、苗族花山节、瑶族盘王节、目莲节、干巴节、傣族男人节、金邦节、偏米节、哈尼族干拖拖、昂玛窝、苦扎扎节，彝族火把节、阿背节、盘王节、苗族花山节、圣纪节、彝族杨梅节、彝族年、跳公节、补年节、祭山节、祭龙节、赛装节、庆年节、普米族转山会、石宝山歌会、本主节、大过年、雪门槛游山节、端阳节、成人礼、小过年、独龙年、刀杆节、收获节、澡堂会
甘肃省	7	回族圣纪节、回族古尔邦节、回族开斋节、香浪节、晒佛节、采花节、花儿会
青海省	9	玉树赛马节、鸡蛋会、大通登山节、土族纳顿节、土族波波会、花儿会、青苗会、土族青稞酒节
新疆维吾尔自治区	7	开斋节、古尔邦节、圣纪节、肉孜节、纳吾热孜节、锡伯族抹黑节、锡伯族西迁节
内蒙古自治区（典型）	10	马奶节、燃灯节、俄罗斯族巴斯克节、敖包会、篝火节、查干萨日、那达慕、成吉思汗祭典、拜火节、祭敖包
广西壮族自治区（典型）	24	瑶族祝著节、瑶族服饰、瑶族盘王节、京族哈节、壮族铜鼓习俗、壮族蚂虫另节、壮族歌圩、宾阳炮龙节、仫佬族依饭节、跳岭头、毛南族肥套、壮族霜降节、壮族三月三、资源河灯节、瑶族石牌习俗、瑶族油茶习俗、壮族补粮敬老习俗、大安校水柜习俗、那坡彝族跳弓节、宾阳炮龙节、梧州龙母诞、跳岭头、苗族系列坡会群、平桂瑶族婚俗

行政区划	总数	详细内容
西藏自治区（典型）	31	贡嘎县那若波岗节、达堆节、拜鹰节、嘎玛堆巴、望果节、江孜达玛节、拉萨雪顿节、拉萨萨嘎达瓦节、日喀则新年、噶尔恰青赛马节、阿里岗廓转神山节、工布江达曲果节、波密西巴斗熊节、白朗斗牛节、藏历新年、传昭大法会、花灯节、展佛节、藏林卡节、沐浴节、娘布拉苏节、神降节、工布新年、藏族仙女节、燃灯节、驱鬼节、酥油灯节、春播节、萨格达瓦节、煨桑节、门巴转山节
宁夏回族自治区（典型）	9	开斋节、古尔邦节、圣纪节、阿术拉日、登宵节、白拉台节、盖尔德节、法图麦节、亡人节
新疆维吾尔自治区（典型）	16	锡伯族西迁节、塔吉克族引水节、塔塔尔族撒班节、诺茹孜节、肉孜节、罗巴提节、古尔邦节、麦德尔节、灯节、租鲁节、圣姑太节、白拉提节、西迁节、邹鲁节、播种节、环塔拉力节
总数	408	

二、中华优秀传统文化创造性转化创新性发展典型案例的梳理和统计

附表 18　非物质文化遗产创造性转化创新性发展典型案例的梳理和统计

分类内容	典型案例
中医药	张氏中医骨伤秘方的创造性转化创新性发展
	红釉遗产的创造性转化创新性发展
	东阿阿胶的创造性转化创新性发展
	"龙砂膏方节"的造节驱动
	福建茶"药食同源"的创造性转化创新性发展
	人工麝香的创造性转化创新性发展
	中药材品种的创造性转化创新性发展
	方剂学课程与思政元素的结合发展
	建设高校中医药图书馆的创新发展方案
古籍整理与古文字	中国古籍资源数字化创造性转化创新性发展
	古籍数字资源建设的创造性转化创新性发展方案
	古籍整理的创造性转化创新性发展
	制定古籍数字化标准的创造性转化创新性发展方案
	民族古籍数字化创造性转化创新性的基本策略

续　表

分类内容		典型案例
古籍整理与古文字		古籍数字化工程相关标准的创造性转化创新性发展方案
		国际敦煌项目的创造性转化创新性发展
		古籍数字化图像版权保护方案
		中医数字化建设模式和思路的创造性转化创新性发展
		多元古籍数字化主体之间的关系的创造性转化创新性发展
		《三国志》古籍数字化知识发现功能的实现方案
		古籍元数据标准建设的创造性转化创新性发展
		古籍数字化工作协调机制的构建策略
		图书馆古籍管理数字化的创造性转化创新性发展
		建立具有高扩展性的"数字古籍文献系统"的创新方案
		古籍数字化的选题规划的创造性转化创新性发展
		古籍数字化导读的创造性转化创新性发展的方案
		古籍数字化的发展趋势的创造性转化创新性发展
		我国公共图书馆的古籍数字化建设存在的问题及相关解决方案
		公益性的古籍数字化和商业化的古籍数字化的国家控制和管理模式的创新发展
		数字资源所用数字化技术的创造性转化创新性发展
		上海图书馆古籍影像光盘制作及检索系统的发展
		图书馆古籍文献数字化资源建设的途径和方法的创造性转化创新性发展
		中华古籍数字化国际合作的创造性转化创新性发展的方案
		少数民族古籍数字化传播创新策略
		古籍数字化合作的模式和方法的创造性转化创新性发展
		古籍数字化出版的方案
		美国中文古籍数字化资源的创造性转化创新性发展
		古籍普查的运作模式对古籍数字化的启示和借鉴意义
文化地理IP打造	跨流域文化地理IP打造	长江文化的时代价值及其创造性转化方案
		吴越文化与江苏新时代发展方案
		长三角区域一体化发展特征、问题及基本策略的创造性转化创新性发展
		在新发展格局中推动长江文化创造性转化创新性发展方案
		黄河流域体育文化旅游带建设的时代价值及实现路径的创造性转化创新性发展
		黄河几字弯生态文明与文旅融合发展的创造性转化创新性发展
		基于熵—生态位理论的黄河三角洲文化创意产业的创造性转化创新性发展
		黄河故事的IP化打造和产业化开发的创造性转化创新性发展策略
		以人与自然共生的视角分析黄河文化的本位回归与传承的创新路径
		新时代黄河文化传播创新路径的创造性转化创新性发展

分类内容		典型案例
文化地理IP打造	跨流域文化地理IP打造	建设黄河文化保护模式的黄河文化保护的创新思路
		用科学思维引导新时代黄河文化大传播的创新思路
		黄河流域城市群形成发育的空间组织格局与高质量发展的创新思路
		文化遗产数字化展示在景观设计中的创新应用
		用计量分析结果和传统统计学方法为大运河文化带规划和建设的创新思路
		以大运河文化带沧州段为例评估城市植被覆盖度质量及变化对于城市生态建设和环境保护的创新思路
		基于大运河文化的社区教育项目基地建设的创新思路
		扬州运河文旅融合发展的创新思路
		文化生态圈视角下苏州大运河非遗文化保护与利用的创新思路
		把大运河打造成文旅融合的"副中心样板"的创新思路
		用大运河文化赋能北京城市副中心建设的创新思路
		媒介记忆视角下大运河文化遗产的保护与传承的创新思路
		大运河文化融入新媒体展示设计课程的创新性探索与实践
		山东省大运河国家文化公园建设路径的创新方案
		大运河文化遗产保护同生态环境保护提升、沿线名城名镇保护修复、文化旅游融合发展、运河航运转型提升统一的高位推进大运河文化保护传承利用的创新方案
		以"文旅+"推动扬州大运河文化带工业遗产的活态传承是一种非常艺术化、生态化、可持续化的创新发展路径
		文旅融合视角下大运河江苏段的价值挖掘与利用的创新思路
		提升淮安大运河文化带标志城市影响力的创新思路
		大运河文化与生态融合保护制度的创造性转化创新性发展
		常州加快大运河文化传播的创造性转化创新性发展
		安徽大运河文化移动端数字博物馆建设的创造性转化创新性发展
		大运河文化国家公园建设中的创新形式重塑运河文化、从点做起生动展现等建设策略
		江苏省在推进大运河建设过程中打造大运河文化保护传承利用的高端智库的创新思路
		以长城文化旅游生态链的文化资源利用看长城文化公园建设的创新思路
	地方文化IP打造	北京都市农业、生态旅游和文化创意产业融合模式的创造性转化创新性发展
		北京文化符号与世界城市软实力建设的创造性转化创新性发展
		北京创意文化产业与传统文化的良性互动的创新思路
		北京美术产业对地方文化的嵌入性程度的创新性发展
		推进北京文化产业与科技融合的财政政策的创新性发展

分类内容		典型案例
文化地理IP打造	地方文化IP打造	基于大数据和社会网络分析方法北京文化形象的媒体呈现的创新性发展
		北京现代工业遗产的保护与文化内涵挖掘的创新性发展
		北京什刹海历史街区地方文化的变迁与重塑的创新性发展
		生活儒学与"古今中西"问题的创新性发展
		山东儒学的地域性特征对儒学文化的创造性转化创新性发展
		儒学与中华民族精神关系的创造性转化创新性发展
		敦煌文化产业的创造性转化创新性发展
		敦煌市资源导向型创意城市的创造性转化创新性发展
		新敦煌艺术的价值建构及其文化产业的创造性转化创新性发展
		敦煌遗产与文化产业的研发应用策略的创造性转化创新性发展
		数字化让敦煌文物永久保存的创造性转化创新性发展
		具体研究的创造性转化创新性发展
		徽州马头墙文化及价值的创造性转化创新性发展
		地域文化特征融入安徽原创动漫的创新思路
		徽州民俗体育的创造性转化创新性发展
		目的论对徽州翻译的启示的创造性转化创新性发展
		徽雕艺术中的传承与可持续性发展的创新思路
		依托古村镇建立徽文化生态保护区的创新思路
	老少边穷地区IP打造	江西省万载县革命老区仙源乡的江西老区农村文化建设的创新思路
		江西省万载县仙源乡的革命老区农村文化建设的创新思路
		河北省革命老区乡村文化建设的创新思路
		弘扬革命老区精神、提升巴蜀文化软实力的创新思路
		艺术院校在革命老区文化发展中的作用的创新思路
		红色文化政治传播赋权对革命老区村民社会流动的影响的创新思路
		乡村振兴战略下的文化传承与反哺的创新思路
		湖南革命老区红色文化发扬红色传统、传承老区精神培育时代新人的创新思路
		整合红色资源、提升江西文化力的创新思路
		沂蒙红色文献与红色旅游开发的创新思路
		江西省万载县江西革命老区新农村文化建设的创新思路
		长征革命老区长征红色文化弘扬的创新思路
		地域文化在景观设计中的应用的创新思路
		革命老区历史文化形象重塑的视觉设计教学创新思路
		西部地区城镇化进程中的民族文化保护与传承的创新思路
		非物质文化遗产传承与少数民族地区文化软实力提升的创新思路

分类内容		典型案例
文化地理IP 打造	老少边穷地 区IP打造	新时代铸牢中华民族共同体意识文化建设路径的创新思路
		边疆民族地区文化产业高质量发展路径的创新思路
		对西部大开发中民族文化资源和文化生态保护问题的创新思路
		基于民族文化的民族经济发展的创新思路
		旅游凝视与民族地区文化变迁的创新思路
		民族地区文化软实力提升的创新思路
		西部少数民族文化资源分析与产业化开发的创新思路
		民族地区少数民族特色文化产业发展的创新思路
		新媒体时代少数民族文化传播的创新策略
		民族地区参与一带一路文化产业发展的创新路径
		生态化背景下少数民族地区文化产业的发展的创新路径
		新时代广西少数民族地区文化精准扶贫的创新思路
		民族地区文化产业与旅游产业的融合动力解析及机理的创新发展
		乡村振兴背景下少数民族地区文化产业高质量发展的创新路径
		文化品牌与民族地区文化产业发展的创新思路
		民族文化产业视域下少数民族非遗文化的生产性保护的创新思路
		少数民族文化资源产业化的创新路径
		少数民族优秀传统文化数字化技术传承的创新思路
		基于新媒体、网络社群的少数民族文化传承的创新思路
		民族地区文化振兴的价值认知的创造性转化创新性发展
		东北边疆民族地区乡村振兴重点破解问题及路径设计的创新思路
		文化资本视域下中国边境地区民族文化产业发展的创新思路
		文化自信与民族地区乡村产业振兴关系的创新思路
		加快发展对外文化贸易的创新思路
		文化贸易理论视角下我国民族文化产业快速发展的创新思路
		四川民间音乐产业可持续性发展的创新思路
		乡村文化兴盛视角下边境地区、乡镇文化站文化治理的功能的创新思路
		边境城镇的经济、民族文化、生态协同发展路径的创新思路
		兴边富民行动的创新思路
		发展区文化建设边境文化长廊的创新思路
		边境民族地区开发民族文化资源的创新思路
		中越边境壮族歌圩文化的恢复与重建的创新思路
		国家文化安全视阈下边境城市建筑文化发展的创新思路
		青年发展视阈下边境少数民族地区青年亚文化发展的创新思路

续　表

分类内容		典型案例
文化地理IP打造	老少边穷地区IP打造	"一带一路"背景下我国陆路边境口岸文化功能的创新发展
		陆路边境口岸民族文化构建的创新思路
		生态文明视域下中越边境壮民族传统文化的现代价值发展的创新思路
		中越边境民俗体育文化的创新思路
		新媒体时代边境民族文化的传播的创新思路
		边境红色文化旅游的跨文化传播的创新思路
		边境民族文化的跨国传播危机的创新思路
		从中越边境看文化边界的跨文化传播的创新思路
		东北边境少数民族地区公共文化服务体系建设的创新思路
		"绘制"边境文化长廊、促进精神文明建设的创新思路
		边境地区非物质文化遗产发展的跨境耦合效应的创新思路
		中越边境瑶族度戒文化与和谐社会的构建的创新思路
		现代性视域下边境少数民族文化传承的路径的创新思路
		"一带一路"背景下内陆边境自贸试验区国家文化形象建设的创新思路
		铸牢西北边境地区民众中华民族共同体意识的理路思考
		"一带一路"时空秩序下的文化地理景观的创新思路
		乡村社会治理中民俗文化的融入的创新思路
		边境民族地区新型城镇化建设中的传统文化重构的创新思路
		中越水口—驮隆边境口岸地区经济合作研讨会促进中越经济文化交流合作的创新思路
		中国西南边境民族的迁徙、交流和文化动态国际研讨会的创新思路
		中俄边境跨文化教育合作的创新思路
		壮族天琴文化的创新传承
		中越边境文化遗产景观营造的创新思路
		中越边境跨境民族文化旅游带的开发的创新思路
		文化权力视角下的中越边境旅游商品的创新发展
		欠发达地区的文化建设的创新思路
		欠发达地区文化产业跨越发展的路径的创新发展
		西部欠发达地区文化和科技融合创新发展
		农业文化遗产地社区居民旅游影响感知与态度的创新思路
		农户对农业文化遗产保护与发展的感知的创新思路
		四川彝族漆器的传承与发展的创新思路
		非遗视域下满族医药保护、传承与发展
		铜鼓文化保护、传承与发展

分类内容		典型案例
文化地理IP打造	老少边穷地区IP打造	桦树皮制作技艺传承与发展
		宿迁烙画文创产品的设计与应用的创新思路
		金陵竹刻的传承与发展的创新思路
		羌族医药非物质文化遗产传承与发展的创新思路
		基于服务利润链理论模型的旅游服务产品可持续发展
		赫哲族非物质文化遗产保护与传承
		非物质文化遗产教育传承绩效评估与精准发展的创新思路
		广西少数民族特色村寨非物质文化遗产传承创新模式创新构建
		湖南通道侗族芦笙传承的创新思路
		非物质文化遗产传承和保护的创新思路
		"非遗"语境下高邮民歌的传承与发展
		国家级非物质文化遗产的传承与发展
		江南地区莲湘舞的艺术特征及其传承发展
		辽宁省满族非物质文化遗产传承保护创新机制
		道州调子戏的传承与发展
		非物质文化遗产保护与传承下的民族村寨旅游发展
	名城	科学发展观与南京历史文化名城保护的创新思路
		历史文化名城的形态保护与文脉传承的创新思路
		河南历史文化名城保护的创新思路
		重庆城市文化生态状况及其对策的创新发展
		对丽江古城民族文化生态基于遗产开发的城市文化生态系统研究的创新发展
		民间戏剧与城市文化生态的建构的创新发展
		城市文化生态与现代城市文化建设的创新发展
		构建中原体育城市文化生态的路径的创新发展
		当代中国城市发展与城市文化生态建构的创新发展
		杭州城市文化墙美学与文化生态建设的对策的创新发展
		文化生态学视角下郁山古镇空间优化创新发展
		边疆地区历史文化名镇的保护、开发与利用创新发展
		多元文化视野下历史文化名镇的保护与利用的创新发展
		基于中国"四大名镇"的经验启示历史文化名镇的保护与开发的创新发展
	名村	当代中国历史文化名村保护的困境与对策的创新发展
		浙江历史文化村落保护利用与持续发展
		加强我国历史村镇文化遗产保护的对策的创新发展
		中国传统村落保护利用的创新发展

续　表

分类内容		典型案例
文化地理IP打造	名村	"互联网+"背景下中国传统村落保护与发展路径创新
		乡土传统中生态博物馆之实验与实践创新
		中国传统村落文化保护与发展创新
		中国传统村落保护的矛盾与模式创新
		武陵山片区中国传统村落保护与乡村社区传统知识保存创新思路
		优秀农耕文化嵌入乡村社会治理的创新思路
		农耕文化旅游等特色旅游开发模式的创新
		"旅游绅士化"与农耕文化遗产地可持续发展
		乡村教育复兴与文化传承路径创新
		农耕文化视域下的江苏传统龙舞的创新发展
		基于传统农耕文化的当代设计美学创新发展
		哈尼梯田旅游对大别山农耕文化旅游的启示创新
		杭州农耕文化旅游资源开发利用创新发展
		巴蜀农耕文化与现代农业文化创新发展
		国外农业生态旅游对苏州农耕文化旅游发展的创新思路
	名街区	在城市历史文化街区保护与利用模式创新
		发掘历史街区新价值、构建民间文化产业群的创新发展
		保护历史文化街区蕴含的历史文化和人文底蕴的创新发展
		特色小镇建设中历史文化街区的保护、修缮和再利用的创新发展
		快速城市化进程中历史建筑的保护与再利用的创新发展
		欧洲古建筑保护体系的形成与启示
		文物古迹保护方法的创新发展
民间文学		关于实施中华优秀传统文化传承发展工程的创新发展
		"中国民间文学大系出版工程"我国民间文学出版事业的创新发展
		我国民族音乐教育的研究热点与实践路径的创新发展
		对中华民族音乐传承和出版工作的创新发展
		民族音乐文化传承与学校音乐教育的创新发展
		中国大陆以音乐文化多样性为基础的音乐教育的创新发展
		学生音乐教育与民族音乐文化的传承的创新发展
		对中国少数民族音乐文化传承的创新发展
		当代经济环境下中国传统音乐的传承与创新发展
		文化消费背景下的民族传统音乐传承模式的创新发展
		音乐美学对民族音乐文化的传承与创新发展
		电视节目有效传承民族音乐的创新思路

分类内容	典型案例
民间文学	新时代背景下民族音乐传承的功能转化与责任担当的创新思路
	民族音乐传统的媒体助推的创新发展
	新时代民族音乐及相关出版的创新发展
	当代民族音乐的文化传承与创新路径的创新发展
戏曲	"互联网＋"背景下川剧的保护与传承
	戏曲的传承和接受问题的创新思路
	岭南地区戏曲传承与创新研讨会的创新思路
	《梨园春》栏目传承与创新戏曲文化的创新思路
	《走进大戏台》传承民族戏曲艺术的多元路径创新
	新形势下川剧传承与发展学术研讨会的创新思路
	中原戏曲表演艺术传承与创新数据资源库建设创新发展
	中原民间戏曲文化的传承与发展
	中国戏曲传承与发展的方法创新
	中国戏剧传承与传播新途径创新
	振兴戏曲重在培养观众的创新思路
	振兴戏曲要善于学习贯彻国家出台相关振兴戏曲的政策的创新思路
	佛山市图书馆读书活动创新读书活动引领全民阅读的创新方案
	在国学经典诵读中涵养学生君子人格的创新思路
	经典诵读活动的创新发展
	首都图书馆开通微信公众号助力的创新方案
	上海图书馆利用外借电子阅读器 迎合"碎片化"移动阅读的创新方案
	国家图书馆利用移动图书馆推出"文津经典诵读"的创新方案
	儿童传统经典阅读推广的创新方案
节日IP打造	传统节日的复兴与重建之路的创新发展
	文化记忆、传统创新与节日遗产保护的创新发展
	民俗类非物质文化遗产的传承、保护和利用的创新发展
	保护传统节日文化遗产与构建和谐社会的创新思路
	传播仪式观中传统节日文化的传播的创新发展
	传统节日遗产保护的价值和原则的创新发展
	关于传统节日的文化、仪式与电视传播的创新发展
	中国传统节日资源的开掘与利用的创新思路
	民族节日符号的现代转型及动力的创新发展
	语文教科书的文化传承功能的创新发展
	文化自信视阈下中国传统节日文化建设的创新发展

分类内容	典型案例
节日IP打造	振兴传统节日与大众传媒的创新发展
	开拓传统节日的现代性的创新方案
	当前语境下传统节日的创新发展兼及建构新兴节庆活动的创新思路
	幼儿园传统民俗节日教育的创新方案
	传统节日文化资源在幼儿园课程中的创新运用
	建构时代的中国节日建设的创新方案
	中国传统节日的传承现状与发展对策的创新思路
	传统节日列为法定假日的文化意义与传承发展
	中国传统节日文化的网络传播创新
	少数民族传统节日的地方性逻辑创新
	基于文化消费的传统节日文创产品设计创新发展
	壮族传统节日文化创新的基本路径的创新方案
	云南彝族火把节现代传承的创新方案
	当代中国的节日生态的创新发展
	激发小学生学习传统节日文化的兴趣的创新方案
	重振传统节日体系的创新方案
	传播好"我们的节日"的创新方案
	以宣讲家网站传统节日的宣传推动传统文化创造性转化和创新性发展
	营造节日气氛、彰显文化特色的创新思路
	创新理念、创新内容、创新表达的新媒体时代传统节日报道的创新发展方案
	央广融合创新传统节日报道提升传统节日文化影响力、凝聚力的创新方案
	瓦尔俄足节歌舞文化震后保护的创新方案
	乡村振兴战略下农村传统节日多元主体保护路径创新
	振兴传统节日提升古镇文化魅力的路径创新
	传统节日的电视媒体呈现创新发展
	节庆消费视角下电商"造节"营销模式创新方案
	中国传统节日文化多元化传播的创新方案
	弘扬中国精神的优秀文化路径创新
	彝族"阿依蒙格"儿童节文化内涵与传承发展的创新方案
	传统节日仪式在当代的重建的创新方案
	传统节日文化培育大学生的思政课教学实践的创新方案
	中国传统节庆在高校的教育价值的实现机制创新
	为儿童留下中华文化记忆构建传统节日课程的创新方案
	西南跨境少数民族传统节日体育文化的边疆治理辅助价值的创新思路

分类内容	典型案例
节日IP打造	全球化下中国传统节日的创新
	人口较少民族传统节日文化旅游开发创新方案
	中华优秀传统文化涵养大学生核心价值观的现实路径创新方案
	加强中小学中华优秀传统文化教育的有效创新方案
	传统节日德育课程资源的开发的创新方案
	中国传统节日教育课程化的创新发展
	产业化视角下贵州少数民族节日文化发展创新方案
	中华优秀传统文化教育与高职语文教学的融合创新发展方案
	再次命名与传统节日的现代转换的创新方案
	"文化自信"语境下的传统节日文化弘扬的创新方案
	羌族传统节日景观的复兴创新发展
	建构时代的中国节日建设的创新方案
	庆典的再造与海南少数民族社区建设的创新方案
	壮族节日文化的重构与创新发展方案
	哈尼族传统节日文化的保护与创新发展
	利用传统节庆文化发展乡村旅游的创新方案
	中国传统节日资源的开掘与利用的创新思路
	开拓传统节日的现代性的创新方案
	把社会主义核心价值体系建设融入传统节日文化传承与创新过程的始终的创新发展
统计	333

参考文献

著作类（按拼音首字母排序）

[1] 习近平.论党的宣传思想工作[M].北京：中央文献出版社，2020.

[2] 中共中央宣传部.习近平总书记系列重要讲话读本[M].北京：学习出版社，2016.

[3] BYERS V. Creativity，Innovation，and Change[M]. Berkshire: Open University Press，2017.

期刊类（按拼音首字母排序）

[1] AR智能眼镜研发商枭龙科技获得京东方5000万A+轮融资[J].信息技术与信息化，2016（9）：7.

[2] 安娜，林建成.中国文化软实力的内容架构及提升路径探究[J].学术论坛，2015（10）：151-155.

[3] 包哈申，才奥日丽玛，亚男.《蒙医文献学》课程教学中运用"蒙医药古文献知识库教学应用平台"的实践成效[J].内蒙古医科大学学报，2022（3）：333-336.

[4] 鲍展斌，李包庚.习近平文化遗产观及其时代价值[J].马克思主义研究，2019（8）：65-74.

[5] 毕浩浩.论长江文化的时代价值及其创造性转化[J].学习与实践，2021（5）：134-140.

[6] 蔡新良，虞洪.乡村振兴视角下民族传统文化资源的旅游创新转化研究[J].农村经济，2019（5）：137-144.

[7] 曹苗.中华优秀传统文化的创造性转化创新性发展研究：兼论中华优秀传统文化的基本精神[J].理论探讨，2021（6）：55-61.

[8] 曹晔.抢救传承蒙古族古老传统艺术的一次成功尝试：记"内蒙古自治区潮尔艺术传承人培训班"[J].内蒙古大学艺术学院学报，2009（2）：75-78.

[9] 柴文华，张凛凛.论胡先的人文思想[J].学习与探索，2018（1）：7-12.

[10] 陈爱爱.发挥优秀传统文化育人作用的意义及路径[J].人民论坛，2021（4）：107-109.

[11] 陈波，林青.乡村振兴战略视野下的非遗小镇发展路径探究[J].南京理工大学学

报（社会科学版），2019，32（5）：24-29.

[12] 陈晨，等.基于CiteSpace的国内非物质文化遗产研究知识图谱分析[J].包装工程，2020（14）：228-234.

[13] 陈国峰.论高等教育民族传统的创造性转化[J].高等教育研究，2020（1）：9-17.

[14] 陈祺，等."德法兼治"理念下的高校思想政治教育[J].高教发展与评估，2018（4）：79-83，102，105-106.

[15] 陈淑一，邢光晟.培养大学生文化自信的三维路径[J].江苏高教，2020（7）：112-115.

[16] 陈伟民，谭晓兰.精准供给视域下高校双创教育与思政教育协同育人研究[J].教育探索，2022（5）：36-39.

[17] 陈卫平，Tong Xiaohua.新时代传承发展中华优秀传统文化的根本方针[J].孔学堂，2021（3）：8-13，111-118.

[18] 陈卫平."两创"：马克思主义中国化在新时代的新发展[J].思想理论教育，2018（4）：10-17.

[19] 陈卫平.对文化激进主义和文化保守主义的超越[J].马克思主义研究，2019（9）：133-140.

[20] 陈先达.厚植文化自信增强战略定力[J].红旗文稿，2019（17）：9-12.

[21] 陈雅忱，等.全球非物质文化遗产保护制度演进路径[J].经济地理，2022（6）：225-230.

[22] 陈燕.道家文化的自然之道与存在之思[J].南通大学学报（社会科学版），2018（1）：90-94.

[23] 陈乙华，曹劲松.优秀传统文化时代创生的机理与路径[J].南京社会科学，2021（10）：163-170.

[24] 陈支越.中越边境民俗体育文化探析：以广西龙州金龙板烟布傣舞凤为个案[J].沈阳体育学院学报，2012（2）：139-140，144.

[25] 成欣欣.内蒙古自治区非物质文化遗产传承人才培养研究：以和林格尔剪纸为例[J].内蒙古师范大学学报（教育科学版），2020（4）：40-44.

[26] 崔乐泉，刘兰.新时代中华优秀传统体育文化的创造性转化与创新性发展研究[J].首都体育学院学报，2022，34（1）：8-15.

[27] 戴燕灵，等.文博资源"两创"：行业博物馆的识见与作为——以中国彩灯博物馆及其保护传承的"自贡灯会"为例[J].中国博物馆，2022（2）：95-99.

[28] 党圣元，李昕揆.以创造性转化和创新性发展建构中国当代文论话语和价值体系：中国社会科学院博士生导师党圣元教授访谈[J].社会科学家，2016（9）：3-8，161.

[29] 丁俊萍，林建雄.马克思主义与中华传统文化关系的历史考察及启示[J].思想教育研究，2017（4）：33-38.

[30] 董云川，等.非物质文化遗产传承教育者之角色冲突：以壮族坡芽歌书为例[J].学术探索，2022（4）：108-114.

[31] 窦广平，周建超.习近平传统文化观的四维解读[J].江海学刊，2018（3）：127-132.

[32] 窦晓娟，李博雅."中华历史文化精华与习近平新时代中国特色社会主义思想"学术研讨会综述[J].孔子研究，2019（3）：159-160，98.

[33] 杜芳.中华优秀传统文化与文化自信[J].探索，2017（2）：163-168.

[34] 段晓卿.2001—2020年CNKI非遗研究文献计量分析[J].文化遗产，2021（4）：28-36.

[35] 樊丽明."新文科"：时代需求与建设重点[J].中国大学教育，2020（5）：4-8.

[36] 范小青.基于新媒体、网络社群的少数民族文化传承：以阿昌族、裕固族为个案[J].民族学刊，2020（3）：73-79，137-138.

[37] 方坤，秦红增.乡村振兴进程中的文化自信：内在理路与行动策略[J].广西民族大学学报（哲学社会科学版），2019，41（2）：41-48.

[38] 方中雄.从国家文化战略格局出发思考中华优秀传统文化教育[J].中小学管理，2017（8）：31-34.

[39] 冯东梅.促进博物馆文化创造性转化、创新性发展[J].文物鉴定与鉴赏，2021（5）：154-156.

[40] 冯刚，鲁力.习近平关于中华优秀传统文化重要论述的理论蕴涵[J].湖南大学学报（社会科学版），2022（1）：1-10.

[41] 傅蝉妮，等.从李子柒系列短视频探索中华优秀传统文化传播的有效途径[J].广西科技师范学院学报，2022（1）：80-85.

[42] 盖建民，刘雪涛.再论新时代道教文化现代性诠释的机与理：从萧萐父先生的学术旨趣说开去[J].中华文化论坛，2019（5）：95-103，158.

[43] 高书生.文化治理现代化：文化繁荣的新坐标和新任务[J].探索与争鸣，2014（5）：4-5.

[44] 高长武.马克思主义与中华优秀传统文化相结合四题[J].红旗文稿,2018(5):24-26.

[45] 葛爱冬.中华优秀传统文化转化创新应把握的原则[J].山东社会科学,2022(5):174-179.

[46] 官丽.铸牢中华民族共同体意识的文化路径[J].中南民族大学学报(人文社会科学版),2019(4):11-15.

[47] 龚婷.论弘扬中华优秀传统文化之于坚定大学生文化自信的意义[J].学校党建与思想教育,2018(17):95-96.

[48] 谷梦恩,等.湖南花瑶挑花文创产品的设计创新[J].丝绸,2021(7):122-126.

[49] 桂署钦.大学生传统礼仪教育探究[J].学校党建与思想教育,2010(19):84-86.

[50] 郭德钢.论少数民族音乐文化传承与内蒙古高校音乐教育[J].中国音乐,2010(1):261-266.

[51] 郭建宁.我们需要坚守怎样的文化立场[J].党建,2014(6):28-30.

[52] 郭丽瑾,肖周录.习近平中华优秀传统文化创造性转化和创新性发展的逻辑理路[J].学术探索,2022(10):53-59.

[53] 郭齐勇,Tong Xiaohua.中国文化的"两创"[J].孔学堂,2021(3):4-8,105-111.

[54] 韩海燕.人工智能在非物质文化遗产保护与创新设计中的应用研究:以内蒙古地区为例[J].艺术与设计(理论),2020(8):73-75.

[55] 韩美群.新时代传承与发展中华优秀传统文化的方法论探析[J].马克思主义与现实,2020(5):97-102.

[56] 韩荣荣.坚定文化自信为实现中国梦提供精神动力[J].人民论坛,2019(20):134-135.

[57] 韩玉胜.传承中华优秀传统文化与增强文化自信[J].中华文化论坛,2017(11):51-57.

[58] 韩玉胜.中国共产党百年传统文化观的历史逻辑[J].广西大学学报(哲学社会科学版),2021(6):15-22.

[59] 何中华.正确处理马克思主义与中华优秀传统文化的关系[J].党的文献,2021(3):49-53.

[60] 侯文学,倪晓明.新时代贯彻落实"两创"方针的意义及路径[J].北方民族大学学报(哲学社会科学版),2019(5):48-53.

[61] 胡安江.中国文学"走出去"之译者模式及翻译策略研究:以美国汉学家葛浩

文为例 [J]. 中国翻译，2010，31（6）：10-16，92.

[62] 胡安鹏，董玉玉. "非遗＋文创"赋能大运河文化传承与创新研究 [J]. 四川戏剧，
2022（10）：153-156.

[63] 胡倩倩. 学习习近平关于中华传统文化重要论述的几点思考 [J]. 学校党建与思想
教育，2019（6）：88-91.

[64] 胡孝红. 中国共产党对中华优秀传统文化的创造性转化和创新性发展 [J]. 理论月
刊，2021（12）：38-46.

[65] 胡钰，朱戈奇. 网络游戏与中华优秀传统文化的当代传播 [J]. 南京社会科学，
2022（7）：155-162.

[66] 胡云霞，彭娜. 论新时代传统文化的挖掘、创新与发展 [J]. 四川戏剧，2018（4）：
52-54，65.

[67] 黄琳，张毅. 嵌入、融合、共生：传统文化的数字新图景：技术逻辑下电视综
艺节目的文化创新 [J]. 中国电视，2022（5）：60-66.

[68] 黄申. 以礼敬态度对待中华优秀传统文化 [J]. 中学政治教学参考，2018（24）：
84-87.

[69] 黄意武. 中华优秀传统文化创造性转化、创新性发展面临的障碍及破解路径 [J].
重庆社会科学，2020（5）：119-128.

[70] 黄永林，纪明明. 论非物质文化遗产资源在文化产业中的创造性转化和创新性
发展 [J]. 华中师范大学学报（人文社会科学版），2018，57（3）：72-80.

[71] 霍嘉媛. 内蒙古地区音乐类非物质文化遗产的保护、传承与发展：以鄂尔多斯短
调民歌《森吉德玛》为例 [J]. 艺术评鉴，2017（11）：26-28.

[72] 姬晓鹏，薛荣丽，段振东. "两创"方针指导下传统文化出版新路径 [J]. 出版广
角，2021（17）：73-75.

[73] 季相龙，车俊文，焦晶音. 乡村振兴背景下的传统文化对山东省绿色农业经济
发展研究 [J]. 时代经贸，2020（26）：51-52.

[74] 江娟丽，等. 非物质文化遗产传承与旅游开发的耦合逻辑：以重庆市渝东南民
族地区为例 [J]. 云南民族大学学报（哲学社会科学版），2021（1）：48-56.

[75] 江伟，等. 文旅融合背景下的非遗主题文创产品开发策略研究——以无锡灵山
小镇•拈花湾为例 [J]. 艺术百家，2020（5）：200-204.

[76] 姜辉. "两个结合"是马克思主义中国化的必然途径 [J]. 当代中国史研究，2021
（5）：4-9，150.

[77] 姜喜任. 论习近平关于继承和弘扬传统文化的三个方针 [J]. 思想政治教育研究，2018（6）：139-143.

[78] 姜义华. 中国共产党与中华优秀传统文化 [J]. 红旗文稿，2021（12）：11-15.

[79] 蒋晗琦，张桓森. 电商环境下粉丝经济发展现状研究 [J]. 商场现代化，2020（5）：21-22.

[80] 金涛. 四川民间音乐产业可持续性发展研究 [J]. 四川戏剧，2019（10）：174-177.

[81] 景海峰，Hou Jian. 如何更深刻理解儒家经典 [J]. 孔学堂，2021（3）：13-17，118-124.

[82] 鞠忠美. 论中华传统文化的创造性转化 [J]. 理论学刊，2017（4）：155-160.

[83] 康思本. 图书馆文旅融合模式与路径系统研究 [J]. 图书馆，2020（6）：61-66.

[84] 孔繁轲. 推动中华优秀传统文化创造性转化、创新性发展的实践运用与路径探析：以传统文化与社会主义核心价值观的耦合转化为例 [J]. 理论学刊，2018（6）：18-24.

[85] 黎群. 乡村振兴背景下侗族非物质文化遗产的法律保护路径探析 [J]. 广西民族大学学报（哲学社会科学版），2020（5）：190-197.

[86] 李爱增，王柏利. 新时代中国武术创造性转化与创新性发展的四重维度 [J]. 广州体育学院学报，2020（5）：73-77.

[87] 李凤亮，古珍晶. 新时代中华优秀传统文化现代化转换的价值、路径及原则 [J]. 东岳论丛，2020（11）：111-118，191.

[88] 李昊远. 习近平中华优秀传统文化观哲学特色探微：以治理现代化为视角 [J]. 学术论坛，2016（6）：151-156.

[89] 李虎群. 文明史视阈下中国共产党百年奋斗的伟大意义 [J]. 人民论坛，2022（6）：117-119.

[90] 李欢，陈峥. 优秀传统典章制度文化传承与新时代文化自信提振 [J]. 长白学刊，2021（2）：148-156.

[91] 李捷. 在创造性转化、创新性发展的基础上弘扬中华优秀传统文化 [J]. 中国国家博物馆馆刊，2015（12）：23-25.

[92] 李晶，李青松. 数字化时代文创产品的开发创新：以"汉仪字库陈体甲骨文"衍生产品开发为例 [J]. 出版广角，2020（18）：59-61.

[93] 李军. 引领中华文化走向新辉煌 [J]. 求是，2015（19）：51-53.

[94] 李明. "坚守中华文化立场"的深度解读 [J]. 理论月刊，2020（2）：42-52.

[95] 李婷.5G时代电视内容生产与传播创新：以河南春晚《唐宫夜宴》与元宵特别节目为例[J].中国广播电视学刊，2021（8）：110-112.

[96] 李新潮.中华优秀传统文化创造性转化创新性发展的运行机理[J].理论学刊，2022（2）：25-33.

[97] 李雅兴，姚功武.习近平关于办好思想政治理论课重要论述的内在逻辑[J].思想理论教育导刊，2020（4）：33-38.

[98] 李亚楠，等.乡村振兴战略背景下非物质文化遗产的传承创新研究：以天琴艺术为例[J].广西民族研究，2021（5）：157-164.

[99] 李岩峰.试论优秀传统文化的时尚化表达：以《中华好诗词》之"总决赛之夜"为例[J].中国广播电视学刊，2018（12）：53-55.

[100] 李尧，张宏锋."两创"融入"新文科"的内生逻辑与创生路径[J].西南民族大学学报（人文社会科学版），2022（10）：229-234.

[101] 李野，等.近三十年藏戏研究的发展脉络与趋势：基于计量可视化分析[J].民族学刊，2021（4）：101-109，122.

[102] 李拥军.论法律传统继承的方法和途径[J].法律科学（西北政法大学学报），2021（5）：31-42.

[103] 立清，董梅香，肖卫飞.港台地区古籍数字化现状分析及启示[J].图书情报工作，2006（8）：87-90，109.

[104] 郦波.诗词类综艺节目的文化传播意义与路径选择[J].中国广播电视学刊，2018（12）：44-45，82.

[105] 梁若冰.文化自信引领乡村文化建设的实践路径[J].内蒙古社会学，2021（5）：190-196.

[106] 梁秀文.中华优秀传统文化创造性转化的研究进展与展望[J].学习与实践，2018（9）：112-118.

[107] 林继富，等.花儿研究的基本态势与热点问题的知识图谱：基于1999—2019年计量可视化分析[J].青海民族大学学报（社会科学版），2021（1）：80-92.

[108] 刘成科，等.新时代创新自觉的新进路：从创造教育谈起[J].科学管理研究，2018（6）：14-17.

[109] 刘春荣.文化自信的传统文化根基与渊源[J].理论视野，2019（4）：19-23.

[110] 刘芳艺.新时代民族音乐及相关出版探析[J].出版广角，2020（16）：78-80.

[111] 刘佳.中华传统文化创新性传播的路径与对策[J].传媒，2021（10）：73-76.

[112] 刘建武. 马克思主义基本原理与中华优秀传统文化相结合的历史必然性[J]. 思想理论教育导刊, 2022（2）: 56-63.

[113] 刘京臣. "两创": 弘扬中华优秀传统文化的根本遵循[J]. 文学遗产, 2018（5）: 25-33.

[114] 刘娟. 从节日仪式文化到营销: 传播的仪式观视角下的天猫"双十一"狂欢购物节营销[J]. 广告大观（理论版）, 2013（2）: 84-90.

[115] 刘莲香, 王正军. 弘扬优秀传统文化提升我国文化软实力[J]. 内蒙古社会科学（汉文版）, 2010（1）: 122-126.

[116] 刘嗣传. 善于继承更好创新[J]. 中国道教, 2019（4）: 42-43.

[117] 刘松, 徐国亮. 场域、语境和时域转换: 马克思主义中国化的思维转换[J]. 思想教育研究, 2019（5）: 55-59.

[118] 刘文良, 等. 非遗传承与高校育人协同发展策略研究[J]. 大学教育科学, 2022（2）: 75-82.

[119] 刘勇, 章钊铭. 人类命运共同体理念对中华优秀传统文化的赓续和弘扬[J]. 学术交流, 2021（10）: 5-14, 191.

[120] 刘志礼. 传承发展中华优秀传统文化的理论指南: 学习习近平关于中华优秀传统文化系列重要讲话精神[J]. 理论学刊, 2017（5）: 34-39.

[121] 陆卫明, 冯晔. 新时代中国共产党对中华优秀传统文化的创造性转化与创新性发展[J]. 探索, 2021（6）: 162-176.

[122] 骆郁廷, 王瑞. 论中华优秀传统文化价值观的现代转换[J]. 江汉论坛, 2015（6）: 28-33.

[123] 吕从娜, 等. 城市文化背景下公共艺术的创造性转化和创新性发展: 以沈阳K11购物艺术中心为例[J]. 美术大观, 2020（1）: 134-135.

[124] 马飚. 推动新时代道教文化的创造性转化和创新性发展[J]. 中国道教, 2014（6）: 8-9.

[125] 马翀炜, 夏禾. 坐看云起时: "云上"开秧门与非物质文化遗产保护传承的图像化路径[J]. 西北民族研究, 2021（4）: 155-166.

[126] 马金祥. 中华优秀传统文化与社会主义核心价值观内在逻辑管窥[J]. 思想教育研究, 2016（7）: 69-73.

[127] 马英. 短视频叙事方式与讲好中国故事的实践路径: 以2021年河南卫视"中国节日"系列节目为例[J]. 新媒体研究, 2022（5）: 102-104, 109.

[128] 孟峰年，等.民族传统体育非物质文化遗产保护：属性、分类及路径选择：基于对丝绸之路甘肃段的观照 [J]. 西安体育学院学报，2020（3）：335-342.

[129] 聂辰席.坚持创造性转化、创新性发展用心用情用功做好文化类节目创作播出 [J]. 中国广播电视学刊，2021（8）：4-7.

[130] 宁海林."中华优秀传统文化＋短视频"整合传播研究 [J]. 现代传播（中国传媒大学学报），2018（6）：135-138.

[131] 欧阳雪梅.新时代中国特色社会主义文化建设的理论与实践创新 [J]. 党的文献，2019（1）：13-20.

[132] 潘光繁.贵州省国家级非物质文化遗产数字人文发展战略路径研究 [J]. 贵州民族研究，2022（3）：83-88.

[133] 潘妤，丁滢.有华人的地方就有醒狮：大型民族舞剧《醒·狮》[J]. 弘扬中国精神文化月刊，2019（4）：72-73.

[134] 庞乃燕，彭俊桦.中华优秀传统文化与"五大发展理念"的耦合研究 [J]. 社会科学家，2019（9）：36-39.

[135] 裴传永，王萍.习近平对传承弘扬中华优秀官箴文化的历史性贡献 [J]. 理论学刊，2021（4）：23-33.

[136] 彭流萤.影视传播与族群文化发展：以边境少数民族村寨生活文化塑型为例 [J]. 现代传播（中国传媒大学学报），2016（12）：99-102.

[137] 邱海洪，等.体育非物质文化遗产保护传承中乡村精英的话语权生成：基于湖南"汝城香火龙"的田野考察 [J]. 武汉体育学院学报，2022（4）：28-34.

[138] 任国平.树文化自信铸中国灵魂：首届人民教育"中华优秀传统文化教育"研讨会综述 [J]. 人民教育，2017（24）：68-69.

[139] 任红军."互联网＋"背景下川剧的保护与传承 [J]. 四川戏剧，2018（1）：88-91.

[140] 任杰.如何挖掘中国传统文化的当代价值 [J]. 人民论坛，2017（34）：134-135.

[141] 荣慧.系统呈现文字文化的整体形象：以中国文字博物馆为例谈文化的创造性转化和创新性发展 [J]. 文化产业，2022（22）：61-63.

[142] 阮晓菁，肖玉珍.习近平关于"中华优秀传统文化创造性转化、创新性发展"论述研究 [J]. 思想理论教育导刊，2019（1）：30-33.

[143] 商莹，蒋满娟.新时代统一战线思想的中华优秀传统文化基因 [J]. 社会科学家，2020（5）：135-138.

[144] 邵佳德.新时代的中华优秀传统文化：历史定位、理论内涵及价值维度 [J]. 江

西社会科学，2018（6）：11-17，254.

[145] 邵明华，倪吴玥，李泽华.公共图书馆文旅融合的基本逻辑及发展路径[J].图书馆学研究，2021（10）：18-24，38.

[146] 邵明华.农村特色文化产业发展的山东模式[J].山东社会科学，2020（5）：165-171.

[147] 申坤.守护中华精神家园弘扬优秀传统文化："中华优秀传统文化艺术传承与发展论坛"学术综述[J].艺术评论，2017（10）：38-43.

[148] 沈壮海，史君.传承发展中华优秀传统文化是文化自觉的时代体现[J].中国高等教育，2018（7）：20-21.

[149] 石文卓.文化自信：基本内涵、依据来源与提升路径[J].思想教育研究，2017（5）：43-47.

[150] 宋凯.北京文化形象的媒体呈现：基于大数据和社会网络分析方法[J].现代传播（中国传媒大学学报），2020（10）：18-24.

[151] 宋小霞.中华优秀传统文化创造性转化与创新性发展的路径[J].东岳论丛，2019（2）：125-130.

[152] 宋友文.党的十八大以来中国共产党治国理政的传统文化底蕴[J].马克思主义理论学科研究，2019（1）：91-99.

[153] 苏欣悦.论《哪吒之魔童降世》的传统文化表达[J].中国报业，2022（14）：76-77.

[154] 苏勇，文崇坚.开辟国家文化软实力的渠道之探析[J].贵州师范大学学报（社会科学版），2011（4）：25-28.

[155] 孙雷.坚持创造性转化、创新性发展传承弘扬中华优秀传统文化[J].四川戏剧，2021（2）：201.

[156] 孙齐，李子路，梁犇.《文史哲》杂志创刊70周年纪念会举行[J].文史哲，2021（4）：2，169-170.

[157] 孙守刚.弘扬优秀传统文化建设山东道德高地[J].孔子研究，2014（6）：9-11.

[158] 孙天垚.创新中激活传统文化传承中增强城市动能：以成都文创产业发展为例[J].科技智囊，2018（8）：46-67.

[159] 孙振琳，曲建武.习近平传统文化思想探析[J].学习论坛，2017（6）：56-60.

[160] 孙志超.他国在奥运知识产权保护方面对我国的启示[J].学术论坛，2008（7）：27-30.

[161] 谭好哲.民族形式·批判继承·转化创新：马克思主义文艺理论同中华优秀传统文艺相结合的历史进程[J].中国文艺评论，2022（5）：4-17.

[162] 唐伟.以文化认同铸牢中华民族共同体意识[J].云南社会主义学院学报，2022（1）：53-59.

[163] 陶晶雯.非遗传统技艺保护视角下高校图书馆文创产品开发构想[J].图书馆工作与研究，2021（4）：87-91.

[164] 陶雯.内蒙古动画的崛起：评获奖动画片《小牛向前冲》[J].内蒙古宣传思想文化工作，2013（1）：25-26.

[165] 田世英.基于新冠肺炎疫情防控的中药材发展研究[J].中国农业资源与区划，2020（4）：292-298.

[166] 田新辉.不断增强中华优秀传统文化的生命力[J].人民论坛，2017（31）：236-237.

[167] 涂伟，等.非物质文化遗产长乐故事会的文创产品开发策略[J].包装工程，2019（10）：119-124.

[168] 万光侠.中华传统文化创造性转化创新性发展的哲学审视[J].东岳论丛，2017（9）：8.

[169] 汪荣，荣霞.中国传统文化对大学生思想道德观的建塑与提升[J].山西财经大学学报，2012（S4）：72-73.

[170] 汪信砚.百年大党马克思主义中国化的再出发[J].武汉大学学报（哲学社会科学版），2021（6）：5-13.

[171] 王彬，徐国亮."两创"方针是弘扬中华优秀传统文化的根本路径[J].红旗文稿，2018（5）：27-28.

[172] 王彬.中华优秀传统文化是文化自信的根基[J].山东社会科学，2018（2）：19-23.

[173] 王传礼.中华优秀传统文化与社会主义核心价值观的有机结合[J].中学政治教学参考，2021（19）：22-25.

[174] 王红."弘扬优秀传统文化，凝聚中华民族共识"学术研讨会综述[J].思想理论教育导刊，2017（1）：156-159.

[175] 王红超，王志奎."文化创新的途径"教学设计[J].思想政治课教学，2018（8）：65-69.

[176] 王宏民.区域优秀传统文化"创造性转化，创新性发展"践行与探索[J].湖南

包装，2020（6）：5.

[177] 王乐.略论高校图书馆特色馆藏建设的价值与发展方向[J].大学图书馆学报，2020（3）：12-17.

[178] 王雷.新媒体时代中华优秀传统文化的网络传播路径[J].新闻研究导刊，2022（17）：10-12.

[179] 王丽霞.中华优秀传统文化创造性转化和创新性发展路径探析[J].山东社会科学，2021（11）：85-92.

[180] 王天彤.弘扬中华优秀传统文化的三个层面[J].人民论坛，2019（10）：140-141.

[181] 王廷信，李制.乡村振兴战略与中华优秀传统艺术体系建构[J].民族艺术，2018（5）：13-18.

[182] 王向军.以文化自信推动国家治理现代化[J].人民论坛，2021（36）：114-116.

[183] 王晓光，等.文化遗产智能计算的肇始与趋势：欧洲时光机案例分析[J].中国图书馆学报，2022（1）：62-76.

[184] 王新刚.中华优秀传统文化"传承发展体系"建设初探[J].思想理论教育导刊，2017（12）：85-89.

[185] 王兴永.弘扬中华优秀传统文化与当代中国社会发展[J].理论学刊，2018（4）：133-137.

[186] 王雪婴.习近平总书记关于传统文化的论述与西安的实践探索[J].陕西社会主义学院学报，2019（1）：37-38.

[187] 王艳.创造性转化与创新性发展：传统文化类电视节目精品创作生产路径研究[J].传媒，2021（24）：42-43，45.

[188] 王燕仓，等.非物质文化遗产传承人智力成果的知识产权保护路径：以苏州现状为蓝本[J].知识产权，2021（4）：58-66.

[189] 王邑雯，邓晰.网络环境下非物质文化遗产的创新性保护与传播：以故宫文创IP的打造为例[J].艺术教育，2020（5）：133-136.

[190] 王莹.中华优秀传统文化"两创"分析[J].当代世界与社会主义，2018（6）：85-91.

[191] 王泽应.论承继中华优秀传统文化与践行社会主义核心价值观[J].伦理学研究，2015（1）：6-10.

[192] 王增福.传承创新中华优秀传统文化需正确处理六大关系[J].山东师范大学学

报（人文社会科学版），2018（3）：103-113.

[193] 王忠宝.中华优秀传统文化在高校思想政治教育中转化与创新探究[J].黑龙江高教研究，2018（12）：129-132.

[194] 魏勇.中华优秀传统文化创造性转化和创新性发展的逻辑进路[J].中南民族大学学报（人文社会科学版），2022（7）：65-73，183.

[195] 吴玲玲.网络游戏的传播模型建构与传播机制分析——基于大型角色扮演类网络游戏[J].福建论坛（人文社会科学版），2010（4）：104-105.

[196] 吴潜涛.增强做中国人的骨气和底气[J].伦理学研究，2021（4）：1-3.

[197] 吴倩."互联网＋"与传统文化创新性发展的实现路径：基于网络化关系的视角[J].中国海洋大学学报（社会科学版），2019（3）：84-89.

[198] 吴余青.朴拙之美：包装设计中传统文化元素的创新与应用[J].食品与机械，2017（8）：110-113.

[199] 吴增礼，马振伟.中华优秀传统文化提升文化自信的理与路[J].马克思主义研究，2018（9）：77-85，164.

[200] 吴增礼，王梦琪.中华优秀传统文化创造性转化与创新性发展的维度和限度[J].湖南大学学报（社会科学版），2020（1）：1-7.

[201] 吴增礼，肖佳.中国共产党对待中华传统文化的态度变迁及基本经验[J].湖南大学学报（社会科学版），2021（1）：8-14.

[202] 萧放，周茜茜.文旅融合视阈下节日类非遗传承与非遗资源的开掘利用[J].广西民族大学学报（哲学社会科学版），2021（6）：52-57.

[203] 萧宿荣.谈传统文化的创造性转化与创新性出版[J].出版参考，2017（12）：12-17.

[204] 谢紫悦，陈雅.图书馆助力优秀传统文化创造性转化和创新策略研究[J].图书馆理论与实践，2021（2）：124-130.

[205] 熊莉君.基于供给侧改革的图书馆经典阅读推广：兼论中华优秀传统文化的创造性转化与创新性发展[J].图书馆理论与实践，2019（11）：12-17.

[206] 熊焰.中国传统文化与思想政治教育的创新实践：评《中国传统文化与思想政治教育的创新》[J].领导科学，2019（15）：127.

[207] 徐光木，江畅.习近平总书记对中华优秀传统文化的创造性转化和创新性发展[J].思想理论教育，2019（2）：38-44.

[208] 徐海.如何从传统文化中挖掘主题出版选题[J].出版广角，2021（10）：6-9.

[209] 徐礼红.中华优秀传统文化的价值意蕴[J].江西社会科学，2020（5）：226-232.

[210] 徐望. 以文化消费促进少数民族文化传承发展的路径探索[J]. 民族艺术研究，2019，32（4）：148-156.

[211] 徐元. 文化大发展大繁荣离不开职业教育[J]. 中国职业技术教育，2013（3）：40-46.

[212] 许安. 创新金融服务 助推白酒产业高质量发展[J]. 当代贵州，2022（37）：66-67.

[213] 许锐，王志强. 非遗视域下的江南女性服饰手工艺传承[J]. 档案与建设，2022（9）：89-90.

[214] 闫艺，等."一带一路"背景下少数民族体育非物质文化遗产保护与传承机制研究：以新疆地区为例[J]. 西安体育学院学报，2021（1）：96-104.

[215] 严永和，等. 论我国非物质文化遗产公益诉讼制度的构建[J]. 文化遗产，2021（4）：37-48.

[216] 严永和，李帅通. 传统手工艺知识产权保护的路径选择与制度设计[J]. 河北法学，2021（5）：31-44.

[217] 杨红. 遗产保护与文旅融合：关于露天博物馆模式的探讨[J]. 民族艺术，2022（1）：105-112.

[218] 杨洪林，等. 非物质文化遗产保护视野下乡村振兴的文化治理转向[J]. 文化遗产，2022（3）：16-23.

[219] 杨建军. 通过立法的文化传承[J]. 中国法学，2020（5）：127-145.

[220] 杨彦. 传统文化在数字媒体艺术中的创新表达研究[J]. 中国包装，2020（10）：35-38.

[221] 杨耀源. 文旅融合背景下少数民族非物质文化遗产保护性旅游开发[J]. 社会科学家，2021（4）：64-69.

[222] 杨肇中. 近年来马克思主义中国化与中华优秀传统文化研究述要[J]. 毛泽东邓小平理论研究，2022（2）：13-23，108.

[223] 易玲，等. 我国非物质文化遗产保护30年：成就、问题、启示[J]. 行政管理改革，2021（11）：65-73.

[224] 余卫国. 马克思主义中国化"两个结合"的科学内涵、辩证关系和实践创新[J]. 探索，2022（3）：1-14.

[225] 袁媛，卢鹏，韩昀. 中华优秀传统文化对外传播实践路径探索：基于华侨大学"华文星火"中华文化海外传播实践项目[J]. 思想教育研究，2019（7）：127-130.

[226] 岳永杰，李凯. 以中国优秀传统文化厚植中华民族文化自信的四维路径探究

[J].黑龙江民族丛刊，2018（3）：34-37.

[227] 张勃.新文科视域下的非物质文化遗产学科建设：从高校使命担当与非物质文化遗产保护的耦合关系谈起[J].文化遗产，2021（4）：8-19.

[228] 张勃.中华传统节日的文化内涵：基于人与自然、他者和自身关系视角的考察[J].中国文艺评论，2021（5）：39-50.

[229] 张崔英.文化自信的逻辑基点及实现路径刍议[J].新疆社会科学，2018（3）：125-130，158.

[230] 张国涛，欧阳沛妮.在中华美学精神层面寻得共鸣：解析河南卫视"中国节日"系列节目[J].中国电视，2021（7）：23-29.

[231] 张宏斌.从文化自信的角度理解儒家思想：学习习近平关于中华优秀传统的系列论述[J].世界宗教研究，2019（5）：42-47.

[232] 张厚远.《经典咏流传》：审美特征研究[J].中国广播电视学刊，2018（7）：38-39.

[233] 张继焦，吴玥.基于文化遗产的"结构—功能"变迁，推动历史文化名城的内源性可持续发展[J].杭州师范大学学报（社会科学版），2021（4）：128-136.

[234] 张洁.流动的博物馆：旅游民俗表演与文化景观的再生产：以贵州丹寨万达小镇"非遗"展演活动为例[J].北方民族大学学报，2022（2）：81-87.

[235] 张金尧.当前中国网络文艺的三维探析[J].人民论坛，2021（7）：92-95.

[236] 张劲盛.蒙古族长调民歌保护与传承的内蒙古实践[J].内蒙古艺术，2018（2）：66-68.

[237] 张举文.从实践概念"非物质文化遗产"到学科概念"文化遗产"的转向[J].民俗研究，2021（5）：14-20，158.

[238] 张磊，张苹.论中华优秀传统文化的传承、转化与历史科学的发展[J].华南师范大学学报（社会科学版），2017（5）：48-51，190.

[239] 张咪.网络时代中华优秀传统文化的转化与发展[J].广西社会主义学院学报，2021（3）：80-84.

[240] 张宁，Miguel Baptista Nunes，李俊炀."VR+文化"背景下的中华古籍阅读与传统文化传播新路径研究[J].图书馆建设，2019（6）：128-134.

[241] 张宁.坚定文化自信创新文化传播：谈《中国诗词大会》的三个"坚持"[J].中国广播电视学刊，2018（5）：9-10.

[242] 张鹏飞.中华优秀传统文化：高职教育人才培养深度改革的核心驱动[J].职业技术教育，2019（32）：67-70.

[243] 张岂之. 文化自信与我国高等教育：兼论中华优秀传统文化特色 [J]. 中国大学教学，2017（8）：17-22.

[244] 张庆伟. 中华优秀传统文化融入综合实践活动课程的路径探讨 [J]. 当代教育科学，2018（7）：36-40.

[245] 张小彤，等. 中华传统手工艺非物质文化遗产创意开发与高校传承人培养机制研究 [J]. 包装工程，2022（S1）：391-397.

[246] 张晓明. 文化产业的新形势新思路新战略 [J]. 人民论坛，2017（S2）：96-97.

[247] 张雅难. 锡伯族传统文化传承现状调查与研究：以察布查尔锡伯自治县爱新舍里镇为例 [J]. 满族研究，2021（2）：108-111.

[248] 张毅. 赋能创新表达绽放创新活力：以河南广播电视台中国节日系列节目新技术应用为例 [J]. 新闻战线，2021（20）：94-96.

[249] 张莹，仪德刚. 克什克腾旗古法榨油制作技艺调查 [J]. 云南农业大学学报（社会科学），2018（5）：121-127.

[250] 张语恩. 品牌出圈：破圈融入，年轻化营销的革新之路 [J]. 国际公关，2021（8）：10-12.

[251] 张玉梅. 语言学视角下的"中华文化自信" [J]. 社会科学家，2018（4）：143-149.

[252] 张兆端. 正确认识和科学对待中华优秀传统文化：论习近平的马克思主义传统文化观 [J]. 东北师大学报（哲学社会科学版），2017（1）：47-53.

[253] 张志臣，洪晓楠. 习近平总书记关于中华优秀传统文化重要论述及其时代价值 [J]. 当代世界社会主义问题，2019（2）：12-19.

[254] 张志强. 中华文化的体系性特征 [J]. 中国文化研究，2017（4）：17-20.

[255] 张忠杰，等. 体育非物质文化遗产传承的引导性协同机制生成：基于Y寨苗拳的田野调查 [J]. 武汉体育学院学报，2022（3）：61-69.

[256] 章宏伟. 守正创新：以出版助力中华优秀传统文化的融合发展 [J]. 出版广角，2022（15）：36-41.

[257] 章立，等. 非物质文化遗产三维数字化保护与传播研究——以惠山泥人为例 [J]. 装饰，2016（8）：126-127.

[258] 章牧. 非物质文化遗产活化研究：基于文旅融合的视角 [J]. 社会科学家，2021（6）：15-20.

[259] 章思英，欧阳骞. 中国核心术语的传承创新与国际传播实践 [J]. 中国出版，2022（20）：38-41.

[260] 赵馥洁.传统文化：构建中国特色哲学社会科学的宝贵资源[J].西安交通大学学报（社会科学版），2016（5）：45-50.

[261] 赵静，丁晓强.革命文化对中华优秀传统文化的转化与发展[J].江淮论坛，2018（2）：68-75.

[262] 赵丽媛，翟继军.中华优秀传统文化"两创"的三重维度[J].学术交流，2019（11）：94-101.

[263] 赵世锋.习近平新时代传统文化观四维论析[J].学习论坛，2019（3）：13-19.

[264] 赵彤.对中华优秀传统文化影视表达的小识[J].中国电视，2022（11）：1-2.

[265] 赵晓翠.创造性转化与创新性发展何以可能[J].红旗文稿，2019（14）：31-32.

[266] 赵晓霞.文化记忆视角下青少年传统文化教育的路径与策略[J].西北师大学报（社会科学版），2019（2）：112-118.

[267] 赵信彦，周向军.习近平关于中华优秀传统文化"两创"重要论述的内在逻辑[J].当代世界社会主义问题，2021（3）：3-11.

[268] 郑飞.马克思主义基本原理同中华优秀传统文化相结合的历史与逻辑[J].哲学研究，2021（12）：5-13，123.

[269] 郑吉伟，常佩瑶.论习近平的传统文化观[J].理论学刊，2016（1）：4-10.

[270] 郑天才，熊雅妮，吴玉龙，等.论弘扬中华优秀传统文化[J].中学政治教学参考，2017（24）：68-70.

[271] 郑伟，等.节日文化的融媒生产与认同形塑[J].新闻论坛，2022（2）：64-66.

[272] 郑伟.四川调味品类非物质文化遗产保护传承现状及对策研究[J].西北民族研究，2021（4）：155-166.

[273] 郑长忠.文化生产新空间中的传统文化再加工：对二次元、网上文化社区与弘扬传统文化关系的研究[J].中国青年研究，2017（9）：78-85，90.

[274] 周红雁.公共图书馆文旅融合路径探析[J].图书馆工作与研究，2020（6）：23-27，41.

[275] 周宵，谢明荣."互联网+"时代下电商造节营销的策略研究：以天猫"双十一"网购狂欢节为例[J].中国商论，2016（21）：15-16.

[276] 周雨城，陈露.科技助推非物质文化遗产传承发展研究：以孝感雕花剪纸为例[J].长江大学学报（社会科学版），2020（4）：33-37.

[277] 庄晓卉.学科教育价值实现的路径：崇真·悟思·向善[J].中学政治教学参考，2020（40）：15-17.

[278] 左康华. 乡村振兴视域下中华优秀传统文化的创造性转化与创新性发展[J]. 学术研究，2022（8）：175-176.

[279] "中华优秀传统文化与思想政治教育"首届高层论坛成功举办[J]. 马克思主义与现实，2018（4）：2.

[280] "中华优秀传统文化与中国特色社会主义理论体系"学术研讨会[J]. 中国特色社会主义研究，2015（1）：27.

[281] ZHONG F F. Creative Transformation and Innovative Development of Lingnan Traditional Architectural Culture-Taking the Architecture Reconstruction Design of Liwan District in Guangzhou as an Example[J]. Journal of Physics Conference Series，2020，1649（1）：12-14.

博士学位论文

[1] 鞠忠美. 中华传统文化创造性转化创新性发展实现机制研究[D]. 济南：山东大学，2018.

报纸文献（按年份排序）

[1] 徐万佳. "马踏飞燕"商标注册路[N]. 中国旅游报，2014-05-19.

[2] 李泽文. 在"拔节孕穗期"打磨自己[N]. 人民日报，2019-04-18.

[3] "走出去"彰显中国文化软实力[N]. 经济日报，2020-11-19.

[4] 李瑞. 创新传播方式让敦煌文化走进千家万户[N]. 中国文物报，2021-08-13.

[5] 李潇君. 推动中华文化走出去，增强国家文化软实力[N]. 光明日报，2021-06-16.

[6] 韩轩. 传统文化IP圈粉年轻观众[N]. 北京日报，2022-04-26.

[7] 周佳佳. 委员点出《只此青绿》维权关键和难点[N]. 人民政协报，2022-06-08.

[8] 刘国民. 传承汉服文化需做好知识产权保护[N]. 中国贸易报，2022-08-09.

[9] 殷耀，等. 内蒙古"非遗"项目紧抱中华文化根[N]. 参考消息，2022-06-09.

网络文献（按拼音首字母排序）

[1] 2021年内蒙古自治区非遗与旅游融合十大优秀实践案例——《包头市东河区蒙古皮雕画项目与旅游融合发展案例》[EB/OL].（2021-07-15）. [2023-01-05]. http://www.nmgfeiyi.cn/1378.html.

[2] 澳门教材研讨会举行[EB/OL].（2020-10-10）. [2023-01-03]. https://edu.gmw.

cn/2020-10/10/content_34256438.htm.

[3] 巴彦淖尔：坚持全产业链推进新能源产业高质量发展[A/OL].（2022-06-27）.[2023-01-08]. https://www.bynr.gov.cn/dtxw/zwdt/202206/t20220627_435335.html.

[4] 北京语言大学：走进中国传统文化（全41集）[EB/OL].[2022-12-01]. https://open.163.com/newview/movie/courseintro?newurl=TG591MEG4.

[5] 冰雪王国欢乐世界哈尔滨成全国冬季冰雪旅游热点[EB/OL].（2021-01-05）.[2023-01-05]. http://www.hlj.chinanews.com.cn/hljnews/2021/0105/83021.html.

[6] "草原文化节丨这个周末，看展去！"[EB/OL].（2022-07-28）.[2022-12-02]. https://m.thepaper.cn/baijiahao_8638931?sdkver=44e1e982.

[7] 沉浸式故宫文物体验展:《"纹"以载道》[EB/OL].（2022-01-19）[2023-03-09]. https://sohu.com/a/5177 21672_121124776.

[8] 陈雪.中华古籍保护15年：科技助力促进古籍有效利用[EB/OL].[2022-12-15]. http://cul.china.com.cn/2022-06/22/content_42011120.htm.

[9] 传承红色经典推进国际传播：中国教育出版传媒集团成功参加第二十八届北京国际图书博览会[EB/OL].（2021-09-24）.[2023-01-03]. http://www.cepmg.com.cn/xwzx/jtdt/202109/t20210924_1970575.html.

[10] 传承与创新交融：焕发传统民歌文化新魅力：记"2022内蒙古民歌大会"[EB/OL].（2022-08-24）.[2023-01-02]. https://mp.weixin.qq.com/s/TnYjNh9fDCqnP3OTTQPKXQ.

[11] "纯粹中国·锦绣潇湘"文创衍生产品西班牙受热捧[EB/OL].（2020-01-10）[2023-01-05]. https://wh.rednet.cn/content/2020/01/10/6535998.html.

[12] 搭建国际平台、译制影视作品 文化企业加快走出去[EB/OL].（2020-08-07）.[2023-01-06]. https://i.ifeng.com/c/7yj9cl2merV.

[13] 第28届北京国际图书博览会开幕 30万种全球精品图书亮相[EB/OL].（2021-09-14）.[2023-01-03]. http://www.gov.cn/xinwen/2021-09/14/content_5637183.htm.

[14] 第39届中国•哈尔滨国际冰雪节来咯，快来"围观"今冬赏冰乐雪新玩法！[EB/OL].[2023-01-05]. https://tour.dbw.cn/system/2022/12/26/059042742.shtml.

[15] 短视频激活传统文化魅力[EB/OL].（2019-05-13）.[2022-12-16]. http://culture.people.com.cn/n1/2019/05 13/c70658-31082023.html.

[16] 鄂温克手工艺[EB/OL].（2017-09-20）.[2023-01-01]. http://www.minwang.com.cn/mzwhzyk/674771/682476/682477/614290/index.html.

[17] 法国举办花灯节中国风灯笼亮丽多彩[EB/OL].（2021-12-01）.[2023-01-

05]. https://content-static.cctvnews.cctv.com/snow-book/image.html?item_id=2483634600424333183&toc_style_id=feeds_default.

[18] 法国著名汉学家汪德迈著作《新汉文化圈》再版跨文化视角解读现当代中国 [EB/OL]. [2022-12-31]. https://zmgr.chinanews.com/cul/2022/12-18/9917152.shtml.

[19] 非遗传承人吴元新把"土布"变时尚品，在抖音让非遗"活"起来[EB/OL].（2021-06-18）. [2022-12-15]. https://tech.chinadaily.com.cn/a/202106/18/WS60cc508fa310 1e7ce9756132.html.

[20] 非遗进校园　让传统文化薪火相传 [EB/OL].（2022-06-09）[2020-12-03]. http://www.thepaper.cn/newsDetail_ forward_18502679.

[21] 非遗数字化大有可为 [EB/OL].（2022-11-30）. [2023-01-03]. https://feiyi.gmw.cn/2022/11/30/content_361 98554.htm.

[22] "感知中国•天下华灯"智利中国彩灯节亮灯开幕[EB/OL].（2019-10-31）. [2023-01-05]. https://www.chinanews.com.cn/gj/2019/10-31/8994381.shtml.

[23] 关于第一批自治区传统工艺振兴目录项目评选结果的公示 [A/OL].（2021-05-27）. [2023-01-06]. http://www.nmgfeiyi.cn/1247.html.

[24] 贵州95后女孩，18年苦练"水上漂"，中国人会轻功瞒不住了 [EB/OL].（2022-07-07）. [2022-12-26]. https://www.163.com/dy/article/HBMKSG0B05419N70.html.

[25] 国家文物局与百度、腾讯、网易签署战略合作协议[EB/OL]. [2022-12-15]. http://www.ncha.gov.cn/art/2017/12/4/art_2050_145598.html.

[26] 喜讯！河南省杂技集团收购美国布兰森大剧院[EB/OL].（2016-08-02）. [2023-01-05]. https://www.henandaily.cn/content/fzhan/sxzchuang/2016/0802/12092.html.

[27] 河南约克动漫：向世界讲好中华文化[EB/OL].（2021-09-10）. [2023-01-06]. http://www.yorkg.com/news-details/433?type=0.

[28] 弘扬中华优秀传统文化融媒体直播《根脉》今日开启[EB/OL].（2022-08-27）. [2022-12-02]. http://nmg.wenming.cn/2022xbwz/yw_54207/202208/t20220827_6461352.html.

[29] 弘扬中华优秀传统文化融媒体直播《根脉》全网播放过亿[EB/OL].（2022-09-13）[2013-01-02]. https://page.om.qq.com/page/OFwzwTWVNIA6pgvAfzMmCDnQ0?source=cp_1009.

[30] 呼伦贝尔草原上的"太阳姑娘"[EB/OL].（2020-08-11）[2023-01-01]. http://politics.gmw.cn/2020-08/11/content_3 4077448.htm.

[31] 蒙古呼麦引抖音网友膜拜，这项中国非遗就连美国歌后JessieJ都震惊了[EB/OL].（2019-07-25）.[2023-01-03]. http://biz.ifeng.com/c/7oatPrPZvAO.

[32] 呼市第二十六中被命名为内蒙古"中华传统文化教育实践基地"[EB/OL].（2014-12-15）.[2022-12-06]. http://www.nmgnews.com.cn/yuquanqu/system/2014/12/15/011591936.shtml.

[33] 健康中国行动（2019—2030年）[A/OL].（2019-07-15）.[2023-01-08]. http://www.gov.cn/xinwen/2019-07/15/content_5409694.htm.

[34] 教育部办公厅关于公布第三批全国中小学中华优秀传统文化传承学校名单的通　知[A/OL].（2021-11-23）.[2022-12-02]. http://www.moe.gov.cn/srcsite/A17/moe_794/moe_628/202112/t20211209_586 130.html.

[35] 教育部办公厅关于公布第一批全国普通高校中华优秀传统文化传承基地名单的　通　知[A/OL].（2018-12-31）.[2022-12-16]. http://www.moe.gov.cn/srcsite/A17/moe_794/moe_628/201812/t20181206_362552.html.

[36]《抗击新冠肺炎：生死前线》荣获第四十三届泰利奖纪录片铜奖[EB/OL].（2022-06-24）[2023-01-04]. http://jsgd.jiangsu.gov.cn/art/2022/6/24/art_69984_1051 5592.html.

[37] 可信时间戳取证是否当然具有证据效力？ [EB/OL].（2021-11-18）.[2023-01-11]. https://m.thepaper.cn/newsDetail_forward_15440022.

[38] 克旗捶打麻油技艺被列入旗级非物质文化遗产名录[EB/OL].（2016-06-28）.[2023-01-07]. https://www.cftzb.gov.cn/shows/57/8788.html.

[39] 孔子学堂落户浦东图书馆 开启"孔子学堂＋图书馆"新模式[EB/OL].（2016-04-18）.[2022-12-16]. https://www.rujiazg.com/article/7957.

[40] 库伦旗：加快推动蒙医药产业高质量发展[EB/OL].（2021-01-02）.[2023-01-01]. https://www.thepaper.cn/newsDetail_forward_10634810.

[41] 快手与苏工美开展非遗研培计划 打造非遗扶贫新模式[EB/OL].（2019-05-13）.[2022-12-16]. http://it.people.com.cn/n1/2019/1107/c1009-31443667.html.

[42] 李潇."'一带一路'中阿友好文库"打造中阿人文交流桥梁[EB/OL].（2022-09-11）.[2023-01-03]. http://world.people.com.cn/n1/2022/0911/c1002-32524115.html.

[43] 梁国强.积极探索传承保护农业文化遗产新途径助推乡村振兴[EB/OL].（2021-11-11）.[2023-01-05]. http://nmt.nmg.gov.cn/xw/msdt/cf/202111/t20211111_1939361.html.

[44] 临沂职业学院获批山东省非遗传承教育实践基地[Z/OL]. 临沂：临沂职业学院，[2022-02-01]. https://www.lyvc.edu.cn/info/1037/9013.htm?yikikata=0a800403-bf313bdff869b9ea73f3b44f7b1329d6.

[45] 刘蓓蓓. 中国和东盟少儿出版合作模式升级[EB/OL].（2019-11-18）. [2023-01-03]. http://www.cnpubg.com/export/2019/1118/50060.shtml.

[46]《龙门金刚》从传统文化里找观众共鸣点[EB/OL].（2021-08-18）. [2023-03-09]. http://weishi.china.com.cn/2021-08/18/content_41648454.htm.

[47] 罗晓庆. 中国传统"耕读文化"漫谈[EB/OL]. [2022-12-01]. https://www.ujs.edu.cn/info/1065/35 859.htm.

[48] 蒙古族服饰文化与时尚的一次激情碰撞[EB/OL].（2018-09-05）[2022-01-01]. https://epaper.gmw.cn/gmrb/html/2018-09/05/nw.D110000gmrb_20180905_2_09.htm.

[49] 民俗歌舞剧《鄂尔多斯婚礼》[EB/OL].（2021-02-06）. [2022-12-31]. http://www.dfyst.cn/news/info112.html.

[50] 某公司诉肖某侵犯该公司"星星"商标侵权案件[EB/OL]. [2023-02-15]. https://www.66law.cn/laws/295956.aspx.

[51] 内蒙古牧民额尔德尼与泥塑骆驼的传习情[EB/OL].（2017-01-04）. [2023-01-07]. https://www.chinanews.com.cn/cul/2017/01-04/8113250.shtml.

[52] 内蒙古文联知识产权服务工作站正式揭牌，是时候重新认识一下它了[EB/OL].（2022-04-22）. [2023-01-08]. http://www.imflac.org.cn/trend/1705.html.

[53] 内蒙古在青少年中开展"热爱内蒙古、建设内蒙古——我为北疆添光彩"主题实践活动[EB/OL].（2022-08-15）. [2023-01-01]. https://www.neac.gov.cn/seac/xwzx/202208/1158374.shtml.

[54] 内蒙古自治区出版发行"石榴籽"绘本丛书[EB/OL].（2022-09-21）. [2023-01-01]. https://www.neac.gov.cn/seac/xwzx/202209/1158833.shtml.

[55] 内蒙古自治区人民政府办公厅转发自治区文化厅关于振兴传统工艺实施意见的通知[A/OL].（2017-09-15）. [2023-01-06]. https://wlt.nmg.gov.cn/zfxxgk/zfxxglzl/fdzdgknr/zcwj/202204/t20220422_2043490.html.

[56] 尼山书屋：中华文化、中国出版"走出去"的国际品牌[EB/OL].（2017-04-14）. [2023-01-03]. https://www.sdpress.com.cn/News/3/100/NewsDetail_7493_1.html.

[57] 欧拉柳编艺术小镇投资项目 打造曹庄镇新农村建设新高地[EB/OL].（2020-01-06）. [2023-01-05]. http://linyi.dzwww.com/linshu/news/202001/t20200106_17236848.

htm.

[58] 皮雕非遗进景区 文旅融合飨游客[EB/OL].（2021-07-06）.[2023-01-05]. https://
www.nmg.gov.cn/asnmg/yxnmg/tcms/ms/fwzwhyc/202107/t20210706_1763072.
html.

[59]《骑兵》：再现激情岁月弘扬骑兵精神[EB/OL].（2021-09-13）[2023-01-02]. http://
grassland.china.com.cn/2021-09-13/content_41671980.html.

[60] "牵星出海·企业出海服务平台"上线启动仪式举行[EB/OL].（2021-09-03）.
[2023-01-06]. http://www.cicg.org.cn/2021/09/03/content_41682188.htm.

[61] 清华大学诉清华脂蛋白保健品，驰名商标如何保护？[EB/OL].[2023-02-15].
https://www.fabao365.com/shangbiao/15132/.

[62] "人民日报、新华社等9家新媒体直播第十九届中国内蒙古草原文化节开幕盛
况"[EB/OL].（2022-07-28）.[2022-12-02]. https://m.thepaper.cn/baijiahao_1922668
4?sdkver=44e1e982.

[63] 如何擦亮名人故居这张城市名片[EB/OL].（2021-12-02）.[2023-03-09]. https://
www.wuxi.gov.cn/doc/2021/12/02/3524237.shtml.

[64] 单霁翔.以优质文化产品增强文化认同（创造性转化创新性发展纵横谈）：故宫
文创研发的启示[EB/OL].（2020-07-24）.[2022-12-28]. http://industry.people.com.
cn/n1/2020/0724/c413883-31796519.html.

[65] 萨比娜·格雷斯，樊文译.法庭上的人工智能：刑事审判中机器证据的比较分析
[EB/OL].[2023-01-04]. http://iolaw.cssn.cn/zxzp/202205/t20220523_5409295.shtml.

[66] 2022年上半年我国网络游戏用户规模达5.52亿占网民整体52.6%（图）[EB/
OL].（2022-11-18）.[2022-01-02]. https://www.askci.com/news/chanye/202211
18/0929472026901.shtml.

[67] 上海芭蕾舞团携海派芭蕾精品赴美巡演[EB/OL].（2020-01-12）.[2023-01-05].
https://difang.gmw.cn/sh/2020-01/12/content_33474003.htm.

[68] "上海符号"闪耀全球，申城文化贸易首度达到千亿元规模[EB/OL].（2022-
07-16）.[2023-01-04]. https://chs.meet-in-shanghai.net/travel-class/news-detail.
php?id=60976.

[69] 沈林，刘文珍.台湾公民课程特点及对大陆中学德育相关课程建设的影响借鉴
研究[EB/OL].（2014-08-19）.[2022-12-15]. https://gdae.gdedu.gov.cn/gdjyyjy/yjcg
b/202008/9daffd0b33a3404d83b9435bbc7f6665.shtml.

[70] 数字解读中国：中国的发展坐标与发展成就（"认识中国·了解中国"书系）[EB/OL]. [2023-01-03]. http://www.crup.com.cn/Book/Detail?doi=fe22bfd9-0365-4bc9-8ca3-866cde1dbdd3&urltype=0.

[71] 唐维红，王京. 人民网研究院院长唐维红等：让中国优秀传统文化走出"国际范儿"——人民网加强国际传播能力建设的探索与实践[EB/OL].（2022-03-01）. [2023-01-06]. http://yjy.people.com.cn/n1/2022/0301/c244560-32362722.html.

[72] 陶瓷技艺进校园[EB/OL].（2019-12-17）. [2022-12-03]. http://www.moe.gov.cn/jyb_xwfb/s5984/xw_tsxwft/201912/t20191217_412412.html.

[73] 腾讯云技术助力，著作权诉讼案审判首次全流程采用区块链固证[EB/OL].（2020-07-10）. [2023-01-13]. https://tech.huanqiu.com/article/3ysOQiCGOgt.

[74] 天下黄河 唯富一套：巴彦淖尔市打造天赋河套农产品区域公用品牌纪实[EB/OL].（2019-08-14）.[2023-01-08]. http://www.brand.zju.edu.cn/2019/0814/c57338a2294088/page.htm.

[75] 通辽开发区. 蒙药股份：聚势融合 为蒙医药产业发展蓄势而发[EB/OL].（2019-12-23）. [2023-01-08]. http://grassland.china.com.cn/2019/12/23/content_41008712.html.

[76] 万安罗盘制作技艺[EB/OL]. [2023-01-06]. https://www.ihchina.cn/project_details/14356.

[77] 王明世，杨娴，李华秋. 云南双江：基层党组织领办合作社加快绿美田园建设[EB/OL].（2022-09-27）. [2023-03-09]. http://union.china.com.cn/txt/2022-09-27/content_42122867.html.

[78] 王能宪.《中华传统文化百部经典》之解读《世说新语》[EB/OL]. [2022-12-01]. http://news.cjn.cn/bsy/wl_20088/202211/t4342316.htm.

[79] 潍有尚品丨风筝"跨界者"郭洪利[EB/OL].（2022-06-11）. [2023-01-04]. http://weifang.sdnews.com.cn/wfxw/202206/t20220611_4042403.htm.

[80] 文化自信！中国"软实力"全球受关注[EB/OL]. https://tv.cctv.com/live/cctv4/.

[81] 乌鲁木齐举办中华经典诗文朗诵会汇演[EB/OL].（2014-11-03）. [2022-12-16]. http://news.cnr.cn/native/city/20141103/t20141103_516717712.shtml.

[82] 吴王姣. 探索中华优秀传统文化国际传播路径[EB/OL].（2022-04-27）[2023-01-04]. http://cssn.cn/ztzl/jzz/rwln/wh/202209/t20220923_5541360.shtml.

[83] 吴元新：国家级非物质文化遗产代表性项目代表性传承人[EB/OL]. [2022-12-15]. https://www.ihchina.cn/ccr_detail/2998.

[84] 喜报！五岸传播蝉联国家文化出口"双重点"[EB/OL].（2021-08-16）.[2023-01-03]. https://www.opg.cn/en/newsCenter/newsInfo/1424568939025055744.html.

[85] 喜报 | 赛罕区新桥小学校园武术特色成功入选中华优秀传统文化传承基地（校）[EB/OL].（2022-09-09）.[2022-12-03]. https://m.thepaper.cn/newsDetail_forward_19848213.

[86] 乡村振兴背景下隆丰川剧品牌塑造与文化传承 [EB/OL].（2022-05-17）.[2023-03-09]. https://www.thepaper.cn/newsDetail_forward_18127872.

[87] 相关内容参见捷成华视网聚官网：http://www.huashi.tv.

[88] 相关内容参见北京枭龙科技有限公司官网：https://www.xloong.com.

[89] 相关内容参见江苏奇美乐器有限公司官网：http://www.china- qimei.com.

[90] 相关内容参见内蒙古博物院的官网：www.nmgbwy.cn.

[91] 相关内容参见内蒙古科尔沁制药有限公司官网：http://www.nmgkeq.com.

[92] "香"伴美好生活：古城香业集团传承发展传统香文化纪实 [EB/OL].（2022-07-16）.[2023-01-05]. http://www.bdall.com/content/2022-07/16/content_79143.html.

[93] 谢若琳.2021年全球8款手游收入超10亿美元中国游戏公司狂揽前三[EB/OL]. [2022-01-02]. http://www.zqrb.cn/finance/hangyedongtai/2022-01-12/A164195142219 4.html.

[94] 辛鸣.论伟大抗疫精神[EB/OL].（2020-09-14）.[2023-01-04]. http://www.dangjian.cn/shouye/sixianglilun/dangjianpinglun/202009/t20200914_5787124.shtml.

[95] 辛曦丽.弘扬中华优秀文化打造校园传统特色——乌审旗蒙古族实验小学入选教育部第三批优秀传统文化传承学校[EB/OL].（2021-12-28）.[2022-12-02]. http://jytyj.ordos.gov.cn/jtdt/202306/t20230602_3428179.html.

[96] 新瞳，徐鹏.内蒙古蒙药股份有限公司：抗"疫"路上的蒙药力量[EB/OL].（2020-05-21）.[2023-01-08]. http://grassland.china.com.cn/2020-05-21/content_411 59201.html.

[97]《许愿神龙》：满满中国元素绘就上海男孩的奇幻之旅 [EB/OL]. [2023-01-06]. http://news.cnnb.com.cn/system/2021/01/19/030222148.shtml.

[98] 杨璐嘉，刘钊颖.网络爬虫无处不在，侵权边界在哪[EB/OL].（2021-11-01）.[2023-01-17]. https://www.spp.gov.cn/zdgz/202111/t2021110 1_534081.shtml.

[99] 杨熹.人工智能办案系统助力证据审查[EB/OL].（2018-06-22）.[2023-01-14]. https://www.spp.gov.cn/spp/llyj/201806/t20180622_382407.shtml.

[100] "一带一路"主题图书海内外出版现状对比及海外出版启示：基于当当网中国

站点与亚马逊美国站点的实证分析[EB/OL].（2020-09-11）.[2023-01-03]. http://www.sic.gov.cn/News/614/10590.htm.

[101] 用围棋向世界讲好中国故事[EB/OL].（2018-10-15）.[2023-01-06]. http://m.haiwainet.cn/middle/3543 380/2018/1015/content_31415125_1.html.

[102] 院秀琴.熊熊窑火八百年 映照中华瓷文化[N/OL].（2022-08-15）.[2022-12-03]. http://szb.northnews.cn/nmgrb/html/2022-08/15/content_38104_188398.htm.

[103] 杂技剧《寓言》入选国家文化出口重点项目[EB/OL].（2022-01-04）.[2023-01-04]. http://www.rudong.gov.cn/rdxrmzf/rdyw/content/e156f3c0-2ae7-474a-aac1-1ea3aa5846ca.html.

[104] 张岂之,方光华,谢阳举,张茂泽.西北大学公开课:中国传统文化[EB/OL].[2021-12-01]. https://open.163.com/newview/movie/courseintro?newurl=%2Fspecial%2Fcuvocw%2Fchuantongwenhua.html.

[105] 张玮.舞剧《驼道》:化身"一带一路"使者 讲述丝路故事[EB/OL].（2021-03-22）.[2022-12-02]. https://www.chinanews.com.cn/cul/2021/03-22/9437880.shtml.

[106] 植根传统 创新表达:国产动画向世界讲述中国故事[EB/OL].（2019-06-02）.[2023-01-06]. http://www.gov.cn/xinwen/2019-06/02/content_5396913.htm.

[107] 智研瞻产业研究院.文创产品行业分析报告 2022年文创产品行业发展前景及规模分析[EB/OL].（2022-06-24）.[2023-01-06]. https://www.zhiyanzhan.cn/analyst/985.html.

[108] 中巴优秀影视作品热映首届中国巴西影视展[EB/OL].（2019-08-15）.[2023-01-04]. http://www.gov.cn/xinwen/2019-08/15/content_5421403.htm.

[109] 中国（福建）图书展暨"清新福建"图片展在新西兰隆重举行[EB/OL].（2018-12-19）.[2023-01-03]. http://world.people.com.cn/n1/2018/1219/c1002-30477211.html.

[110] 中国巴林石节暨中国名石雕艺展开幕[EB/OL].（2017-08-24）.[2023-01-08]. http://www.china.com.cn/photo/txt/2007-08/24/content_8743792.htm.

[111] 中国电子书库（易阅通海外版）[EB/OL].（2019-12-05）.[2023-01-03]. https://topics.gmw.cn/2019- 12/05/content_33376876.htm.

[112] 中国互联网络信息中心.CNNIC发布第50次《中国互联网络发展状况统计报告》[EB/OL].[2022-12-16]. https://www.cnnic.net.cn/n4/2022/0916/c38-10594.html.

[113] 中国首座"国际云书馆"上线海纳全球各大出版机构[EB/OL].（2020-07-24）.

[2023-01-03]. https://tech.gmw.cn/2020-07/24/content_34027675.htm.

[114] 中国影视作品积极出海向世界展示一个真实、立体、全面的中国 [EB/OL].（2021-06-08）.[2023-01-05]. https://www.cnr.cn/shanghai/tt/20210608/t20210608_52550721 9.shtml.

[115] 中国杂技剧《炫彩中国》惊艳圣保罗 [EB/OL].（2019-01-18）.[2023-01-05]. http://www.xinhuanet.com/world/2019-01/18/c_1124008970.htm.

[116] 中教集团打造外向型精品 [EB/OL].（2019-08-21）[2023-01-03]. https://www.sinobook.com.cn/press/newsd etail.cfm?iCntno=30063.

[117] 中南卡通：数"智"赋能，推进动漫产业数字化转型 [EB/OL].（2021-09-03）.[2023-01-06]. http://www.zj.chinanews.com.cn/jzkzj/2021-09-30/detail-iharpcni8669473.shtml.

[118] 中商产业研究院.2022年上半年我国网络游戏用户规模达5.52亿占网民整体52.6%（图）[EB/OL].（2022-11-18）.[2022-01-04]. https://www.askci.com/news/chanye/20221118/09 29472026901.shtml.

[119] 自贡市文旅公司打造欧洲最大彩灯节 [EB/OL].（2019-11-23）.[2023-01-05]. http://www.zg.gov.cn/gyqy/-/articles/11133814.shtml.

[120] 自治区团委举办"热爱内蒙古、建设内蒙古——我为北疆添光彩"优秀青年代表记者见面会 [EB/OL].[2023-01-01]. https://www.nmg.gov.cn/zwgk/xwfb/fbh/qtxwfbh/202207/t20220708_2085419.html.

裁判案例、行政处罚案例（按年份排序）

[1]（2003）高民再终字第823号

[2]（2006）温民三初字第135号

[3]（2007）二中民初字第12860号

[4]（2010）渝一中法民初字第460号

[5]（2013）沪二中民五（知）初字第191号

[6]（2013）赤民知初字第3号

[7]（2015）佛中法知民终字第157号

[8]（2015）京商知民初字第1194号

[9]（2015）粤知法著民终字第16号

[10]（2016）粤行终492号行政判决书

[11]（2017）甘 08 民初 15 号

[12]（2017）粤 03 民初 559 号

[13]（2017）赣 0429 刑初 49 号刑事判决

[14]（2017）粤 73 民初 3853 号

[15]（2018）苏 05 民终 7038 号

[16]（2018）鄂 01 民初 3668 号

[17]（2018）苏 0319 刑初 98 号

[18]（2018）粤 0606 刑初 4227 号

[19]（2018）粤 73 民终 2490 号

[20]（2018）粤 01 民终 23745 号

[21]（2018）浙 0192 民初 81 号

[22]（2018）京 0491 民初 1 号

[23]（2018）苏 01 民初 3207 号

[24]（2018）最高法行申 10665 号

[25]（2018）京行终 1598 号行政判决

[26]（2018）渝 0112 民初 26987 号

[27]（2018）皖 0291 民初 379 号

[28]（2018）苏 01 民初 3207 号

[29]（2019）最高法知民终 822 号

[30]（2019）苏 05 知初 351 号

[31]（2019）最高法知民终 725 号

[32]（2019）粤 06 民终 3469 号

[33]（2019）湘 11 刑终 236 号

[34]（2019）内 02 民初 419 号

[35]（2019）京 73 民初 1261 号

[36]（2019）最高法知行终 103 号

[37]（2019）浙 01 民终 5189 号

[38]（2019）内 01 民初 210 号

[39]（2019）最高法知行终 103 号

[40]（2019）苏民终 1410 号

[41]（2020）粤 03 民初 3298 号

[42]（2020）京73民终2905号

[43]（2020）粤73知民初1994号民事判决

[44]（2020）浙0192民初1641号

[45]（2020）京0112刑初367号

[46]（2020）浙03民终161号

[47]（2020）粤03民初3297号

[48]（2021）内知民终22号

[49]（2021）最高法知民辖终340号

[50]（2021）黑09民初48号

[51]（2021）云29民初826号

[52]（2021）最高法知民终1950号

[53]（2021）京0491民初20307号

[54]（2022）云民终668号

[55]（2022）最高法知民终144号

[56]（2022）川0192民初4545号

[57]（2022）粤0304民初13145号

[58]（2022）闽04民初174号

[59]（2022）京0106民初9461号

[60]京朝市监工罚（2020）166号

[61]京朝市监稽查工工罚听（2020）18号